游仙年鉴

YOUXIAN YEARBOOK

2023

中共绵阳市游仙区委党史研究室（绵阳市游仙区地方志办公室） 编

方志出版社
Publishing House of Local Records

图书在版编目（CIP）数据

游仙年鉴. 2023 / 中共绵阳市游仙区委党史研究室（绵阳市游仙区地方志办公室）编. —北京：方志出版社，2023.11
ISBN 978-7-5144-5975-3

Ⅰ. ①游… Ⅱ. ①中… Ⅲ. ①区(城市)－绵阳－2023－年鉴 Ⅳ. ①Z527.13

中国国家版本馆CIP数据核字（2023）第232271号

责任编辑：李丝雨
责任校对：张玉霞
责任印制：梅中英
出 版 者：方志出版社
地　　址：北京市朝阳区潘家园东里9号（国家方志馆4层）
邮　　编：100021
网　　址：http://www.zgfzcb.cn
发　　行：方志出版社图书营销中心（010-67110500）
印　　刷：成都勤德印务有限公司
开　　本：889毫米×1194毫米　1/16
印　　张：19.5
字　　数：702千字
版　　次：2023年11月第1版
印　　次：2023年11月第1次印刷
定　　价：268.00元

《游仙年鉴（2023）》编纂委员会

顾　　问：韩晓清　罗盛军　何守君　杨守贵

主　　任：李　响　李　静

副 主 任：敖顺利　唐黄鸿　谢锟强

委员单位：

区委办	区人大办	区政府办	区政协办
区纪委监委机关	区法院	区委组织部	区委宣传部
区委统战部	区委政法委	区委编办	区委军民融合办
区委目标绩效办	区委巡察办	区发改局	区工信局
区教体局	区科技局	区公安分局	区民政局
区司法局	区财政局	区人社局	区自然资源局
区住建局	区交通运输局	区农业农村局	区商务局
区文广旅局	区卫生健康局	区退役军人事务局	区应急管理局
区审计局	区统计局	区市场监管局	区信访局
区经济合作局	区医保局	区行政审批局	区检察院
区综合行政执法局	区委党校	区融媒体中心	区委党研室
区方志办	游仙高新区	经济试验区	游仙街道
涪江街道	富乐街道	石马镇政府	魏城镇政府
新桥镇政府	忠兴镇政府	盐泉镇政府	信义镇政府
小枧镇政府	仙鹤镇政府		

《游仙年鉴（2023）》编辑部

主　　编：唐黄鸿

副 主 编：谢锟强　魏　超　刘　丁

编　　辑：李春芳

图片协作单位：区融媒体中心

编辑说明

一、《游仙年鉴（2023）》（以下简称本年鉴）以马克思列宁主义、毛泽东思想、邓小平理论、“三个代表”重要思想、科学发展观、习近平新时代中国特色社会主义思想为指导，坚持辩证唯物主义和历史唯物主义的立场、观点和方法。全面记述中共绵阳市游仙区委、绵阳市游仙区人民政府带领全区人民加快建设更高质量“五个游仙”的新部署、新举措、新成果，充分展现2022年全区经济社会事业发展新貌，为科学发展、加快发展提供决策依据和借鉴，为广大读者了解和研究游仙提供资料和信息。

二、本年鉴记载时限为2022年1月1日到2022年12月31日。为保持事件的连续性，部分内容有所上溯和下延。

三、本年鉴采用分类编辑法，主体由类目、分目、条目组成，部分内容增设子分目，条目为基本记述单元。设特载、专题纪事、大事记、区情概览、中国共产党绵阳市游仙区委员会、绵阳市游仙区人民代表大会、绵阳市游仙区人民政府、政协绵阳市游仙区委员会、中共绵阳市游仙区纪律检查委员会　绵阳市游仙区监察委员会、民主党派、人民团体、法治　军事、经济管理、开发区建设、农业农村、工业、交通运输、商贸服务业、金融、城乡建设与管理、科学技术、文化　旅游、教育　体育、卫生　健康、应急管理、生态环境、社会生活、镇　街道等。

四、本年鉴条目标题统一用黑体字加【】表示，“简略语”随条目注释；在排版上，双页书眉为书名，单页书眉为类目标题。书中单位名称、法律法规名称第一次出现时用全称，再次出现用简称，部分单位机构名称采用简称。

五、本年鉴所载游仙区2022年四大班子领导名录，游仙区级部门、乡镇领导干部名录，由中共绵阳市游仙区委组织部提供。本年鉴收录的2022年度获绵阳市级及其以上表彰的先进集体和个人，主要由各单位提供。

六、本年鉴文字资料、正文图片及数据均由各党政机关、企事业单位、园区、街道、乡镇提供，所用统计资料主要由区统计局提供，由于统计口径等原因，有关部门单位所用个别数据与统计资料中的数据不尽一致，引用时请以《游仙统计年鉴（2023）》为准。

七、本年鉴数字用法、标点符号分别采用国家标准《出版物上数字用法》（GB/T 15835—2011）、《标点符号用法》（GB/T 15834—2011），计量单位采用国家技术监督局1993年12月发布的《量和单位》系列国家标准。考虑到社会使用习惯，全书中“亩”不统一换算。

游仙区行政区划图

内部用图

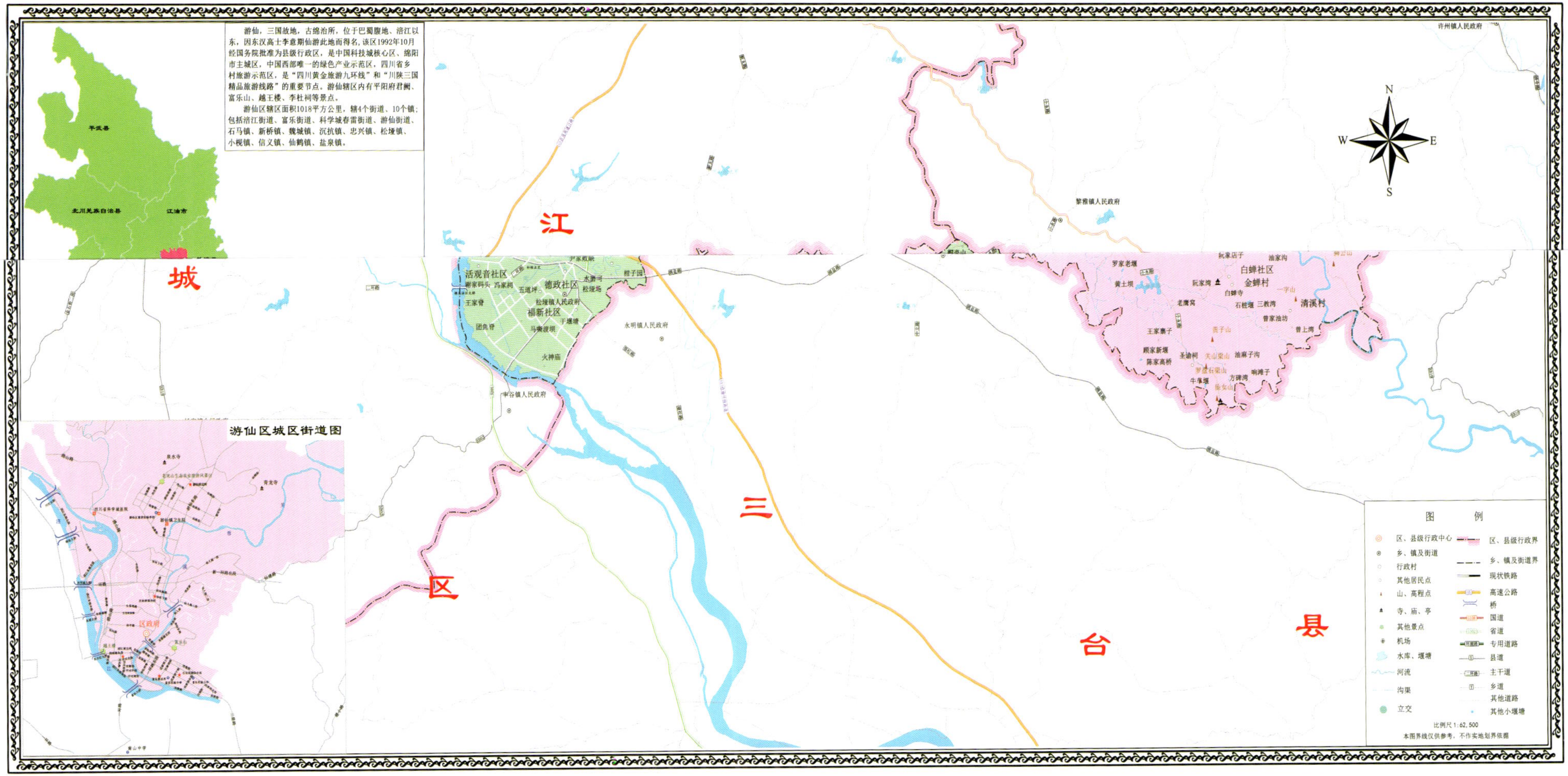

绵阳市游仙区民政局监制　　审图号：川S（2021）06008号　　2021年11月

数字游仙

◎行政区划面积：1018 平方千米（含农科区、仙海区）

◎人均地区生产总值：84613 元

◎年末常住人口：56.84 万人

◎常住城镇人口：34.93 万人

◎常住人口城镇化率：61.45%

◎年平均降水量：858.9 毫米

◎空气优良天数：334 天

◎年平均气温：16.6℃

◎区属地区生产总值：448.64 亿元

◎农林牧渔业总产值：52.91 亿元

◎规模以上工业企业：139 家

◎规模以上工业企业主营业务收入：340.65 亿元

◎区属全社会固定资产投资：同比增长 7.6%

◎社会消费品零售总额：152.64 亿元

◎国内省外招商引资履约项目：28 个

◎协议引资：259.69 亿元

◎省外引进产业项目新增实际投资：100 亿元

◎全区公路总里程：1903.69 千米

◎全年完成外贸进出口总额：4.35 亿元

◎年末金融机构各项存款余额：435 亿元

◎年末金融机构人民币各项贷款余额：290.5 亿元

◎市级以上企业技术中心：43 家

◎高新技术企业：72 家

◎地方一般公共预算收入：13.26 亿元

◎城镇居民人均可支配收入：52903 元

◎农村居民人均可支配收入：24278 元

◆ 2022 年，游仙富乐山 （董成兴 摄）

◆ 2022 年，越王楼　（区文广旅局供图）

◆ 2022 年，美丽的芙蓉溪　（邓崇刚 摄）

◆ 2022 年，游仙街道　（游仙生态环境局供图）

◆ 2022 年，古渡朝霞 （董成兴 摄）

◆ 2022 年，仙海流云 （魏清龙 摄）

◆ 2022 年，石马坝 （张承安 摄）

◆ 2022 年，小枧湿地公园 （小枧镇供图）

◆ 2022 年，游仙区沈家坝 （王健 摄）

◆ 2022 年，游仙高新区南区　（王健 摄）

◆ 2022 年，游仙高新区北区　（王健 摄）

◆ 2022 年 8 月 12 日，中国（绵阳）科技城航空动力产业园签约仪式举行　（区融媒体中心供图）

◆ 2022 年 11 月 17 日，中国激光科技创新产业大会在游仙区召开　（区方志办供图）

◆ 2022 年 11 月 17 日，“绵阳科技城光子技术研究院”揭牌　（区经合局供图）

◆ 2022 年 11 月 16 日，核医学设备产业发展高峰论坛暨中外专家绵阳行活动在九洲体育馆举行　（区工信局供图）

◆ 2022年6月23日，由成都市科学技术局、绵阳市科学技术局、游仙区人民政府承办的“创新金三角 智汇科技城”首场活动在绵阳举行

◆ 2022 年 7 月 1 日，“奋进三十年·喜迎二十大”主题音乐会在富乐学校举行 （区委宣传部供图）

◆ 2022 年 8 月 26 日，游仙区委人才工作会议召开，出台“1+4+N”人才新政 （区委组织部供图）

◆ 2022 年 7 月 21 日，游仙区政府与北京大学两学院思政实践教育基地签约授牌仪式举行 （团区委供图）

◆ 2022 年 6 月 24 日，游仙区近百名文旅系统嘉宾在越王楼共同体验大型实景沉浸式演出“名楼盛宴”（区融媒体中心供图）

◆ 2022 年 7 月 4 日，绵阳市义务教育阶段转公学校招生游仙区电脑摇号现场 （区融媒体中心供图）

◆ 2022 年 7 月 18 日，“第十四届全国见义勇为英雄模范”获奖者赖宁（右五）载誉归来 （区委政法委供图）

◆ 2022 年 12 月 30 日，绵阳市游仙区城区集团医院授牌仪式在游仙区妇幼保健院艺馨路院区举行 （区卫健局供图）

◆ 2022 年 10 月 16 日，区政府办集中收看中国共产党第二十次全国代表大会开幕会 （区融媒体中心供图）

◆ 2022 年 10 月 16 日，富乐中学师生集中收看中国共产党第二十次全国代表大会开幕会 （富乐中学供图）

◆ 2022 年 10 月 16 日，富乐街道仙人路社区组织集中收看中国共产党第二十次全国代表大会开幕会 （富乐街道供图）

◆ 2022 年 10 月 16 日，商家和群众集中收看中国共产党第二十次全国代表大会开幕会 （区融媒体中心供图）

◆ 2022 年 10 月 26 日，游仙区传达学习党的二十大精神大会召开　（区融媒体中心供图）

◆ 2022 年 10 月 31 日，游仙区志愿服务总队宣讲党的二十大精神坝坝会在仙鹤镇柏林社区举行　（区融媒体中心供图）

◆ 2022 年 10 月 31 日，新桥镇乡贤达人宣传党的二十大精神　（新桥镇供图）

◆ 2022 年 6 月 17 日，游仙区喜迎党的二十大系列文化走基层活动在信义镇举行　（李培基　摄）

30th/1992-2022 非凡三十年

游仙区自 1992 年 11 月建区以来，几代游仙人接续奋斗，在荒河滩上起新城，抚平“5·12”汶川特大地震灾害创伤，以实施科技创新、制造升级、城乡融合战略为抓手，地区生产总值近五年连跨三个百亿台阶，全区政治、经济、社会、文化、生态等综合实力全面提升。深入学习贯彻党的二十大精神，游仙又站在新的历史起点，担负起建设具有全国影响力的国防科技工业强区的光荣使命，努力开创全面建设社会主义现代化游仙新局面。

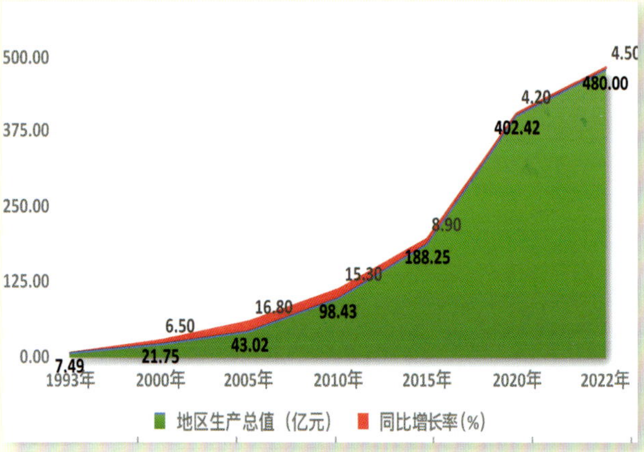

◆ 地区生产总值及增长率(区属)

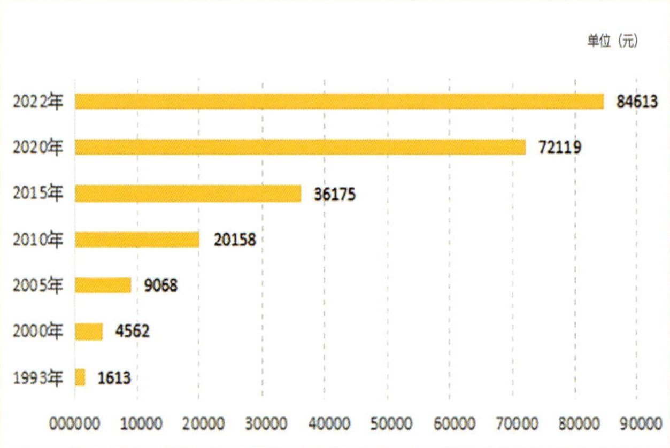

◆ 人均地区生产总值(辖区)

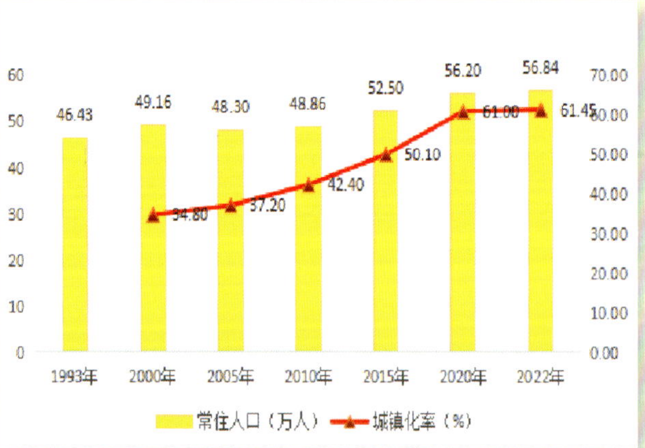

◆ 常住人口及城镇化率(辖区)

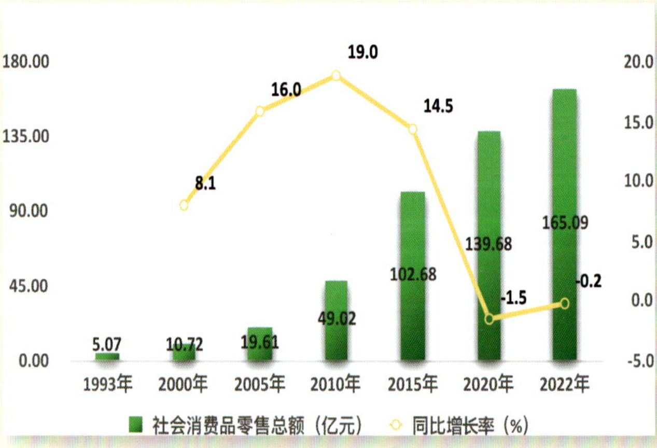

◆ 社会消费品零售总额及增长率(辖区)

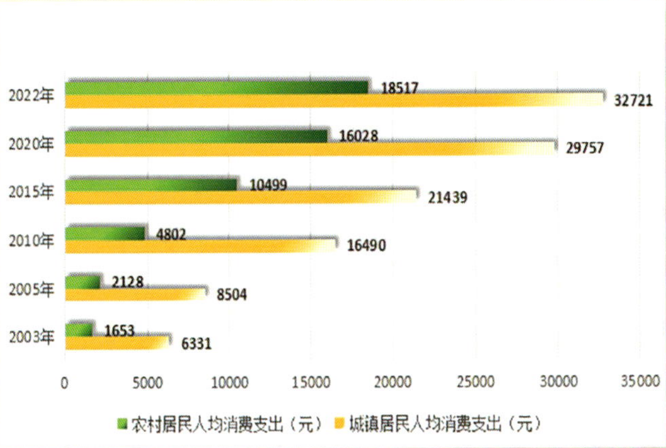

◆ 两大支出（辖区）

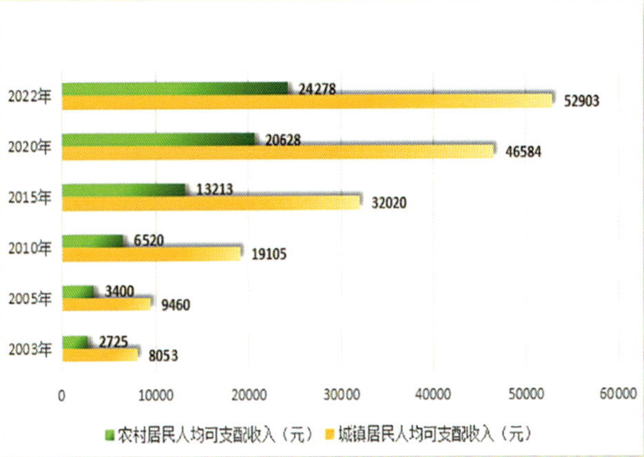

◆ 两大收入（辖区）

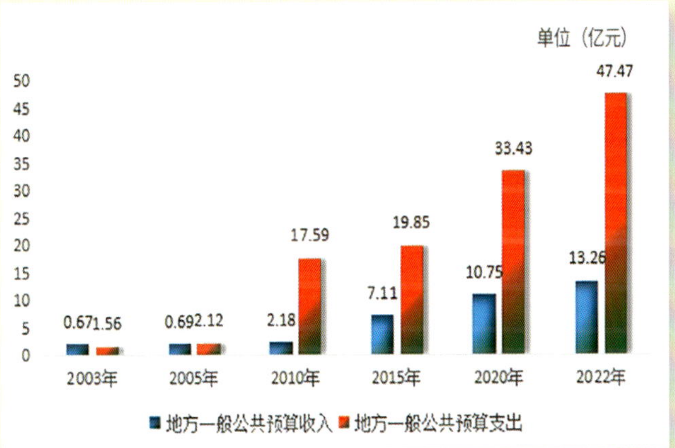

◆ 财政收入及支出（区属）

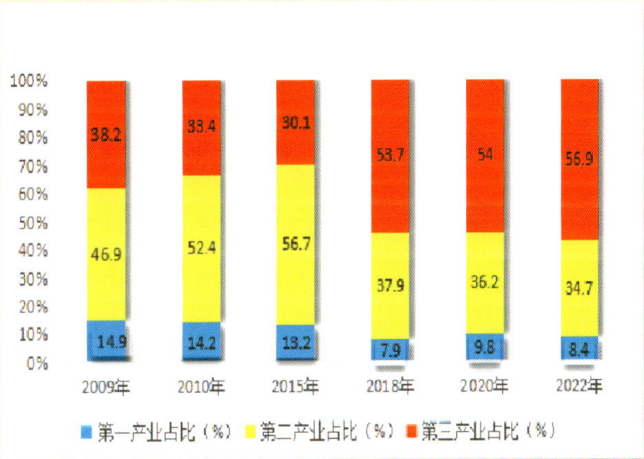

◆ 三次产业结构比（区属）

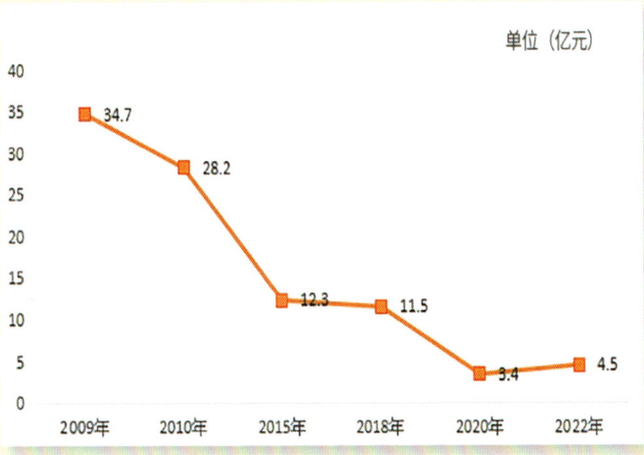

◆ 规模以上工业增加值同比增长率（区属）（%）

◆ 全社会固定资产投资同比增长率（区属）（%）

◆ 2022 年，中国（绵阳）科技城激光技术应用产业园　（王健 摄）

◆ 2022 年，中国（绵阳）科技城航空与燃机产业园　（游仙高新区供图）

◆ 2022 年 3 月 22 日，游仙区 2022 年抓项目促投资稳增长政策落实暨 3 月重大项目集中开工仪式举行 （区融媒体中心供图）

◆ 绵阳市游仙区核医疗健康产业园效果图

◆ 2022 年，中国（绵阳）科技城核医疗健康产业园建设现场 （游仙高新区供图）

◆ 2022 年，游仙高新区北区建设 （王健 摄）

◆ 2022 年，富乐小学投入使用（区教体局供图）

◆ 2022 年，绵巴高速信义镇辖区 （王健 摄）

◆ 2022 年，绵阳游仙数字家电生产基地 （王健 摄）

◆ 2022 年，仙鹤镇金龙村小麦丰收　（陶慧 摄）

◆ 2022 年，游仙区游仙街道金山村　（王健 摄）

◆ 2022 年，信义镇福星村地膜西瓜亮眼 （魏青龙 摄）

◆ 2022 年，仙鹤镇养鱼致富 （赵峰洲 摄）

◆ 2022 年，魏城镇现代农业产业园区 （魏城镇供图）

◆ 2022 年，大美游仙 （李福森 摄）

◆ 2022 年，街子场岳家村 （王健 摄）

游仙区部分机关事业单位全称简称对照表

单位全称	简称
绵阳市游仙区人民法院	区人民法院
绵阳市游仙区人民检察院	区人民检察院
中国共产党绵阳市游仙区纪律检查委员会、绵阳市游仙区监察委员会	区纪委监委机关
中国共产党绵阳市游仙区委员会办公室	区委办
中国共产党绵阳市游仙区委员会组织部	区委组织部
中国共产党绵阳市游仙区委员会宣传部	区委宣传部
中国共产党绵阳市游仙区委员会统战部	区委统战部
中国共产党绵阳市游仙区委员会政法委员会	区委政法委
中共绵阳市游仙区委机构编制委员会办公室	区委编办
中共绵阳市游仙区委军民融合发展委员会办公室	区委军民融合办
中共绵阳市游仙区委目标绩效管理办公室	区委目标绩效办
中共绵阳市游仙区委巡察工作领导小组办公室	区委巡察办
绵阳市游仙区人民代表大会常委会	区人大常委会机关
绵阳市游仙区人民政府办公室	区政府办
绵阳市游仙区发展和改革局	区发展改革局
绵阳市游仙区工业和信息化局	区工信局
绵阳市游仙区教育和体育局	区教体局
绵阳市游仙区科学技术局	区科技局
绵阳市公安局游仙区分局	区公安分局
绵阳市游仙区民政局	区民政局
绵阳市游仙区司法局	区司法局
绵阳市游仙区财政局	区财政局
绵阳市游仙区人力资源和社会保障局	区人社局
绵阳市游仙区自然资源局	区自然资源局
绵阳市游仙区住房和城乡建设局	区住建局
绵阳市游仙区交通运输局	区交通运输局
绵阳市游仙区农业农村局	区农业农村局
绵阳市游仙区商务局	区商务局

续表

单位全称	简称
绵阳市游仙区文化广播电视和旅游局	区文广旅局
绵阳市游仙区卫生健康局	区卫生健康局
绵阳市游仙区退役军人事务局	区退役军人局
绵阳市游仙区应急管理局	区应急局
绵阳市游仙区审计局	区审计局
绵阳市游仙区统计局	区统计局
绵阳市游仙区市场监督管理局	区市场监管局
绵阳市游仙区信访局	区信访局
绵阳市游仙区经济合作局	区经济合作局
绵阳市游仙区医疗保障局	区医保局
绵阳市游仙区行政审批局	区行政审批局
绵阳市游仙区综合行政执法局	区综合执法局
绵阳市游仙区水利局	区水利局
中国人民政治协商会议绵阳市游仙区委员会	区政协机关
中国共产党绵阳市游仙区委员会党校	区委党校
绵阳市游仙区融媒体中心	区融媒体中心
绵阳市游仙区档案馆	区档案馆
绵阳市游仙区公务服务中心	区公务中心
绵阳市游仙区机关后勤保障服务中心	区机关后勤保障服务中心
绵阳市游仙区乡村振兴服务中心	区乡村振兴服务中心
绵阳市游仙区供销合作社联合社	区供销联社
绵阳市游仙区农民工服务中心	区农民工服务中心
绵阳市游仙区总工会	区总工会
中国共产主义青年团绵阳市游仙区委员会	团区委
绵阳市游仙区妇女联合会	区妇联
绵阳市游仙区残疾人联合会	区残联
绵阳市游仙区工商业联合会	区工商联
绵阳市游仙区科学技术协会	区科协
绵阳市游仙区红十字会	区红会
中共四川绵阳游仙高新技术产业园区工作委员会、四川绵阳游仙高新技术产业园区管理委员会	游仙高新区党工委管委会
绵阳市游仙经济试验区管理委员会	经济试验区党工委管委会

目 录

特 载

专题纪事

大事记

区情概览

中国共产党绵阳市游仙区委员会

绵阳市游仙区人民代表大会

绵阳市游仙区人民政府

政协绵阳市游仙区委员会

中共绵阳市游仙区纪律检查委员会 绵阳市游仙区监察委员会

民主党派

人民团体

法治　军事

经济管理

开发区建设

农业农村

工 业

交通运输

商贸服务业

金　融

城乡建设与管理

科学技术

文化 旅游

教育　体育

卫生　健康

应急管理

生态环境

社会生活

镇 街道

附　录

中共绵阳市游仙区委常委会工作报告

——在中国共产党绵阳市游仙区第七届委员会第四次全会上

中共游仙区委书记　陈华斌

（2023年1月9日）

2022年是游仙发展历史上极为不易、极不平凡的一年。这一年，我们经历了高温干旱、缺电保供以及多轮新冠疫情冲击，尤其经历了疫情防控和安全生产的严峻挑战，经历了经济持续下行的磨砺洗礼，多重困难叠加、多种风险交织、多条战线作战，可以说是建区30年来任务最艰巨、压力最重、挑战最大的一年。但疾风知劲草，越是艰难越向前。面对挑战，区委坚定以习近平新时代中国特色社会主义思想为指导，深入学习贯彻党的二十大精神和习近平总书记来川视察重要指示精神、省第十二次党代会精神、省委十二届二次全会精神，以及市委八届五次全会精神，团结带领全区广大党员干部群众，始终坚持实事求是，始终保持发展定力，克难奋进、苦干实干，推动游仙负重前行、行稳致远。全区各级党员干部夜以继日冲锋在疫情防控一线、经济发展一线、综治维稳一线，在迎接困难挑战中淬炼了真抓实干、狠抓落实的工作作风，提升了驾驭复杂局面和应对突发事件的能力水平，集聚起了加快建设社会主义现代化游仙的强大合力和强劲动能。

一年来，区委坚持观大势、谋大局、干实事，在全面推进各项工作的同时，重点抓好了三件大事：

一是迎接党的二十大胜利召开、深入学习贯彻党的二十大精神。把迎接党的二十大和学习宣传贯彻党的二十大精神作为首要政治任务和工作主题主线，结合游仙建区30周年，开展“奋进三十年·喜迎二十大”系列活动，营造了同心向党迎盛会、踔厉奋发谱新篇的浓厚氛围。党的二十大胜利闭幕后，及时召开区委常委会（扩大）会议、全区传达学习大会、区委理论学习中心组专题学习会等进行深入学习，制定学习宣传贯彻总体安排，下发通知作出具体部署。将党的二十大精神作为干部教育培训必修课和干部轮训首要内容，分层分类开展系统培训，纳入党政干部政治理论水平考试测试范围和巡察监督重点。全方位、多层次开展党的二十大精神宣讲，组建新时代文明实践、青年、文化文艺、院所专家特色团4个，成立“文艺轻骑兵”

基层文艺宣讲队伍12支，组织志愿者成立送学上门小分队40余支，发放漫画口袋书、小手册1.2万余本，确保广大党员干部群众听得懂、能领会、可落实。充分发挥“直播游仙”App线上宣传阵地作用，组织开展网络宣讲与网络答题赛，通过线上线下宣讲全覆盖，持续引导广大党员干部群众深刻领悟“两个确立”的决定性意义，增强“四个意识”、坚定“四个自信”、做到“两个维护”，自觉把思想统一到党的二十大精神上来、把力量凝聚到党的二十大确定的各项任务上来。

二是以非常举措抓经济、谋发展。面对严峻的疫情防控考验和经济转型发展阵痛，我们始终保持发展定力,把上级决策部署“实化”为全区21项重要工作,区级领导牵头、挂图作战、每月调度，提前3个月完成专项工程拆迁，得到市委主要领导肯定性批示；新增建设用地指标608亩，“土地大托管”经验做法得到国务院领导肯定性批示；激光技术应用产业园实现企业入驻生产，核医疗健康产业园2个项目厂房封顶，城乡供水一体化等项目加快推进，干了一大批打基础、利长远的实事要事。我们扎实开展招商引资攻坚，创新院地协同招商模式，组建“博士招商团”，积极参与“绵品出川”活动，举办中国激光科技创新产业大会、核医学设备产业发展高峰论坛，全年签约国内市外项目28个、签约金额259.69亿元，其中5亿元及以上重点项目17个、签约金额251亿元，预计到位国内省外资金95亿元。我们扎实开展项目建设攻坚，全力服务保障项目落地，中久大光高功率光纤激光器项目等28个项目完工投产，东材科技东林搬迁技改即将进入试生产。精准落实中央、省、市稳经济“一揽子”政策措施，在全市率先出台“两稳一保”十条措施，真金白银拿出1.9亿元，用于解决市场主体和就业群众“急难愁盼”，全区净增市场主体3745家。依托“同心会客厅”，开展“面对面听取意见、实打实解决问题”活动，协调解决问题86个。预计2022年实现区属地区生产总值442亿元、增长5%，一般公共预算收入13.2亿元、增长10.98%，全社会固定资产投资增长7.2%。获评全省县域经济发展先进县、全市高质量发展综合绩效评价“好”档次。

三是全力应对极端天气、新冠疫情冲击。这一年，我们遭受了60年一遇的极端高温干旱天气，伏旱天数突破历史最长，平均气温突破历史最高，降水量历史同期最少，农业灌溉、工业供电、人民生活受到严重的影响；这一年，全区疫情防控形势空前严峻复杂，多轮疫情反复冲击。面对严峻复杂形势，我们深入贯彻落实习近平总书记关于防灾减灾救灾的重要论述，按照“先生活，再生产”的原则，发放让电于民补贴、玉米种植水费等资金260万元，争取中央水利救灾抗旱资金、农业生产救灾资金1400万元，科学调水供水保灌28万亩，统筹调度各类电源，切实保障大电网安全和基本民生用电，齐心协力成功抗击几十年难遇的大旱；严格落实“优化调整防控二十条措施”、“新十条”、新型冠状病毒感染“乙类乙管”总体方案和省委、市委有关部署，加强统筹、科学调度，全力保障物资供应，最大限度保护了群众的身体健康和生命安全。

一年来，区委在抓好上述大事的同时，认真贯彻落实上级各项决策部署，始终保持战略定力，抢抓发展机遇，主要做好了七个方面的重点工作：

一是坚定不移深化院地协同创新。大力践行市委“科技立市”战略，加强院所服务保障，做深做实“五个一”工作制度，开辟绿色通道解决军工院所人才子女、家属就学就业就医。构建“1+4+N”人才新政体系，兑现各类人才资金3600余万元，全区人才总量突破9.5万人。探索“一院所一平台一产业”模式，认真落实“四张清单”，建立科技创新专家库，聘请28名院所专家为游仙院地协同创新提供智力支持，中国科技城航空动力科技创新中心成功入驻20家团队，绵阳科技城光子技术研究院揭牌成立，转移转化成果20项，企业R&D投入、技术合同成交额在全市领先，科技服务业增加值占服务业比重达34.2%，有效发明专利拥有量居全市第一，被确定为“国家知识产权强县建设示范县”。大力推进科技创新产业化，新增科技型中小企业64家、达1114家，新增高新技术企业22家、达72家，高新技术产值占规上工业总产值比重达37.3%。激光技术应用产业园首期和院地协同创新中心基本建成，核医疗健康产业园新入驻项目5个，航空与燃机产业园建设有序推进。

二是聚精会神发展现代产业。大力践行市委“产业强市”战略，扎实开展“园区提质”“企业满园”行动，全力发展新型功能材料产业、物联网设备产业和核技术应用、激光技术应用“两主两特”产业，游仙高新区连续两次在全省143个开发区综合评价考核中名列前三，新增规上工业企业18家、达

139家,被评为“四川省开放发展示范平台”“四川省优秀园区”，预计2022年实现规模以上工业增加值增速4.2%。大力发展现代农业，严格落实耕地保护制度，整治撂荒地3632.93亩，建成高标准农田2.17万亩，蔬菜种业和特色经果林园区纳入省级现代园区培育，获评四川省实施乡村振兴战略工作先进县“回头看”考核优秀等次。加快发展现代服务业，渔人码头提升项目、街子驿站等项目顺利完工，开展“乐享游仙·惠民消费”等促销活动47场，发放消费券资金410万元，激发市场主体投入促消费资金3000万元，前三季度服务业增加值增速一直保持全市第一，预计2022年实现增长5.5%。

三是持续推动城乡融合发展。科学划定“三区三线”，全面推进以片区为单元编制乡村国土空间规划，构建城乡互补、全面融合、共同发展的新型城乡关系，魏城镇建成首批“省级百强中心镇”。始终坚持交通先行，加快推进省道210线、省道416线、省道306线等干道建设，为整治断头路新建农村连接道路30.24千米，乡镇半小时交通圈基本形成。深入实施城乡环境综合提质三年行动，积极开展15个老旧小区和6个棚户区改造攻坚，累计实施城建攻坚项目58个、完成投资50.6亿元。建成首个全省一体化政务服务县级分站点，荣获全省唯一的“2022中国领军智慧城区”奖。大力推进宜居乡村建设，全区行政村生活垃圾有效治理率达到100%，农村无害化卫生厕所普及率、生活污水有效治理率均达95%以上，成功入选“第二批全省乡村水务试点县”。持续壮大村级集体经济，整理复垦闲置宅基地1134亩，全面完成村集体经济消薄任务，31个村级集体经济达10万元以上，成功入选全省合并村集体经济融合发展试点先进区。

四是持之以恒保障和改善民生。始终保持民生经费投入占年度财政总收入的比重在70%以上。坚持把稳就业保就业放在突出位置,实现城镇新增就业6698人、农民工就近就业3.67万人，城镇登记失业率保持在4%以内，预计2022年城乡居民人均可支配收入分别增长6.7%、9%。持续做优富乐教育品牌，新增学位2000余个，义务教育质量继续领跑全市。大力推进健康游仙建设，妇女儿童医院、游仙区人民医院老年医学中心、公共卫生医疗中心建成投用，困难群众重特大疾病医疗救助覆盖率100%。扎实推进巩固拓展脱贫攻坚成果同乡村振兴有效衔接，发放防返贫预警基金135万元，深化全域结对帮扶壤塘县，坚决守住不发生规模性返贫底线。扎实做好困难群体和优抚对象的保障工作，全面建成区、镇、村三级养老服务平台，在全省率先探索“双站双体系”建设，兜紧兜牢民生保障底线。全力推进公共文化事业发展，改造提升村（社区）文化活动室172个。深入打好“水、土、气”三大攻坚战，全区空气质量优良天数率达91.5%，市控断面水质优良率100%，劣Ⅴ类水质全面清零，获评“四川省首批省级生态县”。

五是不断加强民主法治建设。坚持党的领导、人民当家作主、依法治国有机统一，积极发展全过程人民民主。支持人大及其常委会依法行使权力，全面完成省市区级人大代表票决民生实事41项，游仙区连续两年被评为全省“宣传人民代表大会制度”工作先进单位。支持政协组织依照章程履行职能，成功打造“寇妈说事”“枧爱·微协商”等协商议事平台，推动政协协商与基层协商有效衔接。支持民主党派加强自身建设，做好新的社会阶层人士、民族宗教等各领域统战工作。健全党委统一领导下的“大群团”工作制度，支持工会、团委、妇联、侨联等广泛开展各具特色的群团活动。纵深推进法治游仙建设，组织实施“十件法治为民实事”，积极争创全省法治政府建设示范区，“一核三治微治理”等多项法治建设工作成果在全省推广，“一委两员”模式等相关经验做法被《法治日报》《四川司法》宣传报道。

六是统筹抓好发展和安全。坚持把政治安全放在首要位置，严厉打击敌对势力渗透、破坏、颠覆、分裂活动。认真落实安全生产“十五条硬措施”，持续开展安全生产“大排查、大整治、大曝光”行动，全年未发生较大及以上安全生产事故。健全应急抢险预案，游仙高新区专职消防救援站建成并投入执勤备战。坚持和发展新时代“枫桥经验”，扎实推进市域社会治理试点，排查各类矛盾纠纷1892件，化解中央、省“治重化积”交办件8件。严厉打击违法犯罪，常态化开展扫黑除恶斗争，全区刑事案件、治安案件发案率同比分别下降31%、16.8%，连续两年被评为“全省平安建设工作先进区”。

七是纵深推进全面从严治党管党。全面加强党对思想政治工作的领导，持续深化理论学习，全面落实意识形态工作责任制。抓实“党支部标准工作法”和“基层党建绩效管理”，全面推行基层党建“导师帮带”制和“学历提升行动”，扎实开展党务突出问题排查整治，承担中组部党建引领乡村治理试点和省级网约车行业党建试点，新桥镇胜利村党委获评省级（5A）先进村党组织。鲜明“公道正派、人岗相适、群众公认”用人导向，从急难险重一线提拔使用优秀干部32名。实施作风能力攻坚，大力开展干部培训赋能行动，广泛开展“业务大练兵”微讲堂和“能力大比拼”系列活动，先后选派300余名优秀干部到招商引资、专项拆迁等重点岗位锻炼，推荐11名年轻优秀干部到国家部委、省级部门挂职锻炼。持之以恒正风肃纪，坚持以案促改，创新开展“一把手”晒评述，聚焦年轻干部分层分类开展“首扣教育”“家庭助廉”，开展“作风问诊”73场，通过“听音问廉绵州行”“清风护民”行动解决“急难愁盼”116件，查处群众身边的腐败和作风问题21人。深化政治体检，完成常规巡察2轮，开展机动巡察1轮，移送问题线索9条。开展审计整改工作专项行动，完成问题整改383个。

一年来，区委常委班子带头加强政治建设，坚定拥护“两个确立”、坚决做到“两个维护”，始终同以习近平同志为核心的党中央保持高度一致。带头强化理论武装，坚定用党的创新理论统领游仙工作，深入学习贯彻习近平总书记对四川工作系列重要指示精神，开展区委理论学习中心组集体学习6次。带头强化责任担当，召开常委会会议42次，研究部署全区重大工作，示范带动全区党员干部在攻坚克难中不断开创工作新局面。带头厚植为民情怀，落实区级领导联系镇（街道）工作机制，帮助基层和群众解决实际困难。带头严肃政治生活，坚持民主集中制，增进班子团结，以身作则带动全区政治生态持续巩固向好。

过去一年取得的成绩，是市委坚强领导的结果，是全区各级党组织和广大党员干部拼搏实干的结果，是全区人民群众团结奋斗的结果。特别是在座各位同志在各自岗位认真履职尽责、勇于担当作为，对区委常委会工作给予了大力支持，为游仙各项事业发展作出了积极贡献。在此，我代表区委常委会，向同志们表示衷心的感谢！

在总结工作的同时，区委常委会认真分析了工作中存在的问题和不足。主要是全区经济总量还偏小，质量不高，财政收入占地区生产总值比例偏低；产业还不够强，总量偏少，效益偏差；民生领域还存在不少短板，防范化解重大风险的意识和能力还需进一步增强，党的建设还存在薄弱环节，党风廉政建设和反腐败斗争形势依然严峻复杂。对于这些问题和不足，我们将在今后的工作中切实加以解决。

绵阳市游仙区人民代表大会常务委员会工作报告

——在绵阳市游仙区第七届人民代表大会第三次会议上

绵阳市游仙区人大常委会主任 何守君

（2023年2月8日）

2022年工作回顾

过去的一年，既是区七届人大常委会全面履职的第一年，也是区七届人大代表全面履职的第一年。一年来，在区委的坚强领导下，区人大常委会始终坚持以习近平新时代中国特色社会主义思想为指导，始终坚持党的领导、人民当家作主、依法治国有机统一，深入践行全过程人民民主，紧跟党中央和省委、市委、区委决策部署，紧贴人民群众对美好生活的所愿所盼，紧扣“三大目标”“三大战略”“三大攻坚”用劲发力，牢记使命担当，依法履职尽责，躬身服务大局。全年听取审议“一府一委两院”专项工作报告29个、依法作出决议4个，组织开展执法检查5次、视察调研13次，依法选举和任免国家机关工作人员64人，全面完成宪法法律赋予的职责，圆满完成区七届人大二次会议确定的各项任务，为推动全区经济社会高质量发展和民主法治建设作出了人大新贡献。

过去的一年，我们深学细悟、真信笃行，以政治建设引领人大工作跃升新境界。始终把学习宣传贯彻党的二十大精神作为首要政治任务，认真开展集中宣传和宣讲，自觉以习近平新时代中国特色社会主义思想领航定向、指导实践，自觉以党的二十大精神武装头脑、指引工作，坚定不移在思想上政治上行动上同以习近平同志为核心的党中央保持高度一致，坚定不移做“两个确立”的忠实拥护者。坚持把政治理论学习列为党组会议、机关会议的第一议题，时刻把“四个意识”“四个自信”“两个维护”落实到人大工作各方面。始终坚持党对人大工作的全面领导，主动向区委请示报告重大事项19件，时刻把党的领导贯穿到人大工作各领域。充分发挥区人大常委会党组把方向、管大局、保落实的领导作用，加强组织建设，修订完善党组会议制度，机关党组织建设有效加强。

过去的一年，我们围绕中心、服务大局，助推经济社会高质量发展取得新成效。始终把推动党中央和省委、市委、区委决策部署落地见效作为重要任务，全面落实区委印发的《区人大常委会2022年工作要点》，统筹运用审议、视察、调研、执法检查等监督方式，高质量完成35项年度监督工作任务，以强有力的监督，助推游仙发展。一是实行正确监督，充分汇聚干事合力。积极创新人大与政府工作对接机制，就人大代表建议办理、区级预算联网监督、城乡供水一体化、农村通组道路建设等10项工作，向区人民政府提出工作建议19条，寓支持于监督之中，高效推动人大工作与政府工作同向发力。认真落实区级领导联系重点项目制度，有力保障了核医疗健康产业园顺利推进。二是实行有效监督，助力经济平稳运行。密切配合市人大常委会开展“园区提质”“企业满园”联动监督，听取审议国民经济计划执行、营商环境工作情况报告，专题听取项目投资工作情况报告，连续两年跟进视察蔬菜种业园区建设情况，深入调研科技服务业创新、农村断头路整治情况，依法批准2022年财政预算调整方案，加强国有资产管理监督，持续跟进审计查出问题整改情况监督，形成调研报告4个，提出审议意见41条。圆满完成第十届科博会对口服务工作。三是实行依法监督，保障法律有效实施。组织对《中华人民共和国道路交通安全法》《四川省粮食安全保障条例》等5部法律法规实施情况开展执法检查，创新引入问卷调查，同步开展普法宣传，提出意见建议11条。认真落实《中华人民共和国监察法》赋予的法定职责，首次听取审议区监察委员会信息化监督工作报告，提出加强信息化监督平台数据应用等审议意见3条。听取审议区人民法院执行工作和基层人民法庭建设情况报告、区人民检察院民事行政检察和控告申诉检察工作情况报告，提出审议意见8条。备案审查规范性文件22件。受理并督办群众来信来访51件次。

过去的一年，我们守正创新、紧贴民心，深入践行全过程人民民主彰显新作为。始终把以人民为中心贯穿到人大工作的各环节、各方面，探索推进全过程人民民主的游仙实践。一是办好区级民生实事项目，充分倾听人民呼声。灵活采取线上问需、基层走访、专题座谈等方式广泛征集民生实事候选项目，经区七届人大二次会议全体代表票决产生正式项目10个，优化完善五级联动监督机制，成立4个监督小组、落实10名监督专员、邀请80名区人大代表全程参与民生实事项目监督，组织开展视察调研等监督活动40余次，提出意见建议70余条，10个区级民生实事人大代表票决项目全部按承诺时限顺利完成。我区民生实事人大代表票决制工作得到省人大、市人大的充分肯定，海口市人大、马尔康市人大等专程来游考察学习。二是拓宽群众参与立法渠道，有效凝聚人民智慧。富乐街道、魏城镇分别被纳入省、市人大常委会基层立法联系点，创新建立基层立法“能人”库、法治“能人”宣讲团，试点建成沈家坝下街“民意直通车”，高效完成《四川省民族团结进步条例（草案）》《绵阳市物业管理条例（草案）》等17部法规修订意见征集工作，多方收集群众原汁原味意见建议319条，不断拓展公众有序参与地方立法途径。三是积极解决急难愁盼问题，主动回应人民期待。专题审议常态化疫情防控、妇女儿童权益保护、医保基金监管、“双减”工作情况报告，提出审议意见21条，助力解决群众关心、社会关注的热点焦点难点问题。组织开展安全生产监督管理责任落实情况专项监督，提出审议意见5条，助力守牢安全底线。连续5年审议年度环境质量状况和环境保护目标完成情况报告，组织部分区人大代表深入魏城河麻石桥水源保护地、芙蓉溪乡村旅游环线现场点、余家溪污水混排治理点，现场查看生态环境保护工作情况，提出审议意见4条，助力打赢蓝天、碧水、净土保卫战。

过去的一年，我们履职为民、献计出力，为充分发挥代表主体作用注入新活力。充分发挥代表接地气、察民情、聚民智的积极作用，着力推进代表履职制度建设，不断激发代表依法履职的责任感、使命感、荣誉感，主动践行“人民选我当代表、我当代表为人民”的承诺。创新开展“三联”活动，组织各级代表500余人次开展走访、座谈等联系群众活动1300余次，建立涵盖四大类14项指标的代表履职档案系统，明确代表履职7项法定义务，有序引导各级代表参与“坝坝会”“群众接待日”等活动，帮助解决群众身边的急事、难事160余件。因地制宜推进285个代表活动阵地建设，规范建立学习、议事等管理制度，初步构建起“定期接访、随机走访、及时回访”的履职机制，创新在富乐街道开展代表双听座谈会和代表年度述职活动。制定代表活动经费管理使用办法，有力保障代表依法履职。积极主动做好省人大代表、市人大代表联络工作，组织游仙选区的市人大代表对核医疗健康产业园、激光产业园、游仙妇女儿童医院第二院区等经济民生项目开展集中视察，圆满完成省、市人代会联络对接和服务工作。健全完善代表建议精准交办、全程催办、一线督办长效制度，将区七届人大二次会议期间收到的代表建议，精准分解至26个责任单位牵头办理，定目标、定责任、定时限，合力推动办理工作由重满意率向重办成率转变，53件代表建议全部按时办结，办成率显著提高。

过去的一年，我们冲锋在前、奋战一线，助力打赢疫情防控阻击战取得新胜利。区人大常委会始终坚持人民至上、生命至上，闻令而动，积极作为，在疫情防控一线展现新时代游仙人大的政治自觉和使命担当。区人大常委会班子成员始终把人民生命安全和身体健康放在第一位，按照区委安排，区人大常委会主要领导牵头顺利完成魏城镇疫情防控应急处置工作，区人大常委会全体机关干部积极响应号召，就近加入志愿服务队伍，迅速投入信息采集、物资运送、秩序维护、值班值守等志愿服务活动，全力守护人民群众生命健康安全。区人大代表充分发挥密切联系群众的优势，作示范、当表率，开展集中宣传活动30余场次，主动捐资捐物价值20余万元，在疫情防控一线展现代表风采，以实际行动为打赢疫情防控阻击战贡献人大力量。

过去的一年，我们紧贴时代、强基固本，奋力开创新时代游仙人大工作新局面。深入贯彻落实习近平总书记关于建设“四个机关”的重要论述，准确把握新时代赋予人大工作的新使命，以争当“五个表率”为引领，持续深入加强人大自身建设。坚持以高质量党建工作引领新时代游仙人大工作，区人大常委会党组充分履行管党治党根本政治责任，严格落实党内政治生活制度，组织开展“潜心静气品书香·以赛促学润党性”知识比拼等活动，持续加强对党的二十大精神的学习宣传贯彻，进一步筑牢信仰之基、把稳思想之舵。全面修订完善区人大常委会议事规则等11项制度，制定出台进一步提高区人大常委会会议质量等制度性文件。为区人大4个专门委员会配备兼职委员12名，实行区人大常委会领导分片联系基层人大制度，区镇两级人大依法履职能力有效提升。广泛宣传人大制度、传播人大声音，我区连续两年被省人大常委会办公厅评为“宣传人民代表大会制度”工作先进单位。压紧压实党风廉政建设和意识形态工作责任制，定期开展谈心谈话，树立知敬畏、存戒惧、守底线的行动自觉。大力践行“一线工作法”，将作风建设融入日常、抓在经常，深入开展“听音问廉”活动，10个人大委室走进群众察民情、听民意、送政策，积极畅通服务群众渠道。

各位代表，2022年是游仙发展历程上极不平凡的一年。区人大常委会取得的这些成绩，是区委坚强领导的结果，是各位人大代表、区人大常委会全体组成人员依法履职的结果，是“一府一委两院”积极配合、主动接受监督的结果，是全区人民和社会各界大力支持的结果。在此，我谨代表区人大常委会，向全体人大代表和人大工作者，向长期以来关心、支持游仙人大工作的各位同志和社会各界人士，表示衷心的感谢，并致以崇高的敬意！

在总结成绩的同时，我们也清醒地看到，我们的工作与区委的要求和人民的期望相比，还存在一定差距，主要表现在：“刚性”监督的力度还有待进一步加大；代表履职能力还有待进一步提升；意见建议办成率还有待进一步提高；依法行使重大事项决定权还需进一步探索。我们将高度重视问题和不足，虚心听取各方面的意见和建议，不断加强和改进新时代游仙人大工作。

各位代表，人大事业是接续奋斗、薪火相传的崇高事业。游仙建区30年，一代代游仙人大干部、一届届游仙人大代表，为了游仙发展、为了游仙人民作出了不懈努力、付出了辛勤汗水，形成了艰苦奋斗、甘于奉献、砥砺奋进、躬身为民的游仙人大精神，值得永远铭记、赓续传承。30年后的今天，我们要以高度的历史使命感，发扬好、传承好我区人大工作积累的成功经验，守正创新，担当实干，努力创造出无愧于党、无愧于人民、无愧于时代的辉煌业绩。

2023年工作安排

今年，既是贯彻落实党的二十大精神的开局之年,也是实施“十四五”规划承上启下的关键之年。新征程、新形势、新任务，对加强和改进新时代地方人大工作提出了新的更高要求。我们要毫不动摇坚持党的全面领导这一最高政治原则，牢牢把握坚持和完善人民代表大会制度这一根本政治制度，深刻践行和发展全过程人民民主这一社会主义民主政治的本质要求，突出鲜明主题，把牢职责定位，围绕中心工作，锚定重点任务，以实实在在的工作成效扛起新时代游仙人大工作新使命。

今年，区人大常委会工作的总体要求：坚持以习近平新时代中国特色社会主义思想为指导，全面贯彻党的二十大、省委十二届二次全会、市委八届五次全会、区委七届四次全会精神，坚持党的领导、人民当家作主、依法治国有机统一，深入践行和发展全过程人民民主，依法做好监督、决定、任免、代表等工作，全面提升新时代游仙人大工作质量和水平，为加快建设具有全国影响力的国防科技工业强区、奋力谱写社会主义现代化游仙新篇章作出新的更大贡献。

今年，区人大常委会将重点抓好以下五个方面的工作：

一、以更高的站位坚定前进方向，旗帜鲜明讲政治，始终坚持党对人大工作的全面领导

坚持党对人大工作的全面领导，是做好新时代地方人大工作的根本保证。我们将把旗帜鲜明讲政治作为首位要求，用坚如磐石的信仰彰显人大本色。一是铸造绝对忠诚的政治品格。坚持把学习贯彻习近平新时代中国特色社会主义思想和党的二十大精神作为首要政治任务，更加自觉地衷心拥护“两个确立”，把增强“四个意识”、坚定“四个自信”、做到“两个维护”体现在围绕中心、服务大局的政治站位上，体现在发挥人大作用、助推游仙发展的工作实效上，确保人大工作沿着正确的方向前进。二是增强紧紧跟随的政治自觉。坚持把党中央和省委、市委、区委决策部署

作为人大监督、决定、任免、代表等工作的政治依据、行动方向和指导原则，坚持重要会议、重要工作、重大事项向区委请示报告制度，坚持党管干部原则和人大依法任免有机统一，做到区委工作重心在哪里，人大工作就跟进到哪里，职能作用就发挥到哪里，确保人大工作始终在党的领导下卓有成效地推进。三是涵养坚如磐石的政治定力。继续坚持把政治理论学习列为第一议题，严格执行区人大常委会党组会议制度，继续采取党组带头学、机关集中学、干部定时学的联动学习机制，学出忠诚、学出信仰、学出担当，深刻感悟党的创新理论的真理力量、实践力量、人格力量，确保人大工作全面贯彻党的基本理论、基本路线、基本方略,以高质量党建引领新时代地方人大工作。

二、以更大的力度增强监督质效，和衷共济谋事业，竭尽所能服务游仙高质量发展大局

助推经济社会高质量发展，是做好新时代地方人大工作的法定职责。我们将把和衷共济谋事业作为第一要务，用务实有效的监督展现人大作为。一是选准靶向监督的角度，增强监督精准性。紧扣区委七届四次全会确定的目标定位、实施路径，聚焦建设具有全国影响力的国防科技工业强区，紧盯国民经济计划执行、财政预决算管理等法定监督事项，加快预算联网监督系统建设，围绕“十四五”规划中期评估和“园区提质”“企业满园”等重点任务，突出营商环境、教育卫生、文化旅游、社会保障、就业创业、环境保护等群众和社会关注的重大问题，统筹运用调研视察、执法检查、会议审议等监督方式，力求把现状摸清摸透、把问题落细落小、把建议提实提准，助力锻造产业“长板”、补齐民生“短板”。二是加大刚性监督的力度，增强监督实效性。探索实施问效式监督、点穴式监督，选择1—2个事关全区长远发展、关系群众切身利益的大事要事，有效运用专题询问“刚性”监督方式，不断增强人大监督的严肃性、实效性。紧扣法律规定，突出法律责任，加强“八五”普法宣传和规范性文件备案审查，强化法律实施情况执法检查，促进“一府一委两院”依法行政、依法监察、公正司法。三是拓展跟进监督的深度，增强监督系统性。进一步延伸监督触角、补强监督链条、构建监督闭环，用好满意度测评方式，直观、量化地反映“一府一委两院”依法接受监督情况，打好监督“组合拳”。坚持区镇人大上下联动，完善区人大常委会领导分片联系基层人大制度，加强对镇、街道、园区人大法定会议、代表活动等工作指导，常态邀请基层人大负责人列席区人大重要会议，大力提升全区人大监督工作整体水平。

三、以更实的举措发挥制度优势，开拓进取敢创新，积极探索全过程人民民主游仙实践

大力践行和发展全过程人民民主，是做好新时代地方人大工作的使命责任。我们将把开拓进取敢创新作为不竭动力，用生动鲜活的实践书写人大答卷。一是扩大公民有序政治参与，有效保障人民权利。始终牢记“江山就是人民，人民就是江山”，充分发挥人民代表大会制度作为实现全过程人民民主的重要制度载体作用，把人民当家作主生动地落实到依法履职各环节，保证人民依法享有的知情权、参与权、表达权、监督权，具体地体现在人大工作全过程。二是发挥人大代表主体作用，充分反映人民意愿。时刻谨记“人民选我当代表，我当代表为人民”的承诺，发挥人大代表“家、站、点”主渠道作用，探索开展定期接待选民活动，轮流组织代表进家、入站、驻点履职，开通反映群众所思、所想、所盼的“民意直通车”，积极推广石马“见4说事”、魏城“代表坐班”、富乐“居民议事会”等各级代表联系服务群众的创新经验，打通联系服务群众“最后一米”，打造更多具有游仙特色的代表履职品牌。三是拓展民主民意表达渠道，广泛凝聚人民智慧。依托省、市人大常委会基层立法联系点建设，有效推动法治、自治和多元共治协调发展。充分发挥代表之家、代表联络站等民主民意表达平台作用，优化完善“三联”制度，组织开展“线上+线下”代表联系选民活动，探索扩大问卷调查等收集民意新方式，适时邀请公民旁听人大会议，把基层和群众“沾泥土”“带露珠”“冒热气”的想法收集上来。四是办好区级民生实事项目，不断增进人民福祉。坚持把民生实事人大代表票决项目作为年度监督工作重点，深化完善“联席议事、专项视察、会议审议、代表测评”的监督机制，捏合监督专员、责任委室、人大代表、人民群众等多股监督力量，深化监督机制，创新监督方式，强化监督力度，让项目监督更加高效、项目实施更富成效，努力把民生实事人大代表票决制工作打造成践行和发展全过程人民民主的游仙实践样板。

四、以更优的服务保障代表履职，尽心尽责勇担当，进一步加强同人民群众的紧密联系

服务和联系人民群众，是做好新时代地方人大工作的不变初心。我们将把尽心尽责勇担当作为评判标准，用奋发有为的履职诠释人大情怀。一是构建完善系统的代表履职制度。健全代表定期学习培训制度，每年至少开展一次政治教育、法律学习、能力提升专题培训，引导各级代表站稳政治立场、严守政治纪律，有效提升代表服务群众、引领发展、参政议政能力。健全完善代表参加活动、联系群众、服务发展等履职管理制度，进一步完善代表履职评价体系和激励机制，激发代表担当意识和履职热情。二是开展丰富有效的代表履职活动。认真组织闭会期间代表活动，常态化邀请代表列席人大会议，参加调研视察、执法检查、民生实事票决项目监督等活动，让代表充分参与人大重要工作、重大活动，进一步拓宽代表知情知政渠道。深化“四个一”履职制度，拓展“人大代表在行动”实践活动，为群众排忧解难、为发展献计出力，真正做到民有所呼、我有所应。三是拓展多元互补的代表履职渠道。优化议案和建议、意见、批评办理制度，构建“办前询访、办中走访、办后回访”办理流程，完善督办机制，提高办理实效。依托“游仙人大”信息化平台，加快代表线上履职渠道建设，整合法律解读、政策宣传、代表信息、履职动态、建议办理、联系群众等功能模块，探索构建“线上＋线下”履职模式。

五、以更严的要求加强自身建设，始终如一守清廉，持续提升新时代地方人大履职能力

大力提升履职能力和服务水平，是做好新时代地方人大工作的坚强保障。我们将把始终如一守清廉作为立身之本，用严于律己的自觉塑造人大形象。一是严以立信，做对党忠诚的老实人。全区人大系统、人大代表要坚持学深悟透习近平新时代中国特色社会主义思想，深研细读党的二十大精神，自觉在思想上政治上行动上同以习近平同志为核心的党中央保持高度一致，坚定信念跟党走、听党话、感党恩，用实际行动诠释对党的绝对忠诚，努力打造让党放心、人民群众满意的政治机关、国家权力机关、工作机关、代表机关。二是严以立德，做遵规守纪的带头人。全区人大系统、人大代表要时刻把法纪规矩挺在前面，作好表率、谨言慎行，带头遵守法律纪律，带头遵守乡规民约，带头维护公序良俗，带头接受监督，心存敬畏，公道正派，守住道德底线，不越法纪红线，以自身行动维护风清气正的政治生态，努力建设政治坚定、服务人民、尊崇法治、发扬民主、勤勉尽责的游仙人大队伍。三是严以立志，做为民服务的贴心人。全区人大系统、人大代表要时刻牢记手中的权力是人民赋予的，要代表人民切实履行好监督权、决定权、任免权。要牢牢把握人民当家作主这个社会主义民主政治的本质和核心，把全过程人民民主贯彻到依法履职各方面，努力使每一次监督、每一项决议都体现人民心声、维护人民权益、增进人民福祉。

各位代表，风正时济，自当扬帆破浪；任重道远，更需策马加鞭。让我们更加紧密地团结在以习近平同志为核心的党中央周围，在区委的坚强领导下，以时不我待的责任意识、人民至上的真挚情怀，踔厉奋发、勇毅前行，埋头苦干、拼搏实干，全力开创新时代游仙人大工作新局面，为加快建设具有全国影响力的国防科技工业强区、奋力谱写社会主义现代化游仙新篇章作出人大新贡献！

名词解释

1.“三大目标”：到2026年，全区经济实力大幅提升，科技实力大幅提升，群众获得感、幸福感、安全感大幅提升。

2.“三大战略”：科技创新战略、制造升级战略、城乡融合战略。

3.“三大攻坚”：项目建设攻坚、招商引资攻坚、作风能力攻坚。

4.“一府一委两院”：“一府”指人民政府，“一委”指监察委员会，“两院”指人民法院、人民检察院。

5.“双减”：有效减轻义务教育阶段学生过重作业负担和校外培训负担。

6.“三联”：每名区人大常委会组成人员联系2名区人大代表、每个区人大专门委员会和区人大常委会办事工作机构联系5名区人大代表、每名区人大代表联系1名群众。

7.“四个一”：每年走访一次联系代表、报告一次联系情况、开展一次述职活动、评选一批优秀代表。

8.“四个机关”：习近平总书记在中央人大工作会议上指出，各级人大及其常委会要成为自觉坚持中国共产党领导的政治机关、保证人民当家作主的国家权力机关、全面担负宪法法律赋予的各项职责的工作机关、始终同人民群众保持密切联系的代表机关。

绵阳市游仙区人民政府工作报告

——在绵阳市游仙区第七届人民代表大会第三次会议上

绵阳市游仙区人民政府区长　韩晓清

（2023年2月8日）

2022年工作回顾

刚刚过去的一年，是迎难而上、砥砺奋进的一年。这一年，我们坚定以习近平新时代中国特色社会主义思想为指导，深入学习贯彻党的二十大精神和习近平总书记来川视察重要指示精神，省第十二次党代会、省委十二届历次全会，市第八次党代会、市委八届历次全会，区第七次党代会和区委七届历次全会精神，认真落实“疫情要防住、经济要稳住、发展要安全”重要要求和“讲政治、抓发展、惠民生、保安全”工作总思路，紧扣“四化同步、城乡融合、五区共兴”[1]总抓手，全力以赴拼经济、搞建设，抓投资、促消费，稳增长、保就业，较好地完成了区七届人大二次会议确定的目标任务。2022年，实现辖区地区生产总值480亿元、增长4.5%，区属地区生产总值448.64亿元、增长4.6%，辖区一般公共预算收入15.75亿元，区属一般公共预算收入13.26亿元、同口径（剔除留抵退税因素影响）增长15.79%，城乡居民人均可支配收入分别增长4.4%、6.5%。全区经济社会呈现平稳健康发展态势，被省委、省政府评为县域经济发展先进县（区）[2]，用实干交出了一份高质量发展答卷。

这一年，我们心系国之大者，院地协同创新成果丰硕。

创新基础更加巩固。围绕某重大装置等一批国家重大科技项目建设、重大科研项目攻关，主动对接服务保障国防科研院所，开展对接147次，解决院所问题23个，提前3个月完成某专项工程拆迁，安置点建设稳步推进，为国防科技工作营造了安全稳定的周边环境。

创新平台成果丰硕。航空动力科技创新中心成功招引北京航空航天大学等团队20家，光子技术研究院挂牌成立，核医药研究院加快建设，中科院空天信息创新研究院签约落地，科技创新新动能加速汇聚。全年新增省市企业技术中心9家、市级重点实验室1家。

创新成果加速转化。推进院地双向赋能，成功转化核燃料芯块真密度自动测量仪研发及产业化等项目20项，促成民口企业配套院所项目10项。省科技厅支持游仙建设省级科技成果转移转化示范区。

创新产业蓬勃发展。激光产业园一期入驻项目13个，中久大光高功率光纤激光器项目全面投产；核医疗健康产业园一期入驻项目4个，二期集中签约项目10个、开工4个；航空与燃机产业园加快筹建，已签约落地项目4个。新申报高新技术企业28家，新增市级科技型中小企业64家、国家知识产权优势企业3家总数达6家。高新技术产业主营业务收入达147亿元，企业R&D研发投入[3]4.2亿元。有效发明专利拥有量全市第一，被确定为国家知识产权强县建设示范县。核技术应用产业集群列为全省16个战略性新兴产业集群之一。“一院所一平台一产业”模式被《人民日报》、新华社客户端，以及省委改革办、省委军民融合办刊发报道。

创新生态持续优化。出台“支持科技创新若干措施”、富乐“1+4+N”人才新政[4]，建成首批“科技创新专家库”“院地企协同双招双引专家人才智库”，建立6个人才持股平台，引进培育高层次人才创新创业项目11个，发放支持科技创新、人才奖补资金5000余万元，落实人才落户、就医、子女就学等需求127件次，发放“富乐人才悦享卡”29张。“政产学研用”优势互补、协同发展的创新生态体系加速构建，科技创新经验做法在全省推广。

这一年，我们聚焦第一要务，经济发展质量稳步提升。

项目投资较快增长。开展项目建设攻坚行动，实施省市区重点项目60个总投资391.53亿元，放射药研发生产基地等29个项目开工建设，世诺科技重力离分散器等28个项目建成投产，全社会固定资产投资完成227.93亿元。先进材料中小微产业园、高新企业加速器等项目6次获评全市“骏马项目”[5]，入围全省项目前期工作综合考评县50强。对上争取各类项目资金32.45亿元，成功申报政策性金融工具项目4个总投资24亿元。

先进制造业稳步发展。实施制造升级战略，以“链长制”[6]为抓手，培育壮大优势产业集群。中科成环保、太极绵药、绵阳雅化等重点企业发展迅速，东材科技产值首次突破50亿元，成长为“镇园之宝”。新增专精特新企业17户、规上工业企业18户。全年工业投资增长10%，技改投资增长15.8%。大力推进“园区提质”“企业满园”行动[7]，园区主导产业集中度达87%，激光技术应用产业园入围全市首批特色（专业）园区名单，移柯物联网设备产业园入围全市首批特色（专业）园区培育名单，游仙高新区在全市园区高质量发展大会现场观摩评价中位列第二，被评为“四川省开放发展示范平台”“全省优秀园区”。组建制造业、核技术应用、激光技术应用等三只产业发展基金，总规模达10亿元。

现代服务业加速复苏。加快特色商业街区建设，渔人码头提升、新桥驿沸腾川里火锅城、街子驿等项目全面建成。举办2022年“云上文旅”首演活动，开展“乐享游仙·惠民消费”“迎新年·促消费·万人云逛街”等促销活动47场，发放消费券410万元，引导市场主体投入促进消费资金3000万元。实施“转企升规”行动[8]，入库服务业企业41家、商贸企业34家，实现“个转企”12家，新增规上科技服务业企业3家。规上科技服务业主营业务收入增长60%，服务业增加值增长6.1%，实现电子商务交易规模820.73亿元、网络零售额32.94亿元。

现代农业加快发展。严格落实耕地保护制度，整治撂荒耕地3632.93亩，建成高标准农田2.17万亩，粮食播面58万亩、粮食总产量24.7万吨，粮食面积、总产、亩产实现“三增长”。加快建设现代农业园区，启动“川菜硅谷·百里菜廊”建设，发展蔬菜种植基地1.5万亩，冬油菜区获第二批国家农作物品种展示评价基地认证，蔬菜种业园区顺利通过省级培育园区中期考核，优质粮油现代农业园区建成市级现代农业园区，新增市级农业产业化龙头企业2家、新培育家庭农场174家。深入实施“三品”工程[9]，新认证“三品一标”[10]农产品4个、总计139个。全年出栏生猪20万头，第一产业增加值增长4.5%。

这一年，我们致力城乡融合，区域人居环境持续优化。

城市更新加速推进。坚持现代公园城市理念，统筹推进小枧、石马等六大片区城市有机更新，稳步推进七姓坝、朝阳厂等6个棚户区和富乐小区等15个老旧小区改造。深入开展城乡环境综合提质三年行动，富乐街道、涪江街道获评绵阳市“十佳街道”。整治安全隐患自建房屋718栋、破损城市桥梁19座、破损城市道路21条，拆除违建4.81万平方米，增植绿地2.57万平方米，建成口袋公园[11]4个。全年实施教育卫生、园区建设、市政基础设施等领域城建攻坚项目58个、完成投资50.6亿元。建筑业总产值增长7.4%，房地产投资增长33.9%。科学划定“三区三线”[12]，不断拓展城市发展空间。高标准推进数字游仙建设，获评“2022中国领军智慧城区”。

乡村振兴成效明显。扎实推进巩固拓展脱贫攻坚成果同乡村振兴有效衔接，获评全省实施乡村振兴战略先进区“回头看”工作优秀等次。开展农村集体土地确权登记，在全市颁发首本集体建设用地使用权、流转林地经营权不动产权证书。大力推进村集体经济融合发展，获评全省合并村集体经济融合发展试点先进区，列为全省县域内城乡融合发展改革试点、全省解决农村土地细碎化问题试点，连续五年荣获全省农经工作典型区。魏城镇获评“省级百强中心镇”，新桥镇入选“省级百强中心镇”候选镇名单。持续开展农村人居环境整治，生活垃圾有效处置村达100%，生活污水处理村达95.4%，农村户用卫生厕所普及率达99.2%。盐泉镇玉溪村获评省级乡村振兴重点帮扶优秀村。信义镇白马村、仙鹤镇石龙村等14个村列入四川传统村落名录。游仙黄荆面、严家土榨油坊入选四川省第三批农村生产生活遗产名录。

基础设施建设加快。围绕建设绵阳东部交通枢纽目标，积极支持成绵苍巴建设、绵广高速扩容，加快推进省道210线、省道306线、省道416线前期工作。农村路网不断优化，建成美丽乡村路17.8千米、通组道路30.24千米、撤并建制村畅通工程58.83千米、村道生命安全防护工程53千米，新建桥梁4座，改造危桥12座。城乡供水一体化项目顺利开工，实施魏城河广济堰段等防洪治理工程17.79千米，除险加固病险水库18座，成功入选全省第二批乡村水务示范县。“宽带乡村”建设纵深推进，重点镇5G网络和村级光纤宽带、4G网络覆盖率达100%。新建10千伏配电线路286.5千米、变压器145台，用电保障能力持续提升。

生态环境持续改善。全面推行城市空气质量达标管理，在全市率先完成温室气体清单编制。全力推进河湖治理，扎实开展入河排污口整治，县级以上集中式饮用水水源地水质达标率、市控断面水质达标率、水功能区考核断面水质优良比例均达100%。完成新桥镇、忠兴镇农用地土壤污染状况调查工作，全区土壤环境质量总体保持稳定。

这一年，我们深化改革开放，经济发展动能明显增强。

深化改革蹄疾步稳。围绕成渝地区双城经济圈建设县域集成改革试点、镇村建制调整改革“后半篇”文章等重大改革任务，稳步推进农村集体经营性建设用地入市等61项改革任务，20余项改革经验在国省市推广。深化农村土地制度改革，“土地大托管”经验做法得到国务院领导肯定性批示，在《四川改革专报》《四川三农》刊发。

对外开放成效明显。建立健全招商引资推进机制，编制核技术应用、新型功能材料等6个产业图谱、招商地图，成功举办中国激光科技创新产业大会、“创新金三角·智汇科技城”、核医学设备产业发展高峰论坛暨中外专家绵阳行，签约华工激光、中久新光等项目28个金额259.69亿元，其中5亿元以上项目17个金额251亿元。组织53家企业参加“绵品出川”厦门行、东莞行、苏州行，成交额6.3亿元。紫东食品、高达科技入选首批全省千户重点外贸企业培育工程名录，游仙高新区荣获四川省外贸转型升级基地和省级开放发展示范平台称号。

营商环境优化提升。成立“稳经济”政策落实办公室，在全市率先出台“两稳一保”[13]十条措施，兑现企业奖补扶持资金8418万元，发放稳岗返还、企业纾困资金832.9万元，发放扶持创业担保贷款1837万元，金融机构为中小微企业提供融资担保贷款64.52亿元，全年减税降费及退税缓税缓费累计12.12亿元，政策红利直达市场主体。扎实开展“暖企”行动[14]，做实“同心会客厅”，面对面、实打实解决企业问题86个。在全市率先设立让电于民期间鼓励工业企业自行发电生产补贴和应对极端天气支持农业生产补贴资金，累计发放补贴260万元，争取中央水利救灾抗旱资金、农业生产救灾资金1400万元。全年净增市场主体3745家，累计达到38061家。建成全省一体化政务服务平台首个县级分站点，魏城镇、忠兴镇、游仙街道便民服务中心被评为省级示范便民服务中心。

这一年，我们着力改善民生，群众“三感”[15]日益增强。

民生实事温暖人心。全面完成省市区级人大代表票决民生实事41项。建成集单位用工和零工候工为一体的灵活就业新平台“零工爱心驿站”，获市委主要领导肯定性批示。新增游仙区人民医院等青年就业见习基地11家、区级创业孵化基地2个，新增公益性岗位165个，全区农村劳动力转移就业11.06万人，城镇新增就业6698人，城镇登记失业率2.18%。民生支出占一般公共预算支出比重保持在70%以上。

社会事业全面发展。坚持教育优先发展，新桥、徐家和鹤林幼儿园以及五里路小学、开元中学、朝阳学校等新（改、扩）建项目建成投用，新增学位2400个。新桥中学学生宿舍、富乐二小食堂、新桥中学运动场等项目开工建设，办学条件明显改善。“双减”[16]政策落地见效，荣获绵阳市学前教育、义务教育、高中教育、职业教育质量评价特等奖。游仙职业技术学校建成省级“双示范”中职学校。体育质量持续提升，在省第十四届运动会上游仙举头运动项目荣获4枚金牌、4枚银牌、4枚铜牌。公共卫生事业加快发展，忠兴、盐泉中心卫生院县域医疗卫生次中心建设通过省级复核，区妇幼保健院第二院区业务综合楼、区人民医院老年医学中心、区公共卫生医疗中心、婴幼儿照护和托育服务指导中心建成投用，区妇幼保健院三级乙等保健院、区疾控中心三级乙等疾控机构创建通过省级现场评审。社会心理服务体系建设试点工作通过市级评审。“奋进三十年·喜迎二十大”专场音乐会成功举办。

社会保障扎实有效。全面落实各项兜底政策，医保基金监管成效显著，药品集采、DRG支付方式[17]等改革落地见效，开通异地联网结算医疗机构达156家，城乡居民医保参保率达98%。累计为2.5万余名困难群众发放保障金、救助金5350余万元。强化“一老一小”[18]服务供给，李杜祠社区、韩家脊社区在全市首创社区慈善微基金，组建镇（街道）养老服务中心9个、分中心14个，建成社区养老服务综合体2个、社区为老综合服务站6个，建成未成年人保护站12个、社区儿童服务中心60个、村儿童之家112个，开办全市首家公办托育中心，成功创建全国未成年人保护示范县（区）。

这一年，我们树牢底线思维，社会治理效能持续提升。

*疫情防控科学有效。*全面贯彻落实疫情防控各项措施，有力有序处置疫情。强化医疗资源储备和医护力量配置，对老年人、儿童、基础性疾病患者、孕产妇等重点人群分级分类提供健康监测和服务保障，为8000余名困难群众发放爱心防疫药包，“邻里互助·药品共享”行动获央视点赞。

*基层治理持续加强。*扎实开展“八五”普法，持续提升基层社会治理法治化水平。魏城镇白鹤村、铁炉村创建为国家级乡村治理示范村，新桥镇同福村、新桥镇胜利村、仙鹤镇洛水村、小枧镇遇仙村、魏城镇红岩村等5个村创建为省级乡村治理示范村。完成省级社区综合服务设施补短板达标工程、市级社区治理试点示范等项目15个。获评“全省平安建设工作先进区”，区委政法委获评“平安四川建设先进集体”，区公安分局获评“四川省优秀公安局”，3个村获评省“六无”[19]平安村。赖宁获评“全国见义勇为英雄模范”，《晓蕾家的“小”故事》获评全省“好家规、好家训、好家风”征集评选展播活动优秀作品。支援北川协同发展资金500万元，为泸定地震灾区捐款78.4万元，全域结对帮扶壤塘工作成效显著。建立健全“政法主统、公安主战、信访主力、属地主责、部门主动”联动控处机制，切实提升信访“三率”[20]水平，信访稳定形势持续向好。

*安全防线筑稳筑牢。*牢固树立“防胜于救”理念，认真落实安全生产“十五条硬措施”，持续开展安全生产“大排查、大整治、大曝光”行动，全年未发生较大及以上安全生产事故。全面推行林长制，全年无森林火灾发生。坚持总体国家安全观，推动重大风险预防化解。以“磐石”系列专项行动、夏季治安打击整治“百日行动”为抓手，严厉打击各类违法犯罪，人民群众安全感持续提升。

这一年，我们坚持“自我革命”，自身建设持续加强。

*依法行政扎实推进。*深化法治政府建设，组织实施“法治为民十件实事”，强化依法决策意识，全年审查政府行政决策298件。完成行政违法行为监督改革试点工作任务。高质量办结人大代表建议53件、政协委员提案114件。开展审计整改工作专项行动，累计完成问题整改383个，“三重一大”[21]决策监督和公共资金、民生项目等审计监督持续加强。

*服务效能稳步提升。*践行“一线工作法”[22]，落实“新、快、实、真、严”要求，实施重点工作“红黑榜”制度，政府系统工作作风明显改进。“放管服”改革持续深化，实现“企业办事不出园”，企业开办4小时内办结。持续增强“一网通办”[23]能力，优化跨层级、跨部门“一件事”审批服务流程，向游仙高新区放权赋能事项348项，推进26个部门1280项依申请政务服务事项流程再造，实现办理再提速、流程再优化、材料再精减。完成绵阳市政府集中采购机构标准化服务试点任务，其中档案管理工作荣获全省“县（市、区）单项标准一等奖”。

*廉政建设持续加强。*压紧压实全面从严治党主体责任，落实党风廉政建设责任制,持之以恒纠治“四风”。开展警示教育80余场次，实施重点行业领域突出问题专项治理、粮食购销领域腐败问题专项整治等多个行动，立案审查调查25件，组织处理12人，织密重点领域廉政风险防线。坚持少发文、开短会、讲真话，倡导办扎实事、做靠谱人，切实减轻基层负担。坚持过“紧日子”，严肃财经纪律，“三公”经费[24]预算进一步压减。

与此同时，国防动员、国家安全、民族宗教、决策咨询、退役军人、双拥、综合执法、外事侨务、机关事务、档案、保密、地方志、供销合作社等工作取得新成效，工会、妇女、儿童、青年、老龄、工商联、侨联、科协、残疾人、红十字等事业实现新发展。

各位代表，过去的一年，我们经历了高温干旱、缺电保供、多轮新冠疫情冲击和经济持续下行的磨砺洗礼，多重困难叠加、多种风险交织、多条战线作战，可谓克难奋进、砥砺前行。惟其艰难，方显勇毅！每一份成绩、每一个进步都值得被铭记。这是习近平新时代中国特色社会主义思想科学指引的结果，是市委、市政府和区委坚强领导的结果，是区人大、区政协监督支持的结果，是全区干部群众辛勤付出的结果。在此，我谨代表游仙区人民政府，向各位人大代表、各行各业的劳动者、关心支持游仙发展的各界人士表示衷心感谢并致以崇高敬意！

需要说明的是：受宏观经济下行压力、疫情冲击影响，区属地区生产总值增速等指标未完成年初确定目标，我们将在2023年的工作中努力补短板、扩增量、拼进度，着力填补工作缺口。

同时，我们也清醒认识到，全区经济社会发展还存在一些短板和不足：经济总量不大、发展速度不快，市场主体不多、综合竞争力不强，城市功能不强、城市品质不优，创新链和产业链融合不深、创新创业潜力亟待充分释放，部分干部能力素质还不能完全适应现代化建设要求、营商环境尚需进一步改善等，在今后的工作中我们将采取有力措施予以解决。

2023年工作建议

2023年是全面贯彻落实党的二十大精神的开局之年，是加快建设具有全国影响力的国防科技工业强区的关键之年，做好政府工作意义重大。我们要更加敏锐地把握好机遇、发挥好优势，因势利导、乘势而上。经过三十年的艰苦奋斗，游仙经济社会发展取得了长足进步，正处于强基固本、蓄势待发的上升周期，其势已成！立足资源禀赋优势、发掘创新驱动潜能，近年来探索出的创新引领发展的“游仙模式”，正在释放强大的杠杆效应、裂变效应、聚变效应，如日方升！百年未有之大变局下，随着科教兴国、创新驱动发展等国家战略交汇叠加，游仙已成为推进国防现代化、实现更高水平科技自立自强的主阵地，在国际国内的战略位势日益凸显，大有可为！历史使命、国家意志、人民意愿的高度统一和有机结合，鲜明地体现在加快建设国家科技创新先行区和具有全国影响力的国防科技工业强区上，中央、省、市支持政策密集汇聚游仙，推进全区经济社会高质量发展的有利因素越来越多，得天独厚！建区三十年来形成的敢闯敢试、苦干实干、团结奋进、与时俱进的游仙精神，已成为游仙人民拼搏奋进、自立自强的强大内生动力，生生不息！历史只会眷顾坚定者、奋进者、搏击者，不会等待犹豫者、懈怠者、畏难者。机遇千载难逢、机遇稍纵即逝，拼搏奋进、追赶跨越，正当其时！

今年政府工作的总体要求是：坚持以习近平新时代中国特色社会主义思想为指导，深入学习贯彻党的二十大精神，全面落实习近平总书记对四川工作系列重要指示精神、省委十二届历次全会、市委八届历次全会、区委七届历次全会以及中央、省市区经济工作会议精神，坚持稳中求进的工作总基调，完整、准确、全面贯彻新发展理念，积极服务和融入新发展格局，着力推动高质量发展，按照省委“讲政治、抓发展、惠民生、保安全”工作总思路，紧扣“四化同步、城乡融合、五区共兴”总抓手，坚决落实“五市战略”[25]，更好统筹疫情防控和经济社会发展，更好统筹发展和安全，以建设具有全国影响力的国防科技工业强区为战略牵引，坚定实施“三大战略”[26]“三大攻坚”[27]，推进“追赶计划”[28]“对标行动”[29]，突出做好稳增长、稳就业、稳物价工作，推动经济运行整体好转，实现质的有效提升和量的合理增长，在加快建设中国科技城、全力打造成渝副中心中担当作为、奋勇争先，努力谱写社会主义现代化游仙新篇章。

今年经济社会发展主要预期目标是：区属地区生产总值增长8%，第一产业增加值增长5.3%，规上工业增加值增长8%，服务业增加值增长9%，建筑业总产值增长12%，全社会固定资产投资增长10.5%，社会消费品零售总额增长8%，地方一般公共预算收入与经济发展趋势基本一致，城乡居民人均可支配收入稳步增长，节能减排和环境保护完成市上下达任务。

今年全区经济社会发展的关键词是“提质增效、争先进位”。提质增效是实现高质量发展的客观内涵，是推进“追赶计划”“对标行动”的实践要求，是保持质的有效提升和量的合理增长的本质特征。争先进位是思想不放松、比拼不掉队的必要条件，是把长板做长、短板补齐的关键之举，是对组织期盼、群众期待的实时响应。“逆水行舟用力撑，一篙松劲退千寻”。经过三十年的不断积累，游仙在科技创新、产业发展、城乡建设、民生改善、生态环境、社会治理等方面都奠定了良好基础，但也面临发展不足、新旧动能接续转换不畅等严峻挑战，在这爬坡上坎、蓄势突破的关键期，迫切需要保持较快的发展速度和较高的发展质量，才能在日趋激烈的区域发展竞争中领先、取胜。

围绕全年目标，要重点抓好以下八个方面的工作：

一、深入贯彻“科技立市”战略，在建设国家科技创新先行区上展现游仙担当

（一）服务保障好国防科研建设。落实好“四张清单”机制[30]，主动协调解决院所需求。全力推动某专项工程建设，持续巩固院所周边安全。保障重大科技基础设施建

设，支持启动某重大工程和新型动力试验区建设。提供优良基础设施和优质公共服务，完成高端人才住房、安置点和春蕾小学主体建设。

（二）协力打造高能级创新平台。深化与国防科研院所、央属军工集团战略合作，培育创建一批国省重点实验室和重大科技创新平台。支持辖区单位积极参与天府实验室、涪江实验室建设，支持光子研究院、航空动力科创中心实体化运营。加快核医药研究院和科创谷建设，积极争取军事科学院防化研究院先进材料交叉中心落地建设。全年新增省级工程技术研究中心1家，创建国家、省技术创新中心各1个。

（三）加速推进创新成果转化。建强科技成果转化平台，强化科技金融等要素支撑，创新知识产权运营机制，支持龙头企业牵头组建创新联合体，建设一批以东材科技、中久大光等重点企业为主体的中试熟化基地[31]，积极争取小推力发动机研发基地项目落地建设。筹备举办更高层级的激光技术应用、核技术应用等科技创新产业大会，搭建供需双方有效对接桥梁。加快建设省级科技成果转移转化示范区和国家知识产权强县建设示范县，全年转化科技成果项目20个以上。

（四）培育壮大科技创新产业。全面落实支持科技创新若干措施，推动创新链产业链深度融合。聚焦激光技术应用、核技术应用、航空与燃机产业，培育一批科技初创型企业、未来型企业，引进一批行业领军企业、“高精尖”创新型企业。全年培育国家科技型中小企业160家以上，新增市科技型中小企业65家，有效高新技术企业达78家，高新技术产业主营业务收入达155亿元，科技服务业营业收入增速、企业R&D研发投入等保持全市前列。

二、深入贯彻“产业强市”战略，在建设现代化产业体系上展现游仙担当

（一）以项目为中心组织经济工作。落实区级领导联系重点项目制度，强化项目审批、落地、建设、运营等环节全要素保障。抢抓宏观调控政策窗口机遇，积极对上争取，策划包装入库一批打基础、利长远、促发展的优质项目。加快项目前期工作，推动新一代FLASH放疗设备等33个项目尽早开工建设。加强项目全周期闭环管理，加快推进质子医疗装备制造等33个在建项目，推动医用同位素等30个项目建成投产投用，努力形成更多有效投资额和实物量。

（二）以园区为载体做强先进制造业。围绕“3+3”先进制造业[32]转型升级、壮大规模、提升能级，大力实施“园区提质”“企业满园”行动，拓展发展空间，强化能力配套，培育“镇园之宝”和“链主企业”，完成游仙高新区扩区工作，积极创建国家级高新区。加快推进激光产业基地等52个重点项目，开工建设航空与燃机产业园，支持新型功能材料产业园、新桥中小微产业园、魏城工业园加快建设。认真落实企业培育“倍增计划”，着力壮大以东材科技、太极绵药、绵阳雅化为代表的龙头企业，培育以中久大光、中广核技等为代表的骨干企业，扶持以虹新制冷、移柯通信等为代表的成长企业，帮助中金资源等企业纾困解难，加快形成大中小企业融通发展格局。积极推动制造业数字化、网络化、智能化发展。持续开展质量提升示范行动，评选第四届政府质量奖。全年规上工业企业净增15户以上，培育10亿元以上企业2户、4亿—10亿元企业5户以上，工业、技改投资增长15%以上，新增国家级制造业单项冠军企业（产品）1个。

（三）以消费为重点做大服务业。围绕“三区两组团、一带多节点”[33]城市商圈布局，招引一批服务业头部企业总部、地区总部或功能性总部入驻，打造一批规模较大、特色鲜明、主导产业突出的现代服务业集聚区。依托商业综合体、大型购物中心以及闲置商铺招引知名商超、品牌连锁、餐饮名店，打造一刻钟便民生活服务圈。高质量推进芙蓉汉城、新桥驿站、街子驿站、渔人码头等特色商业街区建设，聚集人气、商气、烟火气。提升越王楼、李杜祠、芙蓉花溪景区综合服务水平，积极创建省级全域旅游示范区。加快建设东湖大酒店等项目，开工建设石马现代物流园区。全年净增规上服务业企业23户、限上商贸流通企业27户以上。开展消费促进活动，举办会展博览、节事赛事20场次以上。

（四）以“三品”为引领做优农业。树牢粮食安全和耕地保护意识，全面落实田长制，统筹实施全域土地综合整治，推行“土地大托管”，杜绝耕地撂荒行为，坚决遏制耕地“非农化”，严格管控耕地“非粮化”，建成高标准农田3万亩，生猪出栏量稳定在23万头，粮食播种面积稳定在58万亩以上，粮食总产稳定在24万吨。深入推进“三品”工程建设，持续优化农业生产结构和产品结构。加强全区供销系统服务建设，补齐农村物流短板，推进农村集体产权流转交易。围绕建成农作物种业高地目标，加

快推动现代农业园区建设。蔬菜种业园区创建成为省级现代农业园区，建成市级现代农业园区1个。

三、深入贯彻“开放活市”战略，在建设内陆改革开放新高地上展现游仙担当

（一）深化重点领域改革。盯紧成渝地区双城经济圈建设县域集成改革试点、自由贸易试验区协同改革先行区等重大改革任务，持续扩大、深化区域合作。推进“拿地即开工”审批模式，提升用地监管效能。持续向游仙高新区放权赋能，实现“园区事园区办”“企业办事不出园”。探索推行“揭榜挂帅”[34]新机制，吸引社会人才、科研团队、金融资本源源不断进入科技创新领域。

（二）加大力度招商引资。聚焦主导产业和优势产业延链补链强链，招大引强、招新引优、招院引所、招才引智。深化院地企交流协作，深入挖掘院所配套、关联项目，招引更多高技术企业、团队入驻。创新开展资本招商模式，探索建立国有平台公司参与重大项目投融资机制。全年开展重大项目集中签约、开工仪式4次以上，新签约5亿元以上项目15个、50亿元以上项目2个、100亿元以上项目1个。开展招商引资签约成果“回头看”，确保项目开工率达70%以上、企业履约率达90%以上。

（三）持续优化营商环境。深入开展“优化营商环境面对面”活动，办好“同心会客厅”，用好“绵企通”，落实好保护民营企业产权和企业家权益政策措施，及时为民营企业、中小企业纾困解难。召开全区民营经济高质量发展大会，评选优秀民营企业和民营企业家，推进民营经济健康快速发展。持续推进“一网通办”前提下的“最多跑一次”改革，在“减事项、减材料、减环节、减时限”上再突破，优化审批服务流程，提高审批服务效率。加快镇（街道）便民服务中心“三化建设”[35]，用信息化手段解决群众“少跑路”问题。强化财税金融支持，抓好稳经济“一揽子”政策和接续措施落地落实。全年市场主体同比增长11%以上。

四、深入贯彻“人才兴市”战略，在建设全省人才工作先行区上展现游仙担当

（一）擦亮引才品牌。持续提升“‘游’你同行·领‘仙’未来”引才品牌效应，围绕全区发展战略和产业地图，多维度开展精准引才活动。创新“飞地”[36]智力分配模式，支持项目化柔性引才，鼓励专家人才提供智力服务，广泛吸引各行业领域顶尖人才加入游仙或建立合作关系，全年引进高层次科技创新人才1000名以上，加速形成人才集聚的良好局面。

（二）强化人才培育。加快完善“1+4+N”人才新政实施细则，全覆盖开展人才项目评选，推广技能人才校企联合培养模式，用好各领域人才俱乐部等平台，开展“青年科学家论坛”等人才交流活动，探索引进人才管理培育“双导师”机制[37]，努力建设一支规模宏大、结构合理、素质优良的人才队伍。

（三）激发人才活力。深化院地校企合作，密切联系院所和专家，分类推进人才评价机制和重点领域人事制度改革，加大市场化激励机制改革力度，鼓励企业建立人才持股平台，开展教育医疗系统岗编分离和绩效评价改革试点，赋予重大创新平台、重点用人单位更多“引育用留”自主权，激发人才创新创造活力。

（四）释放留才温度。推进人才社区打造，建成拎包入住人才公寓1133套。坚持区级领导走访联系高层次人才制度，开展人才服务满意度测评，构建贯通线上线下、便捷高效的富乐人才悦享服务体系。广泛搭建人才合作交流平台，强化青年社交、个人就医、子女入学、金融服务保障，千方百计解决人才干事创业后顾之忧，吸纳八方英才圆梦游仙，加快建设省级人才工作先行区。

五、深入贯彻“生态美市”战略，在建设高品质生活宜居地上展现游仙担当

（一）聚焦生态环境提质。坚持“绿水青山就是金山银山”理念，加快形成绿色发展方式，全面推进城区生活垃圾分类处理系统建设，建好“无废细胞”[38]，助力“无废城市”[39]建设。认真落实林长制、河湖长制，全面启动国家储备林项目建设，强化河湖水域管理保护，推动流域共管共治。开展省级乡村水务试点，实施芙蓉溪水生态修复、魏城河水环境综合治理，确保辖区水环境质量持续向好。抓好污染地块修复治理，确保土壤质量状况稳定可控。坚决打好污染防治攻坚战，全面推行城市空气质量达标管理，持续巩固全省首批生态县建设成果，积极创建国家生态文明建设示范区。

（二）聚焦功能形象提升。落实现代公园城市理念，大力开展城市有机更新、城市功能培育、城市品质提升。加快推进208片区、小枧片区、石马片区等六大片区城市更新，芙蓉小区、兴旺小区等45个老旧小区和七姓坝、朝阳厂等10个新建续建棚户区改造，开工既有住

宅增设电梯项目，创建市级城市更新示范项目2个。加快推进开元场片区、沈家坝片区等城市道路标美化综合整治、城市燃气管道等管网更新改造，完善防洪排涝设施，深化智慧广电融合发展，夯实公共服务设施基础，不断增强城市功能。加快推进“三馆一中心”[40]达标建设，健全公共文化服务体系。深入开展城乡环境综合提质三年行动，持续整治违法建设，提升城市管理水平。加快推进老龙山公园、滨江绿道、芙蓉汉城特色街区、“口袋公园”等项目建设。全年实施市政基础设施领域城建攻坚项目37个，完成投资28.28亿元。

（三）聚焦基础设施提速。围绕建设绵阳东部交通枢纽目标，加速构建“井”字形高速公路网[41]和“四横三纵”国省干线公路网[42]。支持绵广高速扩容、成绵苍巴高速建设，开工建设S210、S306、科技城涪江大桥二期、科技城大道东延线，完成S416改线前期工作和绵梓快速通道扩容征地拆迁工作。加快城乡供水一体化、双玉斗渠一期、胜利水库建设和涪江左岸石马段堤防前期工作。建设35千伏及以上输变电项目3个、10千伏及以下各类项目100个以上，持续提升供电保障能力。

（四）聚焦乡村振兴提效。大力实施乡村建设行动，巩固省级实施乡村振兴战略先进区创建成果，持续开展镇级项目引进激励试点、城乡融合发展试点创评活动，组织乡村振兴实绩考评，争创省级乡村振兴重点帮扶优秀村。持续深化对口支援，做好全域结对帮扶壤塘和市内协同发展工作。积极壮大农村集体经济，大力发展休闲农业、乡村旅游、精品民宿、康养基地等新兴业态，有效提升乡村产业发展综合效益。优化提升农村人居环境和基础设施，巩固农村“厕所革命”、生活垃圾和污水治理成效。开工建设飞龙山、凤玉路、刘东路等幸福美丽乡村路，全年新（改）建农村公路80千米、改造危桥12座、建设安全生命防护工程40千米以上，建成省级“四好农村路”示范县。支持新桥镇争创“省级百强中心镇”。

六、深入贯彻“以人为本”理念，在增进民生福祉上展现游仙担当

（一）扎实做好民生实事。全力办好省市区级民生实事，加快推进基本公共服务均等化。加强就业公共服务体系和服务能力建设，打造零工驿站升级版，推进人力资源服务产业园、智能制造人才培训基地建设，兑现稳岗返还等惠企政策，落实创业担保贷款和创业补贴，促进高校毕业生、农民工、退役军人、城镇困难群众等重点群体多渠道就业创业，全年新增城镇就业0.5万人以上，城镇登记失业率控制在4%以内，动态消除零就业家庭。抓好第四批国家食品安全示范城市创建工作，推进全民食安智慧追溯监管平台建设，提升食品安全监管效能。全年民生投入占一般公共预算支出比重保持在70%以上。

（二）大力发展社会事业。推动义务教育优质均衡发展，完成小枧小学综合楼、开元中学学生宿舍、新桥中学运动场等项目新（改、扩）建，启动建设游仙二中、游仙三小，支持开元中学建成省二级示范中学，创建全国校园足球特色学校3所、四川省营养与健康学校1所。优化提升学前教育和职业教育，持续提高公办幼儿园和普惠性幼儿园占比，支持游仙职业技术学校建成四星级中职名校。大力发展群众体育事业，办好游仙区第六届群众体育运动会。持续推动中医药强区建设，提升中医特色优势专科诊疗能力，建设区中医医院医联体、中医适宜技术培训基地。提升公共医疗水平，推进区妇幼保健院妇幼能力提升、区人民医院新桥分院等项目建设，加快区级医疗机构ICU重症病房、区人民医院重症专科、公卫医疗中心传染病治疗学科建设。深入挖掘和用好红色文化、科工文化、汉唐文化等资源，加快马鞍寺、鱼泉寺2处国宝“三防”工程[43]建设，组织开展富乐糖画等各类非遗展示展销，加强文物保护利用和文化遗产保护传承。

（三）兜牢社会保障底线。加快“智慧民政”信息平台建设，推动民政服务智慧化、信息化。深化医疗保障各项改革落地落实，扩大异地就医联网结算范围，提高参保群众医保待遇水平。加强养老能力建设，加快推进区级失能半失能老年养护院、信义镇区域性养老服务中心、社区养老服务综合体、社区为老综合服务站等项目建设，构建区、镇、村（社区）三级养老服务网络。全面实施“双站双体系”[44]，完善“六位一体”[45]新时代未成年人保护体系，织密未成年人保护网。推进慈善事业改革试点，实施省级“慈善镇街”和“慈善社区”试点工作。扎实开展防止返贫动态监测帮扶工作，大力推进乡村治理积分制、清单制[46]试点工作。

七、深入贯彻“共建共治共享”理念，在推进社会治理现代化上展现游仙担当

（一）筑牢全民免疫屏障。始终坚持“人民至上、生命至上”理念，平稳有序实施新型冠状病毒感

染“乙类乙管”[47]，落实“保健康、防重症”目标。加强医疗保障能力建设，提升公共卫生应急处置综合能力，分类分级开展健康服务工作。

（二）防范化解重大风险。始终坚持安全发展理念，深入排查整治道路交通、建筑施工、危化品、城镇燃气等重点领域安全隐患，坚决杜绝较大及以上生产安全事故。推进森林防灭火常态化治理，健全群众参与机制，进一步提升突发事件应对能力。深化政府投融资改革，提升国有企业管理水平和经营能力。加强财政金融风险防控，确保不发生区域性债务风险和金融风险。持续强化违法建设和违法用地整治，抓好上级耕地保护督察反馈意见整改，常态化开展土地卫片执法和森林督查违法案件查处。

（三）提升基层治理水平。始终坚持“人人有责、人人尽责、人人享有”理念，完善基层治理体系，持续开展市级基层群众自治示范村和法治示范村创建、省级城乡社区治理优化提升行动试点，建设智慧社区。实施游仙“民事通”“政务通”、高点视频智慧应用、空间地理信息平台、5G政务专网、电子政务外网全覆盖等项目，建强中国科技城大数据中心，高标准通过全国市域社会治理现代化试点验收。加强国防教育和国防动员能力建设，做好双拥共建、退役军人事务等工作。加强平安游仙建设，完善社会治安防控体系，常态化开展扫黑除恶斗争、“治重化积”[48]专项工作。落实行政执法“三项制度”[49]，严格规范公正文明执法。全面贯彻党的民族政策和宗教工作基本方针，促进民族团结、宗教和顺。扎实做好第五次全国经济普查工作。

八、深入贯彻“建设人民满意政府”理念，在加强自身建设上展现游仙担当

（一）旗帜鲜明讲政治。始终把政治建设摆在首位，坚定拥护“两个确立”、坚决做到“两个维护”，不断提高政治判断力、政治领悟力、政治执行力，坚持把党的全面领导贯穿到政府工作全过程，推动中央、省市区委决策部署落地落实。

（二）持之以恒讲法治。始终坚持依法行政，深入实施法治建设“两规划两方案”[50]，不断推动法治游仙、法治政府、法治社会一体建设。严格落实重大事项行政决策程序，认真履行政府行政复议职能，办理行政应诉案件，自觉接受人大法律监督、工作监督和政协民主监督，主动接受社会监督、舆论监督，强化审计、统计监督，争创全省法治政府建设示范区。

（三）防微杜渐讲廉政。全面落实党风廉政建设责任制、中央八项规定和贯彻实施细则，坚决整治群众身边腐败和不正之风。严控“三公”经费和一般性支出，以政府的“紧日子”换取企业的“稳日子”、群众的“好日子”。

（四）孜孜不倦讲学习。深入学习掌握习近平新时代中国特色社会主义思想的世界观方法论和科技进步、经济发展、社会治理、文化艺术等方面的新知识新政策，提高运用科学理论的立场观点方法发现问题、分析问题、解决问题的能力，应对和防范各种风险挑战的能力，牢牢把握工作主动权。

（五）务实创新讲落实。大力践行“一线工作法”，落实“新、快、实、真、严”要求，坚持任务项目化、项目清单化、清单具体化，用好重点工作“红黑榜”，着力形成“部署、落实、督查、反馈、改进”的工作闭环。坚持解放思想、与时俱进，努力提升运用创新思维攻坚克难的本领，不断增强政府系统真抓实干、狠抓落实的能力。

各位代表，党的二十大已吹响中国式现代化号角，游仙已开启建设具有全国影响力的国防科技工业强区新征程，我们肩负着实现更高水平科技自立自强的历史使命，承载着全区人民对美好生活的殷切期盼，责任重大、使命光荣。百舸争流，奋楫者先；千帆竞发，勇进者胜。让我们在市委、市政府和区委的坚强领导下，紧紧团结和依靠全区人民，真抓实干、狠抓落实，提质增效、争先进位，为加快建设中国科技城、全力打造成渝副中心展现更大游仙担当、贡献更多游仙力量！

名词解释

1.“四化同步、城乡融合、五区共兴”：“四化”指的是新型工业化、信息化、城镇化、农业现代化，“同步”就是要推动“四化”在时间上同步演进、空间上一体布局、功能上耦合叠加。“城乡融合”是现代化的重要标志，就是要统筹推动新型城镇化和乡村振兴，加快形成以城带乡、以工促农、城乡共同繁荣的新局面。“五区共兴”是根据四川省不同区域发展水平和产业特点制定差异化政策，高水平推动区域协调发展，促进成都平原、川南、川东北、攀西经济区和川西北生态示范区协同共兴。

2.县域经济发展先进县（区）：

四川省委、省政府将183个县（市、区）分为城市主城区、重点开发区、农产品主产区和重点生态功能区四个类别，对各地上一年度指标完成情况进行考核。现阶段每年评选16个，考核结果将通报表扬，并按5000万元标准给予一次性财力奖励。

3.企业R&D研发投入：企业年度内实际用于基础研究、应用研究和试验发展的经费支出。包括实际用于研究与试验发展活动的人员劳务费、原材料费、固定资产购建费、管理费及其他费用支出。

4.富乐“1+4+N”人才新政：①实施“1”系列政策保障措施。包括科学编制《绵阳市游仙区人才发展“十四五”规划》，构建“全链条”人才工作运行体系，健全多元化人才投入机制，设立总规模不低于1亿元的人才发展专项资金。②“4”类普惠性政策措施。分别是实施“富乐聚才引智”计划、“富乐育才提能”计划、“富乐用才增效”计划和“富乐留才悦享”计划。③实施“N”个专项政策措施。即针对分类人才，按照“一企一策、一产一策、一事一策、一院一策”等形式出台人才激励、扶持、评价等N项定制人才专项政策，构建形成各具特色、富有吸引力的人才政策体系。

5.“骏马项目”：超季度计划投资目标30%且超额完成投资额达5000万元/季度以上的非房地产项目。由市项目投资促进委员会办公室通报公布。

6.“链长制”：是一项强化产业链主体责任的制度创新，通过集聚内外部资源在产业链薄弱环节进行重点突破，推动“强链、补链、固链、延链”取得实质性进展。主要在于梳理重点产业链，找准薄弱环节，制定关键卡点攻关项目清单，统筹考虑项目审批、要素保障、安全生产、生态环保、技术创新等工作，对“链主”及其配套企业建立常态化“链式服务”机制。

7.“园区提质”“企业满园”行动：由市委、市政府印发方案实施。坚持企业入园满园，产业集聚集群，园区提质增效，外塑“颜值”，内提“气质”，不断推进园区向更高层次发展，努力把园区建设成为全市高质量发展的主引擎。

8.“转企升规”行动：符合标准的个体工商户由市场监管部门进行认定后，转型为小微工业企业（一般纳税人），年度营业收入达2000万元以上可升为规模以上企业。

9.“三品”工程：品种改良、品质提升、品牌打造。

10.“三品一标”：“三品”指无公害农产品、绿色食品、有机产品；“一标”是农产品地理标志产品，统称为“三品一标”。

11.口袋公园：也称袖珍公园，指面向公众开放、规模较小、形状多样、具有一定游憩功能的城市开放空间。

12.“三区三线”：“三区”指生态、农业、城镇三类空间；“三线”是指根据生态空间、农业空间、城镇空间划定的生态保护红线、永久基本农田和城镇开发边界三条控制线。

13.“两稳一保”：稳增长、稳市场主体、保就业。

14.“暖企”行动:聚焦“解难题、办实事、渡难关”，围绕“提信心、稳订单、扩市场、降成本”，助力企业高质量发展。

15.群众“三感”:群众获得感、幸福感、安全感。

16.“双减”:减轻义务教育阶段学生过重作业负担和校外培训负担。

17. DRG支付方式：①疾病诊断相关分组（Diagnosis Related Groups，DRG），是用于衡量医疗服务质量效率以及进行医保支付的一个重要工具。DRG实质上是一种病例组合分类方案，即根据年龄、疾病诊断、合并症、并发症、治疗方式、病症严重程度及转归和资源消耗等因素，将患者分入若干诊断组进行管理的体系。②DRG付费，是实现“医–保–患”三方共赢和推进分级诊疗促进服务模式转变的重要手段。即按疾病诊断相关分组付费，也就是将相关疾病划分为一个组，进行打包付费，不再按项目逐项付费。

18.“一老一小”：城镇无保障老人和在校学生及学龄前婴幼儿。

19.“六无”：无黑恶、无毒害、无邪教、无命案、无重大安全事故、无群体性事件。

20.信访“三率”：及时受理率、按期办结率、群众满意率。

21.“三重一大”：重大事项决策，重要干部任免，重大项目投资决策，大额资金使用。

22.“一线工作法”：干部在一线工作、领导在一线指挥、问题在一线解决、能力在一线提升、绩效在一线考核、奖惩在一线兑现。

23.“一网通办”：依托一体化政务服务平台，推行政务服务事项网上办理，企业群众办事线上只登录一次即可全网通办。

24.“三公”经费：财政拨款支出安排的出国（境）费、车辆购置及运行费、公务接待费三项经费。

25.“五市战略”：科技立市、产业强市、开放活市、人才兴市、生态美市。

26.“三大战略”：“科技创新、制造升级、城乡融合”三大战略。

27.“三大攻坚”：“项目建设、招商引资、作风能力”三大攻坚。

28.“追赶计划”：绵阳市游仙区按照“跳出绵阳看绵阳，跳出四川看绵阳”的要求，实施“追赶计划”，在全国找坐标、争位次，以“两年打发展基础，四年成四川先进，八年冲全国百强”为目标，力争2026年成为四川省县域经济先进县（区）、2030年冲刺全国百强区。

29.“对标行动”：绵阳市游仙区为有效实施追赶计划，以“向最好的学、与最强的比、跟最快的赛”为原则，开展“对标行动”，确定若干领域在省内和省外分别选择一个对象进行对标对表、学习赶超，以促进各领域实现四川领先、全国一流的发展格局。

30.“四张清单”机制：院所需求建议清单、院所可转移转化成果清单、民口企业配套院所项目清单、院地共建协同创新平台清单。

31.中试熟化基地：是以行业优势创新资源或企业科研平台为依托，为科技成果进行概念验证、二次开发实验和企业规模生产提供成熟、适用、成套技术而开展中间试验的科研开发实体。

32.“3+3”先进制造业：先进材料、电子信息、智能装备三大支柱产业和激光技术应用、核技术应用、航空与燃机三大新兴产业。

33.“三区两组团、一带多节点”：三区指中央商务区、中央文博区、中央科创区，两组团指石马国防科工小镇组团、小枧公园城市示范组团，一带指芙蓉溪滨水游憩带，多节点指海悦银河城、红星美凯龙、沈家坝北街等服务业业态布局。

34.“揭榜挂帅”：也被称为科技悬赏制，是一种以科研成果来兑现的科研经费投入体制，一般是为了解决社会中特定领域的技术难题，由政府组织面向全社会开放的、专门征集科技创新成果的一种非周期性科研资助安排，即“把需要的关键核心技术项目张出榜来，英雄不论出处，谁有本事谁就揭榜”，把项目交给真正想干事、能干事、干成事的人手中，具有不论资质、不设门槛、选贤举能、惟求实效的特征。

35.便民服务中心“三化建设”：标准化、规范化、便利化。

36.“飞地”：指隶属于某一行政区管辖但不与本区毗连的土地。“飞地经济”是指两个互相独立、经济发展存在落差的行政地区打破原有行政区划限制，通过跨空间的行政管理和经济开发，实现两地资源互补、经济协调发展的一种区域经济合作模式。“飞地”智力分配模式就是将“飞地经济”模式运用到招才引智方面。

37.“双导师”机制：对使用区级人才专项事业编制引进的高层次急需紧缺专业人才，由区委组织部与用人单位各自确定一名科级领导干部负责引进人才的指导培养，关心了解人才思想、工作、学习及生活情况，协调解决人才遇到的困难和问题，充分调动人才在各项工作中的积极性和创造性。

38.“无废细胞”：日常社会生活中“无废”理念的基本组成单元，创建主体包括乡村、社区、工业园区、企事业单位等，涵盖“无废机关”“无废小区”“无废公园”“无废医院”等多种类型。

39.“无废城市”：以创新、协调、绿色、开放、共享的新发展理念为引领，通过推动形成绿色发展方式和生活方式，持续推进固体废物源头减量和资源化利用，最大限度减少填埋量，将固体废物环境影响降至最低的城市发展模式，也是一种先进的城市管理理念。2022年11月，绵阳市印发《“无废城市”建设实施方案》。

40.“三馆一中心”：博物馆、图书馆、文化馆和非物质文化遗产保护中心。

41.“井”字形高速路网：东北西南走向的G5京昆高速成绵广段、G5京昆高速成绵广扩容段、绵苍高速。东南西北走向的九绵高速、G93绵遂高速、绵西高速、绵南高速。

42.“四横三纵”：四横由西向东包括第一横X001、X029金石路、安梓路，石马镇至仙鹤镇梓潼界；第二横G108绵梓路，游仙街道办至魏城镇徐家场梓潼界；第三横X026、X027小徐路、龙柏路，小枧镇至魏城镇东宣场（梓潼界）；第四横X020、X024中射路、梓观路，松垭镇至盐泉镇（梓潼界）。三纵由北向南包括第一纵S205游仙段东林江油界至松垭三台界，第二纵S416游仙段凤凰江油界至松垭三台界，第三纵S210游仙段朝真梓潼界至梓棉三台界。

43.“三防”工程：防火、防雷、防盗工程。

44.“双站双体系”：依托各社工站，运用社会工作服务体系，建设镇（街道）未成年人保护站，构建未成年人关爱保护体系。

45.“六位一体”：政府、司法、网络、家庭、学校、社会为一体的“六位一体”未成年人保护新格局。

46.乡村治理积分制、清单制：

“清单制”，就是按照清单的内容、流程，对接涉及部门，解决村民的需求，把为民办事具体化、简单化、责任化。“积分制”，就是把村民对乡村治理的奉献程度赋予分值，根据村民的表现，围绕积德、积善、积美、积勤、积俭等给予加减分，村民依据积分的多少兑换相应的生活用品，以此激励大家的主动性和积极性，从“要我参与”转变成“我要参与”。

47.“乙类乙管”：乙类乙管是指将乙类传染病采取乙级的管理措施。依据传染病防治法，对新冠病毒感染者不再实行隔离措施，不再判定密切接触者；不再划定高低风险区；对新冠病毒感染者实施分级分类收治并适时调整医疗保障政策；检测策略调整为“愿检尽检”；调整疫情信息发布频次和内容。依据国境卫生检疫法，不再对入境人员和货物等采取检疫传染病管理措施。

48.“治重化积”：治理重复信访,化解信访积案工作。

49.行政执法“三项制度”：行政执法公示制度、执法全过程记录制度、重大执法决定法制审核制度。

50.“两规划两方案”：《法治游仙建设规划（2021—2025年）》《绵阳市游仙区法治宣传第八个五年规划（2021—2025年）》《绵阳市游仙区贯彻落实〈四川省法治政府建设实施方案（2021—2025年）〉责任分工方案》《绵阳市游仙区贯彻落实〈四川省法治社会建设实施方案（2021—2025年）〉责任分工方案》。

中国人民政治协商会议绵阳市游仙区第七届委员会常务委员会工作报告

——在政协绵阳市游仙区第七届委员会第三次会议上

政协绵阳市游仙区委主席　杨守贵

（2023年2月6日）

2022年工作回顾

2022年是七届区政协完整全面履职的第一年。一年来，区政协整装集结、奋楫扬帆，在市政协的关心指导和区委的坚强领导下，坚定以习近平新时代中国特色社会主义思想为指导，以中央、省委和市委政协工作会议精神贯彻落实情况“回头看”为契机，团结带领政协各参加单位和广大政协委员，主动融入建设社会主义现代化游仙工作大局，扎实推行政协工作具体化、项目化、品牌化建设，为助推游仙经济社会高质量发展贡献了政协力量。

一、学思践悟、把准方向，人民政协的政治底色更加鲜明

坚持把党的领导贯穿政协工作全过程，提高政治引领能力，把握正确履职方向，同心、同向、同行的政治站位更加坚定。

自觉讲政治。坚决把区委领导贯穿政协工作全过程各环节，严格落实请示报告制度，重要会议、工作要点、协商计划等重大事项、重要问题及时请示区委并得到批示。充分发挥党组把方向、管大局、保落实的重要作用，严格落实区委确定的年度协商计划，真正做到聚焦重点、精准发力，推动各项工作方向正确、高位起步。去年7月，区委主要领导作为全市唯一的县市区委书记，受邀接受省政协报关于党委支持政协工作的专题采访。

自觉强学习。始终把学习贯彻习近平新时代中国特色社会主义思想作为第一议题，掀起了学习党的二十大精神热潮，通过理论学习中心组示范学、班子成员辅导学、理论宣讲跟进学、线上自主参训学，分层分类开展全过程人民民主等主题研讨，让学习真正成为统一思想、增进团结、凝聚共识的过程。去年，区政协班子成员全员一次性通过县级领导干部政治理论水平测试。

自觉抓党建。规范执行党组工作规则，有效发挥党组在政协组织中的领导核心作用，召开区政协党组会16次，及时研究部署和推动政协系统党建重点工作。加强对机关党组、机关党总支的监督指导，确保党的建设提质增效。健全完善政协党组成员联系民主党派、界别委员，党员委员联系党外委员制度，引导各民主党派、界别的政协委员主动深入学习党的二十大和中央、省、市、区委重要会议精神，切实引领社会各界忠诚拥护“两个确立”、坚决做到“两个维护”。

二、围绕中心、服务大局，担当有为的一线姿态更加积极

准确把握人民政协处于“凝心聚力第一线、决策咨询第一线、协商民主第一线、国家治理第一线”的时代定位，紧紧围绕区委区政府确立的21项重要工作开展协商议政，有序、有力、有为的履职担当日益扎实。

全力服务“经济实力大幅提升”。围绕“园区提质、企业满园”行动开展市区政协同题调研，形成《关于推进工业园区提档升级的建议》，得到区委主要领导高度肯定，并在市政协常委会上作交流发言。精选石马镇特色小镇暨城北新城建设作为年度议政性课题，就项目建设中的短板和问题深入调查

研究，形成有价值的调研成果，供区委、区政府决策参考。聚焦营商环境优化这一永恒课题，开展司法服务保障优化营商环境工作专题调研，为持续优化营商环境贡献了力量。对照商业街区发展短板，创新开展本土文化赋能芙蓉汉城特色商业街区品牌建设专题视察，就挖掘本土文化、打造商业街区品牌等提出具体意见建议。

深入建言“科技实力大幅提升”。配合市政协开展“核医疗健康产业园建设推进情况”视察监督，助力游仙打造核医疗健康产业招牌。紧扣现代种业发展开展专题协商“回头看”，组织专家、委员围绕助推种业创新发展支招建言。开展制造业数字化转型专题调研，形成《夯实保障，激发制造业中小企业数字化转型内生动力》的建议，在市政协专题议政性常委会上作交流发言。围绕科技服务业发展进行专题视察，提出了加大培育市场主体力度、推进产业集群建设等意见建议，为游仙科技实力转化为经济实力贡献了政协智慧。

持续助力“群众三感大幅提升”。围绕“芙蓉花溪”乡村振兴综合项目建设开展专题协商“回头看”，重点了解落实沿线管护、包装宣传和规范有序运营等问题的整改落实情况。聚焦城乡融合战略，多范围、多层次、多主题开展城乡土地增减挂钩及农村集体经营性建设用地入市、绵盐、绵梓路（游仙段）沿线行业乱象及环境综合整治、城乡供水一体化建设、农村断头路整治等多项调研视察活动，有效汇聚起了推动城乡融合发展的共识和力量，助力提升城乡群众获得感、幸福感、安全感。

三、民呼我商、监督有力，为民履职的家国情怀更加浓厚

始终坚持以人民为中心，着眼人民群众最急、最忧、最盼问题履职建言，言为民所建、策为民所献、力为民所尽，亲民、利民、惠民的政协情怀更加彰显。

同心协力共抗灾疫。全区政协各参加单位、广大政协委员和机关干部主动投身抗疫一线，主席会议成员率先到镇（街道）、村（社区）等一线督导指导疫情常态化防控工作，两位副主席兼任区直部门主要负责人参与疫情防控，机关干部迅速就地转岗参与志愿服务，广大政协委员闻令响应，有的坚守岗位保障供给，有的立足责任督导检查，有的奔赴一线环境消毒，有的认真做好志愿服务，有的捐款捐物奉献爱心，共筑疫情防控堡垒。泸定地震发生后，区政协第一时间发出《捐款倡议书》，全区政协系统和政协委员累计捐款捐物价值134万元。

凝心聚力共促落实。聚焦影响百姓生活的“关键小事”，精选基层医疗卫生机构建设、残疾儿童康复工作等议题开展协商建言，真正做到人民政协为人民。注重提案全程办理，把握提案工作交办、督办和落实三个关键环节,开展协商座谈、跟踪办理，实现提办双方互动。区政协七届二次会议审查立案的114件提案已全部按时办结，回访面达到立案提案总数的80%，做到事事有回音、件件有着落。发挥社情民意“直通车”作用，引导广大委员和政协工作者根植一线、贴近基层，关注民生、倾听呼声，全年共收集社情民意信息144条，省、市政协采用数量是上年的2倍，连续5年被市政协表彰为社情民意信息工作先进集体。

倾情倾力共谋发展。深入贯彻巩固拓展脱贫攻坚成果同乡村振兴有效衔接的决策部署，团结带领全体政协委员献智出力、履职担当，推动“双助”活动不断走深走实。年内，政协委员引进项目和引导投资兴业项目13个，帮助脱贫地区销售或代购特色产品109万元，组织或帮助职业技能培训2319人次，通过个人捐赠和协调项目资金1453.6万元，涌现出了一批诸如文健军、杨国春、张曦等先进代表。区政协被省政协通报表扬为“双助”活动先进集体，邓长清委员被省政协通报表扬为“双助”活动先进个人。

四、探索创新、深化实践，协商建言的平台机制更加健全

积极探索政协协商工作向基层延伸的途径和方式，推动专门协商机构制度优势转化为治理效能，聚焦、聚智、聚力的协商体系日趋完善。

搭建协商议事平台。按照“不建机构建机制”的原则，探索推动协商议事阵地与党群服务中心、社区服务中心等基层治理场所融合共建，在经济试验区、各镇（街道）指导建设了规范化的政协委员联络站和协商议事会，确保了基层协商议事平台的全覆盖。加强市区政协联动，共建小枧镇遇仙村“枧·爱”政协委员工作室和盐泉镇宝山村政协委员工作室。去年7月，游仙区受邀参加省政协“有事来协商”工作第四片区（资阳）现场推进暨培训会，并代表绵阳市在会上交流发言。

擦亮协商议事品牌。按照“一个地方一个特色、一个地方一个品牌”的原则，成功培育了富乐议家社、信服理、枧·爱、新语新愿、仙鹤夜话等“有事来协商”品牌。

突出协商于民、协商为民的主旨，在有条件的地方试点推动“有事来协商”向村（社区）延伸拓展，培育了一批诸如“寇妈说事”“李杜龙门阵”“吴邻家话”等小微协商品牌。去年6月，“寇妈说事”微协商助力基层治理现代化水平提升工作得到前来调研的省政协主席田向利和省委常委、市委书记曹立军的高度肯定。

推动协商成果转化。举办全区“有事来协商”工作现场观摩会，推动小微协商议事活动制度化、规范化开展。组织开展石马镇天林村太阳能路灯安装、富乐街道李杜祠社区市公路局家属区电梯加装等小微协商24场次，促成解决老旧小区电梯加装、农旅产业配套设施建设等民生问题13个，协调物资（价值）超340万元。小枧镇“枧·爱”协商议事会被评为全省“有事来协商”工作先进协商平台，董清华委员被评为全省“有事来协商”工作先进个人。

五、汇智于心、聚力于行，团结联谊的独特优势更加彰显

始终把建言资政和凝聚共识双向发力摆到政协工作更加重要的位置，发挥人民政协的协商优势，扩大团结面，提高开放度，广泛凝聚人心、汇聚合力。

多形式搭建联谊平台。班子成员通过集中走访、座谈交流等，进一步密切与民主党派基层组织、工商联及新的社会阶层人士联谊会的交往联系。通过邀请参加重要会议、开展联合调研、安排大会发言、督办重点提案等各种形式，全力支持各党派团体在政协平台开展协商履职活动。完善委员小组活动制度，支持9个委员小组开展形式多样活动，密切与界别群众的联系。充分发挥在外人才联谊会的独特优势，积极引导在外人才为家乡招商引资、招才引智做贡献，协助区政府成功招引落地总投资15亿元的国科创同（绵阳）科技产业园项目。

多功能提升诗书画院价值。深入推进“书香政协”建设，去年6月，多方筹划创办区政协诗书画院，省、市政协领导及区四大班子主要领导全程参加并共同见证揭牌。创新开展“书香政协·五个一工程”，鼓励依托诗书画院开展主题活动，举办“书香政协·翰墨游仙”喜庆党的二十大诗书画作品展、“阅读一本书”委员读书等活动，常态化开展专题讲座、学习交流、小组讨论等活动，持续放大诗书画院、委员读书驿站的聚识效应。

多角度发好政协声音。通过人民政协报等传统阵地和微信公众号等新型媒体，广泛宣传政协工作的特色亮点和委员风采，年内共刊发各类稿件147篇，连续五年获得全省、全市政协系统宣传思想工作先进单位。《绵阳市游仙区政协：创新打造小微协商平台助力基层治理》在省政协报头版头条刊登，《游仙区政协挖掘文史资源 助推地方高质量发展成效明显》等4篇稿件在省、市政协工作简报专期刊发。《新时代基层政协协商民主建设路径的探索》等5篇理论文章入选市政协工作研究项目。

多方面拓展文史功能。发挥文史工作“存史、资政、团结、育人”作用，编印《游仙区国家级传统村落文化丛书》之《物华天宝鱼泉村》。探索本土文史资源赋能助推区域经济社会高质量发展，区政协代表绵阳市在省政协文史工作会交流推介。《静水流深绣山村》在绵阳市第十八届社科成果评选中获二等奖。

六、严以固本、实以强基，两支队伍的履职能力更加过硬

围绕新时代加强和改进人民政协工作的总体要求和着力重点，以完善制度、增强本领为抓手，推动政协工作提质增效。

着力加强履职制度建设。严格遵守党规党纪和政协章程规定，制定《政协常委提交年度履职报告制度》，修订《政协常委会工作规则》《政协委员履职管理办法》，完善多层次联络服务委员机制，不断加强委员履职服务管理。创新开展“委员展风华·喜迎二十大”主题活动、“履职典范一案例”委员讲堂，较好地发挥了委员联系群众、服务群众的桥梁与纽带作用。

着力发挥委员、界别和专委会作用。创新开展首批“懂政协、会协商、善议政，守纪律、讲规矩、重品行”十大标兵委员评选活动。组织委员参加履职能力提升培训班和新任委员履职业务能力培训班。新设立城乡建设和资源环境委员会，充实了专委会工作力量，有效破解了“两个薄弱”难题。健全专委会、界别、委员良性互动机制，结合界别和专委会工作性质、委员专业特点，构建“委组一体”“委界联动”工作模式，有效发挥委员履职活动的专业化和特色化优势。

着力强化政协机关建设。配合区委选调年轻干部充实到干部队伍，机关干部队伍知识结构和年龄结构得到优化。深入推进党风廉政建设，推动全面从严治党在政协落地生根。以落实区委作风攻坚行动为契机，进一步规范办文、办会、办事程序，完善会议、调研、视察等规章制度，健全运转高效的工作

机制。支持派驻区政协机关纪检监察组工作，进一步营造风清气正的政治生态。

各位委员，过去一年区政协工作取得的成绩，是习近平新时代中国特色社会主义思想科学指引的结果，是中共游仙区委的坚强领导的结果，是区人大、区政府和全区各有关方面大力支持的结果，是政协各参加单位、全体委员积极参与和辛勤付出的结果。在此，我代表区政协常委会，向关心、支持和参与政协工作的各位领导、各位委员、各位朋友，表示衷心的感谢！

在肯定成绩的同时，我们也清醒看到工作中存在的许多问题和不足，更好发挥政协作为专门协商机构作用的机制和载体需要进一步完善，更好彰显政协制度在建言资政和凝聚共识双向发力上的独特优势还需要进一步深化，更好提升政协委员、政协机关干部“两支队伍”责任意识和履职能力的方式方法还需要进一步探索，等等。这些都需要我们高度重视，切实加以改进。

2023年主要任务

2023年，区政协工作的指导思想是坚持以习近平新时代中国特色社会主义思想为指导，全面贯彻党的二十大精神，按照省、市、区委全会部署，牢牢把握团结和民主两大主题，积极践行全过程人民民主，扎实推进专门协商机构建设，把忠诚拥护“两个确立”、坚决做到“两个维护”落实到政协各项工作中，提高政协工作在助推建设具有全国影响力的国防科技工业强区工作大局的贡献率，为奋力谱写社会主义现代化游仙新篇章聚势赋能。

突出党的领导，确立主心骨。进一步加强政治共同体建设，坚定政治方向，深入学习贯彻党的二十大精神，持续学懂弄通习近平新时代中国特色社会主义思想，坚决同党中央保持高度一致。全面落实党对政协工作的全面领导，不断提高“政治三力”。毫不动摇把政协工作置于区委坚强领导之下，与区委同心同向。全面贯彻新时代党的建设总要求，强化政协党组领导核心作用，落实全面从严治党要求，加强党风廉政建设和意识形态工作。

突出服务大局，融入一盘棋。始终站位大局、着眼大局、融入大局，把站位全市政协“第一方阵”作为履职目标，串起工作链、平台链、力量链，在全面建设社会主义现代化游仙大场景中找准履职小切口，海纳百川集群贤，大成集智献良策，增强政协助力高质量发展的叠加效应。精准谋划协商选题，持续围绕“三大战略”“三大目标”“三大攻坚”，紧扣建设具有全国影响力的国防科技工业强区等事关游仙改革发展的重要议题协商议政，紧扣群众关心关注的“关键小事”履职建言，确保政协履职与大局合拍、与发展同频、与民心相符。持续高效开展联系乡镇、联系产业、联系项目等重点工作。

突出协商主业，完善履职链。坚守职能定位，完善协商链、履职链、成果转化链，构建闭环高效的协商体系。深化调研视察活动，坚持先调研再建言，把问题看得更准一些、想得更深一些，把解决方案谋得更实一些，多说实话和有用的话，多提管用和专业的建议。依托“有事来协商”平台，完善“1+2+4+N”协商体系，以高效的跟踪落实提高协商效果，紧盯成果转化不放，切实推动协商提质增效，从“做了什么”“做了多少”向“做出什么效果”转变。大力推动政协协商向基层延伸，完善镇（街道）政协委员联络站、协商议事会功能，支持创建符合各地特色的小微协商品牌，让更多老百姓的呼声在这一平台上得到表达，让更多老百姓的急事、愁事、难事在这一平台上得以解决。

突出凝聚共识，画好同心圆。加强与政协各参加单位的密切合作，密切同党外知识分子、非公有制经济人士、新的社会阶层人士的沟通联络。引领政协参加单位和广大政协委员始终与区委同频共振，通过凝聚政协委员的共识，更好地向社会传播共识，汇聚全社会心往一处想、劲往一处使的强大合力。重点围绕产业发展、重点项目、民生实事，提出意见、批评、建议，开展协商式民主监督，推动党委、政府各项改革发展举措落到实处。做优做实在外人才联谊会工作，建好用好在外人才联谊中心，协助区委区政府做好招商引资、招才引智工作。深化“书香政协·五个一工程”，用好用活区政协诗书画院，建好魏城镇铁炉村“书香政协·委员读书驿站”，深入开展委员读书活动，使书香成为政协浓浓的味道。

突出激发活力，当好主力军。坚持严管和厚爱结合、激励和约束并重，以事业凝聚委员，以机制激励委员，以真情服务委员，让委员在政协履职中唱主角、当主力。加强委员学习、履职、考核全链条服务管理，着力培养建言献策有专业水平、凝聚共识有影响力的优秀委员。认真贯彻落实中共中央办公厅《关于加强和改进新时代市县政协工作的意见》，进一步推动全区政协工作提质增效、创新发展。充分发挥专委会基础性作用，高质量开展调查研究，高水平做好“搭台”服务，高标准打造工作品牌。继续按照“要求要严、工作要实、活动要多、活力更显”的要求，加强政协机关党的建设和业务能力联动建设。

各位委员，“志行万里者，不中道而辍足”，踏上第二个百年奋斗目标新征程，政协组织使命光荣、重任在肩。让我们更加紧密团结在以习近平同志为核心的党中央周围，在区委的坚强领导下，不断从中国共产党的百年奋斗史中汲取智慧和力量，同心同德、埋头苦干、勇毅笃行、不负韶华，在建设具有全国影响力的国防科技工业强区的征途上贡献政协力量，在全面建设社会主义现代化游仙的赶考路上谱写出华美的政协篇章！

创新托举"富乐梦"

——党的十八大以来游仙区经济社会高质量发展综述

"你听过秋天吗？秋天是房前屋后的犬吠鸡鸣，是树林田间的蛙鸣虫叫，是农民耙下的丰收乐曲……"近日，四川省绵阳市游仙区制作的一则36秒的视频在"学习强国"全国总平台播出，短短几天点击量达到248万次。倾听秋天的声音，人们仿佛看到了诗和远方。十年征程，日新月异。

据了解，党的十八大以来，绵阳市游仙区地区生产总值五年连跨三个百亿台阶，2021年达到417.40亿元，城镇居民人均可支配收入50674元，农村居民人均可支配收入22805元，并成功获评国家知识产权强县工程示范区、四川省工业强县示范区、四川省实施乡村振兴战略工作先进区。而更让人欣喜的是，几代游仙人接续奋斗凝聚起的"敢闯敢试、苦干实干、团结奋进、与时俱进"的游仙精神正赋予这片热土青春活力。十年收获，未来可期。

变"创新动能"为"发展势能"

2022年10月8日，国庆假期后的第一天，位于绵阳市游仙高新区北区的激光技术应用产业园内塔吊挥舞着长臂，打孔、焊接……机器轰鸣声不绝于耳，工人们干劲十足，现场一片繁忙。

激光技术应用产业园总投资约23.2亿元。首期占地518亩，建筑面积34.4万平方米。作为游仙区未来经济发展的"主战场"，产业园围绕激光产业链，引进、培育一批配套的企业和项目。目前，已有中国久远、中久大光、四川化材科技等11个企业计划入驻，预计到2025年建成"纵向成链、横向成群"的全国一流激光产业基地，实现产值过100亿元。

十年，是时间的标尺，也是发展的刻度。优势摆在那里：3家国家级科研院所、3所高等院校，26名两院院士，突破9万人的人才总量，年专利发明申请量保持在2000件以上、超过全市一半。

怎么把科技创新优势转化为现实生产力？游仙奋力破题：把优惠政策送到产业链上，把发展要素配置到产业链上，把营商环境优化到产业链上，找准长板、补齐短板、营造生态。

出台《关于支持科技创新的若干措施》《关于支持制造升级的若干措施》《鼓励人才创新创业八条扶持政策》等系列支持政策，用于鼓励企业做大做强、支持科研成果转化、加快人才培养和引进。

深化院、地协同创新，建设光子研究院、核医药研究院等协同创新平台，着力推进院所合作共建核医疗健康产业园、激光技术应用产业园、高精密装备制造产业园、航空动力产业园，加快建设环科学城产业带。

实施"园区提质、企业满园"行动，持续优化营商环境，在建标准厂房23.85万平方米，全力发展新型功能材料、物联网设备、核技术应用、激光技术应用"2+2"产业体系。今年3月，四川华睿智连电子科技有限公司落地游仙区，5月该公司就"拎包入住"当地修建的标准化厂房。

科技创新，制造升级，城乡融合，全面建设社会主义现代化游仙。

十年磨一剑。今年前8月，游仙区新培育规模以上工业企业18户，实现规以上工业总产值达256.02亿元，科技服务业增加值占服务业比重达37.12%。招商引资签约项目19个，签约金额117亿元，完成年度目标任务的90%。2011年破土动工的游仙高新区在全省143个开发区综合评价考核中名列第三。

眼下，在忠兴镇太平村，大地铺满金色。村民们正忙着采收玉米。

"我们把家里的地托管给村里，进行统一种植。土地托管后，每年可节约种地成本400多元，每年每亩地还能拿到770元的收益。"今年71岁的太平村村民周大爷掰着手指头算起了增收账，规模化的种植让他和附近村民的钱袋子也鼓了起来。

"土地大托管"是游仙区集成改革一项重要内容。以片区为单位开展国土空间规划编制，推进城乡用地增减挂钩，实施品种改良、品质提升、品牌打造"三品"工程。截至目前，仅忠兴镇就已托管土地

43743亩，占耕地总量的77%；托管区域粮食产量超过3.5万吨，较托管前增长15%。

向改革要动力，向改革要效益。党的十八大以来，游仙经验和游仙模式在中央、省、市推广的达120余个。游仙区被省委确定为全省首批成渝地区双城经济圈建设县域集成改革试点单位。

变“问题清单”为“幸福账单”

十月初秋，走近芙蓉溪，水面清波粼粼、沿岸仍满是绿意，一幅水清岸绿的美丽图景在眼前展开。这条“母亲河”，流经游仙区60%的地域，养育着两岸的人们，也见证着这片土地的变迁与发展。

“以前河水有一股怪味夏天不敢开窗，现在每天与家人在河边散步，跟在画中游一样！”市民宋先生深有感触地说。

“春江水暖鸭先知”，民生做得好不好，“民声”最有发言权。

坚持“三水统筹、生态优先、绿色发展”的治理理念，游仙区投资14.79亿元沿芙蓉溪建设乡村旅游环线，公路全长约26千米，骑行游步道全长约41.76千米，最大限度将辖区分散的越王楼、绵阳国际兰花园等17个景区景点有机串联起来，构建全域旅游大动脉，推动城乡融合发展。

幼有所育、学有所教、病有所医、老有所养、住有所居。

十年间，游仙始终将惠民生作为根本目的，努力让改革发展成果惠及于民，将民生“问题清单”切实变为百姓的“幸福账单”。

开元中学综合楼投入使用、魏城镇幸福美丽乡村路竣工通车、武引渠道灾后恢复重建工程全面落实……一件件得民心、惠民生的关键“小事”，正在成为群众获得感、幸福感提升的生动注释。

9月20日，位于游仙区魏城镇的绵阳市游仙区人民医院老年医学中心项目已完成封顶，即将竣工。

“老年医学中心共设有病房80间，可提供240张床位，主要是为了应对人口老龄化的问题，方便我们周围的老年患者看病就医。”游仙区人民医院党总支副书记、院长曹世杰介绍道。

经过多方努力，游仙区去年票决出的10件民生实事已落地见效，今年票决出的10个区级民生实事项目，正按实施计划稳步推进。

“力争今年底，完成开元中学实验大楼的建设，并将3个公办幼儿园、游仙区妇女儿童医院第二院区、游仙区公共卫生医疗中心投入使用。”憧憬即将到来的收获季，游仙民生工委负责人难掩喜悦。

一枝一叶总关情。

创新建成“零工爱心驿站”，帮助零工实现短期灵活就业，确保城镇登记失业率控制在4%以内；落实“双减”要求，推动义务教育优质均衡发展，做优做强“富乐教育”品牌；深化县域医共体改革，着力构建完善的城乡医疗卫生健康服务体系；率先完成温室气体清单编制，持续打好蓝天、碧水、净土保卫战。丰富群众文化活动，挖掘历史文化资源，弘扬“两弹一星”精神，提升城乡居民文明程度；实施交通攻坚，推进科技城大道东延线、省道416线南段等基础设施项目建设，全力消除农村断头路。

行走在游仙城市乡间，一条条大道通衢伸向远方，水泥路村道顺着山梁、沟湾、田坡蜿蜒而行，衬着路边的野花，令人心旷神怡。

始终保持民生投入占公共财政支出比重70%以上，这是游仙区委、区政府牢记初心和使命的庄严承诺，是为人民美好生活而矢志奋斗的生动实践。

统筹“发展与安全”“鱼肉熊掌”兼得

发展和安全，鸟之两翼、车之双轮，互为条件、彼此支撑。

游仙以党的建设为引领，加强思想政治建设，锻造过硬干部队伍，筑牢基层战斗堡垒，始终将保安全作为底线要求，牢牢守住不发生系统性风险的底线。

新冠疫情暴发以来，游仙建立应急指挥扁平化管理机制和区级领导牵头抓总的四级工作体系，筑牢疫情防控“铜墙铁壁”。

人民至上、生命至上。在疫情防控过程中，游仙全区上下以快制快，各级党员领导干部靠前指挥战在“疫”线，“大白”冲在最前方，“小哥”默默坚守保障，志愿者风餐露宿服务。统一指挥、上下联动、反应灵敏的应急管理机制，在实践中经受住了考验。

“疫情要防住、经济要稳住、发展要安全”，统筹疫情防控和经济社会发展，既要有通盘考量的视野，又要看兼顾筹划的能力。

为保障企业正常运营，游仙开启了“绿色通道”——企业闭环搞生产，产品运输“点对点”。

9月30日，东材科技公司在接到疫情防控相关通知后立即开启“防疫泡泡”管理模式。320余名员工投入生产，12条生产线开足马力赶订单。

防疫生产两不误。聚合新材料公司疫情防控期间每日出货量5万平方米；石马镇保障性安居工程提前购入400多吨钢材，可保证封闭管理模式下10天的建设施工；成绵苍巴高速公路成绵扩容段进入附属工程施工阶段；抢抓晴好天气，23万亩水稻收割进入尾声……

惊涛骇浪中，游仙努力化险为夷，奋力转危为机，风雨兼程，从未懈怠。

大力探索“大掌柜+店小二”“楼栋长+房东”等基层“微治理”模式，游仙建立健全“一对一”定期走访关怀机制，持续抓好精神文明建设和法治普及教育，扎实推进安全生产专项整治三年行动，全面加强重点行业领域安全监管，聚焦辖区内24个重点行业领域，持续开展安全生产大排查、大整治，严厉打击各类安全生产违法行为。

用数据说话：2022年1—9月，游仙安全生产事故起数、死亡人数同比分别下降88%、100%。2022年6月,游仙第12次被四川省委、省政府评为四川省“平安建设先进区”。

十年栉风沐雨，十年春华秋实。站在新的起点，面对新的机遇挑战，游仙干群信心百倍，豪情满怀，将以奋楫争先的闯劲、披荆斩棘的拼劲、滴水穿石的韧劲，为绵阳高质量发展贡献游仙力量。

（李健　周钰　刘仁喜）

学习贯彻党的二十大精神。2022年，游仙区迎接党的二十大胜利召开、深入学习贯彻党的二十大精神。把迎接党的二十大和学习宣传贯彻党的二十大精神作为首要政治任务和工作主题主线，结合游仙建区30周年，开展“奋进三十年·喜迎二十大”系列活动，营造了同心向党迎盛会、踔厉奋发谱新篇的浓厚氛围。党的二十大胜利闭幕后，及时召开区委常委会（扩大）会议、全区传达学习大会、区委理论学习中心组专题学习会等进行深入学习，制定学习宣传贯彻总体安排，下发通知作出具体部署。将党的二十大精神作为干部教育培训必修课和干部轮训首要内容，分层分类开展系统培训，纳入党政干部政治理论水平考试测试范围和巡视巡察监督重点。全方位、多层次开展党的二十大精神宣讲，组建新时代文明实践、青年、文化文艺、院所专家特色团4个，成立“文艺轻骑兵”基层文艺宣讲队伍12支，组织志愿者成立送学上门小分队40余支，发放漫画口袋书、小手册1.2万余本，确保广大党员干部群众听得懂、能领会、可落实。充分发挥“直播游仙”App线上宣传阵地作用，组织开展网络宣讲与网络答题赛，线上线下宣讲全覆盖，持续引导广大党员干部群众深刻领悟“两个确立”的决定性意义，增强“四个意识”、坚定“四个自信”、做到“两个维护”，自觉把思想统一到党的二十大精神上来、把力量凝聚到党的二十大确定的各项任务上来。

县域经济发展先进县建设。2022年11月23日，四川省委、四川省人民政府印发《关于表扬2021年度四川省县域经济发展先进县和全国百强县百强区的通报》，游仙区被评为“2021年度四川省县域经济发展先进县”，综合考评得分居全省50个重点开发区第二名。2017年以来，游仙区通过不断完善产业体系，持续提升科技创新能力来做大经济总量、做优经济质量、改善人民生活，积极争创县域经济发展先进县。地区生产总值五年连跨三个百亿量级台阶（2017年突破200亿元，2019年突破300亿元，2021年突破400亿元）。2022年，大力实施“追赶计划”、开展“对标行动”，区属地区生产总值448.64亿元、同比增长4.6%。“一院所一平台一产业”发展模式得到广泛认可，核技术应用产业集群列为全省16个战略性新兴产业集群之一。新增专精特新企业17家、国家知识产权优势企业3家，高新技术产业主营业务收入达147亿元，企业R&D（科学研究与试验发展）研发投入4.2亿元。

落实“稳经济”政策。2022年，游仙区制定《游仙区“两稳一保”十条措施》，包含投资、就业、人才、金融、用能、消费等7个方面的具体措施，投入总资金量达1.9亿元。区级领导带头定期深入企业“面对面”宣传政策听取意见，部门包片实施“点对点”“一对一”走访服务。出台12个领域稳经济实施细则及15类助企纾困明白卡，精准推送3万余份到各市场主体，全区稳经济政策知晓率由37.1%提升到92.3%。充分利用各类载体、平台、App等，分行业、分领域开展网络直播、政策宣讲，线上线下开展促消费、稳就业等活动68场次，发放消费券410万元，提供就业岗位1.3万个，发放公益性稳岗补贴1007万元。其中，社保补贴596万元，岗位补贴411万元。各部门共接收政策咨询热线4700余次，走访市场主体千余次，解决企业问题86个，兑现企业奖补扶持资金8418万元，发放稳岗返还、企业纾困资金832.9万元，发放扶持创业担保贷款1837万元，金融机构为中小微企业提供融资担保贷款64.52亿元，政策红利直达市场主体。

科技成果转移转化示范区建设。2022年3月24日，四川省科技厅正式复函绵阳市人民政府，支持游仙区建设省级科技成果转移转化示范区。示范区围绕绵阳科技城建设，立足成渝地区双城经济圈建设战略机遇，充分发挥军工科研优势资源，聚焦电子信息、先进材料、智能装备三个主导产业，核技术应用、激光技术应用和航空燃机三个新兴战略产业，推进以科技创新产业化体制机制改革为牵引的县域集成改革试点，探索全周期跨区域利益分配共享机制、全链条院地企精准招商协作机制、全要素一站式项目服务保障机制，努力建成军民科技协同创新示范区。通过示范区建设，到2024年，培育高能级创新平台3家，培育融合服务平台4个，培育科技成果转移转化示范企业4家，招引院所、高校创新创业团队20家，新增高校院所转移孵化项目20项，每万人发明专利拥有量达40件，有效高新技术企业数达60家，培育融合企业150家，存续绵阳市科技型中小企业达1000家，全区技术合同认定登记额达1亿元。

中国（绵阳）科技城航空动力产业园落户游仙。2022年8月12日，中国（绵阳）科技城航空动力产业园签约仪式在游仙富乐山国际酒店举行。游仙区人民政府与中国航发四川燃气涡轮研究院签署了共建航空动力产业园合作协议，与四川旭博精密科技有限公司签署了合作协议，中国（绵阳）科技城航空动力产业园落户游仙。中国（绵阳）科技城航空动力产业园项目占地500亩，总投资25亿元，分两期建设。项目主要包括航空发动机轮盘试验项目、高端精密机械加工项目、航空与燃机高端技能人才培育项目等，按照“小核心、大协作”的创新模式，用3—5年时间建成航空发动机领域全产业链的配套体系。项目建成后，预计年新增产值20亿元以上，年上缴税金8000万元以上，新增就业人员1000人以上，可招引数家国内航空动力关联产业项目，建成西部最大的航空动力特色产业园区。

2022中国领军智慧城区建设。2022年11月16日，在第24届中国国际高新技术成果交易会上，游仙区被评为“2022中国领军智慧城区”。2022年，全区按照“一云、两网、N应用”的数字化发展思路，依托中国科技城大数据中心，搭建起“一数据中心、一数字底座、一服务平台、一展示大厅”的发展基础架构。推动建设城市智脑（IOC）、应急指挥、智慧交通、空间地理信息等14个智慧应用，并实行集中统一部署；整合汇聚天网工程、高点视频、智慧井盖等大量前端的感知设备，推动共建共享，发挥更广泛作用；运用物联网、云计算、自动控制等技术，充分发挥大数据助力经济运行、应急指挥、社会治理、服务群众等方面的作用。

土地大托管工作。针对乡村耕地碎片化、空间布局无序化、城乡土地资源利用低效化等问题，游仙区紧紧围绕“土地资源”这一城乡融合关键要素，深化农村土地制度改革，结合全省解决农村土地碎片化问题试点，探索土地大托管模式，依托忠兴镇推进全域土地综合整治。近年来，该镇创新成立镇集体经济联合总社，以大面积托管、大资金投入、大服务增收，将过去各村各户单打独斗式的农业生产方式转变为跨区域、规模化、机械化的现代农业生产模式，有效解决了

◆ 2022年，游仙区忠兴镇土地大托管服务中心

农村土地撂荒和非粮化问题。截至2022年，全镇托管土地面积达43743亩，占耕地总量的77%；托管区域粮食产量超过3.5万吨，较托管前增长15%。2022年7月，该经验做法先后被《人民日报内参》、省委办公厅《每日要情》等刊发并获得国务院副总理胡春华肯定性批示。

应对极端高温天气。2022年1—10月，游仙区累计平均降雨526毫米，降雨量与常年同期相比偏少45%。从6月上旬开始，忠兴镇、仙鹤镇、新桥镇、魏城镇、盐泉镇、信义镇、石马镇、小枧镇等8个镇96个村（社区）均出现灾情，受灾人口达25830人。因旱灾造成农作物受灾面积达2439.18公顷，成灾面积达2341.68公顷，绝收面积97.5公顷，直接经济损失1616.8万元。采取成立抗旱工作专班，建立区、镇（街道）、村（社区）、组、点五级抗旱应急指挥体系，加强用水调度、现场技术指导、抽调移动供水设备等措施，全年累计完成供水10800万立方米，其中农业供水8500万立方米，人饮供水2300万立方米，与常年同期相比增长36.70%，实现了农业丰收和饮用水安全。向上争取中央财政农业生产救灾资金共计255万元（其中，105万元用于全区81个老旧提灌站改建，150万元用于保障全区秋粮生产），安排区本级财政资金172.3983万元用于全区玉米生产救灾补助。

1月

1日，区委副书记、区长韩晓清带队开展元旦期间新冠疫情防控、森林防灭火暗访督导。

5日，区委副书记、区长韩晓清带队深入游仙部分施工现场和道路，调研建筑领域安全生产和道路交通安全工作。

10日，区委副书记、区长韩晓清主持召开游仙区规划区违法建设整治工作推进会，市自然资源和规划局副局长钟春到会指导。

13日，中共绵阳市游仙区委七届二次全会召开。区委书记陈华斌代表区委常委会向全会作工作报告，并就《中共绵阳市游仙区委关于深入学习贯彻党的十九届六中全会精神巩固党史学习教育成果的决定（讨论稿）》及《关于坚决做到“四个走在前列”的决定》作说明。

同日，2022年区委经济工作会召开。

24日，游仙区举行以“同心同向新时代，踔厉奋发新征程”为主题的社会各界人士迎春座谈会。

同日，壤塘县委副书记、县人民政府县长王甲带队到游仙开展对口帮扶回访工作，举行协同发展座谈会，游仙区委书记陈华斌，区委副书记、区长韩晓清等区四套班子领导出席座谈会。

25日，游仙法院召开“司法大拜年”——银友汇通专案第二次兑付暨总结大会，为375名当事人集中发放执行款513.5万元。

28日，四川省人民政府发布《关于命名首批省级生态县的决定》，游仙区被命名为首批省级生态县。

29日，区委副书记、区长韩晓清带队暗访督导节前安全生产、疫情防控、森林防灭火等工作

2月

7日，区委书记陈华斌带队深入区内部分单位、国有平台公司，看望慰问干部职工。

同日，区委副书记、区长韩晓清带队到区发改局、区应急管理局等区级部门，看望慰问干部职工。

8日，国家、省发展和改革委到忠兴镇调研土地大托管项目和农业社会化服务工作。

9日，区委书记陈华斌带领相关部门负责人一行对游仙高新区国土空间布局规划、城市和园区开发边界规划等工作进行调研。

同日，区委副书记、区长韩晓清主持召开游仙区土地管理委员会2022年第1次会议。

15日，区委副书记、区长韩晓清主持召开区政府七届一次全体会议，总结2021年游仙区政府工作，安排部署2022年重点工作。

同日，中国科学院空天信息创新研究院与游仙区工作座谈会召开。

22日，区委副书记、区长韩晓清主持召开2021年度卫片执法整改工作推进会。

同日，区防疫指挥部指挥长、区委副书记、区长韩晓清带队暗访督导辖区新冠疫情防控工作开展情况。

23日，区委书记陈华斌主持召开游仙区项目投资促进委员会2022年第1次会议暨经济运行形势分

析会。

24日，游仙区被省委农村工作领导小组评为省级乡村振兴先进区2021年度“回头看”工作优秀等次。

28日，区委副书记、区长韩晓清到越王楼景区调研督导风貌整治提升工作。

3月

1日，忠兴镇兴合村、木龙村、酒店村被省委、省政府命名为四川省乡村振兴示范村。

3日，游仙区人民政府与市生态环境局签订高质量推进生态文明建设战略合作协议。

4日，游仙区在外人才联谊会工作座谈会举行。区委副书记、区长韩晓清出席会议并讲话，区政协主席杨守贵等区领导参加会议。

8日，区委副书记、区长韩晓清带领区级相关部门负责人一行，调研水利系统重点项目推进工作。

9日，区委书记陈华斌主持召开小枧场镇城市更新暨“游仙里”项目专题会。

同日，区委书记陈华斌前往盐泉镇，调研乡村振兴工作。

同日，游仙区人民政府与市审计局签订构建全方位审计监督体系合作协议。根据协议，双方将以推动高效审计监督为目标，聚焦财政财务收支、资源环境、政府投资等领域，坚持依法文明审计，强化联动协作，形成监督合力。

10日，区委书记陈华斌带队深入石马镇、小枧镇、游仙东路社区等地，调研游仙民族宗教工作。

16日，游仙区在仙鹤镇开展2022年森林火灾扑救区镇联合应急演练。

18日，区委书记陈华斌主持召开七届区委第20次常委会会议，传达学习习近平总书记对全国老干部工作重要指示批示精神，传达学习第十三届全国人民代表大会第五次会议、全国政协十三届五次会议精神等，研究部署游仙区贯彻落实意见。

18—20日，游仙街道成功举办麒麟桃花湾首届桃花节，吸引游客万余人。

21日，游仙区在游仙街道金山村青龙山举行2022年春季集中义务植树活动，区四套班子领导和200余名干部群众参加。

同日，游仙区被省委农办、省发展和改革委、省农业农村局列为省级县域内城乡融合发展改革试点县。

同日，全市审计工作会召开，游仙区人民政府被绵阳市人民政府表彰为审计工作先进单位。

同日，全市残疾人工作推进会与会人员到游仙区观摩现场，市残联中层及以上领导干部、各县（市）区残联领导班子成员、市级各专门协会负责人50余人参加。

22日，游仙区举行2022年抓项目促投资稳增长政策落实暨3月重大项目集中开工仪式，15个重大项目集中开工，19个项目在仪式上集中签约。

24日，四川省科技厅正式复函绵阳市人民政府，支持游仙区建设省级科技成果转移转化示范区。

31日，游仙区司法局在全省司法所工作会议上作书面交流发言。

4月

1日，区委书记陈华斌先后到新桥镇、石马镇等地，督导检查清明节前森林防灭火工作。

同日，区委副书记、区长韩晓清主持召开专题会，研究国道108线绵阳至梓潼快速通道扩容改造方案。

同日，四川省科协党组成员、副主席经戈一行到游仙调研社区科普、天府科技云服务工作。

5日，区委副书记、区长、区应对新冠疫情应急指挥部指挥长韩晓清带队暗访督导辖区新冠疫情防控工作。

6日，区委书记陈华斌带队前往富乐街道、魏城镇，督导检查新冠疫情防控工作。

8日，区委书记陈华斌主持召开游仙区重要工作2022年3月调度会。

同日，游仙区被省委农办、省农业农村厅评为全省合并村集体经济融合发展试点先进区并在全省作交流发言。

18日，区委书记陈华斌主持召开七届区委第23次常委会（扩大）会议，传达学习党中央、国务院《关于更加有效发挥统计监督职能作用的意见》、中央“安全生产十五条”重要举措、市级领导干部和县级主要负责人读书班精神等。

19日，绵阳市游仙区民泰路一厂房仓库起火。火情发生后，游仙区立即召开安全生产紧急工作会暨安全隐患排查动员会，对全区安全隐患排查工作作出动员部署。

24日，区委书记陈华斌主持召开游仙区“园区提质 企业满园”工作推进会。

26日，区委副书记、区长韩晓清带队前往游仙经济试验区、涪江街道、游仙街道，督导检查新冠疫情防控工作。

28日，省委常委、市委书记曹立军先后到中国科技城大数据中心、四川兴事发门业集团、四川移柯物联网技术有限公司、四川特锐祥科技股份有限公司、四川东材科技集团股份有限公司、激光技术应用产业园，调研游仙区经济社会发展情况。

同日，游仙区委召开农村工作会议，表扬2021年度乡村振兴先进集体和个人，安排部署2022年全区“三农”工作。

同日，中国共产党绵阳市游仙区交通运输行业委员会成立。

5月

5日，区委书记陈华斌主持召开游仙区农业现代化园区建设和农业现代化专项工作领导小组2022年第一次会议，会议审议通过《绵阳市游仙区现代农业园区建设2021年省、市种业园区项目变更方案》《绵阳市游仙区优质粮油现代农业园区建设推进方案》《绵阳市游仙区蔬菜种业现代农业园区建设推进方案》等相关事项。

6日，区委书记陈华斌主持召开游仙区重要工作2022年4月调度会。

同日，区委副书记、区长韩晓清主持召开城市管理工作会议，传达市委常委会会议精神，并对全区城市管理工作进行安排部署。

7日，区委书记陈华斌带队督导涪江游仙段河湖突出问题整改工作。

10日，区委书记陈华斌一行前往忠兴镇绵阳紫东食品有限公司调研，了解企业发展现状，协调解决企业发展中遇到的困难问题。

同日，区委副书记、区长韩晓清主持召开城乡既有房屋安全隐患专项整治、城乡环境提质三年行动、违法建设整治、耕地保护工作会。

12日，区委书记陈华斌主持召开游仙区经济运行分析会暨重点工作调度会。

同日，区委书记陈华斌主持召开七届区委第28次常委会会议，传达学习中央、省、市关于森林草原防灭火工作的重要精神、中央关于防汛抗旱工作的重要精神、省政协新时代加强和改进人民政协工作专题研讨班精神、全市新冠疫情防控工作会议精神等，研究全区贯彻落实意见。

16日，市委常委、市委政法委书记荣全调研游仙打击整治养老诈骗专项行动工作。

同日，区委书记陈华斌主持召开专题会议，听取老龙山森林公园项目建设情况汇报。

17日，区委书记陈华斌带队到区内部分镇、街道督导城乡环境综合提质三年行动工作开展情况。

同日，区委副书记、区长韩晓清主持召开全区审计、食品安全、生态环境保护工作会。

同日，区委副书记、区长韩晓清主持召开游仙区信访工作会议。

18日，游仙区召开政法工作暨政法队伍教育整顿总结会。

同日，游仙区人民政府与市供销合作社联合社签订“两端两网”新供销战略合作协议。根据协议，双方将以推动供销工作高质量发展为目标，抓好完善体制机制、拓宽经营领域、提升服务能力三方面工作，强化联动协作，形成发展合力。

同日，全市首家社区慈善微基金——韩家脊社区慈善微基金在游仙区民政局举行签约仪式。

同日，2022年“云上文旅”游仙区文旅融合发展推介会暨大型实景沉浸式戏剧《名楼盛宴》首演新闻发布会在越王楼召开。

同日，游仙区教体系统第三届教职工文化艺术节声乐比赛在五里路小学举行。

同日，游仙科技创新服务平台（科创通）正式上线运营。

20日，区委书记、区委全面深化改革委员会主任陈华斌主持召开区委全面深化改革委员会第八次会议暨县域集成改革试点推进会，专题研究成渝地区双城经济圈建设县域集成改革试点工作。

同日，区委副书记、区长韩晓清带队到游仙部分企业进行实地调研。

23日，区委书记陈华斌主持召开专题会议，听取忠兴镇农村土地大托管工作推进情况，安排部署阶段工作。

同日，游仙区在新桥镇胜利村启动2022年“美好生活·民法典相伴”宣传月暨游仙区“民法典走进百村（社区）”主题活动。

24日，区委副书记、区长韩晓清带队调研民政建设项目推进情况。

26日，区委副书记、区长韩晓清主持召开区政府廉政工作会议。

27日，四川省知识产权服务促进中心战略推进处处长杨柏强一行到游仙区石马镇调研指导知识产权强镇建设工作。

同日，绵阳市“喜迎二十大，强国复兴有我”第二届基层理论宣讲大赛在游仙区委党校举行。

同日，国家组织第六批药品（胰岛素专项）集中带量采购中选结果在绵阳市落地执行。游仙区多家公立医疗机构开出集采降价后处方。游仙区区签订合同58份，协议合同采购量约1.4万支（瓶）/年，预计年平均可节约药品费用50万元。

28日，顺利完成2022年事业单位公开考核招聘线上面试（卫健系统）工作，涉及9个事业单位20个岗位，共计32名考生参加面试。

30日，游仙高新区消防救援站正式投入执勤备战，游仙区形成城区5分钟、乡镇30分钟消防救援圈。

6月

1日，游仙区被省委办公厅、省政府办公厅评为“2021年度平安建设工作先进区”。

同日，游仙生态环境局联合新桥镇以“共建清洁美丽游仙”为主题，组织开展“低碳生活，绿色出行”骑行宣传活动。

同日，区委书记、区生态环境保护委员会主任陈华斌主持召开游仙区生态环境保护委员会暨区生态环境保护督察工作领导小组2022年第一次全体会议。

同日，区委书记陈华斌主持召开区委理论学习中心组专题学习会，重点围绕《中国共产党宣传工作简史》开展专题学习，区委理论学习中心组成员作交流讨论。

同日，区委副书记、区长韩晓清带队到游仙区忠兴小学看望慰问少年儿童。

2日，区委书记陈华斌一行到城区部分学校，检查游仙区高考、中考考点准备工作。

3日，游仙区在区政府办成立“稳经济政策落实办公室”，人员由区政府办、区发改局、区工信局、区财政局、区人社局、区商务局、区行政审批局、区税务局抽调业务骨干组成。

◆ 2022年6月5日，游仙区在海悦银河城举办2022年“共建清洁美丽游仙”六五世界环境日主题宣传活动

5日，游仙区在海悦银河城举办2022年“共建清洁美丽游仙”六五世界环境日主题宣传活动。

6日，区委书记、区委党建工作领导小组组长陈华斌主持召开游仙区委党建工作领导小组2022年第一次会议。

同日，区委副书记、区长韩晓清带队到游仙职业技术学校、富乐实验中学检查2022年高考中考备考工作。

7日，省民政厅党组书记、厅长益西达瓦一行到游仙区调研社会工作服务体系建设和未成年人保护工作。

8日，区委书记、区委统一战线工作领导小组组长陈华斌主持召开区委统战工作领导小组2022年第一次（扩大）会议。

同日，游仙区与国网绵阳供电公司签署电力战略发展合作协议，区委书记陈华斌，国网绵阳供电公司总经理、党委副书记谢连芳，党委书记、副总经理赵雄翔等出席签约仪式。

9日，游仙区校园足球联赛总决赛在富乐中学、富乐国际学校、万达学校、魏城镇中学、魏城镇小学5个赛区同时落下帷幕。新桥小学、万达学校、街子小学分别获得小学男子甲组、小学女子甲组、小学乙组冠军。邓沈宇辰、王娅婷等8名运动员分别获得本次比赛最佳射手和最佳运动员称号。

12日，游仙区在忠兴镇开展“应急使命·2022”抗洪抢险暨地质灾害避险综合应急演练。

13日，绵阳市自然资源和规划局组织召开绵阳市第一批次乡村国土空间规划方案专家评审会。游仙区《芙蓉溪三产融合发展片区国土空间总体规划》和《魏柳河农旅融合发展片区国土空间总体规划》通过此次评审。

13—15日，由绵阳市委、绵阳市人民政府主办的“绵阳造”厦门行大型户外精品展在厦门中山路步行街对外展出，游仙区桑果白兰地、米兄米弟等游仙特色农产品亮相。

14日，2022年全市农村能源“安全生产月”暨户用沼气事故应急演练活动在新桥镇举行。

同日，游仙法院会同司法行政部门举行人民陪审员就职宣誓暨业务培训会，40余名人民陪审员（13名新任命）参加。

15日，区委副书记、区长韩晓清主持召开游仙区城乡环境综合提质三年行动推进会议，对全区城乡环境综合提质三年行动工作再安排再部署。

同日，区委副书记、区长韩晓清带队督查市臭氧污染防治巡查反馈问题整改情况。

同日，游仙区卫生健康局举办首例职业卫生行政处罚案件听证会，就某饲料有限公司未及时、如实向所在地卫生行政部门申报危害项目案进行听证。

16日，省政协主席、省总工会主席田向利率督导组在绵阳市游仙区富乐街道仙人路社区宣讲习近平总书记在四川视察重要指示精神和省第十二次党代会精神，并督导有关工作。省委常委、绵阳市委书记曹立军主持宣讲会，游仙区委副书记、区长韩晓清参加。

21日，四川省公安厅专职党委副书记胡钢到涪江街道韩家脊社区调研禁毒工作。

同日，绵阳市重点企业招聘季游仙区专场招聘会在海悦银河城成功举行。

22日，省政协主席田向利先后到游仙高新区南区、激光技术应用产业园，调研游仙区经济社会发展情况。

同日，游仙区行政审批局开通“企信通”短信平台，为企业宣传四川省各项助企纾困政策。

23日，中国科学技术大学党委副书记兼党委宣传部部长傅尧带队到游仙区参观考察，双方就深化合作等事宜进行交流座谈。西南科技大学副校长尚丽平，游仙区相关领导参加活动。

同日，游仙区承办“创新金三角　智汇科技城”首场活动。

同日，14名在绵阳全国人大、省人大代表到游仙调研《中华人民共和国乡村振兴促进法》实施情况。

24日，区委副书记、区长韩晓清主持召开游仙区稳经济政策落实工作推进会。

同日，游仙区政协诗书画院在区文联大楼正式揭牌。

29日，游仙区被省农业农村厅列为全省解决农村土地细碎化问题试点县。

30日，区委书记、区委宣讲团第一团团长陈华斌到仙鹤镇开展习近平总书记在四川视察重要指示精神及省第十二次党代会精神专题宣讲。

7月

1日，区委副书记、区长韩晓清主持召开游仙区争取国家基础设施项目资金政策项目包装专题会。

6日，区委书记陈华斌主持召开七届区委第32次常委会会议，听取2022年上半年区人大常委会、区政府、区政协、区人民法院、区人民检察院党组及游仙高新区党工委工作情况汇报。

8日，召开区级领导干部和镇街主要负责读书班，区委书记陈华斌围绕“真抓实干、狠抓落实，奋力在加快建设中国科技城、全力打造成渝副中心中展现更大游仙作为”作主题报告。

10日，游仙富乐中学第五届第四次教职工代表大会召开。

12日，在成都温江举行的四川省学生武术公开赛上，游仙区朝阳

◆ 2022年7月12日，在成都温江举行的四川省学生武术公开赛上，游仙区朝阳学校五年级代力同学一举夺得太极拳、太极剑两项个人第一名

学校五年级代力同学一举夺得太极拳、太极剑两项个人第一名。

同日，区委副书记、区长、区防汛抗旱指挥部总指挥韩晓清主持召开游仙区防汛减灾暨地质灾害防治工作紧急会。

14日，区委书记陈华斌主持召开游仙区防汛减灾专题会议，分析游仙区当前防汛减灾形势，并对全区防汛减灾及地灾防治工作进行再部署。

同日，区政协党组书记、主席杨守贵在省政协“有事来协商”工作推进暨培训会上代表绵阳市作题为《写好四篇文章 擦亮协商议事品牌》的交流发言。

16日，冬油菜区获全国农技中心第二批国家农作物品种展示评价基地认证。

同日，区委书记陈华斌带领区级相关部门负责人一行，前往东材科技技改扩能项目建设现场，调研项目推进及用电保障工作。

17日，区委书记陈华斌主持召开七届区委第35次常委会（扩大）会议，深入学习贯彻省委、省政府、市委、市政府关于加强防汛抗旱、减灾救灾及安全生产工作的重要会议和通知精神，分析全区防汛抗旱、减灾救灾和安全生产、疫情防控工作形势，安排部署重点任务。

同日，“第十四届全国见义勇为英雄模范”表彰大会在北京举行。绵阳市游仙区赖宁荣获“全国见义勇为模范”称号，并参加表彰大会。

18日，区委书记陈华斌带队督导检查防汛减灾、地质灾害防治及汛期安全生产工作。

20日，区委副书记、区长韩晓清带队督导防汛减灾和地质灾害防治工作。

21日，游仙区与北京大学外国语学院和城市与环境学院举行思想政治实践课教育基地签约授牌仪式。

同日，区工商业联合会(商会)召开六届十次执行委员会会议。

22日，市政协主席李亚莲到游仙区督导防汛减灾和地质灾害防治工作。

25日，区委副书记、区长韩晓清带队前往游仙激光产业基地，看望慰问一线工作者，开展“送清凉”活动。

26日，区委副书记、区长韩晓清到忠兴镇专题宣讲习近平总书记在四川视察重要指示精神和省第十二次党代会精神并督导地质灾害安全隐患整治工作。

同日，绵阳市科协党组书记、常务副主席王久华、西南科技大学副校长曾刚等一行到游仙区开展深入院地合作专题调研。

27日，游仙区“土地大托管”经验被《人民日报·内部参阅》刊发并获得国务院副总理胡春华肯定性批示。

同日，团区委邀请北京师范大学历史学院江天岳副教授到游仙开展俄乌冲突专题讲座。区关工委、区民政局、区总工会、区妇联等相关部门负责人，辖区青年代表参加。

28日，区委书记陈华斌主持召开七届区委第37次常委会会议，审议通过《绵阳市游仙区富乐人才计划“1+4+N”政策措施（试行）》《绵阳市游仙区贯彻落实第二轮中央生态环境保护督察报告整改实施方案》等事项。

8月

1日，绵阳市首批中成药省际联盟集中带量采购17个产品组76个品规在游仙区顺利落地执行，这是全市首批中成药省际联盟集中带量采购，药品价格平均下降42.27%，最大降幅达到82.63%。

3日，区委副书记、区长韩晓清带队先后前往小枧镇、富乐街道、涪江街道督导全国文明城市创建工作。

4日，区委书记陈华斌前往涪江街道、富乐街道、经济试验区督导游仙区全国文明城市创建工作。

同日，区委副书记、区长韩晓清带队开展游仙区2022年工业领域比拼拉练活动。

9日，清华“思源”十九期赴五八所开展社会实践活动。

12日，中国（绵阳）科技城航空动力产业园签约仪式在游仙富乐山国际酒店举行。游仙区人民政府与中国航发四川燃气涡轮研究院签署共建航空动力产业园合作协议，中国（绵阳）科技城航空动力产业园落户游仙。

16日，游仙区冬油菜区获全国农技中心第二批国家农作物品种展示评价基地认证。被农业农村部授予“国家农作物品种展示评价基地”称号。

同日，区委书记陈华斌带队到魏城镇、信义镇等地督导全区防汛抗旱、粮食生产和疫情防控相关工作。

17日，区委副书记、区长韩晓清带队到盐泉镇调研防汛抗旱和粮食生产工作。

19日，区委书记陈华斌带队督导河道安全工作并慰问交通查验点工作人员。

22日，区委书记、区农业现代化专项工作领导小组组长陈华斌主持召开会议，研究全区现代农业园区建设重点工作，审议通过《四川

◆ 2022年8月22日，全国著名中职教育专家、生命教育网客聘教授、浙江师范大学硕士研究生导师余国良到游仙职业技术学校，举行“推行全程启迪教育，让中职教育更精彩”主题讲座

◆ 2022年8月26日，法治日报社及省委宣传部一行在新桥镇胜利村调研农家书屋工作

省游仙区蔬菜种业园区建设规划》、蔬菜种业园区融合发展工作等事项。

同日，区委副书记、区长韩晓清主持召开游仙区2022年经济运行分析会。通报分析2022年1—7月经济运行和税收情况，安排部署相关工作。

同日，全国著名中职教育专家、生命教育网客聘教授、浙江师范大学硕士研究生导师余国良到游仙职业技术学校，举行“推行全程启迪教育，让中职教育更精彩”主题讲座。

23日，省军区朱平江司令员到游仙区人武部调研，对游仙区武装工作和国防动员后备力量建设工作给予肯定。

同日，游仙区举行2022年“金秋助学”优学金发放仪式。

同日，游仙区红十字会到壤塘县吾依乡松得村开展“游壤连心·爱心续行”爱心物资捐赠活动，捐赠物资价值2万元。

26日，区委人才工作会议召开，表彰奖励2021年第二批次区级人才项目、兑现2022年度“双招双引”政策资金。

同日，法治日报社及省委宣传部一行在新桥镇胜利村调研农家书屋工作。

29日，“绵阳造”东莞行活动，在广东东莞地标民盈·国贸中心白兰花广场拉开帷幕，游仙区展示的主要有激光、先进材料和核医疗技术等产品。

9月

1日，区委书记陈华斌带队到游仙高新区调研项目投资工作。

5日，区委书记陈华斌深入游仙区城区中小学，调研学校开学疫情防控、安全管理、食品安全工作。

同日，全国工商联、国家市场监管总局共同举办的第49期“德胜门大讲堂暨标准化公益大讲堂”（一把手话标准）全网播出，游仙区区长韩晓清以视频方式参加活动。

7日，区委副书记、区长韩晓清主持召开深化“放管服”改革持续优化营商环境暨市场主体培育工作推进会，听取相关情况汇报，安排部署阶段工作。

13日，游仙区信访工作联席会

议全体（扩大）会议召开，听取“治重化积”专项工作汇报，要求做到减存量、控增量，为游仙区争创“全国信访工作示范区”创造有利条件。

14日，区委书记、区服务业领导小组组长陈华斌主持召开游仙区服务业发展领导小组2022年第三次会议，分析研判上半年服务业运行情况、指标完成情况等，安排部署第三季度工作。

同日，区委副书记、区长韩晓清主持召开游仙区产业规划编制汇报暨制造业建链强链工作推进会议。

15日，区委书记陈华斌带领区级相关部门负责人一行，先后前往区图书馆、新时代文明实践中心、魏城镇等地，实地调研党风廉政和意识形态工作。

20日，绵阳市游仙区人民医院（魏城镇）老年医学中心项目竣工。

21日，区委副书记、区长韩晓清主持召开游仙区服务业招商引资工作专题会议。

同日，四川省农业农村厅组织中国农科院、省农科院、四川农业大学、省种子站、绵阳市农科院等科研单位专家在绵阳市游仙区盐泉镇开展“夏玉米节水丰产高效科技示范测产验收”活动。

同日，游仙区开展向游仙高新区放权赋能集中交接仪式。

23日，游仙区“决战四季度、大干一百天”工作动员部署会召开。

25日，援外返游仙医护人员慰问活动在区人民政府机关会议厅广场举行。

26日，2022年全省工会干部赴基层蹲点工作总结交流会以电视电话会议形式在成都举行，游仙区总工会获评“全省工会干部赴基层蹲点工作先进单位”。

同日，区委副书记、区长韩晓清主持召开游仙区十三个“百日攻坚”行动工作推进会。听取任务清单、项目清单、负面清单制定情况汇报，安排部署下阶段工作。

10月

9日，区委书记陈华斌主持召开游仙区党风廉政建设社会评价工作座谈会。

11日，区委书记陈华斌主持召开招商引资工作专题会议，听取相关工作汇报，安排部署招商引资工作。

同日，区委副书记、区长韩晓清主持召开游仙区制造业建链强链工作推进会。

12日，区委书记陈华斌一行到核医疗健康产业园调研项目推进情况，现场研究相关项目选址工作。

同日，区委书记、区委深改委主任陈华斌主持召开游仙区全面深化改革委员会第九次会议暨重点任务推进会，调度推进相关重点改革任务。

19日，区委副书记、区长韩晓清主持召开游仙区迎接2022年国家自然资源督察动员部署会。

同日，由区残工委主导，区残联、区总工会、区工商联、省扶贫基金会游仙区联络处、游仙区乡村振兴促进会五单位联盟发起的“关爱生命——春雨助残”公益项目启动仪式在游仙举行。

26日，游仙区传达学习党的二十大精神大会举行。区委书记陈华斌传达党的二十大报告、十九届中央纪委工作报告、党章修正案精神和省、市传达学习党的二十大精神大会精神并讲话。

27日，区委书记、区项目投资促进委员会主任陈华斌主持召开投促委第二次会议暨经济运行形势分析会，研究部署“决战四季度、大干一百天”阶段冲刺工作。

同日，“绵阳造”精品馆在苏州市吴中区东环大润发超市正式开

◆ 2022年10月18日，以“救在身边 生命教育”为主题的游仙区第三届红十字急救员技能大赛在群团服务中心成功举行，7支参赛队伍28名队员参赛。招募志愿者30名成立红十字应急救援队

◆ 2022年10月27日，“绵阳造”精品馆在苏州市吴中区东环大润发超市正式开馆。65家企业220余种绵阳名特产品参加展销

馆。65家企业220余种绵阳名特产品参加展销。

28日，省生态环境厅党组书记、厅长钟承林一行赴游仙区调研中国（绵阳）科技城核医疗健康产业园。

同日，游仙区公共法律服务中心驻浙江工作站挂牌成立。

11月

7—8日，由省教科院组织的四川省首届核心素养专题教学展示活动以线上直播的方式举行。五里路小学教师王月荣获一等奖。

8日，游仙区公安分局、绵阳市公安局、绵阳广播电视台三方联动，紧扣“双十一”购物节主题，推出“购物狂欢、同心反诈”主题直播活动，150万余人在线观看，5万余人即时下载安装“国家反诈中心”App，《人民公安报》进行专题报道。

同日，游仙区组织2022年度自主就业退役士兵职业技能培训开班典礼暨专场招聘会。

9日，区委书记、区林长陈华斌主持召开游仙区林长制全体会议，学习贯彻中央、省、市关于林长制工作的相关部署。

10日，省市场监管局党组书记、局长陈凯到游仙区调研民营经济工作、食品安全“两个责任”落实情况。

同日，区委副书记、区长韩晓清主持召开游仙区项目投资工作推进会，研究全区固定资产投资工作，促进项目入库，提升投资增速。

同日，四川省第二届乡村文化振兴魅力竞演大赛绵阳赛区决赛在湿地公园举行。全市11个乡镇同台竞技，游仙区小枧镇获一等奖。

11日，在“绵州读书会”评选活动中，游仙区图书馆被授予“十佳读书会”荣誉称号。

11—13日，“在宽窄巷子遇见绵阳”大型文旅推广活动亮相宽窄巷子东广场。游仙区带着丰富的文旅资源，参与此次大型文旅推广活动。

14日，区委书记陈华斌主持召开游仙区参加第十届科博会及筹备中国激光科技创新产业大会工作推进专题会，听取筹备工作汇报，研究部署相关工作。

同日，壤塘县2022年纪检监察干部业务综合培训班在游仙区委党校隆重开班。

◆ 2022年11月18日，中国工程院院士邓建军（左二），唐立（左三）、王琪（右三）、中国科学院院士蒙大桥（左一）等到第十届中国（绵阳）科技城国际科技博览会2号展馆激光产业展区参观考察　（游仙区融媒体中心供图）

15日，五里路小学喜获游仙区第十一届中小学生合唱比赛特等奖。

16日，筹备绵阳第十届科博会分会场，迎接来自全国各地的两院院士、行业专家、科研院所、高校、医院、企业代表以及新闻媒体参观。

同日，核医学设备产业发展高峰论坛暨中外专家绵阳行活动在绵阳市九洲体育馆举行。

同日，在第24届中国国际高新技术成果交易会上，游仙区被评为“2022中国领军智慧城区”。

同日，中国（绵阳）科技城激光技术应用产业园首期和院地协同创新中心基本建成，实现4家企业入驻生产。

同日，省住房和城乡建设厅党组书记、厅长田文赴绵阳市游仙区石马镇、机关小区调研住建领域民生实事和安全生产等工作。

17日，以“科技绵阳 光引未来”为主题的中国激光科技创新产业大会在游仙举行。绵阳科技城光子技术研究院揭牌，游仙区与华中华昌、中久新光等10家企业代表签订项目合作协议，签约资金18.1亿元。

18日，中国工程院院士邓建军，唐立、王琪、中国科学院院士蒙大桥等到第十届中国（绵阳）科技城国际科技博览会2号展馆激光产业展区参观考察。

23日，中共四川省委、四川省人民政府对15个县域经济发展先进县及4个全国百强县、13个全国百强区予以通报表扬，游仙区获评“2021年度四川省县域经济发展先进县”。

12月

5日，游仙区被省农业农村厅表彰为全省农经工作典型区，连续5年荣获该奖项。

7日，游仙区公安分局隆重举行2022年度职业荣誉授予仪式。

同日，游仙区率先在全市实施重点企业和工地环保“身份证”管理，统一制作安装51家工业企业和30个建筑工地环保社会监督公示牌。

12日，游仙区文学艺术界联合会第三次代表大会召开。

14日，区委副书记、区长韩晓清主持召开游仙区森林防灭火工作会议。分析全区森林防灭火形势，安排具体工作。

同日，游仙区残疾人联合会第七次代表大会召开。

15日，省发展和改革委、省经信厅发出公示，将核技术应用产业集群列为全省16个战略性新兴产业集群之一。

16日，游仙区工商业联合会（商会）第七次代表大会胜利召开。总结过去五年工作，提出今后五年重点工作任务，选举产生新一届领导班子和领导机构。

20日，绵阳市市场监管局、游仙区市场监管局到太极制药厂协商防疫药品保障工作。

同日，游仙区人民政府与苏州雷泰医疗科技有限公司签约“VenusX（医用电子直线加速器）项目”。

21—22日，游仙区人民政府与中广核核技术发展股份有限公司就“核医药研究院建设项目、白鹭科技城（绵阳）核技术应用产业发展基金（有限合伙）项目、靶向肿瘤治疗核药、核测控装备项目”举行签约仪式。

22日，绵阳市首宗“混合用地”在游仙区公共资源交易中心挂牌成交，成为全市“混合用地”改革试点案例。该宗地位于游仙区石马镇狮院村，面积27.91亩，土地

◆ 2022年12月21—22日，游仙区人民政府与中广核核技术发展股份有限公司就“核医药研究院建设项目、白鹭科技城（绵阳）核技术应用产业发展基金（有限合伙）项目、靶向肿瘤治疗核药、核测控装备项目”举行签约仪式

用途为一类工业用地兼容一类物流仓储用地（一类物流仓储用地建筑面积比例不超过计入容积率的总建筑面积30%），由绵阳东游实业有限责任公司以991.6671万元竞得。

26日，区委书记陈华斌主持召开游仙区冲刺全年目标任务工作专题会，听取2022年全年目标任务推进情况，研究存在问题，安排部署具体工作。

27日，区委书记、区委全面依法治区委员会主任陈华斌主持召开游仙区委全面依法治区委员会第六次会议，审议通过《全面推广“1+8”示范试点成果深入推进法治游仙建设实施方案》。

同日，区委书记、平安游仙建设领导小组组长陈华斌主持召开平安游仙建设领导小组2022年第三次会议，安排部署全国市域社会治理现代化试点终期验收准备工作和平安建设重点工作。

28日，四川省图书馆党委书记、馆长王龙对游仙区图书馆铁炉村分馆进行调研，并实地考察“三个一百”示范工程——铁炉村分馆新型阅读空间具体实施情况和发展规划。

30日，区政协组织部分委员视察全区应急管理体系建设情况。

基本区情

【概况】 游仙区是中国（绵阳）科技城核心区、绵阳市主城区，辖区面积1018平方千米，辖11个镇（街道）（不含春雷街道、沉抗镇、松垭镇）、172个村（社区），总人口56.84万人。2022年，全区（不含沉抗镇、松垭镇）实现地区生产总值448.64亿元，同比增长4.6%；公共财政收入13.26亿元，同比增长11.3%；规模以上工业增加值同比增长4.5%；全社会固定资产投资同比增长7.6%；社会消费品零售总额152.64亿元，同比持平；城镇居民人均可支配收入52903元，同比增长4.4%；农村居民人均可支配收入24278元，同比增长6.5%。

【人文底蕴】 东晋葛洪《神仙传》记载，汉代云游天下的高士李意期曾在这里修炼，后人修游仙观以作纪念，游仙由此得名。自西魏至元代的700多年间，境内曾置有“魏城”和“盐泉”2个县级行政机构，后均并入绵州。辖区内既有承载三国蜀汉文化的富乐山、唐代四大名楼之一的越王楼、全国唯一李白和杜甫合祀的李杜祠、中国唯一的“两弹一星”博物馆，又有全国重点文物保护的平阳府君阙、碧水寺、鱼泉寺、马鞍寺等，针灸始祖涪翁在此悬壶济世、一代状元苏易简名动天下。

【区位特点】 游仙区地处成德绵发展轴、成渝西“黄金三角”重要节点及成绵乐、绵雅资遂发展环线，成西客运专线、成绵乐城际铁路、宝成铁路跨境而过，绵遂内、成兰等铁路和G5成绵扩容、绵苍等高速公路建成后，辖区及周边将形成包括5条快速铁路、8条高速公路、9条快速通道、41个通航城市在内的进出境立体大通道。全区路网总里程1888.04千米，26.61千米的“芙蓉花溪”乡村旅游环线串联17个现代农业观光园，所有乡镇已开通城市公交线路。

【科技资源】 游仙境内拥有中国工程物理研究院、中航发四川燃气涡轮研究院、兵器装备集团西南自动化研究所国家级科研院所3家，绵阳师范学院、绵阳职业技术学院、绵阳城市学院高等院校3所，院士26名。人才总量突破9万人，吸引国家“万人计划”、省“千人计划”、市“千英百团”聚才计划等各类领军人才200余名，拥有院士（专家）工作站、博士后创新实践基地、博士后科研工作站、博士后科研流动站等创新基地6个，省级以上工程技术研究中心、重点实验室、企业技术中心39家。截至2022年底，企业R&D（科学研究与试验发展）研发投入达4.2亿元，技术合同成交额达2.2亿元，有效发明专利拥有量居全市第一。2022年全年科技部门共组织企业成功申报省、市级科技项目33个，申报项目资金651.41万元。全区高新技术企业72家，有国家级工程技术研究中心4家、省级工程技术研究中心7家。

【产业发展】 游仙有适宜发展工业和服务业的近郊沿江区域约300平方千米，为产业发展提供了广阔空间；耕地39433公顷，其中可供连片开发的土地25333公顷以上，现代农业蓬勃发展。“十三五”以来，游仙地区生产总值五年跨三个百亿台阶，从全省183个县（市、区）第68位升至第30位。2022年有规模以上工业企业140家，是四川省工业强县示范区，拟构建以“电子信息产业、先进材料产业、智能装备产业”和“核技术应用产业、激光技术应用产业、航空与燃机产业”为主的“3+3”现代工业体系。现有规模以上服务业企业75家、限额以上商贸企业97家，2022年，科技服务业增加值占服务业比重达34.2%。农业基础稳固，“三品一标”总数达136个，是国家区域性蔬菜良种繁育基地和四川省实施乡村振兴战略工作先进区。

【生态环境】 游仙属亚热带湿润型季风气候，全境四季分明，气候湿润，冬无严寒、夏无酷暑，是首批省级生态县，“美丽四川·宜居乡村”实现全覆盖培育。境内山环水绕，拥有涪江、芙蓉溪、魏城河等主要河流11条，小型水库100余座。全区水域总面积近70平方千米，水资源总量达3亿立方米。2022年空气质量优良天数率达91.5%，森林覆盖率31.29%，城市人均公园绿地面积21.51平方米，乡镇建成区人均公共绿地面积14平方米。

【人口】 2022年全区户籍总户数172472户，总人口468905人，平均每户2.72人，比2021年减少91人，人口增长率为-0.19‰。总人口中男性236145人，占总人口数的50.4%；女性232760人，占总人口数的49.6%，性别比为1.01（以女性为100）。非农业人口250217人，占总人口数的53.36%，与2021年相比减少1325人；农业人口218688人，占总人口数的46.64%，与2021年相比增加1234人。全年共出生人口4157人，其中男性2208人，女性1949人，年出生率8.86‰，死亡人口6004人，其中男性3522人，女性2482人，年死亡率为12.8‰，人口自然增长率为-3.94‰。年内迁入人口5322人，其中省内迁入4660人，省外迁入662人；迁出3566人，其中迁往省内2977人，迁往省外589人。与2021年相比，迁入增加1077人，迁出减少166人，机械增长率3.74‰。与2021年相比，18岁以下人口74633人，比2021年增加219人，占总人口数的15.92%；18—34岁人口77124人，比2021年减少4519人，占总人口数的16.45%；35—59岁人口210982人，比2021年增加1035人，占总人口数的44.99%；60岁以上人口106166人，比2021年增加3174人，占总人口数的22.64%。

【民族】 2022年，游仙辖区内有37个民族（按户籍人口统计）。其中，汉族464372人，蒙古族64人，回族580人，藏族414人，维吾尔族6人，苗族168人，彝族193人，壮族117人，布依族48人，朝鲜族21人，满族294人，侗族47人，瑶族27人，白族25人，土家族259人，哈尼族9人，傣族6人，黎族19人，傈僳族2人，畲族9人，拉祜族2人，水族13人，纳西族1人，柯尔克孜族2人，达斡尔族1人，仫佬族5人，羌族2168人，布朗族1人，仡佬族17人，锡伯族4人，怒族1人，俄罗斯族2人，德昂族1人，京族1人，塔塔尔族1人，独龙族1人，赫哲族2人。未登记民族2人。（梁燕）

◆ 2022年，游仙城区 （孙秀勇 摄）

行政区划与历史沿革

【行政区划】 游仙区为绵阳市辖区，在市境西南部，东与梓潼县接壤，南与三台县、盐亭县毗邻，西以涪江为界，与涪城区隔江相望，北与江油市接界。面积1018平方千米（含农科区、仙海区），辖区总人口63.3万人（含沉抗镇、松垭镇）。辖1个经济试验区，4个街道（含春雷街道），10个镇（含沉抗镇、松垭镇）。其中区本级所辖1个经济开发区，1个经济试验区，3个街道，8个镇，112个行政村、1329个村民小组，60个社区居委会、423个居民小组。区人民政府办公地位于绵阳市一环路东段139号。

【历史沿革】 西汉高祖六年（前201）置涪县，属广汉郡。东汉建安十九年（214）析置梓潼郡，为郡治。西魏析置魏城县，改涪县为巴西县，属巴西郡。隋开皇五年（585）置绵州，为州治。大业三年（607）绵州改为金山郡，巴西县隶属金山郡；唐武德元年（618）复改金山郡为绵州，巴西县仍隶属绵州；武德三年（620）分魏城县地置盐泉县隶属绵州。两宋巴西县仍置亦隶绵州。元初省魏城、盐泉两县入绵州。明洪武十年（1377）降绵州为绵县，洪武十三年（1380）复州为绵州。清雍正五年(1727)升绵州为直隶州。1913年改为绵阳县，因治地在绵山之南，故名。1914年属西川道。1935年属第十三行政督察区。1950年置绵阳专区。1968年改称绵阳地区。1976年析县城及近郊置绵阳市(县级)。1978年撤销绵阳县并入绵阳市。1985年撤销绵阳地区，分置绵阳、广元、遂宁三省辖市(地级)，原县级绵阳市改为市中区。1992年10月经国务院批准撤销绵阳市中区，置游仙区。

自然环境

【位置面积】 游仙区位于四川盆地西北部边缘丘陵地带，地处嘉陵江一级支流——涪江中游的东郊,东与梓潼县接壤；南与三台县、盐亭县毗邻；西以涪江为界，与涪城区隔江相望；北与江油市接界。地理位置坐标为北纬 30°20′44″~31°43′21″、东经 104°40′42″~105°9′06″，南北宽42千米，东西长43千米，辖区面积1018平方千米，是中国（绵阳）科技城的重要组成部分。

【地形地貌】 游仙区位于四川盆地西北边缘,按区域大地构造格局属地台区，地表主要出露白垩系岩层，境内由云凤场向斜、五根松向斜、通兴场向斜、周家大梁北向斜组成一个向东散开西收缩的似帚状构造。全区地势向东南倾斜，一般海拔500米左右，最高海拔728米（仙鹤镇境内旱山庙），最低海拔419米（盐泉镇境内魏刘河出口处）。全区境内山丘连绵，丘谷起伏,是典型的丘陵地貌。根据丘陵形态、高程和丘间谷地的宽窄又区分为鸡爪中丘—中谷地貌、条状中深丘—宽谷地貌、深中丘—窄谷地貌3种地貌类型。鸡爪中丘—中谷地貌涪江左岸，小枧镇建华场至信义镇观太场，砂岩层增多，山丘连续侧横浅丘,形似鸡爪，海拔470—600米，高差50—150米，其内有槽形洼地，由于砂岩层增加，新形成的土壤质地偏轻。条状中深丘—宽谷地貌从游仙街道至魏城镇徐家场，南北向的中深丘间夹宽阔的小坝，海拔480—650米，高差5—150米，谷宽500—5000米，坝有浅圆丘相间。深中丘—窄谷地貌新桥镇云凤场—忠兴镇太平场一带,岗梁沟谷相间，海拔500—680米，高差100—200米，谷宽20—100米。

【气候】 游仙区属中国东部亚热带季风气候类型，年平均气温16.6℃，年均降水量858.9毫米以上,相对湿度77%。由于区境所处纬度位置以及季风影响使得冬夏季风更迭和降水量年季不均等，地带性气候特征十分明显；又因区境地处秦岭南侧的四川盆地西北部，东北部有剑门山脉，西北部有龙门山脉作为屏障，阻挡来自西北方向的寒冷气流，使得区境气候又带有明显的地域性特点，即冬长而无严寒，夏热而无酷暑。综合气候的地带性特征和地域性特点，形成区境夏热冬温、四季分明、雨量充沛、雨热同季、终年风小、无霜期长的气候基本特征。（杜强）

【环境质量】 2022年，游仙区PM2.5平均浓度30.4微克每立方米，PM10平均浓度44.3微克每立方米，空气质量优良天数334天，优良率达91.5%，空气质量综合指数3.20，优于城区平均水平13个百分点。1—12月，市控断面水质优良比例100%，水功能区考核断面水质优良比例100%。城市集中式饮用水（仙鹤湖水库）水源达标率100%，14处乡镇集中式饮用水源达标率100%。全区土壤环境质量总体保持稳定，农用地和建设用地土壤环境安全得到基本保障，土壤环境风险总体得到有效管控。

（周晓燕）

自然资源

【水文资源】 游仙区境内除涪江外，共有一、二、三级支流10条，一级支流有白圣河、芙蓉溪、孙家河、小枧沟和贾家沟5条；流出区境再注入涪江的二级支流有魏刘河、一级支流水磨河2条。二级支流观太沟注入水磨河，三级支流青溪、石板河注入魏刘河。这些溪河除涪江发源于龙门山区，水量丰富外，其余都发源于区境内外的丘陵地域，均属流程短、流量小、旱季常断流的雨源型河流。游仙区地表水资源流量主要来自大气降水，全区多年平均降雨量为9.8亿立方米，地表径流量为2.64亿立方米，一般水质良好，适宜于工农业用水和人畜生活用水。游仙区地下水资源较为缺乏，全区地下水资源总量（地下水天然补给量）为3500万立方米，其中可开采量为189万立方米，占总量的5.4%。孔隙水为未来开发的重点，但由于城市、工矿生产及生活污水的排放，孔隙水已受到不同程度的污染。全区水面主要由河流水面、水库水面、塘坑水构成，水域总面积近70平方千米，有各类养殖水面5500公顷，以水库、山坪塘为主，占全区养殖水面的85%。全区过境水资源主要是涪江自区境外流经游仙区，客水资源虽较丰富，但70%集中于汛期，且由于地形、地势和经济技术条件，客水利用率不高。游仙区水能资源蕴藏量主要以涪江为主，其他河流如魏刘河、芙蓉溪均发源于北部丘陵地区，比降平缓、流程短、流量小、水量主要集中于汛期，枯水期断流，理论蕴藏量小，开发价值不大。

【主要河流水库】 涪江，发源于四川省松潘县与九寨沟县之间的岷山主峰雪宝顶，是嘉陵江的支流，长江的二级支流，属省、市级河流。游仙区位于涪江左岸，涪江在游仙区内起点为石马镇飞凤村，终点为松垭镇福新社区，最后流入三台县。境内全长约36.7千米，流经3个镇（石马镇、小枧镇、松垭镇）、1个经济试验区、2个街道（涪江街道、富乐街道），涉及区域内人口20余万人，流域面积约1015平方千米。涪江流域小（1）型水库1座：连心水库。位于小枧镇，水库于1977年动工修建，1978年建成。小（2）型水库6座：石马镇柏羊水库、塔子水库、五一水库、幸福水库，松垭镇宝塔水库，小枧镇五一水库。

【芙蓉溪】 系涪江二级支流，起源于江油，西源杜家河、东源战旗河，在游仙区忠兴镇五兴村交汇形成芙蓉溪，左岸起点为忠兴镇五星村，止点为涪江街道韩家脊社区；右岸起点为忠兴镇南桥村，止点为涪江街道治平路社区。境内全长约61千米，流域面积约64平方千米；流经2个镇（忠兴镇、新桥镇），1个经济试验区，3个街道（富乐街道、涪江街道、游仙街道）；途经19个行政村，16个社区，86个社。区内芙蓉溪流域中型水库1座，小（1）型水库5座：胜利水库。位于游仙街道文胜村，原为小（2）型水库，1995年扩建为小（1）型水库，现为自来水公司的饮用水源。龙珠水库。位于游仙区忠兴镇，水库于1957年动工修建，1958年建成。和平水库。位于游仙区新桥镇，水库于1958年扩建为小（2）型水库，1977年续建成小（1）型水库。清洁沟水库。位于游仙区忠兴镇，水库于1956年动工修建，1957年建成。金花水库。位于游仙区新桥镇，水库于1956年动工修建，1957年建成。小（2）型水库25座：沉抗镇丁字桥水库、丰收水库、群众水库、三要水库、铜瓦铺水库、团结水库、文胜水库、五八水库、五七水库、劲松水库、回龙水库，云凤镇干湾水库、七五水库、柿子水库、土桥水库、五八（1）水库、五八（2）水库，新桥镇新跃水库，太平镇劳武水库、麻柳水库、批修水库，忠兴镇龙泉水库、胜利水库，游仙镇七五水库、前进水库。

【动物资源】 区境内大型野生动物早已绝迹，只有少数中、小型动物余存，由于使用农药和人为捕捉，野生动物资源损害严重。全区已知有高等动物26目68科242种。其中，鸟类17目37科157种，兽类4目17科47种，两栖类2目8科22种，爬行类3目7科16种。鸟类中湿地鸟类57种，约占全省的50%、全国的25%。动物种类中，属于国家二级保护动物的有18种，包括白额雁、鸳鸯、鸢、苍鹰、雀鹰、普通鵟、白尾鹞、秃鹫、红隼、红脚隼、长耳鸮、短耳鸮、斑头鸺鹠、领角鸮、黄喉貂、水獭、斑林狸和大鲵等。区内除少数几种冬候鸟和旅鸟外，绝大多数种类都在保护区繁殖。

◆ 2022年，金花水库　　（王 健　摄）

【植物资源】 游仙区境内原始森林早已不存，2022年有林木大部分均为人工种植。全区有乔木树种57科、109属、187种。乔木树种主要有松、柏、桤木、栎属、杨属、柳属、桉树属、梧桐、槐、榆、黄连木等；灌木主要有马桑、黄荆、紫穗槐等；经济树种主要有油桐、乌桕、桑树及多种果橘类树木；此外，在农村住宅周围，人工栽培有竹林，以大径竹林为主，以丛生慈竹为最多，散生的有楠竹、斑竹、水竹等。

【矿产资源】 游仙区境地层构造变型微弱，出露地层单一，因而矿产类型不多且全为外生矿，已发现的有砖瓦用页岩、沙、砾和卵石、石材、天然气等。

经济和社会发展

【区域经济】 2022年游仙区属实现地区生产总值448.64亿元（居全市第四位），同比增长4.6%。三次产业结构为8.4：34.7：56.9，其中，第一产业增加值37.66亿元，同比增长4.5%；第二产业增加值155.88亿元，同比增长2.5%；第三产业增加值255.10亿元，同比增长6.1%。1—12月规模以上工业增加值同比增长4.5%；一般公共预算收入13.3亿元，同比增长15.8%；区属（不含科学城）全社会固定资产投资同比增长7.6%；社会消费品零售总额152.64亿元，总量比2021年减少670万元。全区实现城镇居民人均可支配收入52903元，同比增长4.4%；农村居民人均可支配收入24278元，同比增长6.5%。

【工业经济】 坚持工业强区，围绕构建“3+3”先进制造产业体系，2022年，规模以上工业增加值同比增长4.5%，其中高新技术企业同比增长41.18%。工业投资同比增长10.0%，技改投资同比增长15.8%。新增规模以上工业企业16家，总数达到146家。2022年指导太极药业成功申报省级企业技术中心，中久大光等8家企业成功申报市级企业技术中心，新增数量居全市第二位。全区共有国家级企业技术中心1家，省级14家，市级30家。

【现代服务业】 建立企业梯次培育库，落实“一对一”培育专员，运用数字化手段助力新业态发展，促进消费市场加速回暖。社会消费品零售总额与上年持平，服务业增加值同比增长6.1%，规模以上科技服务业主营业务收入同比增长50%。新培育规模以上服务业企业26家总数达85家，新增限额以上商贸企业35家，总数达119家。“中国喜街”“沸腾川里食创小镇”“金山驿站”“美乐品牌连锁”等4个项目纳入省级区域消费中心城市建设项目，电子信息配套物流园、智慧“交邮快”农商互联、冷链物流和城市配送项目加快建设。

【现代农业】 坚持绿色、生态、有机发展路径，推进特色优势产业高质量发展，保障群众舌尖上的安全。全年实现第一产业增加值37.66亿元，同比增长4.5%；农村居民人均可支配收入24278元，同比增长6.5%。累计建成高标准农田39.89万公顷，新认证“三品一标”农产品4个总数达139个。省级蔬菜种业培育园区成功升市五星级园区，优质粮油现代农业园区成功升市四星级园区。2022年，游仙区冬油菜区获得国家农作物品种展示评价基地认证；申报为全省县域内城乡融合发展改革试点县、四川省解决农村土地细碎化问题试点，被评为全省合并村集体经济融合发展试点先进县、市级农业农村改革先进区，获绵阳市2021年度县（市、区）粮食安全党政同责考核“优秀”等次。

【教育事业】 2022年，顺利启动游仙区优质教育共同体建设，教体事业呈现了良好发展态势。游仙区现有各类学校150所。其中，公办幼儿园36所，小学29所，初中10所，九年一贯制学校1所，普通高中1所；民办十二年一贯制学校1

◆ 2022年，仙鹤镇洛水村葡萄种植基地 （王健 摄）

所、幼儿园69所，职业学校3所。在校学生73778人，在编在职教职工3107人。辖区内有富乐中学、游仙中学、富乐国际学校、富乐小学、剑南路小学等义务教育优质学校，有开元幼儿园、五里幼儿园等学前教育优质学校，有开元中学、游仙职业技术学校等高中阶段学校。

【体育事业】 全区大力发展轮滑运动助力“北冰南展西扩”，成立青少年轮滑俱乐部，打造专业轮滑训练场，将轮滑运动列为中小学少年宫项目，已建成剑南路小学、游仙中学、朝阳学校、开元中学、富乐国际5所全国青少年冰雪特色学校，13名运动员入选四川省短道速滑队，3名运动员入选国家短道速滑队。

【卫生事业】 游仙区共有各级各类医疗卫生机构395个。其中，区级公立医疗机构3个：区人民医院、区中医医院（委托市三医院管理）、区妇幼保健计划生育服务中心；其他公立医院3个：科学城医院航空城分院、四川省川北监狱医院、四川省新华园艺场医院；4个社区卫生服务中心、8家中心卫生院，12个社区卫生服务站，198个村卫生室；1个公立医院门诊部，8个学校及事业单位医务室（卫生所），158个民营医疗机构，含民营综合医院5个：绵阳开元医院、游仙康耀医院、瓦子医院、绵阳仁爱康复医院、绵阳睿达精神病医院，民营门诊部12个，个体诊所141个。共有在编人员516人，其中高级职称65人、中级职称176人、初级职称200人，聘用人员1003人。

【文化事业】 2022年末，全区有公共图书馆1个、文化馆1个、博物馆1个、飞龙山红军纪念馆1个、镇（场）综合文化站21个、街道综合文化站3个、村（社区）综合文化服务中心（文化广场）172个。全区广播覆盖率100%，电视覆盖率100%，城区数字电视转换率100%。常年开展“芙蓉四季”系列文化活动，为全面建设社会主义现代化游仙作出积极贡献。

中国共产党绵阳市游仙区委员会

概述

【概况】 2022年，在市委坚强领导下，游仙区坚定以习近平新时代中国特色社会主义思想为指导，认真学习贯彻党的二十大、省第十二次党代会、省委十二届二次全会及市委八届五次全会精神，坚决落实党中央、省委、市委决策部署，经济社会呈现稳中有进的良好局面。全年实现区属地方生产总值448.64亿元、同比增长4.6%，一般公共预算收入13.26亿元、同比增长11.26%，全社会资产固定投资同比增长7.6%，获评全省县域经济发展先进县、全市高质量发展综合绩效评价“好”档次。

【工业建设】 大力践行市委“产业强市”战略，扎实开展“园区提质”“企业满园”行动，全力发展以电子信息、先进材料、智能装备和核技术应用、激光技术应用、航空与燃机为主的“3+3”现代工业体系，新增规模工业企业18家、总计达139家，新增科技型中小企业64家、总计达1114家，新增高新技术企业22家、总计达72家，高新技术产值占规模以上工业总产值比重达37.3%。游仙高新区被评为“四川省开放发展示范平台”，连续两次在全省143个开发区综合评价考核中名列前三，荣膺“全省优秀园区”称号。

【乡村振兴】 严格落实耕地保护制度，整治撂荒地3632.93公顷，建成高标准农田2.17万公顷，获评四川省实施乡村振兴战略工作先进县“回头看”考核优秀等次。

【现代服务业】 渔人码头提升项目、街子驿站等项目顺利完工，开展“乐享游仙·惠民消费”等促销活动47场，发放消费券资金410万元，激发市场主体投入促消费资金3000万元，服务业增加值同比增长6.1%。

◆ 2022年1月14日，区委书记陈华斌（中）调研中国（绵阳）科技城核医疗健康产业园建设 （区融媒体中心供图）

【对外开放合作】 创新院地协同招商模式，组建“博士招商团”，举办中国激光科技创新产业大会、核医学设备产业发展高峰论坛，全年签约5亿元及以上重点项目17个、签约金额251亿元。在全市率先出台“两稳一保”十条措施，支出1.9亿元用于解决市场主体和就业群众急难愁盼，全区净增市场主体3745家。

【城乡融合发展】 科学划定“三区三线”，全面推进以片区为单元编制乡村国土空间规划，构建城乡互补、全面融合、共同发展的新型城乡关系，魏城镇建成首批“省级百强中心镇”。始终坚持交通先行，加快推进省道210线、省道416线、省道306线等干道建设，新建农村道路30.24千米，乡镇半小时交通圈加快形成。深入实施城乡环境综合提质三年行动，累计实施城建攻坚项目58个、完成投资50.6亿元。建成首个全省一体化政务服务县级分站点，荣获全省唯一的“2022中国领军智慧城区”奖。纵深推进乡村产业振兴，整理复垦闲置宅基地1134公顷，全面完成村集体经济“消薄”任务，31个村级集体经济达10万元以上，成功入选全省合并村集体经济融合发展试点先进区。大力推进宜居乡村建设，全区行政村生活垃圾有效治理率达100%，城乡供水一体化加快推进，成功入选“第二批全省乡村水务试点县”。

【基层治理】 坚持和发展新时代“枫桥经验”，排查各类矛盾纠纷1892件，化解中央、省“治重化积”交办件8件。严厉打击违法犯罪，常态化开展扫黑除恶斗争，全区刑事案件、治安案件发案率同比分别下降31%、16.8%，连续两年被评为“全省平安建设工作先进区”。

◆ 2022年6月23日，游仙区养老服务协会成立

【公共服务与民生保障】 始终保持民生经费投入占年度财政总收入的比重在70%以上。实现城镇新增就业6698人、农民工就近就业3.67万人，城镇登记失业率保持在4%以内，2022年城乡居民人均可支配收入同比分别增长4.4%、6.5%。持续做优富乐教育品牌，新增学位2000余个，义务教育质量持续领跑全市。妇女儿童医院、游仙区人民医院老年医学中心、公共卫生医疗中心建成投用，困难群众重特大疾病医疗救助覆盖率100%。全面建成区、镇、村三级养老服务平台，在全省率先探索“双站双体系”建设。深入打好“水、土、气”三大攻坚战，获评“四川省首批省级生态县”。

【学习贯彻党的二十大精神】 始终把学习贯彻党的二十大精神作为当前和今后一个时期的重要政治任务，第一时间召开常委会会议、理论学习中心组专题学习会议传达学习。全方位、多层次开展党的二十大精神宣讲，组建新时代文明实践、青年、文化文艺、院所专家特色团4个，成立“文艺轻骑兵”基层文艺宣讲队伍12支，组织志愿者成立送学上门小分队40余支，发放漫画口袋书、小手册1.2万余本。先后召开区委常委会（扩大）会议、党政领导干部读书班等，集中传达学习上级会议精神，将贯彻落实会议精神“实化”为21项可抓可考核的重要工作，区级领导牵头、挂图作战、每月调度，提前3个月完成专项工程拆迁，“土地大托管”经验做法得到国务院领导肯定性批示，激光技术应用产业园实现企业入驻生产，核医疗健康产业园先通医药厂房封顶。 （王强）

重要会议

【区委常委会会议】 2022年，游仙区共召开区委常委会会议42次，详见表1。

【七届区委第二次全体会议】 1月13日，中共绵阳市游仙区委七届二次全会召开。区委书记陈华斌代表区委常委会向全会作工作报告，并就《中共绵阳市游仙区委关于深入学习贯彻党的十九届六中全会精神

2022年区委常委会会议一览表

表1

届次	时间	主要议题
七届11次	1月11日	审议中国共产党绵阳市游仙区第七届委员会第二次全体会议暨区委经济工作会议相关资料；审议《绵阳市游仙区法治社会建设实施方案（2021—2025年）（审议稿）》《绵阳市游仙区法治宣传教育第八个五年规划（2021—2025年）（审议稿）》；审议解决石马镇解放村统建安置房一期、三期、五期用地土地预付款相关事项；审议《开展事业单位工作人员定期奖励并给予一次性奖金的方案（审议稿）》；研究相关干部事项
七届12次	1月13日	听取中国共产党绵阳市游仙区第七届委员会第二次全体会议各组召集人关于讨论情况的汇报；听取关于全会两个《决定（讨论稿）》和《全会决议（草案讨论稿）》修改意见的汇报
七届13次	1月14日	听取基层党（工）委（党组）书记抓基层党建述职评议及党风廉政建设述责述廉；听取区直部门向街道、社区、小区党组织述职评议
七届14次	1月18日	传达学习市委组织部《关于健全县级领导干部抓乡村振兴责任制的十条意见》文件精神；传达学习省市2022年防火命令主要精神暨省委书记彭清华在全省森林草原防灭火工作会上的讲话精神，听取游仙区2021年安全生产总体情况及2022年安全生产工作建议，研究部署下一步工作；通报全区12月环境质量状况；听取区委班子成员及区人大常委会、区政府、区政协、区法院、区检察院党组书记第四季度履行党风廉政建设主体责任情况汇报；遴选确定《党的二十大代表候选人推荐人选建议名单》和《省第十二次党代会代表候选人推荐人选建议名单》；审议《中共绵阳市游仙区委工作规则（审议稿）》《中共绵阳市游仙区委常委会会议事决策规则（审议稿）》；审议《中国共产党绵阳市游仙区第七届委员会第三次全体会议建议方案（审议稿）》
七届15次	1月28日	会前讲纪学法解读《中国共产党纪律检查委员会工作条例》；传达学习全市领导干部大会、全市重点工作部署会及市委、市政府主要领导到游仙调研指示精神；传达学习四川省十三届人大五次会议、省政协十二届五次会议精神；传达学习十九届中央纪委六次全会、中共四川省纪委十一届六次全会精神；审议《绵阳市游仙区支持服务业发展的若干措施（试行）（审议稿）》；审议《游仙区扶持发展村集体经济实施方案（审议稿）》；研究干部事项
七届16次	2月10日	传达学习市纪委八届二次全会精神；传达学习中央、省委、市委政法工作会议精神；审议《绵阳市游仙区法治政府建设实施方案（2021—2025）年（审议稿）》；审议《区纪委七届二次全会工作报告（审议稿）》；听取区委领导班子成员2021年度述责述廉汇报；听取2021年区人大常委会、政府、政协、法院、检察院党组及高新区党工委工作情况汇报，区委领导班子成员分管领域工作情况汇报
七届17次	2月15日	审议游仙区七届人大二次会议、政协七届二次会议相关事项及报告；审议游仙区2022年区级领导联系省、市、区重点项目及市加快前期重点项目相关事项；审议《2021年度建设更高质量“五个游仙”先进集体和先进个人表彰对象（审议稿）》；研究干部事项
七届18次	2月18日	传达学习绵阳市八届人大二次会议、市政协八届二次会议精神；传达学习书记曹立军、绵阳市八届人大二次会议李云市长在游仙代表团及闭幕式上的重要讲话精神，研究游仙区贯彻落实意见
七届19次	2月22日	研究游仙区七届人大二次会议有关事宜

续表 1

届次	时间	主要议题
七届20次	3月17日	通报游仙区国安及保密工作形势，研究部署相关工作；通报全区2022年1—2月环境质量状况；通报预算一体化系统运行情况；传达学习十三届全国人大五次会议、全国政协十三届五次会议精神；传达学习习近平总书记对全国老干部工作重要指示精神等相关会议、文件精神；传达学习全国、全省、全市宣传部长会议及相关会议精神；传达学习市信访工作会议暨市信访工作联席会议全体（扩大）会议精神；审议区第七届人民代表大会第二次会议相关事项；审议《区人大常委会2022年工作要点（审议稿）》；审议《区政协2022年工作要点（审议稿）》《2022年度协商工作计划（审议稿）》；审议《游仙区经济社会发展追赶计划（审议稿）》及工业等15个领域对标行动方案；审议《游仙区工业企业培育“倍增”计划（审议稿）》等6个倍增计划；审议《游仙区重点单项工作奖励办法（试行）（审议稿）》；审议《关于表扬2021年度重点单项工作先进单位和先进个人的通报（审议稿）》；审议中广核久源（成都）科技有限公司北京分公司核测控装备研发制造基地项目补充协议书相关事项；审议《游仙区作风能力攻坚行动2022年度任务清单（审议稿）》；审议解决游仙区河湖划界工作经费事项
七届21次	4月10日	通报全区疫情总体情况；审议区交通运输局主要负责人停职事项
七届22次	4月11日	传达学习市委常委会会议精神，安排部署下一步工作
七届23次	4月18日	解读新修订《中华人民共和国审计法》；传达学习市级领导干部和县级主要负责人读书班精神；传达学习中办、国办《关于更加有效发挥统计监督职能作用的意见》文件精神；传达学习中央“安全生产十五条”重要举措，通报游仙区2022年第一季度安全生产总体情况；传达学习全国、全省、全市统战部长会议精神；传达学习全省党建引领城市基层治理工作会议精神；传达学习《中共绵阳市第八届委员会巡察工作规划（2022—2026年）》文件精神；审议铝合金型材生产加工制造项目相关事项；审议高端热能设备生产制造及总部项目相关事项；审议《进一步加强和规范城乡融合发展体制机制工作方案（审议稿）》；听取七届区委第一轮巡察情况；听取区委领导班子成员及区人大常委会、政府、政协、法院、检察院党组书记2022年第一季度履行党风廉政建设主体责任情况汇报
七届24次	4月20日	研究确定拟交流提任县级领导职务进入会议推荐参考人选；审议经济试验区相关负责人停职事项
七届25次	4月20日	研究确定拟交流提任县级领导职务考察对象人选
七届26次	4月24日	审议区纪委监委关于相关干部处分的请示；研究干部事项
七届27次	4月24日	传达学习市委主要领导到游仙调研相关要求精神；审议《游仙区机关事业单位人员流动管理办法（审议稿）》；研究干部事项
七届28次	5月12日	传达学习全市新冠疫情防控工作会议精神，安排部署下一步工作；传达学习省政协新时代加强和改进人民政协工作专题研讨班精神，通报游仙区贯彻落实中央、省委和市委政协工作会议精神“回头看”工作情况；传达学习中央、省、市关于森林草原防灭火工作的重要精神，研究游仙区贯彻落实意见；传达学习中央关于防汛抗旱工作的重要精神，研究游仙区贯彻落实意见；传达学习中央、省委《重大决策社会稳定风险评估工作重点内容》文件精神，研究游仙区贯彻落实意见；通报游仙区2022年3月环境质量状况；审议游仙区第五届劳动模范（先进工作

续表1

届次	时间	主要议题
七届28次	5月12日	者）候选人名单；审议国科创同（绵阳）科技园项目相关事项；审议诚诺科技游仙智能制造产业园项目相关事项；审议签订绵阳市游仙区人民政府与成都成发科能动力工程有限公司合作意向书相关事项；审议《绵阳市游仙区事业单位管理岗位职员等级晋升制度实施方案（审议稿）》《绵阳市游仙区事业单位职员等级晋升积分考评办法（试行）（审议稿）》；传达学习《四川省乡镇党政领导干部选拔任用实施办法》；审议游仙区优秀正科级领导干部推荐建议名单
七届29次	6月1日	传达学习省第十二次党代会、省委十二届一次全会、省纪委十二届一次全会精神和市委第38、39次常委会会议有关精神，研究游仙区贯彻落实意见；深入学习习近平总书记近期关于经济工作重要指示重要文章精神和党中央决策部署，传达学习全国稳住经济大盘电视电话会议和市委第40次常委会会议有关精神，研究部署有关工作；传达学习习近平总书记对安全稳定工作作出的重要指示精神和全省安全稳定工作视频会议精神，研究部署有关工作；传达学习中共中央、国务院、中央军委《关于加强和改进新时代全民国防教育工作的意见》，研究游仙区贯彻落实意见；传达学习习近平总书记关于“三农”工作重要论述，中央、省委、市委农村工作会议及相关文件精神，研究游仙区贯彻落实意见；传达学习四川省全面依法治县（市、区）示范试点暨示范推动解决法治建设八个具体问题总结推广视频会议精神，研究游仙区贯彻落实意见；传达学习《关于以乡村国土空间规划引领县域内片区高质量发展的指导意见》《支持以乡村国土空间规划引领县域内片区高质量发展的政策清单》文件精神，研究游仙区贯彻落实意见；审议“绵阳科技城光子技术研究院”项目相关事项；审议签订五八所高层次人才和持股员工奖励协议相关事项；审议市管干部2021年度考核初评等次建议事项；审议区纪委监委关于干部处分的有关请示
七届30次	6月15日	传达学习习近平总书记到四川视察重要指示精神和省委、市委常委会（扩大）会议精神，研究游仙区贯彻落实意见
七届31次	6月29日	研究干部事项；传达学习八届市委第41次常委会会议有关精神，研究游仙区贯彻落实意见；通报区委落实省委第七巡视组巡视反馈意见整改工作推进情况；审议中国科学院空天信息创新研究院绵阳激光工程技术研发中心相关事项；审议四川一百智慧医疗科技有限公司投资建设医疗设备、物资销售、配送项目相关事项
七届32次	7月6日	审议惠东、城东公司年度融资计划相关事项；审议《游仙区区本级重大经济事项决策规定实施细则（试行）（审议稿）》；审议《游仙区加快金融业聚集发展的若干政策（审议稿）》；听取2022年上半年区人大常委会、政府、政协、法院、检察院党组及高新区党工委工作情况汇报，区委领导班子成员分管领域工作情况汇报；听取区委领导班子成员及人大常委会、政府、政协、法院、检察院党组书记第二季度履行党风廉政建设主体责任情况汇报；审议区委主要领导分工调整事项；审议区纪委关于干部处分的请示；研究干部事项
七届33次	7月13日	研究确定拟提任正县级领导职务进入会议推荐参考人选，拟晋升二级调研员职级进入会议推荐参考人选
七届34次	7月13日	研究确定拟提任正县级领导职务考察对象人选，拟晋升二级调研员职级考察对象人选；审议《关于组建绵阳市游仙区水利局有关事项工作方案（审议稿）》

续表1

届次	时间	主要议题
七届35次	7月17日	传达学习省委、省政府、市委、市政府关于加强防汛抗旱、减灾救灾及安全生产工作重要讲话精神，分析全区防汛抗旱、减灾救灾和安全生产工作形势，安排部署重点任务
七届36次	7月20日	传达学习市委关于专项工程调度会议精神；观看警示教育片《家道》；传达学习市委关于防汛工作指示精神；传达学习全市公务员工作推进会议精神；传达学习《2022年度四川省市（州）党政和省直部门（单位）领导班子领导干部推进乡村振兴战略实绩考核方案》精神；通报全区2022年上半年安全生产工作情况；通报全区2022年第二季度环境质量情况；审议区工商联（商会）换届领导班子人事安排相关事项
七届37次	7月28日	审议《绵阳市游仙区富乐人才计划“1+4+*N*”政策措施（试行）（审议稿）》；审议《绵阳市游仙区贯彻落实第二轮中央生态环境保护督察报告整改实施方案（审议稿）》；审议园城公司参与设立绵阳科园智能制造股权投资合伙企业并通过合伙企业对深圳市光大激光科技股份有限公司进行股权投资相关事项；听取七届区委第二轮巡察情况；研究干部事项
七届38次	7月29日	深入学习贯彻习近平总书记到四川视察重要指示精神，认真贯彻落实省第十二次党代会精神，传达学习省委、市委工作会议精神，分析盘点全区上半年工作完成情况，研究部署下半年工作任务
七届39次	8月3日	审议《关于撤销中国（绵阳）科技城游仙军民融合产业园管理机构工作方案（审议稿）》
七届40次	8月18日	研究确定拟交流提任副县级领导职务进入会议推荐参考人选
七届41次	8月18日	研究确定拟交流提任副县级领导职务人选考察对象
七届42次	8月26日	传达学习中央统战工作会议精神；传达学习《习近平总书记关于退役军人工作论述摘编》文件精神；听取2022年上半年全区退役军人和双拥工作情况汇报；传达学习《关于全省规范公务员工资津贴补贴专项检查有关情况的通报》文件精神；传达学习全市组织系统重点工作暨组织工作中期推进会议精神；听取全区公务员职级晋升情况汇报；审议游仙区先进材料中小微产业园久强科技中国工程物理研究院科研配套产品生产项目相关事项；审议四川天艺食品有限公司年产2万吨休闲食品项目相关事项；审议旭博航空动力产业园项目相关事项；审议深圳弘川科技5G智能终端产业园项目相关事项；审议北京先通医药放射药研发生产基地项目（补充协议二）相关事项；审议《关于设置区政协城乡建设和资源环境委员会工作方案（审议稿）》；审议《2022年“三大奖”评定名单（审议稿）》；研究干部事项
七届43次	9月22日	审议北京高盟新材料锂电高功能薄膜项目（一期）相关事项；审议绵阳市游仙区人民政府东莞市投资促进协会合作协议书事项；审议园城公司参与组建白鹭科技城（绵阳）核技术应用产业发展基金（有限合伙）事项；审议机关小区改造项目工程变更事项；研究干部事项

续表1

届次	时间	主要议题
七届44次	10月12日	传达学习8月30日、9月9日中央政治局会议和9月19日省委常委会会议、9月29日市委常委会会议有关精神，研究游仙区贯彻落实意见；传达学习省委《关于坚持以党的政治建设为统领加强换届后市县领导班子建设的意见》文件精神，研究我区贯彻落实意见；传达学习省委办《市县党委常委会重大事项决策规定（试行）》文件精神；通报全区2022年第三季度安全生产工作情况；通报全区2022年第三季度环境质量状况；审议绵阳市海峰建设有限公司与青义镇人民政府签订土地拆迁补偿协议事项；审议园城公司投资入股绵阳市富乐置业有限公司开展项目合作事项；审议《绵阳市游仙区推进“两稳一保”十条措施（审议稿）》；审议《绵阳市游仙区区属国有企业领导人员管理办法（审议稿）》；审议《绵阳市游仙区蔬菜种业现代农业园区蔬菜基地建设资金补贴实施方案（审议稿）》；审议《游仙区村（社区）常职干部绩效考核实施办法（试行）（审议稿）》；审议增配专职网格员事项；审议中国工程物理研究院公租房及小学建设项目配套道路工程项目增设综合管廊及雨水排放通道相关事项；听取区委领导班子成员及区人大常委会、政府、政协、法院、检察院党组书记2022年第三季度履行党风廉政建设主体责任情况汇报
七届45次	10月20日	研究确定绵阳市生态环境局副县级领导干部考察对象建议人选
七届46次	11月11日	传达学习习近平总书记在10月25日中央政治局会议、二十届中央政治局第一次集体学习、带领中央政治局常委瞻仰延安革命纪念地的重要讲话精神和在陕西延安、河南安阳考察时的重要指示精神；传达学习四川省老干部工作先进集体和先进个人表彰大会会议精神；传达学习中共中央印发《中国共产党处分违纪党员批准权限和程序规定》；传达学习中共中央办公厅印发《十九届中央政治局贯彻执行中央八项规定情况报告》《关于党的十九大以来整治形式主义为基层减负工作情况的报告》；传达学习中央办公厅关于相关问题的通报；传达学习省委印发《中共四川省第十二届委员会巡视工作规划（2022—2027年）》和省委办公厅印发《关于加强巡视整改和成果运用的工作措施》；传达学习《四川省领导干部违规插手干预重大事项记录和报告办法(试行)》文件精神；听取游仙区土地卫片执法及2021年国家耕地保护督察反馈问题整改情况汇报；审议区公安分局优化调整派出所布局事项；审议西安迈斯拓扑电子加速器医用同位素项目相关事项；审议中国科技城核医疗健康产业园项目相关事项；审议北京客商熔模精密铸造机匣项目相关事项；审议成都太科光学元件高精度加工和检测项目相关事项；审议成都苏试广博综合试验室项目相关事项；审议绵阳科技城光子技术研究院入驻项目扶持协议书事项；审议武汉华工激光西部产业基地项目相关事项；审议园城公司投资X射线FLASH放疗项目事项；审议《绵阳市游仙区2021年决算（草案）报告（审议稿）》；审议区人武部相关领导干部职务任免的建议方案；审议区级部门、镇（街道）主要负责人2021年度考核等次事项
七届47次	12月6日	研究确定拟提任副县级领导职务和拟晋升二级调研员职级进入会议推荐参考人选
七届48次	12月6日	研究确定拟提任副县级领导职务和拟晋升二级调研员职级人选考察对象
七届49次	12月7日	传达学习省委十二届二次全会精神、省委书记王晓晖到绵阳调研指示精神，以及省部领导出席第十届中国（绵阳）科技城国际科技博览会指示要求；传达学习习近平总书记对河南安阳市凯信达商贸有限公司火灾事故作出的重要指示精神，以及11月25日省委常委会会议和省委办公厅、省政府办公厅《关于坚决扛起政治责任扎实做

续表1

届次	时间	主要议题
七届49次	12月7日	好当前安全生产工作的紧急通知》有关精神；传达学习《党的二十大关于干部队伍建设重要论述》、中共中央办公厅印发《推进领导干部能上能下规定》；传达学习省委统战工作会议精神；审议《绵阳市游仙区2022年政府专项债券、一般债券使用方案（审议稿）》；审议《绵阳市游仙区先进制造业发展基金组建方案（审议稿）》；审议《绵阳市游仙区迎接县级党校办学质量终评工作方案（审议稿）》；研究干部事项
七届50次	12月23日	研究确定拟交流提任正县级领导职务进入会议推荐参考人选；研究确定拟晋升三级调研员职级进入会议推荐参考人选
七届51次	12月23日	研究确定拟交流提任正县级领导职务人选考察对象；研究确定拟晋升三级调研员职级人选考察对象
七届52次	12月30日	传达学习中央、省委、市委经济工作会议精神；传达学习市委八届五次全会会议精神；传达学习中央深改委第二十六次、第二十七次会议和十二届省委深改委第一次会议、市委深改委第十四次会议精神；传达学习民政部《关于做好贯彻落实〈关于规范村级组织工作事务、机制牌子和证明事项的意见〉有关工作的通知》文件精神；审议中国共产党绵阳市游仙区第七届委员会第四次全体会议暨区委经济工作会议相关事项；通报全区2022年10—11月环境质量状况；审议《关于优化调整区级部分单位领导职数的工作方案（审议稿）》；审议《关于邹良等3名区委候补委员递补为区委委员的决定（草案）》；审议《绵阳市游仙区“十四五”生态环境保护规划（审议稿）》；审议解决开元中学完善高考综合改革基础设施设备经费事项；研究干部事项

巩固党史学习教育成果的决定（讨论稿）》及《关于坚决做到“四个走在前列”决定》作说明。

【2022年区委经济工作会】 1月13日，召开2022年区委经济工作会，全面贯彻中央、省委、市委经济工作会议精神，总结2021年全区经济工作，分析研判经济发展形势并安排部署2022年全区经济工作。

【全区干部作风整顿大会】 4月27日，召开全区干部作风整顿大会，全面反思“4·19”危化品燃爆火灾安全事故存在问题，整顿干部作风，并安排全年疫情防控及安全生产工作。

【区委读书班】 7月8日，召开区级领导干部和镇街主要负责人读书班，区委书记陈华斌围绕“真抓实干、狠抓落实，奋力在加快建设中国科技城、全力打造成渝副中心中展现更大游仙作为”作主题报告。

【中国激光科技创新产业大会】 11月17日，举办“中国激光科技创新产业大会”，邀请多位激光产业领军人物、知名专家到绵阳共商激光产业未来发展趋势，在科博会展区同步设置激光专区，用于激光产业成果展示和推介。 （王强）

区委办工作

【概况】 2022年，在市委办的悉心指导下，在区委的坚强领导下，在全区各地各部门的大力支持下，区委办认真学习宣传贯彻党的二十大精神，坚决贯彻落实上级各项决策部署，勇于担当、善于作为，在狠抓落实上做好表率，不断提升“三个服务”水平，完成了各项工作任务，进一步树立了党委办公室的良好形象，为游仙现代化建设作出了积极贡献。

【办文服务】 坚持严把公文起草、审核、付印、传阅“四道关口”，完善办文工作台账，积极落实基层减负要求，大力改进文风，接收办理上三级文件1124份，区内文件590份，代拟稿270份，转呈各类领导批示、机要信件720余份，区委或区委办发文数量同比下降44.6%。所有公文文种正确、格式规范、措辞严谨，未出现一起漏发、错发、重发和失密等现象，充分体现了公文的权威性、政策性和指导性。

【办会服务】 坚持“会务工作无小事”工作要求，进一步充实办会人员力量，规范办会程序、修订会议纪律、严明会议规定，围绕会议的筹备和组织落实，做到会前快速介入、周密部署，会中稳步推进、严格督查，会后全程跟踪、确保实效，实现了综合考虑、系统筹划、服务到位的办会标准，完成区委七届二次全会、游仙区参加第十届科博会筹备会、区委经济工作会等各类会议487次。

【改革工作】 聚焦县域集成改革试点与两项改革“后半篇”文章，实行“一项任务、一个专班、一个时间表、一张路线图”工作模式，加强经验总结推广，一年以来，探索总结了“一院所一平台一产业”“土地大托管”“工程项目拿地即开工审批模式”“院地协同招商”等经验，其中“土地大托管”经验全国推广，获得国务院领导肯定性批示，核医疗健康产业、激光技术应用产业实现了从“无”到“有”的突破，2022年改革信息工作名列全市第一。

【信息工作】 坚持“出手就是精品”的高标准、高要求，全年共撰写区委常委会工作报告、区委经济工作会讲话等各类重要文稿200余篇、20余万字，《一院所一平台一产业，构建全过程创新生态链》等4篇署名文章被《人民日报》《四川日报》等主流报刊登载，特别是区委读书班讲话等材料得到区委主要领导的肯定评价。紧紧围绕领导关注的热点、难点问题，累计向省市上报各类党委信息164条，其中市委办采用信息88条、省委办采用信息5条，名列全市第一。

◆ 2022年，绵阳耀东农业投资开发有限公司参与忠兴镇“土地大托管”土地整理调研

【督查督办】 进一步完善督查督办工作制度和督办流程，分门别类建立督办台账，制定领导指示精神督查督办表，发布督办月报12期，每周收集办理情况，实行销账制度，从任务完成时限、效果等方面进行比对销账，确保安排一件、督办一件、落实一件。建立全区办公室系统工作失误情况的通报制度，围绕公文办理方面、会务活动方面、突发事件信息报告方面出现的错误，发布通报7期。

【机要保密】 完善密码通信网络，充分保障中央、省、市重大决策和安排部署得到及时贯彻落实。强化机要保密意识教育，严把涉密环节，加强对涉密文件、涉密会场的管理，特别加强了计算机网络安全保护，有效防止了网上失泄密事件的发生。2022年，共计转办报文70余份、内网公文800余份，无人脱岗，获得全省专业通信跨区域协同演练比武竞赛县级一等奖，区国家保密局被授予全省保密工作先进集体荣誉称号。

【后勤保障】 建立健全《财务管理规定》《车辆管理制度》等制度，逐步实现制度化、规范化、科学化。强化财务管理，严格财经纪律，规范财务支出，为机关正常运转提供了坚实保障。强化公务用车管理，健全完善用车制度，带头规范清理公务用车。

【自身建设】 重视干部能力提升，利用“周三夜学”“早间微课堂”等载体，组织干部职工集中学习党内法规、上级文件、时事政治。围绕改革、信息、政研等工作，派出3人次到省委政研室、市委办跟班学习。关注干部成长进步，全年交流提拔年轻干部2名。组织党员干部到飞龙山、梓潼两弹城等红色教育基地开展红色支部活动，不断提升党性修养。组织党员干部前往检察院廉政警示教育基地接受洗礼，不断筑牢拒腐防变思想防线。

（王强）

组织工作

【概况】 2022年，区委组织部坚持“政治引领、服务中心、规矩规范、提标提能、创先争优”工作理念，以推动落实组织工作服务中心大局“18条措施”落地落实为抓手，围绕全区中心大局、聚焦组织工作主责主业，主动作为、创新落实，不断提升组织系统自身能力建设。

【党组织和党员】 截至2022年底，全区有基层党组织1052个，其中党委101个、党总支113个、党支部838个。全区党员总量24978人。其中，女党员6517人、占26.09%；农牧渔民党员1万人、占40.04%；35岁及以下党员3569人、占14.29%；61岁及以上党员9541人、占38.20%；大专及以上学历党员9522人、占38.12%；研究生及以上学历党员243人、占0.97%；少数民族党员179人、占0.72%。

【党建综合】 推进23个基层党校标准化建设，开展村（社区）党组织书记全覆盖培训、新任党组织书记培训、区直机关工委入党积极分子和预备党员示范培训等8班次，完成党员教育培训项目5个，完成率100%，培训2193人次，选派4名优秀党组织书记参加省级示范培训。对拟确定为2021年度考核优秀等次和提拔重用的321名党员干部履行党建责任和党员义务的情况进行查核。制定《游仙区组织工作重点创新项目管理办法》，推动43个基层党委单独或组团领办区级基层党建重点创新项目31个。全面推行基层党建“导师帮带”制和“学历提升”行动，91名村（社区）常职干部入学提升学历，142名村（社区）党组织书记（副书记）分批安排到镇（街道）党建办上挂锻炼。出台《游仙区村（社区）常职干部绩效考核实施办法（试行）》，破解“干好干坏一个样”难题。“一点位一专班”推动10个市级基层党建示范点建设，同步构建区镇两级基层党建示范点位库，入库点位26个，梯次推动示范点建设。获评2021年度省级（5A）先进村党组织1个、市级（4A）先进村党组织6个、区级（3A）先进村党组织5个。

【城市党建】 印发游仙区社区党组织党员大会研究讨论社区事务具体清单等四张清单，进一步健全社区党组织议事决策机制。优化社区网格设置，优化设置网格392个，新招专职网格员239名。以红色物业“三公开”为抓手深化小区治理，积极探索“机关党员”参与小区治理新模式，“平战结合”赋予“双报到”党员治理职责，1800余名党员干部第一时间集结到“战疫一线”，有效筑牢抗疫红色防线。创新探索党建引领小区治理新路径，着力抓好“三无”小区和老旧小区的治理工作。全面完成“省级社区综合服务设施补短板达标工程”和“市级社区治理试点示范”13个。高质量完成4个省市挂牌整治城乡接合部社区治理任务。积极争取“市级智慧社区建设项目”资金50万元，新建小岛社区、中科社区、剑南路东段社区等5个市级智慧科技型社区。持续实施“互联网+社区”行动计划，全面完成治平路、李杜祠社区智慧社区建设。

【行业党建】 纳入党建统计基数“两新”组织“两个覆盖”动态维持100%，规模以上工业企业单建率超过50%。完成2所学校书记校长分设任务。成立国有企业综合党委，进一步强化党建引领区属国有企业高质量发展作用。压实职能部门“管行业、管党建”责任，建立网约车、邮政快递、外卖配送、科技创新等行业党委5个，优化设置新就业群体党支部4个，不断织密新兴行业领域组织体系。承接省级网约车行业党建试点，以“党建带群建”思路，建成网约车司机服务中心（工会驿站）和“温馨驿站”，有效解决网约车司机“关键小事”，工作经验被《四川党的建设》刊载。

【基层治理】 坚持问题导向，研究搭建“区、镇（街）、村（社区）、网格（小区）+N个服务载体”“4+N”区级治理体系，逐级明确职能职责和相互间协同运行机制，形成协调联动、运转高效的基层治理领导体系。依托科技城大数据中心，

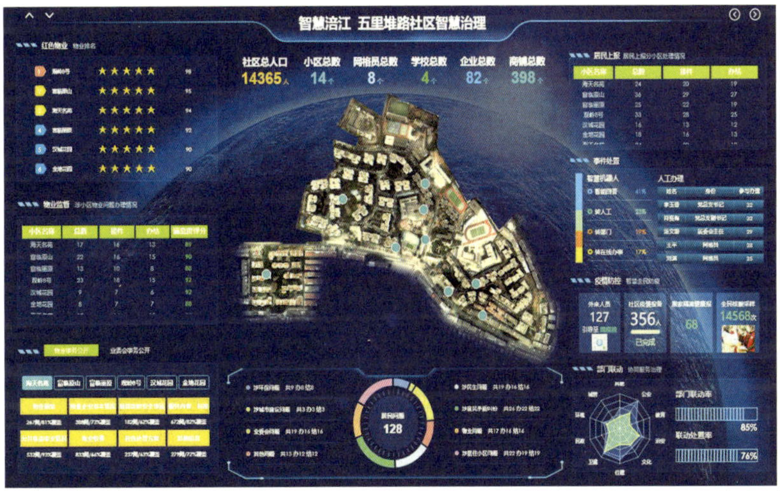

◆ 2022年，涪江街道开发“智慧涪江”小程序

构建起“1个区级平台+6个镇街平台+N个后台管理员”的智慧治理体系，形成居民“线上”按需“点单”、后台分级处置派单、困难问题逐级上报解决、综合信息互通共享的闭环运行机制。实施全国居家和社区基本养老服务提升项目试点，成立游仙区养老服务协会，5个为老综合服务站已挂牌运营。建成社区社工室16个，设立社区“微基金”2个，开展公益创投5次、释放公益项目32个，实施社工人才沙龙和职业技能培训等活动10余次，组织350人参加社会工作国家职业资格考试。扎实推进党建引领乡村治理县域试点，印发《游仙区党建引领乡村治理实施方案》，系统提升乡村治理效能。依托镇便民服务中心，在村（社区）建立服务代办点，明确代办员766名。申报6个镇（街）和51个村（社区）创建省级“示范便民服务中心”“示范便民服务站”。建设8个镇级应急物资储备站和149个村级应急物资储备点。全区网格员办理各类事件12万余件，事件办结率99.6%。

做实抓党建促乡村振兴，撂荒地整治经验被国务院副总理胡春华批示肯定，“土地大托管”壮大村级集体经济做法被省委办公厅《每日要情》刊发。抓牢抓实“基层党建绩效管理”和“党支部标准工作法”，获评市级以上先进村党组织7个，创建市级基层党建示范点10个。

（魏超）

【机关党组织和党员“双报到”】2022年，全区各机关党组织认真履行机关党建“建设队伍、服务群众”的根本职责，“双报到”党组织75个，其中区级部门55个，“双报到”党员1863人。区级部门机关党员1176人，占游仙机关党员的95%，市级部门和其他区县机关党员687人，按照“平时+战时”要求，对报到党员进行定岗定责，建立“群众点单、小区派单、党员接单”双向认领机制，收集居民群众需求，确定服务项目，报到党员发挥特长，提供高质量服务，严格落实“绵阳市在职党员落实‘双报到’绩效鉴定意见表”，对拟确定为优秀等次、拟提拔重用的336名干部履行党建责任和党员义务的情况进行查核。

（孟世琴）

【抓党建促乡村振兴】树牢大抓基层鲜明导向，制定区级领导干部抓乡村振兴责任制任务清单，每季度定期向56名区级领导印发工作提醒函，抓实区级领导干部抓乡村振兴责任制。选派172名村（社区）党组织书记参加2022年市区统筹村（社区）党组织书记进修班，选派4名优秀党组织书记参加省级示范培训。完成全区36名驻村第一书记和工作队员2021年度考核工作。完成172个村（社区）乡村换届“回头看”工作，全面掌握和分析研判换届以来全区村（社区）“两委”班子运行情况。完成全区村级组织运转经费保障评估，确保村级运转经费合理合规使用。

【先进村党组织评定】2022年，新桥镇胜利村党委被评定为省级5A先进村党组织；魏城镇铁炉村党总支、忠兴镇木龙村党委、小枧镇遇仙村党总支、信义镇福星村党总支、仙鹤镇洛水村党委、游仙街道长明村党委等6个村级党组织被评定为市级4A先进村党组织；石马镇张家坪村党委、魏城镇飞龙村党总支、忠兴镇永佛村党委、盐泉镇上方寺党委、信义镇曾家垭村党总支等5个村级党组织被评定为区级3A先进村党组织。

【村级集体经济发展】印发《2022年绵阳市游仙区加快实施村级集体经济“消薄”行动方案》，明确22名区级领导和22个区级部门联系帮扶集体经济薄弱村，2022年底全面完成区内22个村级集体经济薄弱村“消薄”任务。完成2019—2021年度全区28个中省财政集体经济扶持村项目实施情况验收评估。石马镇天林村、魏城镇和阳村、忠兴镇龙泉村、盐泉镇长林村、仙鹤镇金柏村等5个行政村，获得中省财政扶持发展壮大村级集体经济项目。印发《游仙区开展“一片一行长、一镇一经理”金融甘泉促振兴行动的实施方案》，选派15名金融干部助力破解村级集体经济融资难题等问题。

【村（社区）常职干部绩效考核】研究制定《游仙区村（社区）常职干部绩效考核实施办法（试行）》，城市建成区社区按照正职6000元/年、副职4000元/年、其他常职3000元/年标准进行考核。村、城市规划区社区、场镇社区按照（正职、副职、其他常职）个人当年度基本报酬总额的10%确定基础绩效标准。

（周廷贵）

【干部队伍建设】坚持“公道正派、群众公认、人岗相适”的选人用人导向，持续优化科级领导班子，2022年累计调配干部11批次，提拔重用32人。全覆盖开展科级领导班子运行科级领导履职综合研判，专项开展要素保障部门、区属国有企业等运行情况综合研判，为增强重点领域领导班子功能提供正确参考。出台《大力践行“一线工作法”的十一条措施》，构建深入贯彻落实市委“六个一线”要求的制度体系，形成在一线锤炼干部、检验干部、识别干部、使用干部的鲜明导向，坚持将一线作为培养、选拔干部主战场，2022年新提拔任用干部全部来自一线。坚持全面、准确、客观、公正评价科级领导干部2021年德才表现，评定年度考核优秀等次373人（其中统筹评定各单位“一把手”优秀52人）。强化正向激励引导，选树创新担当15个先进集体、45名先进个人。

【干部教育培训】 统筹实施年度重点培训项目，联合浙江大学、新加坡国立大学苏州研究院等高校、教育培训机构，选派相关单位“一把手”或分管负责人、优秀年轻干部和一线干部代表、业务骨干参加“城乡融合”“制造升级”“科技创新”3期重大战略专题研讨班，培训干部150余人次，促进游仙干部“走出去”开阔眼界、增长见识、启迪思想。深化“双向挂职”锻炼，通过协调争取，上级部门、科研院所等共选派9名干部人才到区内挂职，积极选派干部到省市重点专业性部门、藏区挂职锻炼或顶岗历练，累计选派11名干部在外挂职或顶岗历练。大力开展培训赋能行动，发布28个教育培训重点项目计划，广泛开展“业务大练兵”微讲堂和“能力大比拼”系列活动，形成比学赶超良好氛围。紧跟党的理论创新步伐，结合学习贯彻落实中央、省、市、区系列重要会议精神需要，筹办全区党政领导干部读书班。

【干部监督管理】 开展作风能力建设“大督导”，通过实地查看、调阅资料、个别座谈等方式，全覆盖检查12个镇街，抽查24个区级部门，通报作风差距和工作短板等方面问题90个，明确整改标准和时限要求，确保持续转作风提效能的趋势向好。延伸“八小时以外”监管触角，划定社交圈、生活圈、休闲圈内31项负面清单，明确党员干部对照自查、组织监督执纪范围。聘请“党员干部‘八小时以外’特邀监督员”，完善定期自查、飞行抽查、联席监督的监管网络体系，发挥干部监督的“叠加效应”。集中开展专项整治行动，锚定经济债务的第一风险，开展“不良经济行为大排查大整治”行动，逐项制定整治方案。专项推进干部在企业、社会团体等违规兼（任）职专项整治，结合单位自查、部门协查，核实在企业违规兼职并限期整改。

（张志明）

◆ 2022年11月1日，游仙区实施“制造升级”战略推动工业产业发展专题研讨班在新加坡国立大学苏州研究院开班

【公务员招录管理】 优化队伍规范管理，印发《游仙区机关事业单位人员流动管理办法》，明确“公开招考为主、公开考调为辅，严控商调比例”，并从严规范人员流入资格条件和办理程序。实施公务员队伍“源头活水”计划，年内新招录公务员31名，其中机要干部2名、乡镇公务员23名、急需紧缺专业选调生6名，组织新录用公务员完成初任培训并推进29名选调生到村任职。推动职级晋升，严格落实积分制管理办法，合理规划使用空缺职数，年内共开展4批次76人次的职级晋升工作，其中晋升三级调研员5人次、四级调研员10人次，一级主任科员33人次、二级主任科员19人次、三级主任科员9人次。探索公务员平时考核游仙路径，构建起以诚信档案、实绩档案、岗责账图为支撑的平时考核“2+1”积分量化指标体系，高质量推进公务员平时考核省级联系点建设，将平时考核探索成果在全区推广实施，推动全区公务员干在平时、比在平时。

（高溪遥）

【党管人才建设】 成立中共绵阳市游仙区委人才工作领导小组，出台《绵阳市游仙区“十四五”人才发展规划》，“责任制+考核清单+重点创新项目”推进人才工作先行区建设。全面构建职责规范、运行规则、议事决策、资金使用等“全链条”人才工作运行机制，组建区级领导牵头负责的院所人才服务专班14个，党政主要领导参加人才活动42次。新组建区高端人才服务中心，设立30个动态人才专编“周转池”。

【人才引进培育】 出台《绵阳市游仙区富乐人才“1+4+N”政策措施（试行）》，制定10个专项举措，“一干多支”政策体系基本形成。

◆ 2022年，游仙区人才公寓综合体建成

设立1亿元人才专项资金，由人才办支配的资金增至3000万元，兑现奖补4109万元。组建科技创新和双招双引2个专家智库，首创“激光博士招商团”，收集在谈促签有效线索61条。“新英汇·创新工场”集聚新的社会阶层人才307名。聚焦“2+2”工业体系绘制产业人才招引图谱，赴外举办15场招才引智专场活动，引进各类专业人才921人，其中硕博士229人。

【人才机制改革】 加强市场化激励机制改革，建成五八所、鸿为研究院等持股平台6个，推动18家企业实行股权分红，兑现人才个税奖补289万元。加快产教融合，与北大清华等18所高校开展有效合作。深化院地合作，与院所共建光子研究院等创新平台，航空动力科创中心入驻团队21个，激光产业园基本成形，核技术产业集群被确定为省级战略性新兴产业集群，园区引进孵化“新赛道”产业项目34个。

【人才服务保障】 依托各行业人才俱乐部等平台，开展交流活动68场。创新实施“五个一”举措，为新引进人才充电蓄能。按照“三个一点”模式打造全市首个人才公寓综合体，高标准建成人才公寓162套，指导91名人才申领安居补助1083万元。开发“富乐人才”微信小程序，发放人才悦享卡29张，举办疗养活动2场，协调解决人才及家属就医就学就业等事项235件。常态化走访慰问专家人才597名，发放慰问金103.1万元。 （张鑫）

宣传工作

【概况】 2022年，全区宣传思想文化系统围绕学习宣传贯彻习近平新时代中国特色社会主义思想、党的二十大和省第十二次党代会精神，按照中央和省委、市委、区委决策部署，扎实履行“举旗帜、聚民心、育新人、兴文化、展形象”的使命任务，各项工作取得新进展新成效，为全面建设社会主义现代化游仙提供了有力的思想保证、舆论支持、精神动力和文化条件。

【理论学习】 印发《2022年全区党（工）委（党组）理论学习中心组专题学习安排意见》《绵阳市游仙区党委（党组）理论学习中心组学习列席旁听制度》。成立6个列席旁听工作组，开展区委理论学习中心组学习6次，组织各基层党委（党组）开展理论学习中心组学习400余次。印发“学习强国”学习平台学习通报10期，清单化办好“周三夜学”“周五集中学”，印发学习清单11期。举行全区并承办全市“喜迎党的二十大 强国复兴有我”基层理论宣讲大赛。组建区级宣讲分团12个，企业、教育宣讲分团2个以及4个特色宣讲分团，成立“文艺轻骑兵”基层文艺宣讲队伍12支，组织志愿者成立送学上门小分队40余支，开展各类基层宣讲500余场次，覆盖群众2.5万余人。

【理论研究】 7个社科课题申报为2022年度市级社科研究规划项目并顺利结项。申报实施市社科普及项目3个。在市第十八次社会科学优秀科研成果评选中获二等奖1个、优秀奖3个。10余篇社科成果在《绵阳论坛》等刊物发表。

【意识形态工作】 印发《2022年全区党（工）委（党组）贯彻落实意识形态工作责任制的责任清单》。在党的二十大召开前夕组织开展意识形态领域风险隐患排查。2022年，专题研究部署意识形态工作1次，印发季度提醒清单4期，召开意识形态领域形势分析研判会议4次，组织开展专项督查1次，印发全区意识形态领域形势通报。全年未发生一起意识形态领域重大事件。

【网络安全】 印发《游仙区2022年网信工作要点》《绵阳市游仙区互联网行业党委2022年工作要点》，组织开展辖区意识形态专项督查和网络安全责任制落实督查。打造并建成光联讯通科技集团有限公司党建示范点。大力实施网络综合治理体系应用场景建设，申报中国科技城大数据中心、区应急广播平台、区应急指挥体系等13个区级应用场景项目。印发《绵阳市游仙区网络舆情应急预案（试行）》《绵阳市游仙区网络安全事件应急预案（试行）》《违法和不良信息举报受理和处置管理办法》。办理网络理政信件315件，均限时办结。开展“清朗”“剑网”“扫黄打非”“天府清风”“护苗”等网络生态治理专项行动。顺利完成北京冬奥会、省党代会、党的二十大等重大活动期间辖区网上政治安全和网络安全保障任务。

【宣传工作】 统筹策划了《学习贯彻党的二十大精神》《热烈庆祝游仙建区30周年》《在一线》等专题专栏。《乡村进行时|游仙：抿抿甜冬枣丰收啦》《绵阳游仙：科学调度水资源 全力抗旱保秋粮》《绵阳游仙：文艺轻骑兵走基层 二十大精神“声”入人心》等多个主题报道被央视、四川电视台等上级媒体采用。组织各地各部门利用固定宣传阵地对党的二十大精神进行长期宣传。在城区打造10个固定宣传点位，各地各部门通过公示栏、墙报、黑板报、标语、LED屏、挂图等方式开展社会宣传，相关标语播放次数10万余次，营造了浓厚的社会氛围。围绕“喜迎二十大”主题开展线上线下文化文艺主题活动80余场，创作文艺精品300余件。举办“奋进三十年 喜迎二十大”四川爱乐乐团专场走进游仙音乐会，线上线下10万余人观看，并被四川新闻、四川观察、绵阳观察等媒体宣传报道。拍摄快闪《同心齐向党 喜迎二十大》MV深受广大干部喜爱，并在“学习强国”学习平台刊播转发。

【舆论引导】 紧紧围绕中心工作，在《绵阳日报》游仙专版、绵阳电视台“游仙新闻”“直播游仙”App设专栏进行重点报道，组织完成了对区委书记陈华斌的电视专访，营造了良好舆论氛围。全区在省级及以上媒体刊播稿件300余篇，在市级以上媒体刊播稿件600余篇，在“学习强国”学习平台刊发稿件270余篇，总阅读量超5000万人次，上稿数量及质量均位列全市前列。大力开展新闻舆论监督工作，区级“直播游仙”APP专栏主动发布新闻曝光稿件30余期，形成《融媒舆情专报》6期，市级媒体共报道涉游仙舆论监督新闻47期均已完成整改。游仙区新闻舆论监督工作经验获市委常委、宣传部部长郑志恒肯定性批示。

【文明城市创建】 完善创建“一方案三体系”，将各项创建工作任务主体责任、指导（配合）责任落实到24个部门、12个属地镇（街道）。开展《绵阳市文明行为促进条例》宣传宣讲活动300余场次，累计近10万名群众参与。开展“八大攻坚”行动150余次，推动解决交通秩序、空中缆线、市场治理、市容市貌等14个痛点难点问题。研究制定游仙区全国文明城市创建负面清单积分销号制度，每季度开展1次常态化督查、1次通报评比。“狠抓四个提升、力促工作落实”创建工作经验在全市推广，并高质量通过中央文明办2022年创建全国文明城市年度测评。持续深入开展文明单位、文明村镇、文明学校、文明家庭等“四大联创”工作。2022年评选出游仙区文明单位11个、文明校园4个、文明村镇2个、文明家庭10户、新时代好少年5名。全覆盖建成乡村复兴少年宫。

【新时代文明实践工作】 建成全市首个新时代文明实践广场并面向市民免费开放。发展各类特色志愿服务队伍700余支、注册志愿者10.1万人，服务城乡群众56万人。组织各地开展文明实践五大活动6000余次，参与群众近10万人次。开展游仙区新时代文明实践直播大讲堂11期，累计观看16余万人次。

【文化惠民及创作】 举办线上“迎春文化”走基层、文化云慕课赏析活动，线下开展“赏年画过大年”新年画联展，惠及群众近30万人。围绕“我们的中国梦 文化进万家”

◆ 2022年8月9日，志愿者投身全国文明城市创建工作

◆ 2022年7月25日，绵阳市新时代文明实践中心建设现场会参会人员参观游仙区新时代文明实践中心　（区融媒体中心供图）

主题，推出“芙蓉四季 文艺时光”云上展14期，群众观看及点赞达10万人次。扎实开展全民阅读特色活动35期。在中华经典诵写讲演系列评选活动中5部作品获得省级荣誉，3个读书会荣获绵阳市“十佳读书会”称号。完成农村电影公益放映1344场次。组织创作歌曲、舞蹈、微视频、书法美术等文艺精品500余件，80余件作品在市级以上活动中获奖。小品《山湾农庄的笑声》入围第十九届全国群星奖复赛；四川方言表演唱《莫太快》获四川省教职工比赛一等奖；书法作品《写经典》获四川省2022年中华经典诵写讲演系列活动二等奖。打造大型实景沉浸式戏剧《名楼盛宴》，吸引数万观众观看体验。

【公共文化服务】 制定《游仙区乡镇级公共文化设施专项规划导则（配置标准、现状及需求）》，完成4个片区公共文化设施专项规划导则审查工作。指导魏城镇创建省级片区中心乡镇公共文化服务提质增效试点镇。制定《游仙区第二届乡村文化振兴样板村镇评选标准》，评选出区级样板镇2个、样板村（社区）11个，创建四川省第二届乡村文化振兴样板镇1个，绵阳市第二批乡村文化振兴样板镇、村（社区）3个。承办四川省第二届乡村文化振兴魅力竞演大赛绵阳地区决赛，创建市级乡村文化振兴魅力乡镇1个，省级乡村文化振兴魅力乡镇1个，四川省乡村文化十佳能人1名。公共文化服务提质增效工作经验被市做好两项改革“后半篇”文章领导小组办公室工作简报专期刊发。

【文化市场安全】 开展“扫黄打非”专项行动16场次，在全省率先创新发布“游小拳”“游小苗”扫黄打非和护苗IP形象，相关工作成效先后被《人民日报》、“学习强国”学习平台采用。区委宣传部荣获“2022年度四川省‘扫黄打非’工作先进集体”称号。完成作品版权登记1216件，超额完成全年任务52%，位居全市第一。创办《游仙版权有“版”有眼》特色栏目16期。顺利通过省软件正版化检查组考核验收。区版权局获“2021年全市版权工作先进单位”称号。

【宣传思想队伍建设】 依托“宣红党旗下”党建品牌，以多种形式志愿服务为主要载体，打通组织群

◆ 2022年11月10日，四川省第二届乡村文化振兴魅力竞演大赛绵阳地区决赛在小枧湿地公园举行

众、宣传群众、教育群众、凝聚群众、服务群众的“最后一公里”。召开宣传思想工作会议，对80余名宣传思想文化战线骨干开展业务培训。组织50名宣传思想文化系统干部赴厦门大学参加宣传思想文化能力提升专题培训班，在机关内组织开展“四力微讲堂”10期。制定《游仙区“文化艺术传承创作工作室”建设实施办法》，筹建区优秀文艺人才库，积极推荐社科文艺人才参加“绵州文化名家”“富乐优才”等评选活动。（张先怡）

统一战线

【概况】2022年，游仙区统一战线工作在区委的坚强领导下，坚持以习近平新时代中国特色社会主义思想为指导，深入学习贯彻习近平总书记关于加强和改进统一战线工作的重要论述，紧紧围绕党的二十大精神这条主线，高位推动构建大统战工作格局，确保中央、省委、市委关于统战工作的各项决策部署和工作任务落到实处，见到成效。在全省率先建成“基层统战双向服务基地”，“同心会客厅”工作做法被新华社等各级媒体先后报道，迎接省、市委统战部门调研10余次，迎接市委书记调研1次，获评省级“民族团结进步示范单位”2个。

【思想政治引领】及时传达学习党的二十大及各级党代会精神，按时召开区委统一战线工作领导小组会议、区委民族宗教工作领导小组会议，研究解决统战领域重点工作。印发《游仙区2022年统战工作要点》《游仙区统战系统2022年度项目实施计划》《游仙区民营经济统战工作协调机制》。区委主要领导对统战工作进行研究部署，研究解决统战干部队伍建设、项目资金等重要问题。

【党外人士社会服务】加强党外代表人士的发现储备。全面落实上级安排部署，加强与人大、政协联系沟通，共同做好党外代表人士日常管理。推荐提拔3名党外干部担任区人大、区政协、区科技局正职，2名副科级党外干部交流任职。开展无党派人士认定工作，对81名无党派人士进行政治身份认定。筹备并召开工商联换届会议，对62名民营经济代表人士进行综合评价，对第七届工商联（商会）班子人选进行考察。

◆ 2022年8月1日，游仙区举行“同心会客厅”亲清会客活动

【涉港涉台统战工作】摸清港澳台和侨资企业底数，详细了解企业的经营现状、产品研发、市场拓展等情况，协调帮助企业破解贷款融资、拓展销路等问题。推荐1家企业加入绵阳市侨商协会，1家企业加入绵阳市台商协会。依法维护港澳台侨群众合法利益，帮助化解侨资企业土地产权、侨眷商品房电梯加装、台商桃花节参展等纠纷问题4起。积极开展“送温暖”活动，把节日慰问分散到端午节、中秋节、重阳节，让联络感情更经常，走访慰问代表人士27人。组织向“泸定地震”捐款7000元。主动参与经济发展、文化交流活动，选派志愿者参与第十届中国（绵阳）科技城国际科技博览会“侨智精英科博行”高端医疗装备智造及新材料产业发展论坛会务和接待工作，承办清华大学“思源计划”十九期到游仙社会实践活动，开展“侨心永向党·奋进新征程”学习党的二十大精神主题活动，组织动员辖区学生参加“第二十二届世界华人学生作文大赛”和“香港回归25周年”作文大赛，精心组稿审稿荐稿，苏阳的参赛作文《一颗种子》喜获大赛一等奖。加强信息宣传，在省委统战部官网刊载信息3篇，市委统战部官网2篇，绵州侨讯5篇，在省委统战部官网《同心人物》专栏刊发了侨眷代表陈纲祖的事迹。

【新的社会阶层人士工作】持续优化“新英汇·创新工场”运行机制，擦亮“全国新的社会阶层人士统战工作实践创新基地”金字招牌。迎接省委统战部调研2次，各市州、县市区统战部调研学习2次，并作为全省新的社会阶层人士统战工作培训班现场教学点位，成为多部门联合的服务平台、多领域人才的汇聚平台、多渠道资源的融通平台、多企业互动的交流平台，促进了招联引才和招商引资。

【民主协商】 召开党的二十大及各级党代会专题学习会、党外代表人士座谈会、季度例会等会议10余次。履行参政议政、社会服务职能职责，全年各党派提交区人大建议、政协提案95件，社情民意84篇，调研文章10篇，不断增强各民主党派政治认同。鼓励协调各民主党派通过引投入资金物资等方式对游仙区进行全方位支持，全年协调资金物资共计1200余万元，惠及贫困学生300余人。

【民营经济服务】 协调组织开展“同心会客”亲清会客活动6次，区委、区政府主要领导、相关部门与民营企业代表面对面沟通交流。梳理四川助企纾困政策明白卡等相关惠企政策12个，推动民营企业高质量发展。支持开展光彩事业，推荐美乐化妆品、铜鑫铜业等成为省百强民营企业，游仙区现代粮油农业基地、仙潮农业科技有限公司等成为省级“万企兴万村”行动重点企业，推介游仙特色农产品，促成签订3亿元的合作意向。建立工商联领导班子成员联系基层商会机制，印发《关于基层商会规范建设实施意见》，规范基层商会建设。

（谭炬坤）

精神文明建设

【概况】 2022年，游仙区精神文明建设工作以文明城市创建为龙头，按照2022年全国文明城市测评体系指标任务，宣传宣讲习近平新时代中国特色社会主义思想、党的二十大精神，培育孵化精品特色志愿服务项目，推动新时代文明实践中心（所、站）建设，深化公民道德建设暨未成年人思想道德建设，持续做好“四大联创”工作，选树培育各级道德模范、最美人物等先进典型，落实宣传、礼遇、帮扶等后续工作；深入实施新时代乡风文明建设“十大行动”，大力整治高价彩礼、铺张浪费、大操大办、封建迷信等不良习俗，不断弘扬和践行社会主义核心价值观。

【全国文明城市创建】 按照2022年全国文明城市测评体系指标任务，完善创建“一方案三体系”，开展争创全国文明城市集中宣传月活动，开展《绵阳市文明行为促进条例》宣传宣讲活动300余场次，城区21个主要干道路口实行常态化文明劝导志愿者值守，开展“双报道”活动，成立4个督导组开展督导检查，整改问题480余个。开展“八大攻坚”行动，游仙区“狠抓四个提升、力促工作落实”创建工作经验在市级推广，高质量通过中央文明办2022年创建全国文明城市年度测评。

【新时代文明实践中心建设】 文明实践阵地实现区、镇（街道）、村（社区）三级全覆盖，有区新时代文明实践中心1个、文明实践所12个、文明实践站172个，拓展建设点376个，投资200余万元建成游仙区新时代文明实践广场。承办全市新时代文明实践现场会2次。区文明实践中心与区融媒体中心深度融合，资源共享，落实资金7万元升级建设文明实践线上平台，开展游仙区新时代文明实践直播大讲堂11期，累计观众16万余人次，联合区民政局组织开展“双晒双评”志

◆ 2022年8月9日，志愿者投身全国文明城市创建工作

愿服务大赛，评选新时代文明实践示范所、站及优秀志愿者。

【志愿服务】2022年游仙区发展各类特色志愿服务队伍700余支、注册志愿者10.1万人，服务城乡56万群众。围绕习近平新时代中国特色社会主义思想、党的二十大、“我们的节日”、“关爱天南地北游仙人”等内容，各地开展文明实践五大活动6000余次，参与群众近10万人次。孵化“鹤彩银龄”“富乐辣妈”“家的味道”等特色志愿服务项目50余个。新桥镇新桥社区、小枧镇“枧·爱”志愿服务队、石马镇“邻聚力”志愿服务项目及信义镇优秀志愿者敬雪梅获选2022年绵阳市志愿服务四个“十佳”优秀典型。

【乡风文明建设】持续开展新时代乡风文明建设“十大行动”。通过“乡村大喇叭、社区小广播”“文明实践直播讲堂”“坝坝会”等形式，深入宣传党的二十大精神、社会主义核心价值观、四川好人事迹，开展宣传农村精神文明常识等活动300余场次，开展“我们的节日”“缘起七夕”等活动70余场次。推行文明道德积分制，设立红黑榜，组织实施厕所革命、天价彩礼、厚葬薄养、垃圾分类等专项整治50余次。全市家风家训专题讲座在游仙召开，全区开展家风家教家训专题讲座20余场，评选优秀好家风故事6个、优秀家训5个、特色乡土文化节目3个。区委宣传部获得省级家庭工作先进单位。

【公民思想道德暨未成年人思想道德建设】学习贯彻《新时代公民道德建设实施纲要》，持续开展文明单位、文明村镇、文明学校、文明家庭等“四大联创”工作。2022年评选出游仙区文明单位11个、文明校园4个、文明村镇2个、文明家庭10户、新时代好少年5名，并做好宣传、礼遇、帮扶等后续工作。抓实未成年人思想道德建设，开展“新时代好少年”“强国复兴有我”等主题实践活动，广泛征集优秀童谣作品20余首，传唱历年童谣作品3首。全覆盖建成乡村复兴少年宫，中央文明办对游仙区徐家伟清学校特色复兴少年宫建设做法进行专题调研。区教体局被表彰为第28届全国青少年爱国主义读书教育活动先进集体，区委宣传部等8个单位和12名个人分别被授予绵阳市家庭教育工作先进集体和先进个人。2022年，游仙区顺利通过全国未成年人思想道德建设工作测评。

（朱刚）

目标督查

【概况】2022年，区委目标绩效办围绕区委、区政府重要决策部署、重点中心工作，较好地完成目标绩效管理、督查督办、省委巡视反馈意见整改、民生实事、建议提案办理等各项工作。被市委目标绩效办评为目标绩效管理先进单位、督查工作先进单位、民生工作先进单位，获评全区提案办理综合协调先进单位。

【目标绩效管理】印发《2022年绵阳市游仙区目标绩效管理办法》《2022年目标绩效综合考评指标体系》，同时对2022年市委、市政府下达游仙区目标任务进行分解。通过对工作任务进行细化分解，明确了区级目标监控单位，考核标准。进一步明确目标绩效管理要求及基本原则，确保考核拉开差距，考出实效。

【督查督办】坚持目标问题导向，全年围绕疫情防控、城乡环境综合提质三年行动、21项重要工作、防汛减灾、安全工作、“三自一监督”项目、优化营商环境、稳经济增长、卫片执法、城市更新等中心工作、重大项目、重点工程开展督查。2022年，采用“督查＋曝光”“督查＋问责”的方式，统筹区重点工作督查组牵头或参与全区重点工作督查288次，查找问题点位1030个，提出工作建议153条，形成督查专报、通报和报告168期，发出“点球”督办通知246期。

【民生实事】通过对省、市、区民生实事目标任务、资金分配、进度安排进行层层分解，不断优化“月跟进、季通报、半年督查、年度考核”工作机制，参加市委目标绩效办调研游仙区涉及市级、省级民生项目开展情况3次，全年开展民生实事项目情况督查4次。通过实地查看，全面掌握项目工程进展、资金预算执行等情况。2022年，23件（28个子项）省级民生实事，8件市级民生实事、10件区级民生实事人大代表票决制项目全部完成。

【建议提案办理】2022年，全区共办理人大建议及政协提案182件。市人大代表建议7件、市政协提案8件均按要求完成办理工作；区人大代表建议53件、区政协提案114件全部办结，满意率和基本满意率99.1%。

（刘洁）

机构编制

【概况】2022年底，游仙区共有独立运行行政机关57个。其中，区委部门10个，工商联和群团机关5个，政府工作部门27个，人大、政协独立机关各1个，开发区2个，街道3个，乡镇8个。核定行政编制1271名。其中，区级行政编制575名，乡镇街道行政编制377名，政法系统专项编制319名。事业单位262个。其中，区委、区政府直属事业单位10个，使用事业编制人民团体5个，部门管理（归口、代管）事业单位178个（学校43所、医疗机构15个）；部门派驻乡镇事业单位20个（含试验区2个），乡镇、街道直属事业单位49个。核定事业编制5610名。其中，普通事业单位（部门、镇街）编制1283名，参公管理事业单位编制222名，综合执法队伍编制191名，医院（县级、乡镇、街道医疗机构）事业编制617名，学校教职工事业编制3297名。

【机构编制资源整合】 落实应急管理综合执法改革，在区应急局加挂应急管理综合行政执法大队牌子，实行“局队合一”执法；推进行政复议体制改革，从区级党政群机关行政编制划转1名至区司法局；加强党委国家安全、巡察、民族宗教等领域机构队伍建设，优化调整区人大常委会机关、区商务局、区人社局等部门机构编制事项；区住建局增加“负责建设工程消防验收、备案和抽查等工作”职责，将区住建局“工程质量监管股”更名为“工程质量和消防监督管理股”。增核区发改局、区工信局、区卫健局、区财政局、区商务局、区科技局、区经合局7个部门科级领导职数，增核区委组织部部务委员1名。

【权责清单制度】 围绕深化“放管服”改革优化营商环境，推进政府治理体系和治理能力现代化建设，印发出台了《游仙区行政许可事项清单（2022年版）》[包括33个部门（单位）、乡镇行使的行政许可事项233项]、《绵阳市游仙区区级行政权力清单（2021年版）》[包括30个行权部门(单位)行使的行政权力事项4678项]、《游仙区赋予乡镇（街道）县级行政权力事项（第二批）》（以“镇、城市街道、涉农街道”分类赋权，其中赋予镇96项、城市街道12项、涉农街道54项）。

【机构改革和职责调整】 深入推进镇（街道）“一支队伍管执法”和机构编制“扁平化”管理，各镇（街道）建立执法领导小组和执法队伍、出“扁平化”管理实施方案，旨在提升基层治理能力和治理效率。

【机构调整与设立】 对照乡镇区划调整，将游仙镇敬老院更名为游仙街道养老服务中心，其他21个敬老院按建制整合设置为8个区域养老服务中心，被整合的敬老院设为分中心。结合学校规模变化和社会需求实际，将忠兴镇凤凰小学、魏城镇东宣小学，分别并入忠兴小学、魏城镇徐家小学。将区未成年人社会保护中心、区儿童福利院、区儿童福利指导中心整合设置为区未成年人保护中心。

设立区高端人才服务中心，建立区高层次人才“周转池”，确定高层次人才专项编制30名。成立区社会治理中心、区法律援助中心、区养老服务指导中心，在区价格认证中心加挂区粮油质检中心牌子。成立区巡察信息中心、区会展博览中心，保障全区重点工作。

【机构编制监督检查】 开展机构编制违规违纪问题督查。2022年在全区范围内开展机构编制违规违纪问题专项检查，对擅自设立机构、擅自改变机构设置、擅自加挂牌子、擅自变更机构名称、超职数配备中层干部等几类重点问题进行全面检查。对于发现的违规违纪问题建立台账，对违规违纪单位依规进行处理。

【事业单位登记管理】 2022年共办理设立登记8家，变更登记106家。按照时间节点，全面完成251家事业单位法人年度报告公示，按照“双随机、一公开”原则，对10家事业单位法人年度报告公示进行抽查。催缴中文域名注册费4300元，新增加中文域名注册2个。

（彭晓芹）

老干部工作

【概况】 截至2022年12月底，全区副县级以上（含享受待遇）离退休干部112人。其中，离休干部2人，实职副县级以上退休干部30人，享受副县级退休干部80人。原朝阳厂和东材集团代管离休干部6人，中华人民共和国成立初参加革命工作退休干部9人。全区机关企事业单位共有离退休干部党支部33个，涉及离退休党员干部1453名。

【党的二十大精神学习】 以学习宣传党的二十大精神为主线，在离退休干部和离退休党组织中广泛开展学习讨论。借助“离退休干部工作”“绵阳老干部之家”“游仙组工”等数字化平台，及时转发推送党的二十大报告知识点、学习笔记，实现老干部云端“线上学”，同时开展“党的二十大精神应知应会百题”5期，聚焦《党的二十大·周周谈》栏目，多形式深化老干部和老干部工作者理论学习。以“互联网+学习教育+支部”方式，坚持推送离退休党支部党员季度学习清单，开展线上学习8次，线上讨论3次，满足疫情常态化防控中老干部居家学习的实际需要。

【离退休党的建设】 贯彻落实《关于加强新时代离退休干部党的建设工作的意见》，结合新时代做好离退休干部党建工作要求，组织60余名离退休干部党支部书记、老党员工作室负责人以及党建工作分管领导举办离退休党组织负责人培训班。突出老党员工作室引领作用，邀请60余名老党员入驻3个工作室，与社区结对，引导老党员在疫情防控、红色物业等方面开展志愿服务活动。印发游仙关于进一步规范干部退休工作文件，建立退休干部参与基层治理动员机制，发展壮大志愿服务队伍。增强共建共享品牌效应，延伸离退休干部党建工作触角。做亮“银龄先锋 红领同行”党建品牌，整合老干部工作、青少年工作与关工委工作，开展关心关爱、爱心助学、主题党日活动5次。

【精准管理服务】 落实两项待遇，开展14名特殊困难离退休干部帮扶和中华人民共和国成立初干部医疗照顾工作，发放特殊困难帮扶资金3.2万元、门诊医疗照顾资金0.8万元。“个性化定制”老干部诊疗服务，定制体检医院，分专题类别举办健康知识讲座、现场义诊、常见病筛查和家庭医生签约，实现诊疗服务“一对一”。落实重要节点走访慰问制度，春节、重阳节开展138名离退休干部及遗孀慰问全覆盖，发放慰问金16.6万元，购买价值7.72万元的慰问品，老干部生病住院等走访慰问30人次。精准服务离休干部，为辖区内高龄离休干部配备“一对一管家”。组织20余个单位送学上门，向离退休干部宣传全国双先表彰大会、省第十二次党代会和习近平到四川视察重要精神，书面通报区经济社会发展情况。

（庞敏）

◆ 2022年6月16日，游仙区离退休党组织负责人“银龄先锋 红领同行”主题党日活动在伟清小学举行

党校工作

【概况】 2022年，区委党校举办各类培训班19期，培训学员933人，其中主体班17期（同比增长55%），主体班办班数量居县市区前列。全年党性教育占课程72%，领导干部讲课总课时占主体班次总课时的26.39%，教师授课质量满意度和现场教学质量满意度均100%。

全年成功申报省市级课题16项，其中省委党校课题3项、市社科联课题6项，市委党校决策咨询课题1项、市政协课题2项，市委政研室新型智库课题4项。累计入选省市级学术研讨论文20篇，在各类期刊发表学术论文7篇，资政文章获区级及以上领导肯定性批示6次。专职教师参与撰写《基层治理的绵阳实践典型案例汇编》4篇，获评绵阳市第十八次社会科学优秀科研成果评奖优秀奖2项。2022年区委党校获得全市县级党校（行政学校）优秀教学管理奖。

【绵阳市第二届基层理论宣讲大赛举行】 2022年5月27日，绵阳市第二届基层理论宣讲大赛在区委党校举行，各县市区、园区和市直有关部门46名选手参赛。此次基层理论宣讲大赛，主要目的是展示绵阳经济社会发展取得的辉煌成就，推动习近平新时代中国特色社会主义思想更加深入人心，以实际行动迎接党的二十大胜利召开，有助于进一步培养、发现基层理论宣讲人才，助推绵阳理论宣讲工作“热”起来、“活”起来、“实”起来，为全面建设中国科技城，加快打造成渝副中心提供坚强政治保障，营造良好舆论氛围。

◆ 2022年5月27日，绵阳市第二届基层理论宣讲大赛在游仙区委党校举行（刘庆红 摄）

【宣讲党的二十大精神】 2022年10月31日，在区委党校常务副校长易成利的带领下，党校讲师队成员们深入村社，开展党的二十大精神宣讲，以“小切口”讲出“大故事”，用“普通话”说出“大道理”，帮助党员干部群众更好地学习领会党的二十大精神。

【承办绵阳市县级党校分类建设改革推进会暨办学质量终评业务指导会】 2022年11月4日，绵阳市县级党校分类建设改革推进会暨办学质量终评业务指导会在区委党校召开，市委党校副校（院）长罗小美主持。会上区委常委、组织部部长、党校校长李响代表区委就三年来区委党校纵深推进县级党校分类建设改革情况进行介绍。市委党校常务副校（院）长党海燕对办学质量终评工作进行安排部署。会议强调：县级党校分类改革工作在机构建设、科研资政、办学质量、人才队伍等方面已取得阶段性成效，要进一步挖掘典型特色亮点工作，为下一轮分类建设创造更多更好的有利条件和打下坚实基础；办学质量评估工作是检验三年县级党校分类改革成效的试金石，要进一步集中精力，对照分类建设各项改革任务要求和评分细则，抓紧谋划，精心准备，全力以赴迎接评估；要始终抓住党校主责主业不放松，进一步开拓创新，用好阵地，提升党校办学软实力，为干部教育培训作出新贡献。（潘迪）

公务服务

【概况】 2022年，公务中心完成接待任务173批次，接待3962人次。会场服务共计1931批次（其中电视电话会议77批次、视频会议196批次、保密会议4次），其他部门协调使用会议室43次。为保障会议室设备正常使用，更换了405、309会议室话筒设备,接收保密视频系统2套，协助处理政协302会议室物资，会议室采买及维修维护共计36次；共计保障区级领导活动出行680余次。无一例安全事故发生，无一例安排调度失误情况发生。

【接待服务】 严格落实《区党政机关公务接待管理办法》和《实施细则》等相关文件规定，坚持热情周到、开放大气、突出特色、厉行节约四项原则。实行“先审批、后接待”，突出抓好接送服务、膳食服务、住宿服务、行车服务、安全服务5个环节。严把程序、定点接待、严格标准，做到热情不铺张、大气不奢侈、节约不寒酸。严格控制陪餐人数，控制接待标准，简化接待礼仪。

【会务服务】 做好了全区一类会议会场服务、礼仪、解说、会议签到、培训等服务保障工作。建立了会议室使用情况台账，协助办会部门落实会标制作、投影安置调试、会场清洁消毒、座位牌借用、网络保障、会场布置等事宜。

【调研车辆服务】 调研车辆按照领导签批件，实行“一事一租”原则，做到了车辆调度及时、保养维修维护到位、车内干净整洁、物资齐备。（赵雪君）

史志工作

【概况】 2022年，全区有市级党史学习教育基地1个（飞龙山），市级党史学习教育示范点1个（张勇精神展示基地），省、市、区三级党史阅览室2个。编辑出版《游仙年鉴（2022）》《中国共产党游仙执政实录（2021）》，完成《魏城镇志》《石马镇志》《魏城镇铁炉村志》《魏城镇绣山村志》《魏城镇鱼泉村志》《信义镇曾家垭村志》《盐泉镇上方寺村志》稿件终审。开展党的二十大精神学习宣传、精品年鉴品读季、党的历届全会精神主题展览等活动，《三线·游仙印记》获评“全省党史部门优秀科研成果”。

【史志书籍编纂】 2022年，抓好

《游仙年鉴（2022）》和《中国共产党游仙执政实录（2021）》的编纂工作，按时完成2本书编辑出版。高质量完成《四川年鉴》《绵阳年鉴》《中国（绵阳）科技城年鉴》《成渝地区双城经济圈建设年鉴》《中国共产党绵阳执政实录（2021）》游仙部分供稿。积极参与《绵阳市传统村落志》审改，修改完善《盐泉镇上方寺村志》和《信义镇曾家垭村志》。参与编纂出版《仙鹤风华》地情书籍。按照《绵阳市游仙区镇（街道）志、村志编纂工作实施方案》确定的镇、村编纂范围和时间节点，《魏城镇志》《石马镇志》《魏城镇铁炉村志》《魏城镇绣山村志》《魏城镇鱼泉村志》《信义镇曾家垭村志》《盐泉镇上方寺村志》在全市率先完成初稿编纂工作。

【学习宣传贯彻党的二十大精神】党的二十大召开后，通过线上线下结合的方式在“游仙组工”微信公众号、绵阳科技馆广场、富乐山公园组织开展“中国共产党历次全国代表大会光辉历程”主题展览，参观人数近1万人次。用好飞龙山红军纪念馆、张勇精神文化展示基地等红色遗址、纪念设施资源，开展“喜迎二十大 强国复兴有我”基层理论宣讲、红色基因传统教育，广泛宣传以伟大建党精神为源头的中国共产党人精神谱系，激励干部群众传承红色基因、赓续红色血脉。全区开展各类学习活动共计2200余场次，覆盖基层党组织1052个、受教育党员干部群众共计13万余人次。

【党史宣教阵地建设】推进省、市、县三级共建史志阅览室工作。按照有专门场地、有管理人员、有健全管理制度相关要求，在富乐街道劳动者休憩站和游仙区五里堆路社区党群服务中心建成省、市、县三级共建史志阅览室2个，市委党史研究室为五里堆路社区党群服务中心党史阅览室挂牌。对飞龙山红军纪念馆展陈设施进行核查并对相关内容进行整改，根据时代发展需要对第五展厅—传承使命厅内容进行全面更新替换。

【红色遗址普查回头看】在梳理2021年普查成果基础上，新增录入新时代脱贫攻坚和乡村振兴红色遗址普查点位12处，最终统计上报红色遗址普查点位50处，申报省级红色遗址普查点位5处，包括社会主义革命和建设时期1处（宋哲元墓），改革开放和社会主义现代化建设新时期1处（红四方面军长征纪念碑），中国特色社会主义新时代3处（飞龙山红军纪念馆、张勇精神文化展示基地、苏易简纪念馆）。

【三线建设史料征集】加大游仙区三线建设史料收集和整理力度，开发、利用好三线建设遗址遗产，组织东材科技、核二十四集团等三线

◆ 2022年6月28日，游仙区名镇志、名村志编纂工作推进会召开

◆ 2022年10月，中国共产党历次全国代表大会光辉历程展览在绵阳科技馆广场举行

建设企业为中共中央党史和文献研究院批准立项的三线建设及科技城建设重点项目收集整理相关史料，提供中国（绵阳）科技城激光产业园、移柯物联网设备产业园等科技城建设重点产业项目情况。2022年，《三线·游仙印记》纪录片获评“全省党史部门优秀科研成果”。

（李春芳）

档案工作

【概况】 2022年，游仙区档案工作认真学习贯彻习近平新时代中国特色社会主义思想和对档案工作重要批示精神，以档案事业发展为目标，以服务民生为己任，加强依法管档用档，加强日常工作与重点工作相结合，较好地完成各项工作任务。截至2022年12月底，区档案馆馆藏档案57795卷、245761件。

【档案业务指导及督查】 到疫情防控指挥部组长单位，督促做好疫情防控档案收集、整理工作，按要求移交进馆。对全区77个单位（包括区级机关、街道、乡镇、国有企业）开展档案行政执法检查，对体制机制建设、档案室建设、档案保管利用等情况进行检查并向受检单位反馈检查存在的具体问题。同时督促各单位开展2021年机关文件材料的归档整理工作。完成对全区的省、市重点项目的档案资料的指导和上报工作，并到东材等企业开展现场指导。完成行权事项公开、各项业务统计上报等相关日常工作。同时，指导做好乡镇区划调整、党代会、党史学习教育等档案的移交进馆工作。2022年，区档案馆接收文书、婚姻、疫情防控档案300余卷、3万余件。

【档案宣传】 2022年，通过新媒体推送、检查普及、专题宣讲等形式，普及约5000人。组织档案工作人员集中收看2022年“6·9”国际档案日线上专题讲座，组织对区委办全体党员干部开展《中华人民共和国档案法》宣讲，对《中华人民共和国档案法》修订的背景过程、现行《中华人民共和国档案法》的主要条款进行讲解，同时还结合区委办工作性质，着重讲解机关文书档案的收集、整理、保管、利用等业务知识。并用实例阐述了档案对个人、单位、社会不同层面的重要作用。

【档案服务】 为群众提供档案查询服务，特别是婚姻档案、部分人事档案（招聘、录用、调动、工龄、工资、退休、表彰等）、计生档案等查阅利用。2022年，区档案馆共接待查阅各类档案材料1392人次、8760件次，提供案卷3544卷次，异地查档104人次。

【档案安全管理】 牢固树立“安全第一，预防为主”意识，准确把握档案安全工作基本要求，紧盯危及档案的重点环节，确保档案安全“零事故”，按照“九防”要求扎实做好维护、巡检等工作。2022年实现档案安全“零事故”。

【档案质量提升】 开展2021年档案工作评比，督导各单位按照归档文件整理要求，做好2021年度各类档案的收集归档工作，并依据各单位制定的文件材料归档范围和文书档案保管期限表，开展2021年度档案整理工作评比，通过评比，全区档案管理基础、归口管理方面有所加强。开展规范化管理示范点工作。根据单位自评申报，经区档案局审查，最终确定区委党校和游仙镇作为档案管理示范点。加强进馆前档案质量审核。加强进馆档案前端管控，对有移交意愿的单位开展专题会议研讨，提出针对性解决方案，将档案馆业务力量全部下沉到乡镇（街道）和部门，定人定点上门服务，对归档文件的分类和保管期限划分进行逐一审核；对档案装盒、归档章、随档资料等规范化工作进行具体指导。特别对区老干部局、区委党校等单位开展靠前服务指

◆ 2022年6月9日，群众打卡“我心中的档案馆”

导，逐一审核应进馆档案4000份。

（李灵）

巡察工作

【概况】2022年，区委巡察机构紧扣市委、区委当前重点工作开展巡察，探索建立以巡促治的基层治理机制，积极探索“四方会审”机制，抓牢抓实巡察整改“后半篇”文章，采取综合考核、现场核查、量化评分方式开展巡察整改回访督查；通过完善工作规范、加强过程管控、全程专业支持等措施加强巡察工作规范化建设；通过提升巡察干部整体素质、探索办组融合新路径、创新开展“业务大练兵、能力大比拼”活动等办法提升全区巡察干部的业务水平。

【巡察全覆盖】2022年，游仙巡察机构紧密围绕区委中心工作，共开展3轮常规巡察，对20个区级部门、3个镇及所辖54个村（社区）进行了政治巡察。涉及基层党支部132个、党员4130人，走访座谈党员群众2350余人次，接待来电来访74人次，移交信访件43件，移交问题线索9件，巡察发现问题212个，提出巡察意见建议51条。截至2022年末，对区级部门、镇（街道）、村（社区）巡察完成率分别达到32.26%、25%、31.39%。

【接受市委巡察工作督导】根据市委、市委巡察工作领导小组部署，市委巡察工作指导督导组于2022年9—10月对游仙区委巡察工作开展为期一个月的指导督导。对游仙区紧扣市委当前工作开展巡察、探索建立以巡促治的基层治理机制、探索“四方会审”机制抓实巡察整改“后半篇”文章、创新开展巡察整改回访督查等工作亮点给予肯定。对游仙区巡察工作在主体责任落实、高质量推进巡察全覆盖、巡察监督与其他监督贯通融合、巡察整改常规运用、巡察工作规范化建设等方面的不足提出建议和指导督导意见。此次指导督导在全市属首次。

【探索以巡促治】聚焦联系服务群众一线单位，开展对村（社区）党组织、基层卫生服务中心等的巡察。对游仙区富乐街道社区卫生服务中心开展巡察，发现党组织软弱涣散、职工工作作风散漫、业务发展陷入困境等问题，推动完成“换班子、换方向、换精气神”，该中心面貌为之一新，蹚出了一条基层卫生服务中心健康发展的新路子，有力带动了全区城市基层卫生服务中心深化体制改革，以此为启发组建了游仙区城区集团医院，年内已挂牌。深化对社区的巡察，游仙街道吴家社区通过巡察，盘活了资源、治理了“脏乱差”、壮大了集体经济，成为全区社区治理的样板。

【抓实巡察整改】针对巡察整改日常监督发现的整改不到位、不彻底、措施不力等问题，通过“四方会审”进行原因分析，找出问题症结，就共性和个性问题进行归类梳理，会审各方对被巡察单位进一步完善整改工作提出具体会审意见。通过“四方会审”机制，层层传导压力、压实巡察整改责任，有力有效推动做好巡察整改“后半篇文章”。

【开展巡察整改回访督查】统筹成立回访督查组，对机动巡察整改落实情况进行回访督查，采取百分制量化考核方式，对反馈问题整改情况进行综合评估，推动党的领导全面加强，政治责任得到有效落实，行政决定代替党组织决策行为得到有效纠正，基层行业风气和工作作风得到有效转变。

【队伍建设】提升巡察干部整体素质。2021—2022年，区委巡察机构交流出去干部5人，其中提拔2人、同级重用1人。区委为各巡察组合计配备巡察专员4人。全年选派干部参加市、区组织的各类业务培训28人次。积极探索办组融合新路径。健全完善巡察机构考核机制，制定考核细则，包括基础工作（含巡前准备、开展巡察、巡察报告、巡察反馈整改和档案管理5个方面）、特色亮点工作、加分项目等。实行“一轮巡察一考核”，每轮巡察结束后，区委巡察办根据考核项目和内容对区委各巡察组进行量化评分，考核结果作为干部提拔、交流、评优的参考。创新开展“业务大练兵、能力大比拼”活动。区委各巡察组推选1名干部参加优秀底稿案例微讲堂，讲解巡察方面的业务知识及巡察经验、技巧。通过活动，有效提升全区巡察干部的业务水平。

（刘刚）

绵阳市游仙区人民代表大会

概述

【概况】2022年，区人大常委会自觉维护区委总揽全局、协调各方的领导核心作用，认真执行区委印发的《区人大常委会2022年工作要点》。召开区人大常委会会议10次、主任会议12次；听取、审议“一府一委两院”专项工作报告13个；组织开展执法检查、调研、视察活动19次；有序推进35项监督工作，向区政府提出工作建议19条；组织对《中华人民共和国道路交通安全法》等4部法律法规实施情况开展执法检查；开展常态化疫情防控工作监督，专题视察妇女儿童权益保护工作、“双减”工作、构建医疗服务新体系工作情况；组织部分区人大代表现场视察生态环境保护工作，提出审议意见4条；推进285个代表活动阵地建设；53件代表意见建议全部办理；组织区人大代表参与民生实事票决项目监督活动15次，提出意见建议70余条，2022年度10件民生实事全部按时完成；完成区人大代表补选工作，召开游仙区第七届人民代表大会第二次会议；任命国家机关工作人员65名；严格落实区级领导联系重点项目制度，组织召开专题会议10余次、现场办公7次，完成项目年度计划投资的140%；2022年12月，区人大常委会办公室被省人大常委会办公厅评为全省人大新闻宣传工作先进单位。

【人大代表构成】截至2022年12月，游仙区第七届人民代表大会有代表251名。中共党员代表160名、占63.7%，民主党派代表15名、占5.9%；男性代表167名、占66.5%，妇女代表84名、占33.5%；汉族代表248名、占98.8%，少数民族代表3名、占1.2%；连选连任代表83名，占33.5%。具有研究生（含硕士、博士）学历的代表38名、占15.1%，具有大学（含大专）学历的代表171名、占

◆ 2022年10月19日，游仙区七届人大常委会第十一次会议上被任命人员进行宪法宣誓仪式

67.3%，具有高中(含中专)学历的代表26名、占10.3%；35岁以下的代表34人、占13.5%，36—55岁的代表204人、占81.3%，56岁以上的代表13人、占5.2%。

【选举工作】 始终坚持党管干部原则和人大依法任免相结合，坚持实行任前法律知识考试、供职发言、颁发任命书、宪法宣誓等制度，市委、区委提名的人大任命的干部全部高票当选，确保党委意图顺利实现。2022年依法选举及任免“一府一委两院”国家机关工作人员67名（其中：选举3名、任命41名、免职23名），接受辞职5名，补选人大代表17名。

◆ 2022年3月24日，绵阳市游仙区第七届人民代表大会第二次会议第二次全体会议召开

重要会议

【概况】 年内，区人大常委会召开区人民代表大会会议1次，召开区人大常委会会议10次、主任会议12次；听取、审议“一府一委两院”专项工作报告13个；组织开展执法检查、调研、视察活动19次；有序推进35项监督工作，向区政府提出工作建议19条；任命国家机关工作人员65名；严格落实区级领导联系重点项目制度，组织召开专题会议10余次、现场办公7次，完成项目年度计划投资的140%。

【区人民代表大会】 3月24—25日，游仙区第七届人民代表大会第二次会议在仙海首开喜来登酒店召开（因疫情闭环举行）。会议听取和审查绵阳市游仙区人民政府工作报告；绵阳市游仙区人民代表大会常务委员会工作报告；审查和批准绵阳市游仙区2021年国民经济和社会发展计划执行情况及2022年国民经济和社会发展计划草案的报告；绵阳市游仙区2021年财政预算执行情况和2022年财政预算草案的报告；审查绵阳市游仙区人民法院工作报告；绵阳市游仙区人民检察院工作报告；听取2021年区级民生实事项目实施情况和监督工作报告；票决2022年区级民生实事项目；大会选举敬艳、蒲元聪、廖远强为区七届人大常委会委员；敬艳为区人大社会建设委员会主任委员；马鑫、甘炳辉、董光明为区人大财政经济委员会委员，王庆培、杨华容、雷洁为区人大预算委员会委员，罗蓉、梁普林、蹇红为区人大监察和法制委员会委员，崔海明、董勤、谢锟强为区人大社会建设委员会委员。

【区七届人大常委会第四次会议】 1月20日区七届人大常委会第四次会议召开。会议表决通过免去王丹帆、赵智强、罗云峰的绵阳市游仙区监察委员会委员职务，任命张忠琴、王婷为绵阳市游仙区监察委员会委员的人事任免事项；绵阳市游仙区人大常委会议事规则（修订草案）；绵阳市游仙区人大常委会关于进一步提高区人大常委会会议质量的意见（草案）；绵阳市游仙区人大常委会关于召开区第七届人民代表大会第二次会议的决定（草案）；接受区七届人大常委会委员辞去职务的决定（草案）等事项。

【区七届人大常委会第五次会议】 2月15日区七届人大常委会第五次会议召开。会议补选省政府党组成员、副省长、市委书记曹立军为绵阳市八届人大代表；审议关于召开游仙区第七届人民代表大会第二次会议工作方案；绵阳市游仙区人民代表大会常务委员会工作报告（草案）；游仙区第七届人民代表大会第二次会议选举办法（草案）；2022年区级民生实事人大代表票决项目票决办法（草案）。

【区七届人大常委会第六次会议】 3月11日区七届人大常委会第六次会议召开。会议补选游仙区出席绵阳市第八届人民代表大会代表；审议2022年区级民生实事人大代表票决制候选项目。

【区七届人大常委会第七次会议】 4月22日，区七届人大常委会第七次会议召开。会议听取和审议区人大常委会执法检查组关于检查四川省粮食安全保障条例实施情况的报告；区人大常委会2022年度区级民生实事票决项目监督工作方案；区人大监察和法制委关于2021年度规范性文件备案审查工作情况的报告；区人民政府关于2021年环境状况和环境保护目标完成情况的报告；区人民政府关于开展常态化疫情防控工作情况的报告；任命朱宇亮、左华琼、刘亚玲、孙小凤、黄福全、汪荣合、陈艳江、匡健、刘敏、唐玲、安梓鹭为绵阳市游仙区人民法院人民陪审员。

【区七届人大常委会第八次会议】 4月28日，区七届人大常委会第八次会议召开。会议表决通过免去孟林的绵阳市游仙区交通运输局局长职务。

【区七届人大常委会第九次会议】 6月24日，区七届人大常委会第九次会议召开。会议听取区人民政府2022年上半年重点工作情况的报告；区人民法院2022年上半年重点工作情况的报告；区人民检察院2022年上半年重点工作情况报告；审议区人大常委会执法检查组关于检查《中华人民共和国道路交通安全法》实施情况的报告；听取区人民政府关于2021年预算绩效管理工作情况的报告；审议区人民法院执行工作开展情况的报告；区人大常委会调研组《关于全区妇女儿童权益保护工作开展情况的调研报告》；区人大常委会视察组《关于对蔬菜种业园区进行专项视察的报告》；审议区人大常委会调研组《关于全区科技服务业创新工作实施情况的调研报告》；会议表决通过了免去邓剑的绵阳市游仙区人民法院审判员职务，任命李益霖为绵阳市游仙区人民政府副区长，任命席浩为绵阳市游仙区人民检察院副检察长、检查委员会委员、检察员，任命贾琳为绵阳市游仙区监察委员会委员。

【区七届人大常委会第十次会议】 8月5日，区七届人大常委会第十次会议召开。会议表决通过杨鹏、徐晓辞去区七届人大常委会委员职务，任命王琪为区监委副主任，同意冯科敏辞去区监委主任职务，免去徐晓的区人大常委会人代工委主任职务，免去周洪的区人大常委会教科文卫工委主任职务，免去勾汶婷的区人大社建委副主任委员职务，任命周洪为区人大常委会人代工委主任，任命勾汶婷为区人大常委会教科文卫工委主任，任命周洪为区人大常委会代表资格审查委员会副主任委员，任命唐容云为区司法局局长、唐永川为区交通运输局局长、王科为区退役军人事务局局长、邱浩为区应急管理局局长；审议区第七届人大常委会代表资格审查委员会关于个别代表的代表资格的报告；区人大常委会视察组关于对区人民政府推进农村断头路整治情况进行集中视察的报告；区人民政府关于2022年上半年国民经济和社会发展计划执行情况的报告；审议区人民政府关于优化营商环境工作情况的报告、区人民法院关于履行职能营造法治化营商环境工作情况的报告、区人民检察院关于履行职能营造法治化营商环境工作情况的报告；区人民政府关于安全生产监督管理责任落实情况的报告；听取区监察委员会关于信息化监督工作开展情况的报告。

【区七届人大常委会第十一次会议】 10月19日，区七届人大常委会第十一次会议召开。会议以投票方式任命杨东为区工信局局长、马宝全为区文广旅局局长、袁宗聪为区市场监管局局长、李立国为区经合局局长，还通过赵倩、王海霞、蒋四通的人事任职事项；审议区第七届人大常委会代表资格审查委员会关于个别代表的代表资格的报告；区人大常委会视察组关于对区人民政府推进农村断头路整治情况进行集中视察的报告；区人民政府关于2022年上半年国民经济和社会发展计划执行情况的报告；区人民政府关于优化营商环境工作情况的报告、区人民法院关于履行职能营造法治化营商环境工作情况的报告、区人民检察院关于履行职能营造法治化营商环境工作情况的报告；区人民政府关于安全生产监督管理责任落实情况的报告；听取区监察委员会关于信息化监督工作开展情况的报告。

【区七届人大常委会第十二次会议】 12月8日，区七届人大常委会第十二次会议召开。会议审议区人民政府关于2022年区级民生实事人大代表票决项目推进实施情况的报告；区人民政府关于2021年度国有资产（企业国有资产）管理情况的报告；批准区人民政府关于2022年财政预算调整情况的报告；听取区人民政府关于2022年度地方政府债务限额的报告；审议区人民政府关于2021年度区级财政预算执行和其他财政收支审计查出问题整改情况的报告；通过补选区七届人大代表有关事项。

【区七届人大常委会第十三次会议】 12月30日，区七届人大常委会第十三次会议召开。会议听取区人民政府关于项目投资工作情况的报告；区人民法院关于人民法庭建设工作情况的报告；区人民检察院关于控告申诉检察工作情况的报告；审议区人大常委会执法检查组关于检查《绵阳市物业管理条例》贯彻实施情况的报告；区人民政府关于游仙区第七届人民代表大会第二次会议期间代表建议、批评、意见办理情况的报告；补选游仙区第七届人大代表资格审查的报告；任命王维为区人大财经委员会副主任委员。

监督工作

【概况】 全年有序推进35项监督工作，向区政府提出工作建议19条。持续聚焦高质量发展，密切配合市人大联动监督，定期审议计划执行、营商环境工作情况报告，专题审议国有资产管理情况的报告，依法批准2022年财政预算调整情况的报告，严格落实区级领导联系重点项目制度，组织召开专题会议10余次、现场办公7次，有力保障项目顺利实施。强化依法监督，组织对《中华人民共和国道路交通安全法》等4部法律法规实施情况开展执法检查，同步开展普法宣传，提出意见建议11条，开展法律法规（草案）立法调研。密切关注民生福祉，围绕群众关心关注的疫情防控、特殊群体保护等热点工作，开展常态化疫情防控工作监督，专题视察和审议妇女儿童权益保护工作、“双减”工作、构建医疗服务新体系工作情况。

【产业发展监督】 聚焦做好“六稳”工作、落实“六保”任务，定期审议国民经济和社会发展计划执行情况，密切配合市人大常委会联动监督工业经济发展情况，专题审议优化营商环境工作情况报告，组织视察创建国省级蔬菜种业产业园实施情况，专题调研巩固拓展脱贫攻坚成果同乡村振兴有效衔接工作，提出扎实开展乡村建设行动、加强工业经济要素保障等审议意见37条，助力稳住经济基本盘，助推“十四五”良好开局。

【重点项目投资监督】 聚焦审批立项、建设实施、运行管理等重点环节，连续5年组织视察项目投资工作，深入调研《抓项目促投资19条硬措施》执行情况，督促建立项目建设全过程管理机制，助推项目投资保持快速增长势头。严格落实区级领导联系重点项目制度，主动协调解决要素保障、立项审批、拆迁安置等突出问题，助推核医疗健康产业园开工建设、顺利推进。

【财政资金监督】 聚焦全口径审查、全方位监督、全过程问效，认真审议财政预算执行情况报告、行政事业单位国有资产管理情况报告，依法批准年度财政决算报告、财政预算调整报告，有序推进预算联网审查平台建设，实现“四本预算”监督管理全覆盖，督促整改审计查出问题30个，财政资金使用绩效持续提高。

代表工作

【概况】 游仙区辖区面积1018平方千米，辖8个镇，3个街道，1个经济试验区，总人口56万人。自2021年区七届人大换届以来，全区共有省人大代表3名,市人大代表48名，区人大代表251名，镇人大代表704名。各级代表坚持党的路线、方针、政策，严格遵守宪法和法律法规，具有较强的履职能力和较好的群众基础，能充分体现先进性、代表性和广泛性。各级代表在区人大常委会、各镇（街道）的组织下开展走访、座谈等联系群众活动1300余次，深入基层实地调研视察1500余人次，走访选民800余人次。

【保障选民行使权力】 依法推进选民登记、提名推荐、投票选举等关键步骤，扎实抓好宣传发动、业务培训、风气监督等重点工作，组建5个督导组、21个指导工作组、12个风气监督组，深入113个选区全

◆ 2022年9月23日，区人大常委会党组书记、主任何守君（左三）调研医保基金管理使用情况

面指导、认真监督，全区32.8万选民依法行使选举权，依法选举区七届人大代表251名、镇新一届人大代表704名，妇女代表占比达到33.5%，非中共党员代表占比达到36.3%，具有大学和研究生以上学历的比例高达82.4%，代表结构更优、素质更高，充分兼顾了广泛性、行业性、先进性。

【增强代表履职活力】 人大代表"家、站、点"活动阵地建设扎实推进，完善提升"人大代表联系群众工作站"5个、打造示范点2个，各级代表就近就地"进家""入站"，定时定点接待群众1.2万人次，帮助解决困难问题820个。开展"我为群众办实事——人大代表在行动"，引导各级人大代表1100余人次参与"群众接待日"等活动，帮助解决实际问题313个。

【提升建议办理效力】 探索推行"精准交办、定期督办、二次重办"工作模式，在办理过程中主动邀请领衔代表参加现场视察，组织承办单位与提议代表见面互动，定期听取办理情况报告，形成了"办前查落实、办中查进度、办结查质量"长效工作机制，85件代表建议、批评和意见全部按时办结，办理回复率100%，满意和基本满意率98.8%。

【代表活动】 全区各级代表主动参与"坝坝会""群众接待日"等活动，收集意见400余条，帮助解决群众身边的急事、难事160余件，在"代表联系群众'双走访'"等活动中充分发挥作用，开展抢险救灾、疫情防控等宣传活动80余场次，发放宣传资料2000余份，解答群众咨询560余人次，捐助资金30余万元。在忠兴镇开展"人大代表认家"活动，并建立民生"微实事"项目监督机制和代表履职清单；在新桥镇联合社会事务、环保、安全等政府部门以及纪检力量开展视察，将代表履职与"双听双问"等结合量化打分；在信义镇对代表履职实行积分制管理，张贴"人大代表家庭"标识牌，公开履职承诺；在石马镇打造有"4"说事人大代表工作品牌，每月4日、14日、24日集中开展为民发声履职活动；在游仙街道建立代表履职档案，开发建设"智慧微治理系统"；在涪江街道建立"代表坐班暨代表接待日"制度，并依托韩家社区获全国先进基层党组织荣誉称号，打造人大代表主题小巷。　（肖江）

2022年游仙区人民代表大会重点建议一览表

表2

建议项目	提出代表团及成员
关于对老旧小区和居民自建房电力线路、变压器增容改造的建议	第三代表团，罗蓉等7名代表
关于彻底整治芙蓉溪左岸（芙蓉村及朝阳厂辖区）污水直排问题的建议	第三代表团，谢勇
关于加快推进片区城市更新及老旧小区改造的建议	贾海等10名代表
关于加强城乡饮用水管理工作的建议	陈涛
关于加大对游仙区现代化蚕桑产业园关注和投入的建议	张忠琴等3名代表

绵阳市游仙区人民政府

概述

【概况】 2022年，游仙区实现地区生产总值480亿元、同比增长4.5%，区属地区生产总值448.64亿元、同比增长4.6%，辖区一般公共预算收入15.75亿元，区属一般公共预算收入13.26亿元、同口径（剔除留抵退税因素影响）同比增长15.79%，城乡居民人均可支配收入同比分别增长4.4%、6.5%。

【先进制造业】 中科成环保、太极绵药、绵阳雅化等重点企业发展较好，东材科技产值首次突破50亿元。新增专精特新企业17家、规模以上工业企业18家。全年工业投资同比增长10%，技改投资同比增长15.8%。大力推进“园区提质”“企业满园”行动，园区主导产业集中度达87%，激光技术应用产业园入围全市首批特色（专业）园区名单，移柯物联网设备产业园入围全市首批特色（专业）园区培育名单，游仙高新区在全市园区高质量发展大会现场观摩评价中位列第二，被评为“四川省开放发展示范平台”“全省优秀园区”。组建制造业、核技术应用、激光技术应用等三只产业发展基金，总规模达10亿元。

◆ 2022年8月3日，区委副书记、区长韩晓清（前排右三）带队开展游仙区2022年工业领域比拼拉练活动 （区融媒体中心供图）

【现代服务业】 加快特色商业街区建设，渔人码头提升、新桥驿沸腾川里火锅城、街子驿等项目全面建成。举办2022年“云上文旅”首演活动，开展“乐享游仙·惠民消费”“迎新年·促消费·万人云逛街”等促销活动47场，发放消费券410万元，引导市场主体投入促进消费资金3000万元。实施“转企升规”行动，入库服务业企业41家、商贸企业34家，实现“个转企”12家，新增规模以上科技服务业企业3家。规模以上科技服务业主营业务收入同比增长60%，服务业增加值同比增长6.1%，实现电子商务交易规模820.73亿元、网络零售额32.94亿元。

【现代农业】 严格落实耕地保护制

◆ 2022年12月23日，游仙区“迎新年·促消费·万人云逛街”暨米粉电商直播节开幕（区融媒体中心供图）

度，整治撂荒耕地242.2公顷，建成高标准农田1446.67公顷，粮食播面38666.67公顷、粮食总产量24.7万吨，粮食面积、总产、亩产实现“三增长”。加快建设现代农业园区，启动“川菜硅谷·百里菜廊”建设，发展蔬菜种植基地1.5万亩，冬油菜区获第二批国家农作物品种展示评价基地认证，蔬菜种业园区顺利通过省级培育园区中期考核，优质粮油现代农业园区建成市级现代农业园区，新增市级农业产业化龙头企业2家、新培育家庭农场174家。深入实施“三品”工程，新认证“三品一标”农产品4个、总计139个。全年出栏生猪20万头，第一产业增加值同比增长4.5%。

【科技创新】 全年新增省市企业技术中心9家、市级重点实验室1家。新申报高新技术企业28家，新增市级科技型中小企业64家、国家知识产权优势企业3家总数达6家。高新技术产业主营业务收入达147亿元，企业R&D研发投入4.2亿元。有效发明专利拥有量位居全市第一，被确定为国家知识产权强县建设示范县。省科技厅支持游仙建设省级科技成果转移转化示范区。

【项目建设】 开展项目建设攻坚行动，实施省市区重点项目60个，总投资391.53亿元，放射药研发生产基地等29个项目开工建设，世诺科技重力离分散器等28个项目建成投产，全社会固定资产投资完成227.93亿元。先进材料中小微产业园、高新企业加速器等项目6次获评全市“骏马项目”，入围全省项目前期工作综合考评县50强。对上争取各类项目资金32.45亿元，成功申报政策性金融工具项目4个，总投资24亿元。

【对外开放】 建立健全招商引资推进机制，编制核技术应用、新型功能材料等6个产业图谱、招商地图，成功举办中国激光科技创新产业大会、“创新金三角·智汇科技城”、核医学设备产业发展高峰论坛暨中外专家绵阳行，签约华工激光、中久新光等项目28个金额259.69亿元，其中5亿元以上项目17个金额251亿元。组织53家企业参加“绵品出川”厦门行、东莞行、苏州行，成交额6.3亿元。紫东食品、高达科技入选首批全省千户重点外贸企业培育工程名录，游仙高新区荣获四川省外贸转型升级基地和省级开放发展示范平台称号。

【营商环境】 成立“稳经济”政策落实办公室，在全市率先出台“两稳一保”十条措施，兑现企业奖补扶持资金8418万元，发放稳岗返还、企业纾困资金832.9万元，发放扶持创业担保贷款1837万元，金融机构为中小微企业提供融资担保贷款64.52亿元，全年减税降费及退税缓税缓费累计12.12亿元，政策红利直达市场主体。扎实开展“暖企”行动，做实“同心会客厅”，面对面、实打实解决企业问题86个。在全市率先设立让电于民期间鼓励工业企业自行发电生产补贴、应对极端天气支持农业生产补贴资金，累计发放补贴260万元，争取中央水利救灾抗旱资金、农业生产救灾资金1400万元。全年净增市场主体3745家，累计达到38061家。建成全省一体化政务服务平台首个县级分站点，魏城镇、忠兴镇、游仙街道便民服务中心被评为省级示范便民服务中心。

【城市更新】 坚持现代公园城市理念，统筹推进小枧、石马等六大片区城市有机更新，稳步推进七姓坝、朝阳厂等6个棚户区和富乐小区等15个老旧小区改造。深入开展城乡环境综合提质三年行动，富乐街道、涪江街道获评绵阳市“十佳街道”。整治安全隐患自建房屋718栋、破损城市桥梁19座、破损城市道路21条，拆除违建4.81万平方米，增植绿地2.57万平方米，建成口袋公园4个。全年实施教育卫生、园区建设、市政基础设施等领域城建攻坚项目58个、完成投资50.6亿元。建筑业总产值同比增长7.4%，房地产投资同比增长33.9%。科学划定“三区三线”，不断拓展城市发展空间。高标准推进数字游仙建设，获评“2022中国领军智慧城区”。

【乡村振兴】扎实推进巩固拓展脱贫攻坚成果同乡村振兴有效衔接，获评全省实施乡村振兴战略先进区“回头看”工作优秀等次。获评全省合并村集体经济融合发展试点先进区，列为全省县域内城乡融合发展改革试点、全省解决农村土地细碎化问题试点，连续5年荣获全省农经工作典型区。魏城镇获评“省级百强中心镇”，新桥镇入选“省级百强中心镇”候选镇名单。持续开展农村人居环境整治，生活垃圾有效处置村达100%，生活污水处理村达95.4%，农村户用卫生厕所普及率达99.2%。盐泉镇玉溪村获评省级乡村振兴重点帮扶优秀村。信义镇白马村、仙鹤镇石龙村等14个村被列入四川传统村落名录。游仙黄荆面、严家土榨油坊入选四川省第三批农村生产生活遗产名录。

【基础设施】围绕建设绵阳东部交通枢纽目标，积极支持成绵苍巴建设、绵广高速扩容，加快推进省道210线、省道306线、省道416线前期工作。农村路网不断优化，建成美丽乡村路17.8千米、通组道路30.24千米、撤并建制村畅通工程58.83千米、村道生命安全防护工程53千米，新建桥梁4座，改造危桥12座。城乡供水一体化项目顺利开工，实施魏城河广济堰段等防洪治理工程17.79千米，除险加固病险水库18座，成功入选全省第二批乡村水务示范县。“宽带乡村”建设纵深推进，重点镇5G网络和村级光纤宽带、4G网络覆盖率达100%。新建10千伏配电线路286.5千米、变压器145台，用电保障能力持续提升。

【生态环境】全面推行城市空气质量达标管理，在全市率先完成温室气体清单编制。全力推进河湖治理，扎实开展入河排污口整治，县级以上集中式饮用水水源地水质达标率、市控断面水质达标率、水功能区考核断面水质优良比例均达100%。完成新桥镇、忠兴镇农用地土壤污染状况调查工作，全区土壤环境质量总体保持稳定。

◆ 2022年7月8日，游仙区第二届乡村文化振兴魅力竞演大赛举行

（区融媒体中心供图）

【民生实事】完成省市区级人大代表票决民生实事41项。建成集单位用工和零工候工于一体的灵活就业新平台“零工爱心驿站”，获市委主要领导肯定性批示。新增游仙区人民医院等青年就业见习基地11家、区级创业孵化基地2个，新增公益性岗位165个，全区农村劳动力转移就业11.06万人，城镇新增就业6698人，城镇登记失业率2.18%。民生支出占一般公共预算支出比重保持在70%以上。

【社会事业】坚持教育优先发展，新桥、徐家和鹤林幼儿园以及五里路小学、开元中学、朝阳学校等新（改、扩）建项目建成投用，新增学位2400个。新桥中学学生宿舍、富乐二小食堂、新桥中学运动场等项目开工建设，办学条件明显改善。“双减”政策落地见效，荣获绵阳市学前教育、义务教育、高中教育、职业教育质量评价特等奖。游仙职业技术学校建成省级“双示范”中职学校。体育质量持续提升，在省第十四届运动会上游仙牵头的运动项目荣获4枚金牌、4枚银牌、4枚铜牌。公共卫生事业加快发展，忠兴、盐泉中心卫生院县域医疗卫生次中心建设通过省级复核，区妇幼保健院第二院区业务综合楼、区人民医院老年医学中心、区公共卫生医疗中心、婴幼儿照护和托育服务指导中心建成投用，区妇幼保健院三级乙等保健院、区疾控中心三级乙等疾控机构创建通过省级现场评审。社会心理服务体系建设试点工作通过市级评审。“奋进三十年·喜迎中共二十大”专场音乐会成功举办。

【社会保障】全面落实各项兜底政

策，医保基金监管成效显著，药品集采、按疾病诊断相关分组付费支付方式等改革落地见效，开通异地联网结算医疗机构达156家，城乡居民医保参保率达98%。累计为2.5万余名困难群众发放保障金、救助金5350余万元。强化“一老一小”服务供给，李杜祠社区、韩家脊社区在全市首创社区慈善微基金，组建镇（街道）养老服务中心9个、分中心14个，建成社区养老服务综合体2个、社区为老综合服务站6个，建成未成年人保护站12个、社区儿童服务中心60个、村儿童之家112个，开办全市首家公办托育中心，成功创建全国未成年人保护示范县（区）。

【基层治理】扎实开展“八五”普法，持续提升基层社会治理法治化水平。魏城镇白鹤村、铁炉村创建为国家级乡村治理示范村，新桥镇同福村、新桥镇胜利村、仙鹤镇洛水村、小枧镇遇仙村、魏城镇红岩村等5个村创建为省级乡村治理示范村。完成省级社区综合服务设施补短板达标工程、市级社区治理试点示范等项目15个。获评“全省平安建设工作先进区”，区委政法委获评“平安四川建设先进集体”，区公安分局获评“四川省优秀公安局”，3个村获评省“六无”平安村。赖宁获评“全国见义勇为英雄模范”，《晓蕾家的“小”故事》获评全省“好家规、好家训、好家风”征集评选展播活动优秀作品。支援北川协同发展资金500万元，为泸定地震灾区捐款78.4万元，全域结对帮扶壤塘工作成效显著。建立健全“政法主统、公安主战、信访主力、属地主责、部门主动”联动控处机制，切实提升信访“三率”水平，信访稳定形势持续向好。

【自身建设】深化法治政府建设，组织实施“法治为民十件实事”，增强依法决策意识，全年审查政府行政决策298件。完成行政违法行为监督改革试点工作任务。高质量办结人大代表建议53件、政协委员提案114件。开展审计整改工作专项行动，累计完成问题整改383个，“三重一大”决策监督和公共资金、民生项目等审计监督持续加强。践行“一线工作法”，落实“新、快、实、真、严”要求，实施重点工作“红黑榜”制度，政府系统工作作风明显改进。“放管服”改革持续深化，实现“企业办事不出园”，企业开办4小时内办结。持续增强“一网通办”能力，优化跨层级、跨部门“一件事”审批服务流程，向游仙高新区放权赋能事项348项，推进26个部门1280项依申请政务服务事项流程再造，实现办理再提速、流程再优化、材料再精减。完成绵阳市政府集中采购机构标准化服务试点任务，其中档案管理工作荣获全省“县（市、区）单项标准一等奖”。压紧压实全面从严治党主体责任，落实党风廉政建设责任制，持之以恒纠治“四风”。开展警示教育80余场次，实施重点行业领域突出问题专项治理、粮食购销领域腐败问题专项整治等多个行动，立案审查调查25件，组织处理12人，织密重点领域廉政风险防线。坚持少发文、开短会、讲真话，倡导办扎实事、做靠谱人，切实减轻基层负担。坚持过“紧日子”，严肃财经纪律，“三公”经费预算进一步压减。

（赵孟信）

重要会议

【七届第8次常务会议】2022年1月20日召开，区长韩晓清主持，副区长陈政、李静、陈琴、薛清泉、李韦及区政府办主任董勇参加。会议学习《行政事业性国有资产管理条例》主要内容；学习贯彻中央、省委、市委经济工作会议有关精神，习近平总书记等中央领导同志重要指示批示和近期党中央、国务院重要会议精神，省委、省政府近期重要会议精神，全国安全生产电视电话会议精神，省市2022年防火命令主要精神及彭清华书记在全省森林草原防灭火工作会上的重要讲话精神，中央第五生态环境保护督察组督察四川省情况反馈会议精神等；通报第二轮第四批中央生态环境保护督察典型案例及全区2021年12月环境质量状况，安排部署相关工作；审议忠兴镇土地大托管项目、确立社会责任储备企业、区人民政府与市审计局签订构建全方位审计监督体系合作协议、2022年采购应急救灾物资储备计划、增加石马立交桥区绿地管养工作经费、区妇幼保健院购置妇幼健康快车、区检察院购置执法执勤用车等相关事项；原则通过《绵阳市游仙区支持服务业发展的若干措施》。

【七届第9次常务会议】2022年2月10日召开，区长韩晓清主持，副区长陈政、陈琴、杨彬、薛清泉、姚永强，游仙高新区管委会主任罗鉴明，区人武部部长李宁，以及区政府办主任董勇参加。会议学习《中华人民共和国外商投资法》主要内容；通报2021年全区行政机关行政复议与应诉情况、2021年区政府重大行政决策合法性审查情况；审议游仙区2022年重点项目名单、表彰2021年度建设更高质量“五个游仙”先进集体和先进个人表彰对象等相关事项；原则通过《政府工作报告（审议稿）》《关于绵阳市游仙区2021年国民经济和社会发展计划执行情况及2022年计划草案的报告》《关于绵阳市游仙区2021年财政预算执行情况和2022年财政预算（草案）的报告（审议稿）》。

【七届第10次常务会议】2022年3月16日召开，区长韩晓清主持，副区长陈政、郑联盛、陈琴、杨彬、薛清泉、姚永强，游仙高新区管委会主任罗鉴明，游仙高新区党工委副书记李晓升，以及区政府办主任董勇参加。会议学习《四川省纠纷多元化解条例》主要内容；学习贯彻四川省第十三届全国人大五次会议和全国政协十三届五次会议精神，习近平总书记等中央领导同志重要指示批示和近期党中央、国务院重要会议精神，省委、省政府近期重要会议精神，中央、省、市党史学习教育总结会会议精神，四川省第十三届人大五次会议、省政协十二届五次会议精神，绵阳市八届人大二次会议、政协八届二次会议精神，书记曹立军、市长李云在游仙代表团及绵阳市八届人大二次会议闭幕式上的重要讲话精神，《河南郑州“7·20”特大暴雨灾害调查报告》，省长黄强在全省水电站安全生产管理专题培训班开班仪式上的讲话，国务院安委会到绵阳督导检查安全生产工作情况及2月16日市委安全生产工作专题会议精神等；通报全区2022年1月、2月环境质量状况、15个政府投资项目“容缺后补”立项审批相关情况；审议区水利建设发展中心等24个工程建设项目立项、中广核久源（成都）科技有限公司北京分公司核测控装备研发制造基地项目、铝合金型材生产加工制造项目、四川天沃（江苏客商）高端热能设备生产制造及总部项目、在国道108线游仙段（土门垭至罗汉桥路段）建设两组交通信号灯及电子警察、在国道108线绵梓路2069千米+650米增设执勤岗亭及设施、区纪委监委购置执法执勤用车等相关事项；原则通过《游仙区“十四五”农业农村高质量发展规划（审议稿）》《游仙区经济社会发展追赶计划（审议稿）》及工业等15个领域对标行动方案、《游仙区工业企业培育“倍增”计划（审议稿）》等6个倍增计划、《游仙区重点单项工作奖励办法（试行）》《关于进一步加强区属商业类功能性企业和公益类企业有关事项监督管理工作的通知（审议稿）》等。

【七届第11次常务会议】2022年4月28日召开，区长韩晓清主持，副区长陈政、李静、陈琴、薛清泉、李韦、姚永强，游仙高新区管委会主任罗鉴明，以及区政府办主任董勇参加。会议学习贯彻习近平总书记等中央领导同志重要指示批示和近期党中央、国务院重要会议精神，省委、省政府近期重要会议精神和省领导到绵阳调研指示精神，中央“安全生产十五条”重要举措，绵阳市安全生产责任追究制度，关于森林草原防灭火工作的重要批示和会议精神、省市耕地保护相关会议精神，安排部署相关工作；原则通过了游仙区第五届劳动模范（先进工作者）人选。

【七届第12次常务会议】2022年5月7日召开，区长韩晓清主持，副区长陈政、李静、郑联盛、陈琴、杨彬、薛清泉，游仙高新区管委会主任罗鉴明，以及区政府办主任董勇参加。会议学习《四川省行政规范性文件管理办法》主要内容；学习贯彻习近平总书记等中央领导同志重要指示批示和近期党中央、国务院重要会议精神，省委、省政府近期重要会议精神，书记曹立军在全市企业工作座谈会上的重要讲话精神，中共中央办公厅国务院办公厅《关于更加有效发挥统计监督职能作用的意见》文件精神，黄强、陈炜在全省生态环境保护工作电视电话会议上的讲话精神，关于重大决策社会稳定风险评估工作重点内容等；通报游仙区预算一体化系统运行情况、3月环境质量状况；解读《中共中央 国务院关于加快建设全国统一大市场的意见》；听取了游仙区开展“土坑盐渍发酵池”问题整治工作情况汇报；审议区人力资源和社会保障局等33个工程建设项目立项、惠东商务中心出入口通道建设置换绵阳市良居商贸中心已征土地遗留问题化解处置、兑现2022年一季度“抓项目、促生产、稳增长”激励政策、游仙区信义镇森柏水库排险加固项目变更业主、区人民政府与市人社局签订人力资源和社会保障事业发展战略合作协议、游仙区土委会2022年第1次会议议定事项、国科创同（绵阳）科技园项目、广东华睿智连高精密连接器西部基地项目、诚诺科技游仙智能制造产业园项目、区人民政府与成都成发科能动力工程有限公司签订合作意向书、区人民政府与国网绵阳供电公司签订关于电力助推游仙区域社会发展战略合作框架协议、区人民政府与中国兵器装备集团自动化研究所有限公司签订五八所高层次人才和持股员工奖励协议、区人民政府与市供销社签订构建游仙区两端两网新供销战略合作协议、区司法局购置执法执勤车辆等相关事项；原则通过《游仙区行政事业单位国有资产管理办法（审议稿）》《游仙区“十四五”农村供水保障暨城乡供水一体化规划（审议稿）》《游仙区事业单位管理岗位职员等级晋升制度实施方案》《游仙区事业单位职员等级晋升积分考评办法》《游仙区巩固拓展医疗保障脱贫攻坚成果有效衔接乡村振兴战略的实施细则（审议稿）》等。

【七届第13次常务会议】 2022年5月17日召开，区长韩晓清主持，副区长陈政、李静、郑联盛、陈琴、杨彬、李韦、姚永强，游仙高新区管委会主任罗鉴明，以及区政府办主任董勇参加。会议学习贯彻《信访工作条例》《关于深入贯彻落实省委常委会会议、省政府常务会议精神的通知》文件精神；审议了游仙区土委会2022年第2次会议议定事项、四川睿迪澳科技有限公司投资建设X相控阵天线项目、绵阳一鼎新材料技术有限公司投资建设高纯碱金属装备制造项目、常州金信诺凤市通信设备有限公司投资建设通信设备电子器件生产制造项目、四川特飞科技股份有限公司投资建设无人机项目、绵阳瑾翔科技有限公司投资建设塑料食品包装袋生产项目、四川一百智慧医疗科技有限公司投资建设项目、区法院购置3辆执法执勤车辆等相关事项。

【七届第14次常务会议】 2022年5月26日召开，区长韩晓清主持，副区长陈政、李静、郑联盛、杨彬、姚永强，游仙高新区管委会主任罗鉴明，区人武部部长李宁，以及区政府办主任董勇参加。会议学习《中华人民共和国审计法》主要内容；学习贯彻习近平总书记等中央领导同志重要指示批示和近期党中央、国务院重要会议精神，省委、省政府近期重要会议精神和省领导到绵阳调研指示精神；通报游仙区4月环境质量状况；审议绵阳市游仙区妇女儿童医院（绵阳市游仙区妇幼保健院）第二院区业务综合楼项目工程变更、“绵阳科技城光子技术研究院”项目、绵阳市农业融资担保有限公司与游仙区签订财金互动助推农业产业发展信贷担保合作协议、购置中考体育考试智能化设备等相关事项；原则通过《绵阳市游仙区“十四五”应急管理体系规划（审议稿）》《游仙区森林资源管理“一张图”与第三次全国国土调查数据对接融合和第一轮林地保护利用规划编制工作方案（审议稿）》《绵阳市游仙区未成年人保护阵地建设实施方案（审议稿）》等。

【七届第15次常务会议】 2022年6月15日召开，区长韩晓清主持，副区长陈政、李静、李益霖、陈琴、薛清泉、姚永强，区委组织部部长李响，游仙高新区党工委副书记李晓升，以及区政府办主任董勇参加。会议学习《中华人民共和国反有组织犯罪法》主要内容；学习贯彻习近平总书记到四川视察重要指示精神，省第十二次党代会、省委十二届一次全会、省纪委十二届一次全会精神，习近平总书记关于“三农”工作重要论述，中央、省委、市委农村工作会议及中央、省市一号文件精神，农村宅基地改革和管理工作相关文件精神，承包耕地撂荒整治及非粮化工作相关文件精神等，安排部署游仙区相关工作；通报21个政府投资项目“容缺后补”立项审批事项；审议游仙区信义镇家合村七组（原阮家堰七组）通组道路建设项目等50个工程建设项目立项、惠东城东公司2022年年度融资计划等相关事项；原则通过《游仙区区本级重大经济事项决策规定实施细则（审议稿）》《关于进一步做好游仙区现代农业园区建设的实施意见（审议稿）》《绵阳市游仙区“十四五”新农水规划（审议稿）》《游仙区加快金融业集聚发展的若干政策（审议稿）》等。

【七届第16次常务会议】 2022年7月21日召开，区长韩晓清主持，副区长陈政、李静、李益霖、陈琴、薛清泉、李韦、姚永强，游仙高新区管委会主任罗鉴明，游仙高新区纪工委书记安明洪，以及区政府办主任董勇参加。会议学习贯彻习近平总书记等中央领导同志重要指示批示和近期党中央、国务院重要会议精神，省委、省政府近期重要会议精神和省领导到绵阳调研指示精神，关于统计造假不收手不收敛问题专项纠治工作动员部署会主要精神，常务副市长梁磊在游仙区防范和惩治统计造假弄虚作假约谈会上的讲话精神，中央、省、市防汛减灾相关会议精神等，安排部署相关工作；审议园城公司参与设立绵阳科园智能制造股权投资合伙企业并通过合伙企业对深圳市光大激光科技股份有限公司进行股权投资等相关事项；原则通过《绵阳市游仙区贯彻落实第二轮中央生态环境保护督察报告整改实施方案（审议稿）》《关于2021年耕地保护督察反馈问题整改工作有关情况的报告（审议稿）》。

【七届第17次常务会议】 2022年7月26日召开，区长韩晓清主持，副区长陈政、李静、李益霖、陈琴、杨彬、李韦、姚永强，区人武部部长李宁，游仙高新区党工委副书记李晓升，以及区政府办主任董勇参加。会议学习《中华人民共和国未成年人保护法（2021年修订版）》主要内容；学习贯彻习近平总书记等中央领导同志重要指示批示和近期党中央、国务院重要会议精神，省委、省政府近期重要会议精神，八届市委第41次常委会会议关于平安建设工作相关精神，农业农村改革工作相关会议精神等，安排部署相关工作；解读《四川省红十字会条例（新修订）》《关于进一步推进省以下财政体制改革的指导意见》《城乡建设领域碳达峰实施方案》；通报全区5月、6月环境质量状况；审议游仙区信义镇2021年第二批省级大中型水库移民后期扶持项目等23个工程建设项目立项、调整游仙区武引二水厂建设规模、旭博航空动力产业园项目、深圳弘川科技5G智能终端产业园项目、四川天艺食品有限公司年产2万吨休闲食品项目、游仙区先进材料中小微产业园久强科技中国工程物理研究院科研配套产品生产项目、游仙区与砺剑防务技术集团有限公司签订合作协议、北京先通医药放射药研发生产基地项目、设立魏城工业园等相关事项；原则通过《游仙区未成年人保护体系建设实施方案（审议稿）》《游仙区未成年人保护工作“六大行动”实施方案（审议稿）》《游仙区水上运输事故应急预案（试行）（审议稿）》《游仙区突发事件交通运输保障应急预案（试行）（审议稿）》《游仙区赋予镇（街道）区级行政权力事项清单（第二批）》《绵阳市游仙区富乐人才计划“1+4+N”政策措施（试行）（审议稿）》《游仙区制造业建链强链补链行动计划（2022—2025）》《创建游仙区农业区域公用品牌建议方案（审议稿）》《游仙区2021年超标稻谷处置工作方案（审议稿）》等。

【七届第18次常务会议】 2022年9月6日召开，区长韩晓清主持，副区长陈政、李静、郑联盛、李益霖、陈琴、杨彬、薛清泉、姚永强，游仙高新区管委会主任罗鉴明，区人武部部长李宁，以及区政府办主任董勇参加。会议学习《中小企业促进法（修订版）》主要内容；学习贯彻习近平总书记等中央领导同志重要指示批示和近期党中央、国务院重要会议精神，省委、省政府近期重要会议精神和省领导到绵阳调研指示精神，近期全国、全省安全生产相关会议精神，习近平总书记关于残疾人事业重要论述以及残疾人“一法四条例”相关精神，省地灾办《关于印发〈“7·12”平武县、“7·16”北川县山洪灾害复盘分析报告〉的通知》文件精神；通报全区2022年7月环境质量状况；解读《四川省教育督导问责实施细则》；审议变更绵阳市游仙区芙蓉溪流域生态修复工程等项目立项、绵阳市游仙区土地管理委员会2022年第3次会议议定事项、新桥镇胜利村一组一宗集体经营性建设用地入市交易、游仙区人民政府与中国铁塔股份有限公司绵阳分公司签订战略合作协议、四川迪赛电子技术有限公司高端连接器及组件生产项目、园城公司参与组建白鹭科技城（绵阳）核技术应用产业发展基金、机关小区改造项目工程变更等相关事项；原则通过《绵阳市游仙区农村公办养老机构管理办法（审议稿）》《绵阳市游仙区“十四五”服务业发展规划（审议稿）》《绵阳市游仙区重污染天气应急预案（2022年修订版）》《绵阳市游仙区仙鹤湖水库集中式饮用水水源地突发环境事件应急预案（审议稿）》《绵阳市游仙区魏柳河农旅融合发展片区应急体系专项规划（审议稿）》《芙蓉溪三产融合发展片区应急体系专项规划（审议稿）》《游仙区农村宅基地监督管理暂行办法（审议稿）》《绵阳市游仙区蔬菜种业现代化农业园区蔬菜基地建设资金补贴实施方案（审议稿）》《绵阳市游仙区区属国有企业领导人员管理办法（审议稿）》《绵阳市游仙区推进“两稳一保”十条措施》《绵阳科技城光子技术研究院组建方案（审议稿）》《绵阳市游仙区2022年公共卫生特别服务岗项目实施方案（审议稿）》等；原则通过绵阳市游仙区人民政府 四川蜀道物流集团有限公司合作协议书（框架协议）。

【七届第19次常务会议】 2022年9月20日召开，区长韩晓清主持，副区长李静、郑联盛、李益霖、杨彬、薛清泉、姚永强，区人武部部长李宁，游仙高新区管委会主任罗鉴明，以及区政府办主任董勇参加。会议学习贯彻了习近平总书记等中央领导同志重要指示批示和近期党中央、国务院重要会议精神，省委、省政府近期重要会议精神和省领导到绵阳调研指示精神；通报全区8月环境质量状况、24个政府投融资项目“容缺后补”立项审批；审议游仙区仙鹤镇未成年人保护工作点阵地建设等33个工程建设项目立项、兑现中广核医疗科技（绵阳）有限公司奖励资金、游仙区与北京高盟新材料股份有限公司签订战略投资框架协议、北京高盟新材料锂电高功能薄膜项目（一期）、绵阳市游仙区人民政府与东莞市投资促进协会签订合作协议书、绵阳市海峰建设有限公司与青义镇人民政府签订土地补偿协议、园城公司入股绵阳市富乐置业有限公司开展项目合作、增配专职网格员、调整石马人民法庭项目投资规模、中国工程物理研究院公租房及小学建设项目配套道路工程项目增设综合管廊及雨水排放通道等相关事项；原则通过《四川省游仙区蔬菜种业园区建设规划（2021—2025年）》《关于2021年决算（草案）的报告（审议稿）》。

【七届第20次常务会议】 2022年10月14日召开，区长韩晓清主持，副区长陈政、李静、郑联盛、陈琴、李韦、姚永强，游仙高新区管委会主任罗鉴明，以及区政府办主任董勇参加。会议学习《中华人民共和国突发事件应对法》主要内容；学习贯彻近期党中央、国务院重要会议精神，省委、省政府近期重要会议精神；审议游仙区盐泉镇等77个工程建设项目立项、绵阳市游仙区土地管理委员会2022年第4次会议议定事项、设立游仙区先进制造业发展基金、园城公司投资X射线FLASH放疗项目等相关事项；原则通过《绵阳市游仙区区级行政权力清单（2021年本）》。

【七届第21次常务会议】 2022年11月8日召开，区长韩晓清主持，副区长李静、李益霖、陈琴、薛清泉、李韦、姚永强，游仙高新区管委会主任罗鉴明，以及区政府办主任董勇参加。会议学习贯彻近期党中央、国务院重要会议精神，近期省委、省政府重要会议精神，省、市2021年国家耕地保护督察反馈问题整改工作电视电话会议精神，食品安全“两个责任”工作机制相关文件精神等，安排部署相关工作；通报全区2022年9月环境质量状况；审议2022年新增道路、桥梁命名，游仙区2022年政府专项债券、一般债券使用方案，区政府与五洲（北京）保险经纪有限公司四川分公司签订项目合作协议，区财政局与工行游仙支行、建行游仙支行、绵商行游仙支行签订共建绵阳市游仙区稳经济风险分担资金合作协议，西安迈斯拓扑电子加速器医用同位素项目，中国科技城核医疗健康产业园项目，北京客商熔模精密铸造机匣项目，成都太科光学元件高精度加工和检测项目，绵阳科技城光子技术研究院入驻项目扶持协议，武汉华工激光产业基地项目，成都苏试广博综合试验室项目等相关事项；原则通过《绵阳市游仙区“十四五”生态环境保护规划（审议稿）》。

【七届第22次常务会议】 2022年11月21日召开，区长韩晓清主持，副区长陈政、李益霖、陈琴、薛清泉、姚永强，区人武部部长李宁，游仙高新区管委会主任罗鉴明，以及区政府办主任董勇参加。会议审议苏州雷泰VenusX医用电子直线加速器项目、核医药研究院建设项目、游仙区组建白鹭基金、白鹭科技城（绵阳）核技术应用产业发展基金（有限合伙）靶向肿瘤治疗核药项目、白鹭科技城（绵阳）核技术应用产业发展基金（有限合伙）核测控装备项目等相关事项。

（张谦）

政府综合事务

【概况】 2022年，区政府办坚定以习近平新时代中国特色社会主义思想为指导，深入学习贯彻党的二十大精神和习近平总书记到四川视察重要指示精神，省第十二次党代会、省委十二届历次全会，市第八次党代会、市委八届历次全会，区第七次党代会和区委七届历次全会精神，服务落实“疫情要防住、经济要稳住、发展要安全”重要要求和“讲政治、抓发展、惠民生、保安全”工作总思路，以建设“四强四好”政府办为主线，着力强化参谋辅政、综合协调、督促检查等职能职责，建立健全“部署—落实—检查—反馈”的“工作闭环”管理机制，形成“一级对一级负责、一级让一级放心”的工作格局，服务能力和水平稳步提升，为区政府的高效运转和各项决策部署的贯彻落实提供了有力保障，较好完成了年度各项目标任务。

【重要文稿起草】 做好区政府工作总结、区政府主要领导讲话等区政府、区府办综合性文稿材料起草工作，《“干”字当头“拼”字为先以高效能执行赢取高质量发展》获全市政府系统办公室好文稿综合文稿类三等奖。牵头形成20个政务调研课题成果，涉及科技创新、产业发展、城乡建设、改善民生等方面，《游仙区县域经济高质量发展追赶计划调研报告》获全市政府系统办公室好文稿调研报告类一等奖，为领导掌握工作动态、作出决策提供辅助。

【文电管理】 坚持严格管理收发文平台，落实专人对收文平台进行及时收文、签收、分办和催办，纸质文件建立详细收发文台账，坚持痕迹化管理，确保文件流转时效性。2022年共接收、处理上级公文云平台3815件。严格按照区政府议事决策程序要求，严把发文程序，保证行文的严肃性和必要性，做到审签程序规范、会签手续完备，文件印制、发送准确及时，2022年，共印发公文1599件。严格落实保密制度管理，落实保密专员负责电子涉密内网的文件处理，严格控制密件打印数量，及时跟踪密件流转去向，分类制定保密台账对密件的签收、送签、借阅等各个环节进行规范，2022年共接收处理保密文件195件，没有发生一例失密、泄密事件。

【会务服务】 不断优化线上会议系统，建立健全“会议通”“腾讯会议”等软件，规范会务服务流程，2022年共组织筹备区政府常务会议14次，党组会议8次，全区性大型(30人以上)会议活动120次，小型(30人以下)会议活动190次，参与组织筹备“游仙区2022年稳增长政策落实暨3月重大项目集中开工仪式”“‘创新金三角·智汇科技城’首场活动”“园区高质量发展大会”游仙分会场等。

【政务督办】 督促各承办单位按照“交必办、办必果、果必报”的原则及时从速落实好承办工作事项，每季度通报办件落实情况。完成领导批示交办件367件，督查督办领导批示交办件11件。其中，市政府领导批示件6件，区政府主要领导交办事项356项，区政府领导专项督办事项5件。

【政务公开】 每季度根据重点工作安排和门户网站建设要求，指导区级乡镇部门政府信息公开工作，定期督查并及时通报工作情况。2022年政府门户网站主动公开政务信息4008条，受理公众咨询22条，处理回复22条，受理举报投诉35条，办结回复35条，受理依申请39件，均按要求及时回复；加强政府信息公开目录编制工作，严格按程序审批、编制信息公开目录12期。进一步推动政府文件常态化公开，落实了政策解读的责任主体，明确了解读范围，切实规范了审核流程，丰富了解读方式、解读渠道，全力推动政府文件和政策解读工作。本年度及时全面公开《绵阳市游仙区“十四五”新农水规划的通知》等政策性文件及解读文件24个。

【网络理政】 信箱、热线办理工作坚持“事事有结果，件件有回音”的原则。要求各承办单位收到转办件后，严格按照办理工作时限要求，坚持在5个工作日内办结，并及时反馈处理结果。2022年，办理市级交办件8777件。其中，省级交办件1340件，疫情类2184件；延期办理市级交办件199件，办结率100%，群众满意率97.8%。市委书记信箱1—12月共办理199件，市长信箱1—12月共办理468件，区委书记信箱1—12月共办理185件，区长信箱1—12月共办理187件，人民网领导留言1—12月共办理49件。印发季度通报3期，印发工作提示函313期。

【政务信息】 2022年累计上报省政府办公厅信息100条，被省《政务工作交流》采用简信6条、《川政晨训》(增刊)采用专报1篇；上报市政府办公室信息200余条，全年得分571分，占市下达任务140分的408%。其中，《游仙区发力科技创新 冲刺全年目标》被省政府办公厅专期刊发，《游仙区试点探索“拿地即开工”审批模式优化营商环境》获得市长李云肯定性批示。

【值班值守】 严格执行24小时专人值班制度和领导在岗带班制度，制定游仙区政府总值班室工作职责、工作基础规范、突发公共事件信息报送规定等制度规定。2022年，区政府总值班室共接听“12345”市政务热线及群众来电11335个，所有政务热线及群众来电均及时处置，满意率100%；区内现场检查和电话抽查93次814个（次）单位值班工作情况，未发现存在呼叫转移电话、擅自脱岗、离岗的情况，全区政府系统值班工作总体良好；接收全区各类突发事件报告107起。（赵孟佶）

【集中办公区管理】 日常管理中要求物业公司、食堂、维保单位进行定期和不定期检查、登记，形成日常管理台账；坚持每月安全大排查，每日巡查，对涉及安全隐患的问题，做到立行立改；开展集中办公区维护维修工作170余次，做到施工前中后的影像资料登记、管理。开展公共机构节能降耗工作的统计、审核、管理、上报及生活垃圾分类、反食品浪费与全面禁塑等工作。在2个集中办公区新建新能源汽车充电桩8个、电动车充电口35个，五里梁政务中心安装能耗监测点15个，全区公共机构生活垃圾分类评估资料上传率达100%，完成游仙中学能源审计工作。机关食堂监督管理工作中坚持每季度对食材进行溯源评估，确保2个集中办公区机关食堂食材新鲜、健康安全，干部群众就餐满意度达到96%。

【公务用车管理】 全年召开司勤人员安全教育培训例会2次，与交警三大队建立信息共享机制，每季度对所有公务用车的交通违法行为进行通报，并纳入安全年度考核，全年未发生道路交通安全责任事故。开展“厉行节约，反对浪费”活动。针对车辆燃油高低不同，部分驾驶员开公车和私车心态不一致的现象，切实开展“厉行节约反对浪费”活动，进一步传播绿色发展理念，科学务实推进“双碳”战略。2022年区后勤中心购买5辆新能源公务用车。提高服务满意度，2022年上线了公务用车服务评价“小程序”，通过乘车人对公务用车车辆卫生、服务质量、安全文明和疫情防控方面作出的评价，加强了对公务出行服务过程的监管，提升服务满意率。做好公车常态化督查，2022年，通过开展法定节假日例行检查，实施“平台申报”情况日调度、日通报机制，深入各部门、镇（街道）开展正风肃纪公务用车管理工作检查等形式，多维度全方位加强公务用车监管，有效确保公务用车规范运行。2022年通过平台调度保障全区公务出行共12438次。

【办公用房管理】 2022年，为进一步精准管理全区党政机关办公用房，后勤保障中心再次深入部分单位进行实地丈量、查看办公用房情况。统筹协调解决多个单位办公用房紧张问题。区人大、区政协共提出3号楼202、302两个会议室及办公用房面积较小，容纳人数有限，不能很好满足两个单位经常召开的各种会议要求，中心牵头将3号楼整体向机关食堂方进行扩宽改造约计620平方米。2022年，统筹协调解决区委巡察办、区环保局等8个单位办公用房、业务用房紧张问题。2022年共排查办公用房安全隐患点23处，按照轻重缓急，利用节假日分步实施并全面消除安全隐患，确保集中办公区用房安全。

（杨文奉）

营商环境

【概况】 2022年，游仙区围绕打造一流营商环境目标，对标先进，积极推进简政放权，致力流程再造，探索实施“拿地即开工”审批模式，在全市率先实施“一业一证”综合许可制度改革，全力推动企业办事更高效、投资更便利，激发市场活力；依托四级政务（便民）服务平台建设企业服务中心，设立企业服务专窗，精准扩权赋能，助推“企业办事不出园”；常态化开展“面对面听取意见，实打实解决问题”活动，推广应用“绵企通”政企服务平台，着力解决“政企沟通不顺畅、惠企政策兑现难、企业办事不便捷、产业链与供应链不协同、中小微企业融资难”等五大难题。全区营商环境得到持续优化，市场主体获得感和体验感明显增强，被绵阳市政府评为营商环境先进集体，连续3年获该奖项。

【政务服务】 在绵阳市率先完成省一体化政务服务平台县级分站点PC端及移动端建设，建立个人服务、法人服务、便民服务、特色服务四大板块。投入资金200万元，完成政务服务大厅升级改造，设立企业服务中心，科学设置导办区、自助区、查询区、取件区，实行实名取号、智能喊号。全面推进不动产登记制度改革，实现商品房分户、二手房买卖、贷款抵押等10余项高频登记业务2个工作日内办结，更正登记、抵押注销登记等立等办结。强化水电气要素保障，在区政务服务大厅设立水电气事项办理专区，推行一表办理，优化办理流程，压缩办理时限，精简办理材料，降低办理成本。联合中国工商银行游仙支行，利用“营商通”App为游仙区企业提供全程电子化登记服务，开创“智慧政务+金融服务”新模式。

【市场环境】 强化知识产权保护。2022年，新培育国家知识产权优势企业3家，湖山电器获评四川省版权示范单位，中核二四公司专利获四川专利奖三等奖，游仙区有效发明专利拥有量2844件、居全市第一，每万人口发明专利拥有量达50.24件，被国家知识产权局确定为国家知识产权强县建设示范县。加强信贷融资。制定“游仙区2022—2025年金融领域发展对标行动”，督导银行机构加大信贷投放。截至2022年12月，人民币存款余额435亿元，人民币贷款余额291亿元，保费收入6.92亿元、同比增长12.5%，担保企业197家，新增57家，为中小微企业提供融资金额23.54亿元，缓解企业融资难融资贵。

【法治环境】 印发《关于服务保障游仙区实施科技创新战略支撑引领游仙高质量发展的实施意见》等文件，从司法层面营造服务和保障发展的良好环境，提高执法规范性和透明度。集中开展失信企业征信修复专项行动，主动为28家企业修复信用，助力企业恢复正常经营。以“春雷行动”和“铁拳”行动为抓手，强化执法监管，层层压实重点行业领域主体责任，抓实抓细风险隐患排查整治。推进治理欠薪专项行动。开展2022年夏季根治欠薪专项行动、百日清零专项行动、集中整治拖欠农民工工资问题专项行动。2022年主动监察在建工程项目农民工工资支付情况963户次。加大重大欠薪案法律服务和法律援助，坚持快查快处举报投诉欠薪案件。接受国务院欠薪线索平台转办线索件191件（办结186件），受理市长热线724件，立案处理56件（其中移送公安7件），成功追讨薪金5000余万元，涉及劳动者2000余人。推广“互联网+调解”平台运用，处理劳动争议调解申请15件，受案率、结案率100%。

【人才引育】高质量推进“全省人才工作先行区”建设，加强“六类人才”引进培育。出台富乐人才计划“1+4+N”新政体系，建立首批“游仙区科技创新专家库”“院地企协同双招双引专家人才智库”，引进培育高层次人才创新创业项目11个，兑现人才奖补资金5000余万元，落实人才落户、就医、子女就学等服务需求127件次，发放“富乐人才悦享卡”29张，增强对高端人才的吸引力。

【“医保快递员”服务】由医保局工作人员、村、社区干部及医药机构热心人士组成“医保快递员”，手拿“医保快递箱”，专程为留守在家的空巢老人、残疾人等行动不便的“老弱小”群体提供上门服务，宣讲医保政策或帮办医保业务。2022年，游仙区112个村、60个社区均实现了“医保快递员”帮办服务全覆盖，打通了医保惠民“最后一千米”。

【社保缴费“最多跑一次”】稳步推进社保缴费“最多跑一次”，将区人社、医保、税务3家单位合署办公，同步建立集区税务、人社、医保、财政、乡镇、税邮驿站及便民服务中心于一体的社保服务网络体系，将业务经办、征缴服务、疑难化解等事项延伸至基层，让广大群众在“家门口”办理各项业务，实现“一窗式”办理和“一站式”服务，避免群众多头跑路。

【营商环境专项整治】印发《绵阳市游仙区2022年优化营商环境专项整治行动方案》《“清淤治乱·清风护航”优化营商环境专项行动方案》，科学制定任务清单，对涉及企业办事不便利、重点改革难推进、生产成本难降低等5个大类13个方面的问题开展专项整治，对破坏营商环境问题实行优先办理、快查快结、严肃处理，加大对破坏营商环境问题的监督检查力度。2022年查处破坏营商环境案件30件，党纪政务处分26人，组织处理4人。

【“优化营商环境面对面”专题座谈会】组织开展“同心会客厅”亲清会客活动，游仙区委、区政府主要负责人与企业负责人面对面交流，协调解决企业发展中的困难和问题。科学选定企业关心关注的涉法涉诉、水电气要素保障、涉税涉费、企业用地及财产登记、市场监管等6个专题，制定《绵阳市游仙区“优化营商环境面对面”专题座谈会实施方案》，每月常态化召开座谈会，面对面听取意见，实打实为企业纾困解难。累计邀请重要企业46家，解决问题共计86个，兑现企业奖补扶持资金8418万元。

（王霞）

政务服务和公共资源交易

【概况】2022年，绵阳市游仙区行政审批局探索实施“拿地即开工”审批模式，全市率先实施“一业一证”综合许可制度改革，推进政务服务工作见行见效；积极开展镇（街道）便民服务标准化规范化便利化建设，成功争创省级“示范便民服务中心”3个、“示范便民服务站”30个，市级“示范便民服务中心”3个；区公共资源交易中心被评为省级“示范交易中心”；政府集中采购标准化服务标准“档案管理”标准被省政府政务服务和公共资源交易服务中心评选为县（市区）单项标准一等奖。

【“证照分离”改革】梳理79项“证照分离”改革事项，其中直接取消审批10项，审批改备案7项，实行告知承诺13项，优化审批服务48项；放宽企业住所（经营场所）登记，市场主体登记住所(经营场所)实行告知承诺制；推行“网上办、一次办、就近办、异地办”，建立企业简易注销容错机制。2022年市场新设5970户，提供免费邮寄服务300余次、免费发放印章6000余枚，为重大招商企业发放“跟党一起创业大礼包”100余个。

【数字化政务服务】1280项政务服务事项全部实现“最多跑一次”，网上可办率达100%，1216项政务服务事项被纳入“全程网办”事项清单；联合中国工商银行游仙支行，利用“营商通”App为游仙区企业提供全程电子化登记服务，实现企业以一部手机办结一件事，便捷完成“企业开办”“公章刻制备案”“涉税事项填报”“银行预约开户”“银行融资”等企业全生命周期的“智慧政务+金融服务”新模式。

【重点领域“一件事一次办”】推动跨层级、跨部门“一件事”审批服务流程再造，实现办理再提速、流程再优化、材料再精减，专题召开政务服务流程再造工作推进会、培训会，安排部署共涉及26个部门1280项依申请政务服务事项流程再造工作。优化成渝绵地区跨区域智慧政务服务平台功能，在“四川省一体化政务服务平台”配置“一件事一次办”资源要素55项，推进信息共享集成服务，2022年跨省通办窗口办件3725件、川渝通办窗口办件443件，绵碚通办窗口办件11件。

【企业办事不出园】在经济试验区、游仙街道、石马镇、新桥镇、魏城镇建立“企业服务中心”，设

◆ 2022年11月，企业领取跟党一起创业大礼包

立专窗，专人服务企业，针对企业办事高频事项，首批下放50项政务服务事项，由行业主管部门开展业务培训，基本实现企业办事不出园。

【“园区提质”“企业满园”行动】 印发《游仙区“园区提质”“企业满园”行动实施方案》，认真落实《绵阳市2022年优化园区营商环境16条》措施，充分利用“绵企通”、营商环境监测平台，以助企发展为核心，认真开展“服务企业活动月”工作，对重点企业进行“一对一”服务，推动企业转型升级、创新发展，强化资源整合、协同发展，促进更多科技成果落地转化。大力支持扎根型、成长型企业发展，培育“镇园之宝”。2022年，东材科技、中科成环保等6家10亿元企业产值增长率超20%，园区主导产业集聚度达87%，新桥中小微产业园主体厂房基本完工，已入驻企业2家；魏城工业园建设进度超40%，已签约企业5家；游仙高新区在全市园区高质量发展大会现场观摩评价中获得好评。

【镇村便民服务体系建设】 2022年，区人民政府投入资金302.9万元，对游仙街道、新桥等6个镇（街道）便民服务中心及48个便民服务站进行便民服务标准化规范化便利化建设。推进“政务+金融”，与农商银行签署协议，一期建设10个农村金融综合服务站。

【拿地即开工】 印发《绵阳市游仙区“拿地即开工”实施方案》，利用土地出让挂牌“等地期”，部门主动介入、审批前移，通过调整审批时序等措施，对不涉及危险化学品等特殊要求的一般工业项目，预先审批工程建设规划许可证等环节，确保企业在拿地后2个工作日内办结建筑工程施工许可等证件，审批时间缩减60%以上。

【“一业一证”综合许可制度改革】 2022年9月，游仙区在全市率先探索行业综合许可证制度，实施“一业一证”改革。首批选取了与市民生活关联度高、发生频次高、市场准入审批环节多的食品、药品、零售等3个行业，标准化集成涉企许可事项审批条件，实行一次告知；建立相关部门受理、核查、出件协同工作机制，推行一标核准；整合集成一个行业许可信息至一张行业综合许可证，并与营业执照同时发放。9月28日，中广核同位素科技（绵阳）有限公司领取全市首张行业综合许可证。

【公共资源交易】 持续开展减材料减环节等，精减现场审验竞买保证

◆ 2022年9月28日，游仙区发出首张行业综合许可证

金缴纳和授权委托人现场签字确认2个工作环节；精减法人身份证明、企业诚信承诺、授权委托书、质疑人单位介绍信等材料累计7个，规范业务办事时限，在满足法定时限要求基础之上，将询问回复时限压缩为1个工作日，质疑处置时限压缩为5个工作日。2022年，全区完成政府采购项目102个，总预算金额为5009.56万元，实际采购金额4724.85万元，节约财政资金284.71万元，节约率为5.68%。

【政府采购全流程电子化】 2022年4月，游仙区首个政府采购全流程电子化交易试点项目游仙区农业农村局“现代种业提升工程—农情大数据信息”在游仙区政府采购中心顺利完成。之后进入游仙区政府采购中心实施的91个项目，100%实现了不见面开标，98%的项目实现了全流程电子化，实现了意向公开、发布采购公告、交易文件获取、投标（竞价）资料递交、远程开标、专家线上评审、远程谈判（磋商），供应商线上领取中标通知书，合同签订、履约验收、监督管理等环节的全流程电子化。

【政府集中采购机构标准化建设试点】 制定《游仙区政府集中采购机构标准化市级试点建设工作方案》，在2021年建成的省级第二批“示范交易中心”硬件基础之上，对专家抽取室、异地远程评标室等场地进行全面升级改造，补充添置摄像头3组，实现全域、无死角监控。增设手写板、会商系统语音、视频等设备，保障“全流程电子化”的高效运行。游仙区“档案管理”标准被四川省政府政务服务和公共资源交易服务中心评为县（市区）单项标准一等奖。

（姜建云）

人才人事工作

【概况】 完成全区事业单位4725人2021年度（2021—2022学年）考核备案工作。完善全区专业技术职称聘任制度，进一步推进“按需设岗，按岗聘任，竞争择优，优胜劣汰”的专业技术职务聘任机制，切实加强对聘任工作的指导、协调、监督，检查。认真做好干部、流动人员人事档案接转等服务工作，持续推进全区科级以下事业干部人事档案专项审核工作，全年完成46个单位411本干部档案专项审核。做好干部人事档案数字化工作，完成数字化服务636整卷，散材料54787页。出台《关于进一步加强机关事业单位编外用工管理的通知》，进一步规范全区编外用工。做好2022年科技城“卓越计划”宣传、申报工作，完成2022年人才先行区和人才重点工作的资料收集、归档及报送工作。

【事业人员招聘和管理】 2022年，完成全区事业单位（含教育系统）4725人2021年度（2021—2022学年）考核备案工作。向区人大常委会提请人事任免事项4项，向区政府常务会提请人事任免事项7项。对2020年度、2021年度1003名事业单位工作人员予以嘉奖。办理450余人次的调配、政策性安置、转正、辞聘、中层备案手续。完成全区事业单位168人管理岗位职员等级晋升工作。加大事业单位人员公开招聘力度，在编制空缺限额内，合理制订事业单位招聘计划，2022年开展事业单位公开考试（考核）招聘13次，公开考调中小学教师2次，补充事业单位工作人员190人，其中硕士研究生学历41人，本科学历131人。全年办理区内调动32人、区外引进18人、调出区外5人。完成政府口事业单位中层股级干部备案227人次。完成事业单位新招聘及调动人员合同鉴证555人次。

【人事档案管理和服务】 严格执行档案查（借）阅程序，进一步加强干部档案材料的收集、整理和认定，及时建档入库。移交卫健系统和教体系统干部档案1024卷，提供干部档案查（借）阅1万余卷，干部资料复印达2万余页；加大流动人员人事档案业务网上办理宣传力度，确保办事群众“最多跑一次”或者“一次都不跑”。办理流动人员接收并入库2500卷，办理流动人员档案转出400余卷，收集、审核并归档流动人员补充材料5000余份，提供流动人员档案查（借）阅8000余卷，为流动人员复印资料4000余页，提供政审服务300余次，开具调档函500余份，开具各类证明1000余份，解答电话政策咨询答复7500余次。

【人事档案专项审核】 加强审核内容的准确把握，按照有关程序，把好初审关，初审不过关，不得进入复审环节；把好复审关，按初审要求进行二次审核，采取不同审核人员进行交叉复审，敏锐发现档案中存在的问题，准确掌握各类问题的具体情况，研究提出初步处理意见。在档案材料的补充上，积极采用党政网“一对一”发文、电话沟通、现场交流等方式对相关单位进行耐心指导，加强档案专审材料的完善，协助收集缺失材料有困难的单位统一集中查找，共收集相关人事材料（文件）320余份。认真做好已审核档案“回头看”复核复查工作。对发现的问题及时妥善处理，对漏审的及时补审，错审的及时纠正，认定有误的及时重新认定，形成档案专项审核工作用表和档案问题清单；对遇到的特殊问题，做到积极对接区委组织部会商解决，避免形成遗留问题。全年完成46个单位干部档案专项审核，共计411本，其中完成骨干人员档案回头看247本，一般人员初审164本（回头看140本），完成认定350余人次。（畅雅敏　徐瑛）

大数据管理

【概况】2022年，全区数字化发展工作全面加强，电子政务水平、数据共享开放、智慧城市建设等工作迈上新台阶。中国科技城大数据中心全面建成并投用，全区电子政务外网、政府门户网站及云办公平台安全稳定运行，大数据发展体制机制逐渐完善，数据共享开放体系基本形成，县域集成改革试点全面完成。在第24届中国国际高新技术成果交易会上，游仙区被国家信息中心等联合评为地级城市中全国仅两个、四川唯一一个“2022中国领军智慧城区”。游仙区2022年数据共享工作列绵阳市县（市、区）、园区第一名。

【中国科技城大数据中心建设】中国科技城大数据中心全面建成并投入使用，按照“信创云”要求，部署机柜56个，搭载长虹天宫服务器（鲲鹏芯片），具备3万核计算及百万GB存储能力，能提供18类160余项云服务，构建起“一数据中心、一数字底座、一服务平台、一展示大厅”的总体架构，成为绵阳第二政务计算平面；建成智慧城市指挥中心（IOC）、应急指挥管理平台、视频云平台等，具备为市区相关部门提供安全可靠、保障有力的相关服务能力。

【电子政务外网建设】印发《关于规范大数据工作日常管理的函》，构建起全区电子政务外网管理体系；利用运维管理平台实时监测设备运行情况，及时发现风险隐患并处置；印发《关于加强电子政务外网安全管理与使用的通知》，明确电子政务外网网络安全风险、处置建议及防范措施；定期开展网络安全检查，及时发现网络安全风险隐患并整改，实行网络故障“半小时响应处理”机制，充分保障全区网络安全稳定运行。2022年，共处置电子政务外网网络安全事件4起，处置携带远程木马问题终端9台，全区网络运行总体安全可控。

【云办公平台建设】云办公平台高效流畅运行，全区83个区级部门使用云办公平台线上办公，实现电子公文传输。2022年，全区共通过云平台发文25376次，办文94207件，后台账号重置4个，处理账号调动6个，申请VPN账号72个，制作电子公章U盾2个，为全区数字化办公提供有力保障。

【政府网站建设】修订《游仙区政府门户网站信息发布管理办法》，确保政府门户网站建设责任明确、科学规范、权威严肃。政府门户网站全年共发布各类信息4042条；及时办理网友留言回复，公众咨询、投诉、建议办结回复59条；发布《阳光政务》11期，完成调查征集11次；对照《政府网站监测报告》，整改错敏信息7363条，问题链接可用性5212条。

【政务数据共享和应用集成】出台《游仙区政务数据共享开放及安全管理办法》。建成仙区数据共享交换平台，对接省、市数据共享交换平台，梳理政务资源目1425条，完成数据挂接828条，超额完成市下达目标任务。建成智慧城市指挥中心（IOC）、应急指挥管理平台、视频云平台，集成清风游仙·阳光监督平台、智慧交通信息管理平台系统、“直播游仙”APP、城乡基层智慧治理平台等智慧应用12个。

【县域集成改革试点】按照《成渝地区双城经济圈建设县域集成改革试点方案》，积极推进省一体化平台县级分站点建设，率先建成四川

◆ 2022年，游仙区现代化综合联动指挥中心

省首个县级分站点。分站点建立个人服务、法人服务、便民服务、特色服务四大板块，为个人及企业提供全生命周期服务。依托省一体化政务服务平台完成统一身份认证，对接省、市一体化平台数据接口，获取使用本地数据权限，成功对接市级8个部门16个接口，完成个人事项510条、法人事项586条，为推动实现高频热门事项掌上办、指尖办奠定基础。（冯祥）

信访工作

【概况】2022年，全区共受理办理群众信访事项1803件次。其中，来访979批次2999人次，件次占比54.3%；来信503件次，占比27.9%；网信321件次，占比17.8%。2021年共办理满意度评价件254件，“及时受理率”“按期办结率”100%，信访部门满意率99.60%，责任部门满意率98.02%。2021年，游仙区区信访局被市委、市政府表彰为“先进集体”，袁飞被省委、省政府表彰为“四川省信访工作先进个人”。

【积案化解】2022年，全区化解“治重化积”第一批“倒流督办件”的7件，第二批督办件5件。针对“治重化积”专项工作，区委、区政府主要领导召集联席会议4次、全区召开“治重化积”专项推进会10次、开展集中督查3次，区级包案领导主持专题会议60余次，针对积案“倒流”问题，区信联办向包案领导发出温馨提示58份，督促领导下沉一线，做好问题化解、成效巩固。2022年，全区共化解国家、省重点信访交办件7件，化解市委书记、市长批示件14件。

【落实“包案”制度】2022年，全区建立健全“领导包案”“接访下访”机制，设置区级领导接访AB岗，确保每天1名区级领导现场接访，推动问题高效调处化解。全年全区落实29名区级领导27个责任单位包案化解突出信访问题领导包案96件（集访33件、个访63件），区级领导接访群众112批次368人次、下访96批234人次，推动化解信访事项87件。

【信访工作联席会议】2022年，建立健全全区全域12个镇（街道）、经济试验区信访联席会议工作机制并推动其实体性运行，整合资源，调动多个部门参与积案难案的化解工作，提升信访工作领域基层治理体系和治理能力现代化水平。9月13日，游仙区信访工作联席会议扩大会议召开，听取全区“治重化积”专项工作汇报，要求全力避免已化解信访案倒流情况发生，做到减存量，控增量，为游仙区争创“全国信访工作示范区”创造有利条件。

（龚诗茂）

经济合作

【概况】2022年，区经济合作局积极深入开展招商引资攻坚，省外引进产业项目新增实际投资、省级平台签约项目、5亿元以上签约项目三项指标均提前超额完成市下达年度目标任务。全年共签约国内市外招商项目28个，签约金额259.69亿元，其中5亿元及以上重点项目17个，签约金额251亿元，共上报省外引进产业项目新增实际投资100亿元。全年积极参加会展和推介活动10余次，高效展示招引成果并积极宣传推介游仙。成功举办中国激光科技创新产业大会，率先在全国树立中国激光科技创新产业新旗帜。荣获经济合作先进单位、项目管理工作先进单位、投资促进服务及主要领导外出招商先进单位等各类表彰10次。

【产业项目招引】持续聚焦主导产业和优势产业领域延链补链强链需求，全面实施产业链精准招商。全年共签约国内市外招商项目28个，签约金额259.69亿元，签约5亿元及以上重点项目17个，签约金额251亿元，完成全年任务10个的170%，其中5亿—10亿元项目市级任务5个，完成9个；10亿—30亿元项目市级任务3个，完成6个；30亿—50亿元项目市级任务1个，完成1个；100亿元以上项目市级任务1个，完成1个，成功克服各种主客观困难并实现逆势大幅增长。

【重大项目签约】紧紧牵住重大项目这个“牛鼻子”抓招商，全年成功引进投资15亿元的广东深圳光大激光西部智能装备研发制造基地项目,投资15亿元的北京国科创同高新创业园项目，投资10亿元的深圳弘川5G智能终端产业园项目，投资10亿元的科技城光子产业园项目，投资10亿元的陕西西安迈斯拓扑电子加速器医用同位素项目，投资10亿元的北京高盟新材料锂电高功能薄膜项目等5亿元以上项目17个，完成年度目标10个的170%，持续保持了招商引资、招大引强的良好态势。特别是重大制造业招商取得了显著成效，重点产业项目纷纷落地园区。

【推进项目引进】紧紧围绕电子信息、智能装备、先进材料和激光技术、核技术、航空燃机“3+3”产业布局，建立全区产业信息数据库，绘制完善重点产业招商图谱，明确由区级领导作为链长，行业主管部门作为牵头部门，按照“一位链长、一个牵头部门、一套工作方案”工作模式，不断加大项目促进频率和力度。全年先后邀请重点企业到游仙考察对接260余批次，区委、区政府主要领导先后外出招商26批次，超额完成市级任务。4个驻外分中心全年共拜访企业、商协会480余家，收集有效项目信息85条。深化院地企交流协作，大力挖掘院所配套及关联项目，全年院地协同招引签约项目9个，签约金额125.7亿元。

【项目落地开工】 持续加大对已签约项目的跟踪督办力度，着力解决要素保障和政策兑现难题，实施项目落地问题“清单式管理”，践行“一线工作法”，组织专门力量“一对一”精准服务，及时帮助企业协调解决困难和问题，尽快促进签约项目早开工、早达产，切实提高招商引资项目经济贡献率。上年度5亿元签约项目开工率市级任务为50%，2022年实现开工率为77.78%，全面完成市级任务。2022年签约项目年内履约15个，履约率53.57%，开工13个，开工率46.43%。全年省外引进产业项目新增实际投资目标任务90亿元，共上报新增实际投资100亿元，完成全年任务的111%。

【招商推介】 全年积极参加会展和推介活动10余次，获取重大项目信息资源，积极宣传推介游仙。高效利用中外名企四川行、西博会、科博会等省级重大活动平台做好宣传推介，积极参加中国（绵阳）科技城大湾区推介会、厦门推介会和长三角推介会、“创新金三角、智慧科技城”等市级专题推介活动，活动中总共签约4个项目，签约金额32亿元。在第十届科博会期间，牵头筹办中国激光科技创新产业大会，嘉宾客商规格高，内容形式丰富多彩，与华工激光、中久新光等多家企业签订项目合作协议，全区共签约17个项目，签约金额164.7亿元。

【举办激光大会】 中国激光科技创新产业大会以“科技绵阳·光引未来”为主题，采取“线上+线下”相结合的形式，于11月17日在绵阳市游仙区举办，市委副书记王华蓉出席会议并致辞，激光加工国家工程研究中心主任朱晓致辞并作主题演讲，工程院院士罗先刚、大族激光副总裁陈焱视频致辞，市委常委、副市长王晓松和中国工程物理研究院八所主任张保汉为“光子技术研究院”揭牌，工程院院士范国滨、中国久远高装副总经理王哲、奔腾激光总裁吴让大、中国科学院武汉文献情报中心叶茂作主题演讲，中国工程物理研究院八所研究员郑万国、卓镭激光总经理王涛、中国科学院光机所研究员赵全忠、银湖激光总经理卢飞星、盛雄激光董事长陶雄兵作主题报告，举办2场专题研讨会，游仙区委书记陈华斌作游仙区激光产业推介，华工科技、华中华昌等10家企业现场签约，省市级领导和院所高校、行业专家、知名激光企业、知名金融投资机构负责人等180余名代表参会。大会围绕激光产业发展、东西部激光产业协同等前沿话题进行深层次的观点碰撞，共同探索西部激光产业发展之路，率先在全国树立中国激光科技创新产业新旗帜，为本地激光产业招商和发展注入新动能。 （孙一行）

政协绵阳市游仙区委员会

概述

【概况】 2022年，区政协团结带领政协各参加单位和广大政协委员，主动融入全面建设社会主义现代化游仙工作大局，全面推行政协工作具体化、项目化、品牌化建设，多篇调研报告受到市政协领导和区委主要领导肯定性批示。被市政协评为反映社情民意信息先进集体、宣传和信息工作先进单位、“有事来协商”活动先进单位等。被省政协通报表彰为“双助”活动先进集体、宣传思想工作先进单位。《绵阳市游仙区政协：创新打造小微协商平台助力基层治理》在省政协报头版头条刊登，《游仙区政协挖掘文史资源 助推地方高质量发展成效明显》等4篇稿件在省、市政协工作简报专期刊发，《新时代基层政协协商民主建设路径的探索》等5篇理论文章入选市政协工作理论和实践研究项目。

◆ 2022年6月16—17日，省政协主席田向利（右二）到仙人路社区调研“寇妈说事”小微协商平台建设

【政协委员构成】 截至年底，区政协委员245名。其中，男委员150人，占61.2%；女委员95人，占38.8%；少数民族委员7人，占3.3%；新的社会阶层人士委员26人，占10.6%；中共党员委员97人，占39.6%；非中共党员委员148人，占60.4%。由18个界别构成，包括中共界别23名、无党派界别6名、工会界别6名、共青团界别5名、妇联界别5名、工商联界别18名、科协界别5名、台属侨属界别6名、科技界别22名、经济界别29名、农业界别20名、教体界别18名、新闻界别6名、文化艺术界别6名、医卫界别10名、社会福利界别7名、民族宗教界别8名、特邀界别45名。

重要会议

【区政协七届二次会议】 区政协七届二次会议于2022年2月21—22日

在区机关会议厅召开，245名委员参加会议。会议审议并通过区政协主席杨守贵作的《常委会工作报告》和区政协副主席秦顺英所作的《提案工作情况报告》。听取并协商讨论区人民政府区长韩晓清所作的《政府工作报告》、区人民法院工作报告、区人民检察院工作报告，听取中共游仙区委书记陈华斌的讲话，会议还表扬政协重点工作先进单位和先进个人。

【区政协七届第3次常委会会议】2月14日，区政协主席杨守贵主持召开区政协七届3次常委会会议，副主席赵林、沈勇明、秦顺英、张梁，秘书长陈瑛和区政协常委出席会议。区委副书记姚军、区委常委、区政府党组副书记、区人民政府副区长陈政、游仙街道政协工委主任赵丽君、魏城镇政协工委主任任长彦及区政协副科级以上干部列席会议。会前，组织学习《绵阳市游仙区关于支持制造升级的若干措施（试行）》。会议审议通过《关于召开区政协七届二次会议的决定》，审议通过政协常委会工作报告、提案工作报告，推选杨守贵作为常委会工作报告的报告人，推选秦顺英作为提案工作报告的报告人。审议通过区政协七届二次会议日程（草案）及会议秘书长、副秘书长名单。会议同意敬艳辞去七届区政协常委、委员，鲍鸿飞辞去七届区政协委员，同意增补杨怀、张林、范刚、董兆武为七届区政协委员。

【区政协七届第4次常委会会议】2月22日，区政协主席杨守贵主持召开区政协七届4次常委会会议，副主席赵林、沈勇明、秦顺英、张梁，秘书长陈瑛和区政协常委出席会议。会议听取大会秘书长关于区政协七届二次会议各委员小组讨论情况的汇报，审议通过《区政协七届二次会议会期提案审查情况的报告（草案）》及《区政协七届二次会议决议（草案）》。

【区政协七届第5次常委会会议】7月12日，区政协主席杨守贵主持召开区政协七届5次常委会会议，副主席赵林、沈勇明、秦顺英、张梁，秘书长陈瑛和区政协常委出席会议。区人民政府副区长陈琴、区人民政府副区长薛清泉、游仙街道政协工委主任赵丽君、魏城镇政协工委主任任长彦及区政协副科级以上干部列席会议。会议传达学习《中国共产党政治协商工作条例》、习近平总书记到四川视察重要指示和省第十二次党代会精神、区党政领导干部读书班精神，审议通过《关于营商环境司法保障情况的调研报告》《关于基层医疗卫生机构建设情况的调研报告》《“懂政协、会协商、善议政，守纪律、讲规矩、重品行”十大标兵委员评选方案》及《区政协常委提交年度履职报告制度》，通报区政协常委提案和反映社情民意信息提交情况和省政协主席田向利督导绵阳市贯彻落实习近平总书记到四川视察重要指示和省第十二次党代会精神情况，听取区政协主要领导关于区政协上半年工作总结和下半年工作计划的报告。会前还进行讲纪学法，组织学习《中华人民共和国乡村振兴促进法》。

【区政协七届第6次常委会会议】9月13日，区政协主席杨守贵主持召开区政协七届6次常委会会议，副主席赵林、沈勇明、秦顺英、张梁，秘书长陈瑛和区政协常委出席会议。区委常委、区人民政府副区长郑联盛、游仙街道政协工委主任赵丽君、魏城镇政协工委主任任长彦及区政协副科级以上干部列席会议。会议传达学习《习近平谈治国理政》第四卷部分篇目、中央统战工作会议精神，审议通过《关于加快推进科技服务业发展情况的视察报告》《关于设置区政协城乡建设和资源环境委员会的工作方案》，通报了区政协“懂政协、会协商、善议政，守纪律、讲规矩、重品行”十大标兵委员评选工作开展情况及区政协“书香政协·五个一工程”建设工作情况。会前还进行讲纪学法，组织学习《关于完整准确全面贯彻新发展理念做好碳达峰碳中和工作的意见》。

【区政协七届第7次常委会会议】10月31日，区政协主席杨守贵主持召开区政协七届7次常委会会议，副主席赵林、沈勇明、秦顺英，秘书长陈瑛和区政协常委出席会议。区委常委、区人民政府党组成员、副区长李静、游仙街道政协工委主任赵丽君、魏城镇政协工委主任任长彦及区政协副科级以上干部列席会议。会议传达学习中国共产党第二十次全国代表大会及中共二十届一中全会精神，会议围绕加快推进石马镇特色小镇暨城北新城建设开展了协商议政，审议通过《关于石马镇特色小镇暨城北新城建设的调研报告》及《区政协七届第七次会议协商意见（草案）》，通报“9·29”新冠疫情临时管控期间区政协委员参与疫情防控工作情况，同意免去蒋辉区政协机关党组成员、办公室主任、副秘书长职务，姜剑锋区政协办公室副主任职务；同意姜剑锋为区政协副秘书长、办公室主任，蒋辉为区政协城乡建设和资源环境委主任，李秀娟为区政协办公室副主任。会前还进行讲纪学法，组织学习《医疗保障基金使用监督管理条例》。

政治协商

【深化合作共事】2022年，区政协继续加强与政协各参加单位的密切合作，密切同党外知识分子、非公有制经济人士、新的社会阶层人士的沟通联络。引领政协参加单位和广大政协委员始终与区委同频共振，通过凝聚政协委员的共识，更好地向社会传播共识，汇聚全社会心往一处想、劲往一处使的强大合力。做优做实在外人才联谊会工作，建好用好在外人才联谊中心，协助区委、区政府做好招商引资、招才引智等工作。

【围绕“双减”开展界别协商】2022年，区政协召开推进“双减”（减轻义务教育阶段学生作业负担和校外培训负担）工作界别协商座谈会。会前，调研组一行先后到小枧中学、石马小学、五里路小学参观，详细了解了各学校校园文化建设、课后服务、“双减”工作开展情况。在界别协商座谈会上，与会委员协商建议从“疏”“堵”“建”等角度，持续做好游仙“双减”工作。会议号召教育界别的委员，希望他们在促进游仙“双减”工作上主动作为，协助做好政策解读，让更多家长理解“双减”政策的意义目标，广泛凝聚社会共识。充分发挥他们的资源优势，强化学校教育主阵地作用，在提升教师能力、控量减负、提质增效，提高学校教育品质等方面积极献计出力，为更好落实“双减”政策，构建良好教育生态、推动游仙教育高质量发展贡献力量。

【围绕石马镇特色小镇暨城北新城建设开展议政协商】2022年，区政协七届第七次常委会围绕“石马镇特色小镇暨城北新城建设”开展专题议政协商，与会政协委员围绕石马镇特色小镇项目建设进度滞后、项目建设资金保障不足、涉铁项目协调难度巨大、产城融合发展程度不高等突出问题，提出加强统筹有效推进项目建设、多措并举保障项目建设资金、持之以恒加强涉铁对接磋商、产城融合推进城北新城高质量发展等意见建议。

民主监督

【提案工作】区政协七届二次会议期间，共收到提案131件，审查立案114件。经区政协委员审查立案的114件提案交由区委目标绩效办统一督办，其中主席、副主席带队集中督办10件重点提案。提案办结率100%、满意率达99.1%。回访面达到立案提案总数的80%，坚决做到事事有回音、件件有着落。

【社情民意信息工作】发挥社情民意“直通车”作用，引导广大委员和政协工作者根植一线、贴近基层，关注民生、倾听呼声，全年共收集社情民意信息144条，打磨上报市社情民意信息91条（全年任务数36条），市政协采用62条，省政协采用5条，省、市政协采用数量是上年2倍，连续5年被市政协表彰为社情民意信息工作先进集体。

【重点课题研究】《新时代基层政协协商民主建设路径的探索》等5篇理论文章入选市政协工作研究项目。

调研与视察

【本土文化赋能特色商业街区品牌建设调研】3月29日，区政协党组书记、主席杨守贵带队深入辖区内芙蓉汉城、科技馆、博物馆、富乐山、李杜祠等地进行实地调研。10月31日至11月4日，区政协副主席沈勇明带队赴湖南长沙学习考察，考察湖南省长沙市文和友商业管理有限公司及其旗下的海信广场文和友美食城、文和里太平街美食城、坡子街美食城、大长沙美食城寨以及潮宗街文和里美食街区。其间，组织召开专题协商会议，并与集团核心成员及街区门店营运负责人进行多次交流研讨，形成专题调研报告。

【营商环境的司法保障工作调研】3月31日，由区政协社会法制委牵头，组成由区政协社会法制委、区营商环境办、区司法局、区人民法院、区人民检察院、区公安分局、区工信局、区工商联和部分企业界人士、律师和区政协委员参与的调研组，通过开展专项调研、座谈、个案研判、走访企业等方式，广泛听取相关行政主管部门、司法部门、民营企业、专家学者以及政协委员的意见建议，全面分析司法服务保障优化营商环境现状，形成调研报告。同时，调研组还赴绵阳市安州区、江油市探讨和学习先进经验做法。

【信义镇福星村建设乡村振兴示范村工作视察】5月7日，由区政协农业与农村委牵头，组织部分政协委员到信义镇福星村开展专题视察，实地了解福星村在基础设施、产业发展、人才振兴、乡风文明建设等方面工作推进情况以及存在的困难和问题，并与相关职能部门进行交流协商，提出相关意见建议，形成视察报告。

【加强基层医疗卫生机构建设调研】 5月11日，由区政协教科卫体委牵头，组织部分政协委员和区财政局、区人社局、区卫健局、区医保局等相关部门负责人组成调研组，实地走访魏城中心卫生院、忠兴中心卫生院、忠兴镇双鱼村双建卫生室、区妇幼保健院托育中心，以及在建的游仙区妇女儿童医院、老年医学中心等地，对医疗机构运行管理、乡镇行政区划调整后卫生院总院与分院错位发展，以及县域医疗次中心建设等进行全面的了解掌握，并召开座谈会，全面分析游仙区基层医疗卫生机构建设存在的问题，形成了相关调研报告，提出了相关方面的意见和建议。5月30日至6月1日，组织医卫界别政协委员赴宜宾市江安县、眉山市东坡区等地考察学习基层医疗卫生机构建设和管理方面先进经验，助力游仙区提升基层医疗卫生机构建设取得实效。

【科技服务业的发展情况视察】 5月31日，由区政协委工委牵头，组织区科技局、科技界政协委员深入辖区、四川中物技术股份有限公司、四川鸿为创新设计研究院有限责任公司、624科创中心等单位实地走访、座谈了解情况，赴眉山市学习科技服务业发展工作，以及孵化器运营等方面先进经验和做法，全面分析游仙区科技服务业发展方面存在的薄弱环节，提出相关意见建议，形成视察报告。

【城乡建设用地增减挂钩及农村集体建设用地整理工作调研】 9月14日，由区政协农业与农村委牵头，组织农业界别委员专题调研全区城乡建设用地增减挂钩及农村集体经营性建设用地入市工作，重点调研魏城镇、仙鹤镇、盐泉镇首批试点项目推进情况，听取区城乡融合发展领导小组办公室、区自然资源局、耀东公司、试点乡镇等相关单位的工作汇报，充分吸收政协委员的意见建议形成专题调研报告，确保游仙区城乡建设用地增减挂钩项目和集体经营性建设用地入市制度化、规范化持续推进。

【残疾儿童康复工作专题视察】 10月25日，由区政协党组书记、主席杨守贵带队，组成由区政协分管领导、社会法制委、区残联、区民政局、区卫健局、区财政局、区教体局、区医保局等相关部门和区政协委员参与的视察组，对全区残疾儿童康复工作开展情况进行专项视察，形成视察报告。

【道路沿线环境综合整治专题视察】 11月9日，区政协党组书记、主席杨守贵带领区政协经济委、区委政法委、区住建局、区市场监管局、区交通局、游仙生态环境局、区自然资源局、区综合执法局、交警三大队、经济试验区、游仙街道、富乐街道等11个区直部门单位负责人及部分区政协委员，开展“绵梓、绵盐路（游仙段）沿线行业乱象及环境综合整治工作”专项视察。视察组先后深入城东二手车市场、绵梓路（省道205线交会处跨线桥至新桥镇张家嘴段）、绵盐路一号桥下涡轮广场、沈家坝景福花园十字路口莲花广场等地段，实地察看了沿线综合整治工作开展情况，并召开了座谈会，会上听取工作汇报，与会部门、单位分别就各自推进落实情况、存在的问题、不足及下一步工作打算进行发言，区政协委员积极建言献策，提出意见建议，形成专题视察报告。

【城乡供水一体化建设专题视察】 11月18日，区政协副主席张梁带领15名市区政协委员开展城乡供水一体化项目建设专项视察活动。委员们视察信义镇段家桥村一号过管隧洞、武引二水厂厂区、森柏水库水源地等建设施工现场，听取区水利建设发展中心的工作汇报，围绕加快推进城乡供水一体化工作积极建言献策，形成视察报告。

专门委员会工作

【概况】 2022年，区政协优化专委会设置，增设城乡建设和资源环境委员会。调整后，设置政协提案委员会、政协农业和农村委员会、政协经济委员会、政协城乡建设和资源环境委员会、政协文化文史和学习委员会、政协社会法制委员会、政协教科卫体委员会、政协委员工作委员会等8个专门委员会。各专门委员会办事机构干部、队伍结构不断优化。

【政协提案委员会】 区政协七届二次会议期间，共收到提案131件，经审查立案114件。立案提案中，经济建设方面50件，占立案总数的43.8%；政治建设方面6件，占立案总数的5.3%；文化建设方面13件，占立案总数的11.4%；社会建设方面41件，占立案总数的36%；生态文明建设方面4件，占立案总数的3.5%。涉及办理单位36家，均按时办结。全年共摘编《重点提案摘报》10件，报送区委、区政府主要领导和分管领导参考。区政协主席、副主席全年督办重点提案10件，均已经按程序完成督办。同时，区政协加强对提案办理情况的回访工作，成立5个提案回访组，由主席、副主席带队回访10个提案承办单位，重点从局党委（党组）重视程度、与提案人沟通情况、提案办理成效、委员满意度等方面量化打分，回访面达到立案提案总数的80%。

【政协农业和农村委员会】年内，区政协农业和农村委根据区政协年度重点调研工作安排，组织开展区政协议政性常委会、专题协商石马镇特色小镇暨城北新城建设；组织开展城乡土地增减挂钩及农村集体经营性建设用地入市专题调研；组织开展城乡供水一体化建设工作专题视察、现代种业发展专题协商“回头看”视察、信义镇福星村乡村振兴示范村工作专题视察等视察活动3次。持续深入开展好“助力巩固脱贫、助推乡村振兴”专项活动，区政协被省政协通报表彰为“双助”活动先进集体，委员邓长清被省政协通报表彰为“双助”活动先进个人。

【政协经济委员会】4月，区政协经济委精心组织“实施‘园区提质、企业满园’行动助推园区高质量发展”专题调研，形成《关于推进游仙高新区提档升级的建议》（共5个方面16条建议），该报告被区委书记陈华斌批转相关领导研办。组织开展“芙蓉花溪”乡村振兴综合项目建设专题协商“回头看”、绵盐、绵梓（游仙段）沿线行业乱象及环境综合整治工作等调研视察活动2次。深入联系的新桥镇新龙村和小枧镇新华社区、五星村调研指导小微协商工作，指导并参加小枧镇新华社区“居民公约”协商会、新桥镇新龙村“邻里互促互助 共建美丽家园”联创措施协商会。

【政协城乡建设和资源环境委员会】2022年10月，区政协加强和改进专委会工作，新设立城乡建设和环境资源委员会，充实专委会工作力量，进一步完善专委会工作制度和机制。

【政协文化文史和学习委员会】正式挂牌成立区政协诗书画院，全年开展活动4次。在省政协文史工作会书面交流推介游仙区本土文史资源赋能区域经济社会高质量发展的实践与探索，《静水流深绣山村》在绵阳市第十八届社科成果评选中获二等奖，市政协以《政协工作》第五期专刊刊载《游仙区政协挖掘文史资源 助推地方高质量发展成效明显》。按计划编印《游仙区国家级传统村落文化丛书》之《物华天宝鱼泉村》。组织开展本土文化赋能芙蓉汉城特色商业街区品牌建设的专题视察活动。制定游仙区政协《关于大力实施“五个一工程”，切实推进“书香政协”建设的实施方案》，并组织落实“瀚墨游仙一幅画”工作。

【政协社会法制委员会】2022年，社会法制委员会完成全区司法服务保障优化营商环境重点调研工作，并赴安州区、江油市交流学习，提出16条意见建议。开展残疾儿童康复情况专题视察。指导魏城镇和富乐街道办“有事来协商”平台建设工作，参与魏城镇桂花社区文化广场公共洗手间运行管理事项小微协商、富乐街道李杜祠社区市公路局家属区电梯加装事宜小微协商活动。全年通过区政协常委会和政协机关周三学习会学习宣传《游仙区大抓工业高质量发展若干政策》和《中华人民共和国保守国家秘密法》等8部法律法规和制度，学习达410人次。

【政协教科卫体委员会】年内，区政协教科卫体委员会从“小切口”入手，深入一线调研，先后参与区政协常委会调研1次，开展专题调研3次、“有事好协商”1次、视察监督2次，组织区委常委会讲纪学法1次，形成了《关于加强游仙区基层医疗卫生机构建设情况的调研报告》《助推“双减”落实落地 重构良好教育生态》等多篇有分量的

◆ 2022年6月24日，游仙区政协诗书画院正式揭牌

调研报告和建议。《夯实保障，激发制造业中小企业数字化转型内生动力》的建议获得肯定，在市政协常委会上进行专题交流发言。指导并参与游仙街道关于建立城乡人居环境整治长效机制协商会。组织委员赴眉山市东坡区、江安县考察基层医疗卫生机构建设情况，接待南充市政协到游仙学习考察县域医卫次中心建设工作。

【政协委员工作委员会】 2022年，区政协委员工作委员会举办政协委员履职能力培训班2期。首次开展"懂政协 会协商 善议政 守纪律 讲规矩 重品行"十大标兵委员评选活动。组织开展区科技服务业发展情况专题视察活动。组织委员参加遇仙村农旅产业发展配套基础设施建设、石马镇天林村太阳能路灯安装等协商活动。召开全区"有事来协商"工作现场观摩会，指导建立小枧镇遇仙村市区政协"枧·爱委员工作室"、盐泉镇宝山村委员工作室。2022年6月，富乐街道仙人路社区"寇妈说事"协商平台受到前来调研的省政协主席田向利的充分肯定。小枧镇"枧·爱"协商议事会被评为四川省"有事来协商"工作先进协商平台，区政协委工委主任董清华被评为四川省"有事来协商"工作先进个人。

【文史工作】 精心组织文史资料的编撰工作，按计划编印"游仙区国家级传统村落文化丛书"之《物华天宝鱼泉村》一书。积极开展争先创优，在省政协文史工作会书面交流推介《游仙区本土文史资源赋能区域经济社会高质量发展的实践与探索》;《静水流深绣山村》在绵阳市第十八届社科成果评选中获二等奖；市政协"政协工作"第五期专刊刊发《游仙区政协挖掘文史资源 助推地方高质量发展成效明显》。筹建游仙区政协诗书画院，并于6月举行揭牌仪式，全年共开展活动4次。（鲜丽）

中共绵阳市游仙区纪律检查委员会 绵阳市游仙区监察委员会

概述

【概况】 中共绵阳市游仙区纪律检查委员会（以下简称区纪委）是主管全区党的纪律检查工作专责机关。绵阳市游仙区监察委员会（以下简称区监委）是全区行使国家监察职能的专责机关，区纪委与区监委合署办公。2022年，全区各级纪检监察组织坚持以习近平新时代中国特色社会主义思想为指导，忠实履行党内职责、国家监察专责，协助区委坚定不移推进全面从严治党，围绕建设具有全国影响力的国防科技工业强区目标，聚焦主责主业，全区纪检监察组织立案214件，处分210人，涉嫌犯罪移送检察机关3人，追缴违纪违法资金1086万余元；立案审查调查区管干部23人，查处“一把手”5人。深入开展作风能力攻坚行动和“两清行动”，发现并纠治各类问题2202个，评定“鸵鸟、蜗牛、刺猬”三大负面奖5个单位，查处破坏营商环境问题18个，给予党纪政务处分24人，组织处理12人。开展特色廉洁文化宣传活动，教育引导党员干部2万余人次。聚焦廉洁教育进校园建设，摄制“清风代代传 游仙少年说”视频5期，收集廉洁文化作品209部。在服务保障大局、净化政治生态等方面主动作为，发挥监督保障执行、促进完善发展作用，为游仙区高质量发展提供保障。

【作风能力攻坚行动】 以“4・19”火灾事故案等为问题导向，以案促改、以案促治，围绕“思想大解放、作风大提振、能力大提升”目标，实施以“慢落实、假落实、乱落实、不落实”为主题的3个月专项整治工作，共开展作风整顿大会1场、“作风体检”活动82场，发现并纠治各类问题2202个，评定“鸵鸟、蜗牛、刺猬”三大负面奖5个单位。其中，区工信局获得“鸵鸟奖”和“蜗牛奖”，区自然资源局、区科技局、区经济合作局获得“刺猬奖”。

【廉洁文化活动】 开展“9・10就

◆ 2022年3月1日，区纪委监委组织开展“清风沐童心 廉韵满家园”主题活动

要廉”廉洁文化宣传活动，将廉洁文化建设融入党员干部群体、青年群体，融入校园文化营造、家庭家风建设中，全区各单位共开展微课讲廉、青年沙龙、首扣教育、家风家规等活动80余场次，教育引导党员干部2320余人次。聚焦廉洁教育进校园建设，摄制《清风代代传 游仙少年说》视频5期，收集廉洁文化作品209部，不断擦亮“清风游仙”廉洁文化品牌。

【“两清行动”】 制定《游仙区“清淤治乱·清风护航”优化营商环境专项行动实施方案》，以统筹推进市纪委优化营商环境“五大行动十六项措施”为载体，细化47项具体措施。2022年共开展优化营商环境日常监督检查182次，走访企业206家，收集并推动整改问题24个，推动行业主管部门整改问题23个，完善制度举措3项，通报曝光1件，建立营商环境监测点16个，查处破坏营商环境问题18个，给予党纪政务处分24人、组织处理12人。

重要会议

【概况】 2022年，游仙区纪委监委共召开各类会议49次。其中，召开区第七届纪律检查委员会第二次全体会议1次，区纪委常委会共计36次，其他各类会议12次。

【区纪委七届二次全会】 2022年2月11日召开。全会以习近平新时代中国特色社会主义思想为指导，传达学习十九届中央纪委六次全会、省纪委十一届六次全会、市纪委八届二次全会精神。会议指出，区纪委监委全体纪检监察干部要深刻领会中央、省、市各级讲话精神，提高政治站位，勇于担当、主动作为，不断提高审查调查水平。会议要求，全体纪检监察干部一要紧扣中心大局，持续发力强化政治监督；二要持续发力促进标本兼治；三要整治“四风”顽疾，持续发力深化正风肃纪；四要聚焦民生关切，持续发力维护群众利益；五要精准政治体检，持续发力彰显利剑作用；六要持续发力提升监督效能；七要持续发力淬炼纪检铁军。会议总结全区2021年纪检监察工作，安排2022年工作任务，审议通过区委常委、区纪委书记、区监委主任冯科敏代表区纪委常委会所作题为《深入推进纪检监察工作高质量发展，为全面建设社会主义现代化游仙提供坚强保障》的工作报告。

【区纪委七届41次常委会】 2022年10月31日，区委常委、区纪委书记、区监委主任王琪主持会议并讲话。会议传达学习《中国共产党处分违纪党员批准权限和程序规定》文件精神、市纪委党风政风监督工作推进会精神及传达市纪委监委关于办案安全临时工作的会议精神。会议要求，区纪委监委班子成员要深刻领会上级会议精神，提高政治站位，勇于担当、主动作为，不断提高审查调查工作水平。一是要严格按照《中国共产党处分违纪党员批准权限和程序规定》相关要求，依法依纪依规开展干部处分工作。二是要高度重视干部工作作风问题，完善监督清单。三是要加强办案安全工作，增强办案人员的政治意识、规矩意识、纪律意识和法治意识。牢固树立违规办案本身就是最大安全风险隐患的意识，着力解决办案安全中存在的突出问题，坚决杜绝违规违纪违法办案行为，坚决防止发生严重安全事故事件。

政治监督

【概况】 2022年，游仙区纪委监委坚守职能定位，强化政治监督，在全面从严治党、推进中心工作中承担重要责任。认真开展“4·19”火灾事故案以案促改工作，问责党组织6个，党员领导干部17人、深入开展“清淤治乱·清风护航”优化营商环境专项行动，探索开展“一把手”晒评述等工作。

【服务中心大局】 2022年，加强对学习贯彻习近平新时代中国特色社会主义思想和党的二十大精神、习近平总书记对四川工作系列重要指示精神的贯彻执行监督，围绕疫情防控、乡村振兴、粮食安全、优化营商环境等中央、省、市、区重大决策部署，实施精准监督，保障政令畅通，全年查处违反政治纪律2件2人。深化政治体检，开展两轮常规巡察，对14个区级部门、2个镇及所辖37个村（社区）进行政治巡察，走访座谈党员群众2350余人次，发现问题212个，已反馈立行立改问题91个，提出巡察意见建议51条，移交信访件43件，移交问题线索9件。

【落实主体责任】 2022年，督促各单位备案党委（党组）主体责任清单89份，动态跟踪落实情况。采取“清单+述责”的方式压实主体责任，协助并推动党风廉政建设融入各项工作全过程。协助区委书记约谈2021年度责任制考核排名靠后的单位主要负责人4人。探索开展“一把手”晒评述活动，在“清风游仙”开辟《一把手谈履责》专栏，视频展播14名“一把手”履责情况，各级纪检监察组织点评“一把手”履责情况296人次，6名“一把手”在区委常委会扩大会议上进行述责述廉，通过“月月晒、季度评、年度述”的方式压紧压实管党治党政治责任。

作风建设

【概况】2022年，游仙区纪委监委全面推进作风建设常态化、长效化，将作风建设融入各项日常监督工作中。全年共开展4轮专项检查、开展1次全区党风廉政专项检查、在全区范围内开展“慢落实、假落实、乱落实、不落实”专项整治活动、分层分级召开“作风问诊”会共计83场，发现并纠治各类问题2202个、评定5家区级单位“蜗牛、刺猬、鸵鸟”三大负面奖项等工作。

【正风肃纪】聚焦贯彻落实中央八项规定精神，紧盯节假日等关键时间节点，开展4轮监督检查。对全区党风廉政建设工作开展专项检查，发现并督促整改问题62个。依托“三级联审”严肃财经纪律，严肃整治违规发放津贴补贴、以培训为名公款旅游等问题，查处违反中央八项规定精神29人。围绕“思想大解放、作风大提振、能力大提升”目标，实施作风能力攻坚，开展“慢落实、假落实、乱落实、不落实”专项整治和纪律作风暗访监督检查，明确10个方面43项任务清单，运用“第一种形态”处置作风问题12人。开展作风整顿大会1场、“作风体检”活动82场，发现并纠治各类问题2202个。

【专项整治】2022年，围绕地方国有投融资平台和项目建设、耕地保护和粮食安全等开展专项整治，查处12人。清理简易审批村庄建设项目702个，查处30人。聚焦发改、住建、卫健、人防、人社、经信六大重点行业领域突出问题开展系统治理，查处9人。实施“纪委书记盯粮库”行动，深化粮食购销领域腐败问题专项整治，推动完成粮食购销领域联动巡察反馈问题整改16个，制定完善粮食领域制度9个，查处4人。选取12个村（社区）试点开展“三资”提级监督，推动整改问题12个，查处9人。常态化开展扫黑除恶斗争，巩固专项斗争成果，查处3人。健全完善《游仙区纪检监察机关容错减责免责综合研判机制》，严格把握“三个区分开来”，对1名在履职担当、干事创业中出现偏差失误的干部实施纠错。将容错纠错理念贯穿审查调查全过程，综合运用“四种形态”批评教育帮助和处理党员干部396人次，第一至第四种形态占比分别为46.72%、46.72%、3.79%、2.77%。严肃开展诬告陷害线索摸排，为1名受不实举报的干部澄清正名。深化受处分党员干部修复关爱工作，开展受处分干部回访教育69人次。

惩贪治腐

【概况】2022年，游仙区纪委监委坚持不敢腐、不能腐、不想腐一体推进，同时发力、同向发力、综合发力。聚焦主责主业，强化惩贪治腐，深入推进纪检监察机关审查调查工作和廉洁教育高质量发展。常态化开展案件审查调查工作、积极参加全市案件质量评查活动、开展廉洁文化宣传活动等。健全完善安全工作应急预案、畅通医疗保障渠道，坚持常态化监督检查，发现整改问题12个，办案安全底线意识更加牢固。牵头制定《绵阳市游仙区村（社区）干部处分决定薪酬工作办法（试行）》。制发纪律检查建议书、监察建议书。严格执行审查调查安全规范，牢固树立“无安全不办案”意识，全年未发生办案安全事故。

【反腐败工作】2022年，坚持办案引领，坚决清除破坏营商环境、发展环境的“污染源”，查处樊春平、郑经纬等权力寻租、利益输送、吃拿卡要问题；深化粮食购销领域腐败问题专项治理，查处任某军等靠粮吃粮、收受贿赂问题；持续用力“打伞破网”，查处白某、罗某等党员干部涉黑涉恶问题。全区立案审查调查区管干部23人，查处“一把手”5人，其中1人向区纪委监委主动投案，“惩”的震慑效应更加彰显。坚持行贿受贿一起查，立案审查调查行贿人员2人，将54名行贿人员录入信息库，推动强化联合惩戒，让“围猎者”付出代价。强化无实质内容、挂名、重复举报件筛选研判，受理检举控告62件，同比下降41.5%。深入开展信访举报分析，实行预警督办机制，充分发挥研判政治生态、服务监督治理综合效能。专项清理线索“久办不结”、案件“久立不决”等问题，开展案件质量评查，参选全市精品案件评选并获评优质案件。全区立案件数、结案件数、处分人数同比分别增长51.77%、48.6%、53.28%，初核成案率同比增长36.54%，问题线索处置和案件查办平均用时同比分别缩减24.55%、8.84%。健全完善安全工作应急预案、畅通医疗保障渠道，坚持常态化监督检查，发现整改问题12个，办案安全底线意识更加牢固。牵头

◆ 2022年4月12日，区纪委监委开展廉洁微党课晒评活动

制定《绵阳市游仙区村（社区）干部处分决定薪酬工作办法（试行）》，填补基层群众性自治组织中从事管理的人员受到处分后薪酬执行的制度空白。

【廉洁教育】 2022年，出台《绵阳市游仙区党纪政务处分决定公开宣布暨警示教育工作办法》，处分决定公开宣布63人次，让处分决定“一张纸”变成警示教育“一堂课”。拍摄案例警示教育片《执行局长的“两面人生”》，在全市首开先例登上中央政法委新媒体平台“长安剑”，全网观看量超过100万人次；收录2016年以来查处的典型违纪违法案件，编印游仙区警示教育读本《忏悔实录》420余册，建立“游仙区警示教育案例库”，利用身边人、身边事持续教育震慑干部。开展“‘9·10’就要廉”廉洁文化宣传活动，从微课讲廉、青年学廉、家风助廉、教育树廉、文化润廉5个方向着力，面向全区开展“线上廉洁知识竞赛”“优秀廉洁微党课评选”“青年沙龙”“首扣教育”等系列活动。（蒋子优）

中国国民党革命委员会绵阳市委员会游仙区总支委员会

【概况】 2022年，中国国民党革命委员会绵阳市委员会游仙区总支委员会（以下简称民革游仙总支）现有党员42人，领导班子成员9人。其中，副科级领导2人（马海脉、刘密，均为市管干部），市人大代表2人（张洋、张静），市政协委员2人（何军、龙海波），区政协委员9人（安丽琼、何军、张洋、陈庆、全乔、李江、张静、张钊源、杨凤），区第七届政协常务委员4人（何军、全乔、张静、张钊源）。

【组织建设】 2022年，游仙总支被民革四川省委评为社会服务工作先进集体，被民革绵阳市委评选为“先进集体”“参政议政工作先进集体”“宣传信息工作先进集体”“社会服务工作先进集体”和“祖统工

◆ 2022年6月27日，民革游仙总支、民革涪城总支赴游仙“芙蓉花溪”、川西北物流园、涪城新皂敬老院开展“矢志不渝跟党走、携手奋进新时代”主题教育活动

作先进集体”，党员涂龙、陈庆、全乔、赵俊如、张静、任栗欣、马海脉、张钊源共8人被民革绵阳市委评为年度先进个人，何军被评为民革四川省委祖统工作先进个人。

【参政议政】 2022年，党员们结合热点，撰写提案、社情民意，共提交提案13篇、社情民意20篇，其中张钊源、马海脉共同反映的《建议强化银行系统统战工作》、何军的《修改四川省建筑工程支付担保办法部分条款的建议》社情民意被省政协采用。2022年度民革游仙总支被评选为“反映社情民意信息工作先进单位”；何军、张洋、刘密被评选为“反映社情民意信息工作先进个人”；何军被评选为“2021年度优秀政协委员”。

【服务社会发展】 2022年1月，总支邀请绵阳中山书画院会员前往绵阳李杜祠、绵阳市游仙区紫阳社区、游仙区部分企业开展“送福写春联”活动。2022年5月，总支积极动员联系为上海疫区送去卤肉饭、红烧肉饭等预制菜肴2400余份；2022年5月，总支组织党员参加“防患于未‘燃’·安全伴我行”——燃气排查竞赛活动，惠及当地社区居民5000余户。2022年6月，协同富乐街道北街社区开展“山无言，爱有声”关爱老年人送健康进社区活动。2022年8月，走进游仙区综合执法局开展“炎炎夏日送清凉 情系一线暖人心”活动。此外，总支持续9年帮扶石马镇和小枧镇困难户3名，并积极动员参与“99公益日”“春蕾助学”等各类网络社会募集活动，筹措善款。2022年度游仙总支被民革省委评选为社会服务先进基层组织。

【招商引资】 2022年4月，游仙总支派企业家代表参加在宜宾市叙州区举办的“民革宜宾市企业家联谊会成立大会”并赠送书法作品2幅表示祝贺，其间就游仙区产业特色及优势与宜宾民革企业家开展交流。2022年5月，民革河南省企业家联谊会副会长、润华集团董事长石建超一行在多次受邀后，到游仙开展考察。2022年5月，总支接待“中国老兵统一党”主席李俊清一行，以“护统一 促发展”为主题，展开座谈。（张洋）

◆ 2022年8月24日，民革游仙总支开展“炎炎夏日送清凉 情系一线暖人心”活动，向游仙综合执法局一线执法人员送去苦荞茶、矿泉水等防暑降温用品

中国民主同盟绵阳市游仙区基层委员会

【概况】 2022年，中国民主同盟绵阳市游仙区基层委员会（以下简称民盟游仙总支）有领导班子成员9人，有民盟盟员89人，下设4个支部，主要由从事文化教育以及科学技术领域的高、中级知识分子组成。其中，副县级领导1人，副科级领导2人，市人大代表2人，市政协委员1人，区人大代表2名，区政协委员11人。

【组织建设】 2022年，新发展盟员1人，学历为硕士研究生，对4名发展对象开展预审；接受外地转入1人。1月12日，总支在统群服务中心召开青年干部座谈会，5月10日，总支结合《中华人民共和国民法典》宣传，开展主题为“招商引资法律风险防范”的普法宣讲活动，为招商工作打下基础做好铺垫。6月14日，总支开展“集思广益、激发活力”首次参政议政研讨交流沙龙活动，邀请盟市委专家对20余名盟务骨干进行参政议政专题培训。11月12日，组织近三年新盟员参加盟市委培训班。资深盟员与新盟员进行结对辅导，综合提升新盟员的参政议政、社会服务工作能力。被民盟市委评为2022年年度组织建设工作先进集体，林廷龙被民盟市委评为2022年度组织建设工作先进个人。

【参政议政】 2022年，根据民盟盟员教师、律师群体的界别优势，组织优秀盟员参加反映社情民意信息

◆ 2022年5月31日，民盟游仙总支到盐泉镇中心学校开展“关爱教育，筑梦未来”慰问活动

突击队，全年提交提案13篇，提交社情民意7篇。其中，主委张梁和副主委龚林共同反映的《关于尽快明确欠缴社保费的滞纳金上限的建议》、副主委龚林反映的《建议建立执行案款税收征管协作机制》、盟员汤泓扬反映的《关于完善48小时内死亡视同工伤具体适用情形的建议》等3篇社情民意信息被省政协采用并报送全国政协。12月20日，总支组织盟员围绕“产业发展、生态宜居、乡村治理、农旅融合”4个方面，先后走进魏城镇铁炉村、芙蓉花溪旅游环线，开展“农旅融合发展”主题调研，并向民盟市委提交高质量的调研报告1篇。获民盟市委评为2022年年度参政议政工作先进集体，龚林、李智溥被民盟市委评为2022年年度参政议政工作先进个人，龚林被区委、区政府评为2022年反映社情民意先进个人、区政协十大标兵委员。

【服务社会发展】 2022年，总支响应民盟绵阳市委“盟立合作”行动，委员赵小平根据民盟市委“同心相行，助力振兴”活动，为乡镇捐赠价值25万元的商砼。5月31日，总支看望慰问盐泉镇中心学校初三全体师生，为他们送上中考学习工具及生活用品等慰问品。8月22日，总支向游仙区综合行政执法大队工作人员送去价值5000余元的风油精、藿香正气液、驱蚊液等防暑降温物资。12月12日，总支到富乐街道仙人桥社区，看望慰问社区干部和部分困难群众，赠送一批防疫中药汤剂。总支被民盟市委评为2022年度社会服务工作先进集体，赵小平被民盟市委评为2022年年度社会服务工作先进个人。

【招商引资】 5月6日，会同区委统战部考察四川合盛食品有限公司，了解企业规模、发展模式、主营业务，动员其入驻游仙。5月18日，赴巴塘考察3180矿泉水有限公司，达成矿泉水厂进入游仙共识。6月13日，推荐并陪同欣荣蔬菜种植社赴盐泉镇考察青菜种植及泡菜厂投资项目。（阳杰）

中国民主建国会绵阳市游仙区基层委员会

【概况】 2022年，中国民主建国会绵阳市游仙区基层委员会（以下简称民建游仙基层委员会）领导班子成员6人，会员47人，经济界人士以及相关专家学者占比80.3%。其中，副县级领导1人，副科级领导4

◆ 2022年5月31日，民建游仙区基层委员会和商贸总支到忠兴镇中心小学开展慰问活动

◆ 2022年11月26日，民建游仙基层委为富乐街道东街社区捐赠防疫物资

人，市人大代表1人，市政协委员2人，区人大代表4人（常委1人），区政协委员9人（常委1人）。被游仙区委、区政府评为“爱心捐赠党派”；会务工作、组织工作、宣传工作、参政议政工作、社会服务工作优秀，分别被民建市委表彰为单项工作先进基层组织。

【参政议政】 2022年，提交建议、提案、社情民意共25件，资政文章《关于发挥民主党派优势助推社区治理的建议》被区政协选为联组发言，社情民意《关于禁用家用燃具橡胶连接软管的建议》《关于取消二孩三孩家庭使用住房公积金贷款购买面积限制的建议》被市政协采用。

【服务社会发展】 2022年民建基层委会员企业共向上争取项目补助130万元。通过中华思源工程扶贫基金会和游仙慈善总会等募捐平台捐款8000余元，帮助泸定、石棉等地震灾区的群众纾困解难，助力灾后重建工作。按照区委统战部“一个党派联系一个社区”工作安排，民建基层委主动与富乐街道东街社区对接联系，2022年为社区内1名新大生送去助学金5000元；重阳节为社区20名老人送去米面油等慰问品，价值5000余元；通过“金秋助学”及“六一”、重阳等慰问活动，为困难学生和老人送上慰问金和物资等，价值约2.5万元。

（王婧入）

中国民主促进会绵阳市游仙区基层委员会

【概况】 2022年，中国民主促进会绵阳市游仙区基层委员会（以下简称民进游仙基层委员会）有领导班子成员12人，民进会员69人。其中，副县级领导1人，四级调研员1人，正科级领导1人，市人大代表1人，市政协委员1人，区人大代表2人，区政协委员10人。全年撰写“关于进一步推进家校共育助力‘双减’”等建议、提案和社情民意19篇，其中《关于补齐特殊教育学校心理健康教育短板的建议》被市政协采用。

【组织建设】 3月30日，组织开展民进游仙基层委员会会史学习教育，主委秦顺英作“讲真，民进还真不叫民进党”主题授课。6月14日，组织开展“矢志不渝跟党走，携手奋进新时代”政治交接主题教

◆ 2022年11月1日，民进游仙基层委员会组织会员参观芙蓉花溪乡村旅游环线

育活动，主委秦顺英带队到绵阳市特殊教育学校开展调研，并向学校捐赠一批儿童读物。7月15日，组织会员开展“喜迎二十大”红色诗词诵读比赛，激发会员爱国激情，传承红色基因，赓续精神血脉。绵阳艺海苑木艺有限责任公司申报为全市“民进会员之家”，旨在发挥会员单位教育、中药材等资源优势，助力社会服务，推动实现会员价值。

【服务社会发展】 1月25日，到信义镇开展2022年“春联万家·推动共同富裕”迎春送福活动，为当地群众书写春联和“福”字400余副（幅）。2月26日，为石马镇东林敬老院老人送上18套爱心暖被。4月12日，向上海捐赠1350千克凤凰木龙观胡萝卜。9月5日，泸定发生地震后，民进游仙基层委员会组织全体会员及会员企业通过民进绵阳市委、游仙区慈善总会、游仙区红十字会等向灾区捐款9950元。

（李晶）

中国农工民主党绵阳市游仙区基层委员会

【概况】 2022年，中国农工民主党绵阳市游仙区基层委员会（以下简称农工党游仙区基层委员会）有领导班子成员8人,有农工党员98人。其中，正县级领导1人，副科级领导1人，省政协委员1人，市人大代表2人，市政协委员2人。被农工党绵阳市委会评选为优秀基层组织，有17名党员获评农工党绵阳市委会优秀党员。

【组织建设】 农工党游仙基层委员会不断加强领导班子建设,认真贯彻执行民主集中制，建立和完善监督工作机制，加强廉政作风建设，全年开展民主生活会4次，严格按照组织发展规定和程序发展具有代表性的党员，全年发展新党员10人、入党积极分子3人。

【参政议政】 一是围绕区委、区政府中心工作，努力发挥界别优势,深入开展调查研究，基委会有省人大代表1名，市人大代表2名，市政协委员2名，区人大代表2名，区政协委员9名。《关于加快推进大熊猫国家公园管理机制体制建设的建议》被省级采用，《关于推进交通运输领域市县（园区）财政事权和支出责任划分改革助推实施交通先行战略的建议》《关于加快提升涪江绵阳中心城区段水景观的建议》被市级采用。《关于加强对游仙区慢性病早期防治》作为游仙区七届政协会联组发言。二是提升社情民意信息质量，加强专题约稿、信息收集，关于“提升农村公路抗灾能力 助力乡村振兴”的建议、“优化区域中心城市内外交通衔接推进城市群协调发展”的建议等3篇被省级采用，《关于继续加强游仙区法治文化阵地建设的建议》《关于出台社区矫正对象心理矫正

◆ 2022年7月7日，在广平高速公路TJ14段项目部，农工民主党游仙区基层委员会主委何艳为党员所在企业送上防暑用品

◆ 2022年7月1日，农工党员积极组织参加疫情防控

◆ 2022年6月2日，农工党游仙区基层委员会开展“环境与健康宣传周”志愿活动

具体措施的建议》等5篇社情民意信息篇被市级采用，针对企业家党员郑军林反映的电梯安装资质新政策导致一大批电梯安装企业无法继续经营的问题，积极撰写社情民意，向市、区政协反映并得到相关部门支持，帮助一大批企业解决电梯安装资质问题，实现企业正常经营。三是邀请中国初级卫生保健基金会到游调研县域医疗情况。四是组织基委会党员在游仙区忠兴镇开展乡村振兴调研，了解种植养殖大户在生产、销售上的困难和问题。五是认真做好区委统战部调研党派和区政协调研党派活动，并围绕区委、区政府中心工作提出建设性意见和建议。六是充分利用党派企业家资源，召开座谈会，并邀请他们到游仙开展调研。七是加强理论研究工作，开展民主监督、组织建设、参政议政等理论课题研究，积极参与农工党市委三台县精神卫生工作调研，组织举办助推中医药强市微论坛活动。

【社会服务】 一是充分发挥党员专家资源，聚智聚力，开展爱心义诊和计免接种等活动，党员杜前丽、魏敏、杨翔皓等利用休息时间为涪江街道东材社区群众义诊，获得社区群众一致好评。党员李艳秋开展农工党市委微论坛的科普小讲座“儿童药物的合理选择”。“三八”国际妇女节组织开展“成就美好的自己”专题讲座活动。二是聚焦脱贫攻坚，充分利用社会资源，为联系的凤凰村留守儿童做好帮扶工作，在春节前夕为6名留守儿童送上慰问品和慰问金，为魏城镇3名残疾儿童家庭链接社会资源解决实际困难，为其送去康复辅助器具等，组织开展“用我的爱点亮你出行的路”活动，向石马镇天林村捐赠太阳能路灯。组织党员向泸定地震灾区捐款17450元。绵阳发生疫情时，党员陈兴正捐款捐物价值6000余元，安贵辉捐款3500余元。对游仙区开元路社区一线工作人员开展慰问活动，为她们送去价值2000余元的牛奶、酸奶、方便面等物资。组织全体党员赴平武县平南羌族乡苏维埃旧址、广平高速公路TJ14段项目部开展送清凉活动。三是与区生态环境局联合开展共建清洁美丽游仙环境与健康宣传周志愿活动。活动通过悬挂宣传活动横幅、展出主题展板等方式向过往群众进行环保知识宣传，倡导绿色文明生活理念，宣传节约和保护资源，拒绝浪费和污染环境。（何艳）

中国致公党绵阳市游仙区基层委员会

【概况】 2022年，中国致公党绵阳市游仙区基层委员会（以下简称致公党游仙区基层委员会）领导班子成员7人，致公党员54人，具有侨海关系38人，占75%。其中，副县级领导4人，正科级领导2人，副科级领导2人，省政协委员1人，市人大代表2人，市政协委员4人，区人大代表3人，区政协委员10人。

【组织建设】 致公党游仙区基层委员会严格执行入党积极分子信息上报预审制度，发展新党员3名，在册正式党员达54名，有侨海关系的党员占70%以上，年龄、界别结构更趋合理。持续加强党员基本信息管理，全面落实党员基本情况上报告制度，基层委员会及下属各支部定期开展组织活动，成效显著，组织活力进一步增强。

【参政议政】 研究承担的致公党四川省委9个课题调研和撰稿工作全面完成。2022年共向市工委报送各类参政议政素材30余篇，其中，致公党中央采用2篇，省政协常委会发言1篇，省政协采用1篇，致公党四川省委采用6篇，获市政协主席重点督办提案1件，市政协全会联组发言1件，转化省、市人民代表大会建议和省、市政协会个人提案8件，市政协采用社情民意6

◆ 2022年5月31日，由致公党四川省委社服委、致公党四川省直工委、致公党绵阳市工委协调联系，四川省科技扶贫基金会捐建的青少年健康成长中心在信义镇观太小学揭牌启用

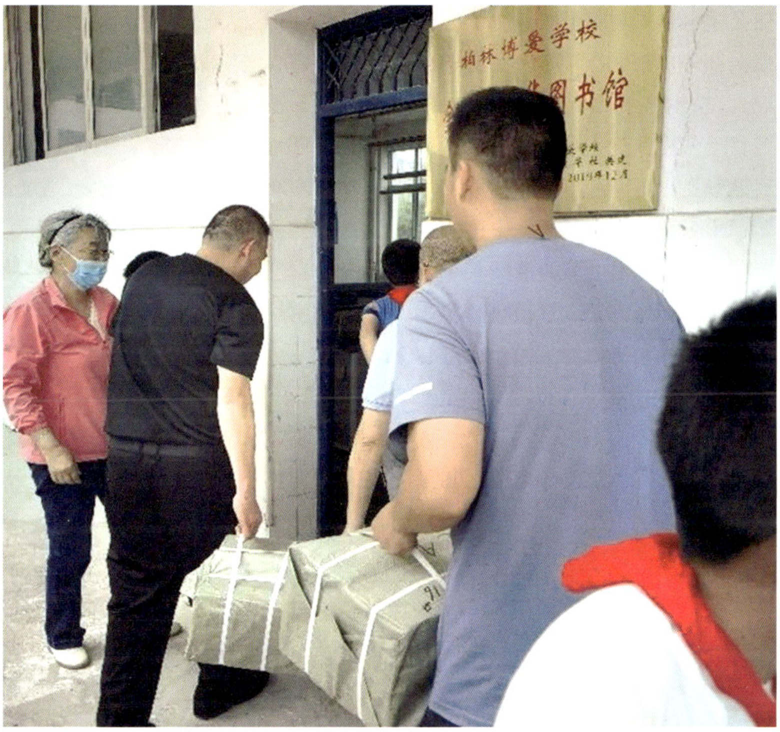

◆ 2022年5月23日，游仙区柏林博爱金祖鑫健华图书馆收到美国加州健华社第二期捐款所购的书籍

件。陈枫提交的《关于加快推进“城乡供水一体化”的建议》，刘正西提交的《关于发展庭院经济助推乡村产业振兴的建议》，魏敏提交的《关于完善同类案件不同判决现象解决方案的建议》被表彰为致公党四川省委优秀参政议政成果。针对政府重点工作开展调研，省级层面形成了《关于发展我省晶硅光伏产业的建议》《关于完善托育服务评价标准的建议》；市级层面形成《关于发展我市氢能产业的建议》《关于“一老一小”用地保障的建议》；区级层面形成《关于加强我区校外托管机构管理的建议》在联组讨论会上发言；提交《关于夯实消防公共安全管理基础的建议》《关于处理同类案件不同判决的建议》《关于完善物业服务监督管理的建议》《关于持续推进公益“法治体检”进企业的建议》等提案；提交反映社情民意信息5条；在小组讨论会上，党员中的政协委员围绕科技创新、民营企业发展、电子产业园区建设、法治建设建言献策。

【服务社会发展】 3月，致公党党员、绵阳仙特米业董事长张曦，致公党党员、文昌祖庭文化传播公司总经理王钦甲，四川杞梓生态园林公司总经理曹海龙3名优秀的年轻企业家向绵阳市特殊教育学校捐赠电脑21台，价值10万元。5月，致公党绵阳市工委协调联系致公党四川省委社服委、四川省科技扶贫基金会捐建的青少年健康成长中心在游仙区信义镇观太小学揭牌启用。5月23日，游仙区柏林博爱金祖鑫健华图书馆收到美国加州健华社第二期捐款所购书籍，共1800余册，价值6万余元。11月8日，刘正西主委带领基层委员会相关人员慰问富乐街道北街社区一线防疫人员和志愿者；开展共学党的二十大精神、“发挥致公资源优势，助力基层社会治理”座谈交流活动，向社区赠送《党的二十大报告辅导读本》30余套。

【招商引资】 招引2家企业落户游仙高新区。主要从事电子专用材料研发，配电开关控制设备研发制造。引进四川冠硕智能科技有限公司，与党员企业合资成立四川中明煊电子科技有限公司，主要从事电子专用材料研发，配电开关控制设备研发制造。（王洪斌）

九三学社绵阳市游仙委员会

【概况】 2022年，九三学社绵阳市游仙委员会（以下简称九三学社游仙委员会）有领导班子成员9人，社员72人。其中，市政协常委1人，市人大代表1人，区人大代表2人，区政协委员7人；博士及硕士研究生学历19人、占总人数的26.4%，中高级职称63人、占87.5%，界别特色突出。2022年度，社员刘光海获评游仙区委十大杰出青年、尖端科技领军人物；社员荣获各类单项奖20人次；游仙委员会荣获九三学社绵阳市委组织工作先进集体、宣传工作先进集体、反映社情民意信息工作先进集体、参政议政工作先进集体等4项表彰。

◆ 2022年8月25日，九三学社游仙委员会为汉仙桥社区捐赠爱心萝卜

【参政议政】 2022年，撰写社情民意23篇，政协提案8篇，调研报告2篇。其中，司晓斌提出的《关于加强境内外非政府组织对我国公共数据获取和使用事项审查监管的建议》，曾治霖提出的《关于加快制定省级公路养护作业单位资质管理实施细则的建议》被省政协采纳，《关于进一步规范医疗机构核酸检测服务的建议》等6篇被社省委采用，23篇被市政协、社市委、区政协采用。张凤提出的《关于提升游仙旅游业高质量发展的建议》和罗智锋提出的《关于提升游仙区机械加工行业整体配套能力的建议》获评优秀提案。

【服务社会发展】 与游仙区汉仙桥社区建立定期联系制度，服务社区发展。游仙委员会联系购买500千克壤塘高原白萝卜，游仙二支社副主委李勇购买500千克白萝卜送至汉仙桥社区，除少部分用于社区的爱心食堂以外，其他全部分发给社区的困难户、老人等需要关爱的群体，共计帮助居民300余户。

（徐浩源）

绵阳市游仙区总工会

【概况】2022年，游仙区总工会立足自身职责，整合资源，采取“线上+线下”方式，开展2022暖企行动——“刺激一夏，十万职工欢乐购”活动3场，发放80万元职工购物消费券拉动消费，推进消费市场复苏。同时，组织60名劳动模范、技术人员开展疗休养活动，为仙特米业、兴事发集团、五八所等企业建设职工之家等活动阵地。坚持“冬送温暖”“夏送清凉”“金秋助学”等品牌活动，慰问、帮扶一线职工及其子女4664次，发放慰问物资价值245.96万元，联合区人社等部门，开展线上、现场招聘会5场，帮助700余名职工实现就业。在全市率先开展关爱新就业形态劳动者子女冬令营、职工子女寒暑假公益托管班7期次，覆盖职工子女2000余人次。持续推进“普惠购物”“加油返岗”等贴近职工群众的普惠服务，坚持每月开展1次健步走、端午接粽、有奖知识竞答等普惠线上活动，惠及职工6万人次，发放奖品价值240余万元。完成省总、市总干部赴游仙蹲点工作任务，同时选派机关4名干部赴游仙高新区、石马镇等地开展蹲点工作，游仙区总工会获评全省赴基层蹲点工作先进单位。2022年末，全区共有镇（园区、街道）总工会13个，区级机关工委2个、教育工会1个、卫健工委1个，基层工会组织1288个，全区工会会员118387人。

【“送清凉”活动】为切实保障高温一线职工的生命安全和身体健康，7月区总工会启动“送清凉”活动。7月25—28日，区领导陈华斌、韩晓清、何守君、杨守贵、张明东分别带队深入核医疗健康产业园、激光产业基地、区消防大队等9个企事业单位及4个高速公路收费站，看望慰问1300名企业一线职工、新业态从业者、交警消防、疫情防控人员，为他们送去防暑药品、水杯、茶叶、毛巾、洗发水等劳保用品，对他们坚守岗位，顶烈日、战高温、斗酷暑，为全区经济社会发展、保障生产生活秩序作出的贡献表示敬意和感谢。同时叮嘱相关单位负责人要合理安排作息时间，做好常态化疫情防控形势下高温作业的劳动保护工作，切实维护广大职工劳动安全健康权益。区领导魏威、薛清泉、刘辉等参加活动。

【关爱职工子女工作】1月18—21日、7月21—24日，区总工会共组织辖区84名农民工、新就业形态劳动者子女赴成都开展冬、夏令营研学活动。40名往届金秋助学受助学生组建志愿者服务队，大手牵小手结伴出行。先后组织参观成都市博物馆、金沙遗址、熊猫基地、三星堆遗址。

1月17日、7月18日，区总工会联合区教育工会举办的游仙区寒暑假双职工子女公益托管班分别在开元实验幼儿园、涪江街道职工服务中心、游仙高新幼儿园，剑南路小学、万达小学、富乐二小开班。区直属部门、部分企业双职工家庭就读小学的110名职工子女参加。每个班配备班主任1名、助教1名、3名大学生志愿者辅导孩子完成假期作业，坚持以看护、托管为主，合理安排文体活动、阅读指导、特色课程、兴趣拓展、作业辅导等，切实解决职工看管孩子的后顾之忧，深受职工群众好评。

【金秋助学活动】 8月23日上午，省纪委监委驻省总工会纪检监察组组长、省总工会党组成员钟验鹰，省纪委监委驻省总工会纪检监察组一级调研员王志平到游仙开展金秋助学活动，为困难职工子女送去工会组织的关心与关爱。市总工会党组书记、常务副主席刘春涛，游仙区委常委、统战部部长、区总工会主席张明东参加活动。8月23日下午，游仙区举行2022年“金秋助学”优学金发放仪式。陈华斌、何守君、杨守贵等区四套班子领导出席活动,区委常委、统战部部长、区总工会主席张明东主持会议。区级相关部门主要负责人，经济试验区、各镇（街道）主要负责人及50名学生代表参加。2022年金秋助学活动启动以来，游仙区通过整合各方资源，延伸助学链条，确定337名助学对象，发放资金共计57.68万元。民建绵阳市游仙区基层委员会、四川一百智慧医疗科技有限公司、绵阳市商业银行游仙支行、绵阳艺彩园林景观工程有限公司、绵阳紫东食品有限公司在此次助学活动中共捐赠13万元，帮助学生圆梦校园。区委书记陈华斌为爱心党派、企业授牌，参加活动领导为受助学生代表发放助学金。

【评选区第五届劳动模范、先进工作者】 为激励和鼓舞全区广大劳动者为游仙区“大幅提升三大目标，大力实施三大战略，扎实开展三大攻坚”努力奋斗，2022年3月，区总工会牵头启动游仙区第五届劳动模范（先进工作者）评选表彰工作，经基层单位民主推荐、公示和区级相关部门初审、复审及评议，并报区政府常务会议、区委常委会会议审议通过，最终评选出30名劳动模范（先进工作者），其中劳动模范19名、先进工作者11名，他们分别来自机关、科技、教育、卫生战线，一、二、三产业，以及新业态从业者，具有先进性、广泛性和代表性。

【权益保障】 8月5日，由市总工会、市应急局、市卫生健康委、市人社局联合举办的2022年绵阳市“安康杯”竞赛启动仪式暨劳动者权益保障专项行动在游仙区举行。市总工会、市卫生健康委、市应急局、市人社局分管领导及游仙区委常委、统战部部长、区总工会主席张明东出席活动。各县市分管领导及工作人员参加。

◆ 2022年8月23日，游仙区金秋助学活动优学金发放仪式举行

【省总工会指导基层工会组织建设】 3月23日，四川省总工会党组成员、副主席苗勇一行在绵阳市总工会党组书记、常务副主席刘春涛的陪同下到游仙区调研指导基层工会组织建设情况，游仙区委常委、统战部部长、总工会主席张明东等陪同。苗勇一行先后实地参观游仙高新技术产业园、兴事发集团工会、游仙区网约车行业工会联合会，听取游仙区工会组织建设和阵地建设工作情况。苗勇表示，游仙新就业形态劳动者工作取得的成绩可以用“高、力、实、显”四个字来形容，领导高度重视，措施施展有力，工作狠抓实干，成绩卓越有效，对游仙工会推进新就业形态工作给予高度赞扬。

【省总工会蹲点调研】 2022年3月15日，省总工会蹲点调研组成员胡晓雯、顾乐到游仙区经济试验区总工会开展蹲点调研工作并召开见面会。市总工会党组书记、常务副主席刘春涛，市总工会党组成员、副主席陈仕明，游仙区委常委、统战部部长、总工会主席张明东，游仙区总工会党组书记、常务副主席唐春及经济试验区总工会负责人参加。

9月26日上午，2022年全省工会干部赴基层蹲点工作总结交流会以电视电话会议形式在成都举行，会议对全省工会干部赴基层蹲点工作的开展情况及经验做法进行总结交流，对蹲点工作中取得显著成效的先进集体和先进个人进行通报表彰。游仙区总工会获评关于“全省工会干部赴基层蹲点工作先进单位”。

【新业态劳动者服务阵地建设工作】 2月16日，《四川日报》头版以《绵阳创新开展新就业形态劳动者加入工会行动——4.5万新就业形态劳动者有“娘家”》为题，报道游仙区抓实新业态劳动者服务阵地建设。为切实解决新业态劳动者饮水难、吃饭难、休息难、如厕难等实际困难，区总工会设立新业态劳动者职工之家建设专项资金100万元，在城区新业态从业者集中地建成货车司机之家、快递员之家、家政服务员之家等10个休憩阵地，覆盖职工5000余名。

4月28日，绵阳市召开庆祝“五一”国际劳动节先进代表座谈会。省委常委、市委书记曹立军出席并讲话，向受到表扬的先进集体和个人表示祝贺，向辛勤工作在全市各条战线上的广大劳动者致以节日问候，游仙11个先进集体和个人荣获市五一劳动奖，10名技能型人才荣获首届百名“绵州工匠”，12名新就业形态从业者获得“最美新就业形态劳动者”称号，其中绵阳申通快递服务有限公司快递员刘琼作为代表在市“五一”表扬先进大会上发言。（沈欣）

共青团绵阳市游仙区委员会

【概况】 2022年，全区共有团员10175人，建立下级团组织1036个。积极向上申报“青年文明号”“两红两优”等先进典型，全区各级团组织和团员青年，少先队组织和少先队员获141项市级及以上表彰。其中，2名个人获评四川省优秀少先队员，2名个人获评四川省优秀少先队辅导员，2个集体获评四川省优秀少先队集体；4名个人获评四川省“红领巾奖章四星章个人”，3个集体获评四川省“红领巾奖章四星章集体”。游仙区剑南路小学少先队大队成为绵阳唯一当选的全国优秀少先队集体。

【思想政治引领】 积极动员广大青年思想理论学习，全年共组织开展青年大学习18万人次。线上推出党的二十大精神，市、区“三会”精神系列主题云课，让全会精神随时随地、触手可学。组织全区各级团组织学习习近平总书记在庆祝中国共产主义青年团成立100周年大会上的重要讲话精神，引导广大团员青年坚定不移听党话、跟党走。开办“富乐青年沙龙”，组建“富乐青年宣讲团”，吸纳高校、院所、企业、社会组织、科技、金融、法律等各行业各领域青年代表开展主题座谈及宣讲20余场次。组织全区各级团组织、少先队开展“庆祝中国共产主义青年团成立100周年”“喜迎二十大”系列活动和“学习二十大、永远跟党走、奋进新征程”主题教育2000余次。创新推出“团的百年历史回顾”“喜迎二十大，庆建团百年”专刊，发布信息100期，综合阅读量超10万人次。“富乐青年”微信公众号、抖音号粉丝累计突破5万人，平均推文阅读量达1000人次。评选“2021—2022年度绵阳市游仙区十大杰出青年”“青年文明号”，推文访问量达560万人次，充分发挥先进榜样示范引领作用。

【基层团组织建设】 严把团员入口关，全区全年新发展团员1020名。从高校、青创工作室等地先后选拔1名青年人才兼职团区委副书记，团区委班子平均年龄27.3岁，较之前下降3.7岁。从在绵阳高校中选派20名优秀在校大学生到乡镇、街道等基层兼职团干，建立起文化层次高，专业知识强的兼职团干部队伍，为全区共青团工作注入新的活力。

【第八次团代会】 经团市委、区委同意，12月13日，共青团游仙区第八次代表大会胜利召开。会议回顾总结区第七次团代会以来的工作，谋划部署今后五年共青团工作目标任务，选举产生新一届共青团游仙区委领导班子。区委常委、组织部部长李响，共青团绵阳市委副书记欧达宇出席大会开幕式并讲话，区领导张明东、刘辉、秦顺英出席会议，区科协负责人代表群团组织向大会致贺词，全区各行各业、各条战线的团代表参加会议。会议听取和审议共青团游仙区第七届委员会的工作报告。选举产生共青团游仙区第八届委员会委员、候补委员。姜佳男当选共青团游仙区第八届委员会书记，李思佳、申小婷当选共青团游仙区第八届委员会副书记。

【助力经济发展】 助力辖区民营企业发展，联合辖区的中影泰得电影院共建“游仙区共青团影院”，建立并启用“富乐青年厅”。凝聚青年力量参与乡村振兴获好评，其中，1名青年干部被评为“迎接省级实施乡村振兴战略先进区‘回头看’考核工作先进个人”。扎实推进“富乐青年人才储备计划”，积极联系中国工程物理研究院、五八所（有限公司）等科研院所，主动对接绵阳师院、绵商行等高校企业，加强院校地企银之间共青团合作与联系，搭建青年人才交流学习平台，促进资源共享、优势互补、共同发展。

◆ 2022年7月22日，游仙区2022年“七彩假期”暑期夏令营活动在小枧镇建华社区开营

◆ 2022年7月21日，北京大学思政实践教育基地签约授牌仪式举行

（米雪　摄）

【关爱留守儿童】 在全区已建成14个“童伴之家”，配齐“童伴妈妈”，全年共开展主题活动100余场，累计服务困难儿童1600余人次。暑假期间在4个点位同步开展夏令营，帮助辖区100余名孩子度过充实而有意义的假期。持续开展“情暖童心”等帮扶活动，为辖区30余名困难儿童发放帮扶物资共计2万余元。根据《游仙区“童伴妈妈”工作考核细则》，在全省创新开展“最美童伴妈妈”评选活动，反响热烈。

【青年就业创业】 全面推进“逐梦计划”，在全区募集岗位400余个，解决青年学生实习少就业难的问题。在电影院、青创企业等地建成青年之家14个，融入“青阅”“青声说”等多类青年元素服务青年成长成才。联合辖区高校团委开展2022年大学生进机关岗位实习实践活动2期，吸引100余名青年大学生积极参与，获得用人单位一致好评。积极承办北京大学外国语学院和城市与环境学院到游仙思政实践活动，首次与北京大学共建思政实践课教育基地，让北大青年学子走进游仙、了解游仙、建设游仙。积极实施四川青年创业促进计划，指导辖区4名创业青年成功申报。帮助辖区创业青年争取小额贴息贷款150万元。邀请创业导师和成功人士针对青年需求开展创业专题培训6期，培训200余人次。扎实开展富乐青年人才储备计划，为46名新入职青年申报住房和生活补贴24.2万元。

【青年志愿服务】 积极参与“首届中国激光科技创新产业大会”活动，组织40余名大学生志愿者参与会场签到、引领、服务等工作，圆满完成了大会期间各项志愿服务工作，展现了游仙青年积极向上的精神风貌。依托“志愿四川”平台，注册青年志愿者2万余人，组建各类青年志愿服务队207支，联系神鹰救援等社会组织在新冠疫情防控、防汛抗洪抢险、文明城市创建等任务中发挥突击队作用，累计超15000人次参与志愿服务。建立团属社会组织青年爱心会，吸纳爱心企业、团体、人士80余家（人），支持开展“爱无声”等系列青年志愿帮扶活动。（米雪）

绵阳市游仙区妇女联合会

【概况】 绵阳市游仙区妇女联合会

成立于1993年，是群团组织之一。主要职责：围绕中心、服务大局，联系和服务妇女，代表和维护妇女权益、促进男女平等和妇女全面发展。经区委编办批准核定编制6名，设主席1名，副主席1名，挂职副主席1名，内设股室2个，分别是办公室、发展部。游仙区妇女儿童工作委员会办公室设在区妇联。

【游仙区妇女第七次代表大会】 2022年12月16日，游仙区妇女第七次代表大会召开，大会审议通过游仙区妇女联合会第六届执行委员会工作报告，选举产生游仙区妇女联合会第七届执行委员会和新一届领导班子，董勤当选区妇联主席。

【作风能力攻坚行动】 区妇联党组高度重视作风能力攻坚行动，多次召开专题会议，深入研究、精心部署。制定《游仙区妇联扎实开展作风能力攻坚行动的实施意见》，细化问题台账及整改措施，压实责任、成立工作专班。行动中坚持做到把作风能力攻坚与妇联业务工作相结合，做到高起点谋划、高标准推进、高质量落实。对照活动要求，立足岗位职责研究制定集中攻坚重点任务，组织干部职工集中开展“大学习”“大查摆”“大反思”“大整改”“大督导”活动，总结经验建章立制，通过扎实开展作风能力攻坚行动提升妇联干部职工业务能力。

【“巾帼心向党”提升行动】 利用周三夜学走进村（社区）、妇女之家、儿童之家的形式，深入经济试验区游仙观社区、仙鹤镇等地宣讲党的二十大精神，开展主题党课、廉政党课、法治党课及妇儿维权微讲堂，将党的最新方针政策及对妇联工作职能职责及时传播到妇女群众中。“三八国际妇女”节开展“逐梦新时代·绽放‘她’力量——游仙区妇联致敬最美的她”线上巾帼先进事迹展播，鼓励全区广大妇女以先进为标杆、以模范为榜样，踊跃投身现代化新游仙的建设中。举办“释放她力量，巾帼绽魅力”系列文化活动，开设诵读、声动、舞动、翰墨、书香游仙“巾帼学堂”，吸引230余名干部职工参与。坚持用正能量凝聚妇女群众，着力构建妇联新媒体矩阵，全年区妇联在各级各类媒体刊发信息80余条，微信公众号浏览量万余人次。

【“巾帼建新功”提升行动】 指导新建荆桃家庭农场、艺海苑木等妇女居家灵活就业基地2家，解决周边妇女就业务工；联合区农民工服务中心等部门开展线上线下招聘会2次，让有就业创业愿望的妇女及时了解到岗位信息、惠民政策；利用妇女之家、妇女创业孵化基地、居家灵活就业基地开展电商、家政、烹饪、居家收纳等实用技术培训6期，培训妇女300余人，提升妇女创业就业技能。

【“巾帼维权服务”提升行动】 持续开展巾帼维权线上、线下宣传活动，举办巾帼维权大讲堂专题讲座3期，巾帼维权空中课堂4期，开展法律进校园、安全宣传进社区、法治宣传进家庭等活动，提高广大妇女群众尊法、学法、守法、用法，依法维护自己的合法权益。利用“三八”维权周、禁毒、防艾、综治平安、“安全生产月”等节点开展维权宣传活动，有效提升妇女的法治意识和维权能力。联合区法院、绵阳市女律师工作委员会、区司法局、区法律援助中心、建立游仙区妇女儿童维权站，与区检察院、区公安分局等部门联合下发《关于建立快速救助性侵未成年被害人绿色通道的实施意见》，实施“依法带娃家庭教育指导工作站”项目，搭建妇女儿童维权绿色通道，更好地服务妇女儿童。各镇（街道）整合资源，全部建立了妇女儿童维权站点，为当地妇女提供法律帮助和调解服务。2022年，全区各级妇联接待妇女来访120余

◆ 2022年9月27日，绵阳市深化妇联基层组织建设改革助力城乡环境综合提质三年行动现场会走进李杜祠社区

件，有效化解家庭矛盾。

【家庭工作提升行动】组织“最美家庭”代表深入村（社区）开展“好家风好家训好故事”宣讲4场次，用身边的生动事迹引领更多的家庭见贤思齐、崇德向善。持续开展“最美家庭”评选活动，成功推评市级最美家庭9户，区级最美家庭10户。携手文广旅局、区总工会、团区委以“忆家训、展家教、传家风”为主题开展“庆六一、迎端午”活动，辖区30余个家庭参与；母亲节期间，各级妇联开展“感恩母亲·陪妈妈看电影”、手工制作、为妈妈做件事等系列主题活动8次。涪江街道开元路社区、经济试验区汉仙桥社区利用好“儿童之家”，定期开展亲子趣味活动，为辖区儿童建立起快乐幸福的共享家园。创新开展“牵手游仙·游爱童行”关爱留守儿童活动，吸引138名爱心人士参与其中，通过长期开展对留守儿童“一对一”关爱活动，让留守儿童感受社会大家庭的关爱。

【志愿服务活动】深入开展“全国妇联中央彩票公益金妇女‘两癌’防治知识到村庄、到社区活动”，通过会议、讲座、走村入户等形式开展“两癌”宣传活动14次，参与群众500余人。在疫情防控中，各级妇联组织充分发挥“联”字优势和妇女“半边天”作用，广泛发动妇联干部、执委、巾帼志愿者、网格员、广大妇女和家庭等多方力量，全力参与政策宣传等疫情防控工作，积极做好疫情防控志愿者服务活动。

【关爱特殊群体温暖人心】携手区教育局、区民政局、区总工会、区融媒体中心开展99公益日“春蕾计划”为爱一起捐活动，共组建42支爱心团队，4439人次参与捐款，共募集资金29.8万元。走访慰问困难妇女、困境儿童、女农民工共计40余人，送去了价值3万元的慰问金和慰问品。“六一”儿童节，区四套班子领导分别带队深入经济试验区、信义镇、忠兴镇、仙鹤镇看望慰问少年儿童，为学校送上了慰问金2万元，为孩子们送去慰问品500套。举办“春蕾计划”“金秋助学”发放活动，为201名小学、初中、高中、大学贫困学生发放助学金21.62万元。各级妇联开展儿童假期安全知识培训12期，增强孩子安全防范意识。以“如何保护孩子远离性侵”为主题开展家庭教育讲座，向家长们传授如何保护孩子远离性侵的技巧知识，提高了家长保护孩子的能力。

【妇女儿童工作调研】2022年5月25日，绵阳市妇联党组书记、主席冯科敏带队到游仙调研妇女儿童工作，区委常委、统战部部长、总工会主席张明东陪同调研。调研组先后实地查看游仙区婴幼儿照护和托育服务指导中心、忠兴镇凤凰村儿童之家及荆桃家庭农场。

【妇女儿童权益保护工作调研】2022年5月26日，区人大常委会主任何守君带队调研全区妇女儿童权益保护工作开展情况并召开座谈会，区人大常委会副主任徐丽娟、副区长陈琴参与调研。调研组先后实地查看游仙区妇女儿童维权站、经济试验区未成年人保护站。座谈会上，副区长陈琴代表游仙区人民政府汇报全区妇女儿童权益保护工作开展情况。（缪金宏）

绵阳市游仙区科学技术协会

【概况】2022年，区科协召开区科协第七次代表大会，选举委员21名，常委11名，主席、副主席6名。增配12名科普管理员、172名科普员、144名科普志愿者，充实科普工作力量。全年，省、市科协领导5人次到游仙考察指导，共争取资金42万元。申报建设“海智工作站”1个；成功申报省、市科普共享基地2个；评选表彰区“最美科技工作者”10名，推荐2人入选2022年绵阳市最美科技工作者。规范建设游仙区天府科技云服务中心。游仙6项工作指标名列全省前十，全市排名第二。云注册用户达6.1万个，累计成交417单。累计为186家企业1065个项目提供保姆式服务；推荐1个项目在第二届省科创会上发布；游仙选手在市第六届乡村振兴乡土人才创新创业大赛获奖人数占全市1/3。组织开展全国科技工作者日、全国科普日等品牌科普宣传活动。举办科技工作者书画摄影作品征集评选活动；举办区“百日百科”品牌科普宣传及“科普达人”活动7场次，参与线上科普知识有奖竞答1万余人次；开展“开学第一课”科普大篷车进校园等科普活动，全年精准科普服务量累计87.2万条次。游仙区科协荣获省科协“2022年度精准服务创新驱动发展成效突出单位”“2022年度精准服务全民科学素质提升成效突出单位”、市科协“2022年度科协工作优秀等次”“第三十七届绵阳市青少年科技创新大赛优秀组织单位”等称号。

【游仙区科学技术协会第七次代表大会】 2022年12月15日，游仙区科学技术协会第七次代表大会召开。绵阳市科协二级调研员魏敏，区委常委、区委组织部部长李响出席开幕会并讲话。区委常委、区委统战部部长、区总工会主席张明东主持开幕会，区政府党组成员、副区长杨彬，区政协副主席秦顺英等领导出席会议。会议强调：要深入贯彻落实习近平总书记关于科协工作的重要指示精神，进一步强化政治引领，全方位服务科技人才，建设有温度、可信赖的科技工作者之家；高水平助推科技创新，大力开展全域科普，积极构建科技智库，更好服务党和政府科学决策；继续深化群团改革，配强基层科协组织干部队伍，真正把区科协打造成为开放型、枢纽型、平台型科协组织。大会审议通过游仙区科协第六届委员会工作报告，选举产生区科协第七届委员会领导班子和常务委员。选举喻希东为主席，蔡佳、阳兰为专职副主席，刘光海、何建国、崔婷婷为兼职副主席，阳兰为秘书长。游仙区科协第七次代表大会全体代表参加会议。

【开展“天府科技云”保姆式科技服务】 2022年，区科协全面推行“天府科技云”保姆式科技服务。一是配备“一对一”专员。统筹科技（经济）管理、法律等专业领域力量，组建35人的科技保姆服务队，围绕重点特色产业，全面开展走企业、进高校、访院所活动，建立科技服务所能、成果转化等4项动态清单，为有技术攻关、项目咨询等需求的科技工作者、企业（单位）开展科技服务。二是开展订单式服务。建立平台接单跟单工作机制，“一单一策”制定项目服务方案，全程跟踪服务。三是实行差异化考评。完善订单积分标准，划定3个差异化年度目标档级，每季度结合订单积分、满意度评价等情况，对科技保姆工作进行综合考评并与年度绩效挂钩。

【“最美科技工作者”学习宣传活动】 2022年5月30日是第6个全国科技工作者日，为了激发广大科技工作者的荣誉感、自豪感和责任感，游仙区委宣传部、区科协、区科技局、区人才办联合开展游仙区2022年“最美科技工作者”学习宣传活动，经广泛动员、组织推荐、专家评选、部门联审、面向社会公示，最终授予马强等10人2022年“游仙区最美科技工作者”称号，鼓励全区广大科技工作者以“最美科技工作者”为榜样，争当科技创新的领跑者、科学普及的推动者，积极投身全面建设社会主义现代化游仙的实践中再立新功，以优异成绩迎接党的二十大胜利召开。

【2022年“科普达人”科普知识竞答活动】 2022年10月18日，区科协正式启动开展以“喜迎二十大 科普向未来”为主题的“科普达人”进校园、进企业、进社区科普知识有奖竞答活动。活动依托天府科技云平台，时间从2022年10月至2022年12月，由区科协与辖区内4所高校、3家企业及3个社区联合举办，活动高校、企业、社区中成功注册天府科技云平台有效用户，在活动期内通过“天府科技云”平台“科普达人”答题页参与活动，抽取红包奖励，答题优秀者由区科协颁发“科普达人”表彰证书。2022年11月3日，“科普达人”线上科普知识有奖竞答活动走进东材科技有限公司。区天府科技云服务中心技术专员深入企业，通过宣传培训，吸引指导更多一线科技工作者了解、注册、使用天府科技云服务平台，依托平台发布科技（科普）所能所需，参与“科普达人”线上科普知识竞答，成为精准科普服务的受益者和推广者。科技工作者纷纷表示，通过参与线上科普知识竞答活动，学习到了新知识，拓宽了知识面，会推荐更多的科技人员关注天府科技云，参与科协组织的科技活动，努力提升科学文化素质。通过系列活动的开展，全区精准科普服务群众达4000人以上，精准科普服务量达20万人次以上。

【疫情防控科普直播活动】 2022年7月21日，区科协与区新时代文明实践服务中心、区融媒体中心联合举办疫情防控科普直播宣讲活动，持续全面倡导文明健康、绿色环保的生活方式，提升公众预防意识和能力，在防控常态化下科学应对疫情。区科协邀请四川绵阳四〇四医院外科学主任医师、教授，西南医科大学、川北医学院硕士研究生导师姜淮芜教授做客直播间，与广大网友分享传染病学科普及新冠疫情常态防控下的公民基本行为准则，让网友对传染病的特点、新冠疫情的主要的症状和表现、危害有了比较深入的了解，也了解到疫情防控常态下的就医流程，以及在日常生活中需要遵守的防疫基本行为准则。

【全国科普日系列科普直播活动】 2022年9月全国科普日活动期间，区科协具体承办2022年全国科普日绵阳市系列活动中“畜禽养殖标准化生产”“如何预防与控制儿童青少年近视”“食品安全与营养”3场科普直播，共吸引22万名网友进入直播间观看并参与互动。

【健康科普进社区活动】 2022年10月28日上午，区科协邀请医疗健康服务专家走进沈家坝北街社区，开展以中老年养生科普讲座为主题的健康宣讲活动，为社区居民提供具有中医特色的健康服务和咨询，受到北街社区居民的好评。活动现场，社区居民积极有序参加活动，氛围轻松愉快。医疗健康专家在现场进行养生健康指导，耐心细致地帮助现场居民了解健康知识，深受群众好评。此次宣讲活动向社区居民普及中医药特色健康科普知识，让他们真真正正享受到家门口的中医诊疗服务，进一步提升居民健康文化素养。

【科普进校园活动】 2022年9月14日、16日，游仙区科协组织开展的“开学第一课”科普进校园活动分别走进富乐实验小学、柏林小学。同时，结合全国科普日，联合市科协、仙鹤镇政府在仙鹤镇柏林小学开展“开学第一课”科普进校园防范邪教宣传活动。活动中，学校科技教育老师与学生畅谈了党的十八大以来国家取得的巨大科技成就，宣讲科学家精神，激励同学们努力学习，争做国家科学事业的接班人。随后在市科协工作者的讲解和指导下，学生实践操作10余台科普仪器设备。活动中还开展防范邪教宣传，发放相关书籍资料。

【送“科技下乡”科普宣传活动】 2022年11月1日，区科协在信义镇开展“送科技下乡、助推乡村振兴”科普宣传活动，旨在通过科普宣传，帮助提升群众科技创新意识及科学种养水平。活动现场，区科协在街头设立科技咨询台，向广大农民群众发放天府科技云、科学疫情防控、种植养殖技术等各种科普图书及宣传资料，科普志愿者面对面地为群众开展科技咨询及讲解服务，针对群众生产生活中遇到的实际问题进行深入浅出、通俗易懂的讲解，将先进实用的科学技术传授给他们，使科技创新成果和科学普及活动真正惠及广大人民，提升了农民精神风貌，树立了科学生产、健康生活、协调发展的理念。

【游仙区“创业游道 逐梦仙行”创业沙龙】 2022年9月26日，为浓厚全区创新创业氛围，助力人才先行区建设，充分挖掘各领域创新创业人才，激发群体创新创业，区人社局、区科协在绵阳市青少年活动中心联合举办以“创业游道 逐梦仙行”为主题的创业沙龙活动。沙龙吸引一批游仙优秀创业者、有创业愿望的劳动者参加，并邀请四川省创业就业指导中心专家王信民，四川省就业训练中心创业导师王博辉分别就“创业需要资本思维”“如何打造品牌”做了专题辅导，向游仙创业者分享创业知识、创业经验和创业方法。

【区智慧科普体系建设】 围绕提升基层科普服务能力，以“天府科技云”智慧科普、精准科普、直达科普更好服务全区全民科学素质提升，继续加强全区科普“领头羊”“科普员”“服务员”三支科普队伍

◆ 2022年10月28日，区科协组织科普志愿者到北街社区开展健康科普讲座活动

◆ 2022年9月16日，柏林小学开展“开学第一课”科普进校园防范邪教宣传活动

建设，新增配备12名科普管理员、172名科普员、144名科普志愿者；组织区内优秀科技代表注册登记科技特派员，完成2个法人科技特派员、7个自然人科技特派员注册任务。

【天府科技云服务调研】 2022年3月23日下午，绵阳市科协党组成员、副主席杨丽琳一行专程前往游仙区调研督导天府科技云服务及“科创会”项目跟进工作。区科协党组书记、主席喻希东，副主席阳兰陪同调研。杨丽琳强调：要深刻认识推进常态化“保姆式”服务和打造永不落幕“科创会”工作的重要意义，大力弘扬新时代愚公移山精神，坚持以常态化“保姆式”服务和永不落幕“科创会”“两轮驱动”的科创机制，推进游仙区天府科技云服务高质量发展，整合资源，提升辖区企业科技创新服务能级，提高科技创新水平，为游仙区经济社会高质量发展作出科协贡献。

【社区科普调研】 2022年4月1日下午，省科协党组成员、副主席经戈一行到游仙调研社区科普、天府科技云服务工作。绵阳市科协党组书记、常务副主席王久华，绵阳市科协党组成员、副主席何勇，区科协党组书记、主席喻希东陪同调研。经戈详细了解社区科普工作开展情况，对游仙区科协与社区党委联合开展党建大联盟楼栋科普建设给予高度评价，鼓励游仙继续探索总结社区科普新模式，以社区科普阵地建设为契机，进一步发挥好楼栋科普员职责作用，充分利用“天府科技云”精准科普服务优势，通过线上线下科普宣传落地落实科普服务，发挥科普e站作用，让高科技“接地气”，构建起线上线下相结合的科普信息化服务阵地，实现科普生活化，让科普宣传惠及更多群众。

【深化院地合作调研】 2022年7月26日，绵阳市科协党组书记、常务副主席王久华、西南科技大学副校长曾刚等一行到游仙区开展深入院地合作专题调研，促进在绵阳科研院所重要科技成果快速转化落地，促成院地双方有效对接和深度合作，打通科技到经济的“最后一公里”。调研组深入游仙区高新技术产业园区实地调研，并就科技创新服务等工作展开座谈交流。区委副书记、区长韩晓清，区委常委、统战部部长张明东，区委常委、副区长郑联盛等领导参与调研活动。

【科普共享基地项目申报】 2022年，区科协认真开展省、市科普项目推荐申报工作，依托天府科技云平台打造科普惠民共享基地。其中：四川国康农业科技有限公司申报的国康牡丹园项目成功申报四川省第三批科普共享基地，获得省天府科技云补助资金1万元。区久红中药材种植基地、草畜种养循环农业基地2个项目成功申报绵阳市2022年乡村振兴科普惠民共享基地。

【区天府科技云服务工作调研】 2022年11月22日，区人民政府副区长薛清泉到区天府科技云服务中心调研，对天府科技云工作推进提出意见及工作要求，区科协党组书记、主席喻希东，副主席阳兰陪同调研。11月，区科协与区云服务中心人员分别走访绵阳职业技术学院、绵阳城市学院、绵阳市农业科学研究院等单位，宣传对接开展科技工作者注册、精准科普服务等工作，为川仙农业、宏发机械、金视美科技等6家企业及个人发布的17个项目提供科技科普咨询服务。开展区智慧科普传播体系建设工作。

【天府科技云服务培训】 2022年11月3日，区科协在东材科技有限公司组织开展2022年天府科技云培训暨“科普达人”线上科普知识竞答活动，培训一线科技人员20人次，重点围绕“天府科技云”App、“天府科技云”后台操作流程、对接服务、订单匹配等开展讲解培训，吸引更多科技人员关注注册使用“天府科技云”App。 （陈维）

绵阳市游仙区工商业联合会（商会）

【概况】 2022年，新建基层商会1个，发展会员40余人，录入会员信息500余条，组织召开基层商会规范化建设现场会1次，印发《关于基层商会规范建设实施意见》，积极协调下拨经费20万元，加强基层商会规范化建设，区工商联、魏城商会在全市乡镇（街道）商会建设推进会上作经验交流。先后组织民营经济人士参加党的二十大精神学习等理想信念教育160余人次，收集整理下发学习资料汇编2本，“党建引领画好同心圆、踔厉奋发喜迎二十大”“党建引领+统战强化园区经济统战工作”做法被《四川统一战线》刊发。游仙区工商联被表彰为全市工商联工作、参政议政工作、党风廉政建设工作、精神文明建设暨文明城市创建工作、经济联络服务工作、信息工作先进单位，报送的《关于激发撂荒地活力助力乡村振兴的建议》被全国工商联系统评为优秀调研社情民意信息并获得二等奖。

【促进政企沟通】 衔接协调“同心会客厅”亲清会客活动，为雅化、东材、太极、兴事发、科莱等民营企业协调解决人才子女就学、普工专业培训、人才招引平台等问题55个；为加快止语林果、常山农业2家企业发展提供意见、建议23条；为顺栖农业、高启科技、速荣科技、特锐祥科技、良居酒店搭建银企对接平台，现场促成3家企业初步合作意向。

【做好企业服务】 向上推荐雅化集团绵阳实业有限公司为省绿色发展企业优秀案例，推荐东材科技、兴事发、中金资源上榜四川民营企业100强，推荐企业作为全市广东籍企业代表并接受《绵阳日报》采访，推荐优秀企业家参加国家发展和改革委优秀企业家案例申报。开展“喜迎二十大、一线解难题”主题实践活动，开展“数字化赋能引领　变革时期转型浪潮”讲座、税收政策优惠讲座，赠阅环保惠企政策，组织年轻民营经济人士参与全国工商联年轻民营经济人士网络培训。与市工商联签署《民营经济高质量发展示范区合作共建框架协议》；协调组织绵阳久红农业科技有限公司、华欧油橄榄科技有限公司、紫东食品等企业参加“绵阳造”苏州行活动，签订3亿余元的合作意向。在微信公众号增设维权申诉模块强化维权渠道，依托换届吸纳律所为会员企业强化法律服务。

【参政议政】 积极组织工商界别政协委员参与区委、区政府相关调研课题、区政协重点协商课题及重点提案调研，提交高质量提案10余份，其中“关于提升游仙区重点商圈活力的建议”得到相关领导和部门的高度重视、关于“为贯彻落实《保障农民工工资支付条例》，有效解决施工企业‘结算难’、农民工‘讨薪难’等问题”的社情民意被省、市政协采用，并转送省住房城乡建设厅。

【工商联（商会）第七次代表大会换届选举】 12月16日，游仙区工商业联合会（商会）第七次代表大会召开。选举产生新一届领导班子和领导机构。主席（会长）为任进；副主席为王川、王肖燕、文健军、白晓东、刘子江、李薪、杨五洲、张曦、周顺安、胡骥、高瑗珑、熊映平；副会长为王钦甲、王剑韬、刘子江、严常会、杨文勇、张强、张月雷、陈守印、苟锡之、范宗平、周顺安、高强；秘书长为颜菊红。

【光彩事业】 积极引导民营经济代表人士支持上海抗疫、“关爱天南地北绵阳人”行动，捐赠防疫及生活物资价值15余万元；主动参与乡村振兴、扶危济困、关爱儿童、春雨助残、金秋助学等公益活动，捐资捐物价值80余万元。

【参与乡村振兴】 先后组织乡村振兴促进会、绵阳顺宏洗漱公司等前往盐泉镇广兴村等地洽谈村域合作事宜，同时向中石化线上商超、富临集团等推荐名优特新商品，促进村企合作、商品流通。引导20家企业以产业带动的形式参与“万企兴万村”行动，解决当地村民就业并促进当地集体经济、农民持续增收；成功向市工商联推荐万企兴万村示范点1处，向省工商联推荐入库重点项目、企业各1家。持续巩固脱贫攻坚有效衔接乡村振兴，落实定期走访脱贫户和监测户机制，针对动态监测户C级危房改造等实际，组织4家民营企业、商会为2户动态监测户的危房改造捐资3万元。　（刘咏梅）

◆ 2022年12月16日，绵阳市游仙区工商业联合会（商会）第七次代表大会第一次全体会议召开

全面依法治区

【概况】 2022年，游仙区坚持以习近平法治思想为引领，认真贯彻落实党中央、省委、市委法治建设决策部署，全面依法治区各项工作有力有序开展。多形式、多渠道宣传推广全面依法治区示范试点工作成果，游仙区“组建全面依法治镇（街道）委员会”“探索一核三治微治理”“开展法治歌曲创作”“账图模式”等多项工作成果在全省推广。游仙区委获评“2016—2020年四川省普法先进单位”。

【学习宣传习近平法治思想】 深入学习贯彻习近平法治思想，区委依法治区办编印《习近平法治思想学习纲要》学习手册，在全区组织开展为期15天的集中法治宣传教育活动，运用广播、LED屏、微信公众号等，广泛宣传习近平法治思想及其生动实践。各地各部门利用党委（党组）理论学习中心组学习、“周三夜学”、法治培训讲座等形式，引导党员干部读原著、学原文，悟原理，用习近平法治思想武装头脑、指导实践、推动工作。结合“开学第一课”、法治进校园等宣传活动，将习近平法治思想融入学校教育。

【法治建设规划】 区委、区政府先后印发《法治游仙建设规划（2021—2025年）》《绵阳市游仙区法治宣传第八个五年规划（2021—2025年）》《绵阳市游仙区贯彻落实〈四川省法治政府建设实施方案（2021—2025年）〉责任分工方案》《绵阳市游仙区贯彻落实〈四川省法治社会建设实施方案（2021—2025年）〉责任分工方案》，明确了“十四五”时期游仙法治建设的总框架、施工图，推动法治游仙、法治政府、法治社会一体建设目标任务落地落实。

【党委依法执政】 通过抓领导干部“关键少数”示范带动，落实会前讲纪学法制度，推动党政主要负责人年终“述法”全覆盖。出台《关

◆ 2022年4月21日，游仙区委区政府决策咨询专家、区决咨委委员聘任会议召开

于推动国家工作人员旁听庭审活动常态化制度化的实施方案》，坚持领导干部学法常态化。强化法治调研和法治督察，由区委依法治区办及4个协调小组牵头开展16个法治课题的研究，其中2个课题纳入“四川省软科学研究项目”，1个课题纳入2023年《四川法治蓝皮书》选题。组建四个督察组，对公共法律服务体系建设、党政机关及村社法律顾问聘请及履职情况、法治政府建设报告公开情况、全面依法治区示范试点成果推广应用情况等17项法治建设工作开展督察，以督察倒逼法治建设责任落实。

【政府依法行政】 严格落实重大行政决策程序，采取部门法律顾问初审、区委区政府法律顾问团复审、区司法局终审的“三级联审”机制，全年完成各类合法性审查298件，提出法律建议1470余条。印发《关于推进镇(街道)合法性审查工作的实施意见》，积极推进镇(街道)合法性审查工作。加强行政复议和行政应诉工作，出台《关于加强和改进行政机关负责人出庭应诉工作的通知》，召开游仙区行政复议与行政应诉工作业务培训会，全年共办理行政应诉案28件、行政复议案48件。严格落实行政执法“三项制度”，组成专项督查组对全区执法重点领域开展各类检查10余次，现场调阅抽查行政执法案卷50余份。持续落实行政执法人员资格管理和持证上岗制度，确认区级行政执法主体24个，执法人员316人。

【司法公正为民】 整合政法各单位、区直相关部门力量，大力实施护航民企良性发展、提升群防群治工作质效等2022年度“十件法治为民实事”。以“熊猫木士·灯塔”团队为依托，在全市率先建立家庭教育指导工作站，开展“依法带娃”法治课活动。开展失信企业征信修复专项行动，共助力修复征信企业25家，解除限制法定代表高消费28人次，出具自动履行证明书10份。大力开展打击整治养老诈骗专项行动，共核查线索88条，破案19件，抓获犯罪嫌疑人5人，判决21人，追赃挽损1420.53万元。严厉打击防范电信网络犯罪，共破电信诈骗案件12件，抓获“两卡”嫌疑人162人，捣毁窝点11个。进一步畅通法律援助“绿色通道”，为群众提供民事法律援助86件，为刑事案件当事人指派律师提供刑事帮助471件，实现刑辩全覆盖。

【社会依法治理】 落实好“谁执法谁普法”普法责任制，在重要节点扎实开展“一月一主题·法治周周行”活动130余场次，举办“美好生活·民法典相伴”宣传月暨游仙区“民法典走进百村（社区）”主题活动，在全区掀起《中华人民共和国民法典》学习宣传热潮。利用“法治游仙”微信公众号等新媒体平台，推送以案释法案例、法治公益广告、法治漫画等400余条。大力开展法治歌曲大家唱、法治广场舞大家跳等活动，《法治耀中华》《为你而来》2首法治歌曲在“学习强国”四川学习平台发布。揭晓第二届中国科技城法治创新大赛评选结果，评选出法治创新奖10个、法治特别奖1个、法治提名奖10个、法治组织奖11个。大力实施“法律明白人”培养工程，全区共选拔“法律明白人”642名。魏城司法所、新桥司法所被命名为市级“枫桥式司法所”，新桥镇王家坝村、魏城镇铁炉村通过“全国民主法治示范村（社区）”复核。（孟雪）

◆ 2022年6月1日，忠兴镇开展防范养老诈骗宣传活动现场

法治政府建设

【概况】 2022年，区委全面依法治区委员会设立法治政府和执法协调小组强化统筹协调，区政府成立法治政府建设领导小组负责牵头抓落实。以全面依法治区示范试点为牵

引，聚焦“政府依法行政”重点领域，紧扣法治政府建设“难点”“堵点”，梳理出7个方面16个问题表现，明确43项工作举措，大力实施法治政府建设“六大提升”行动补短板、强弱项，筑牢法治政府建设基础。积极开展第二批全国法治政府建设示范区创建活动，印发《游仙区创建全国法治政府建设示范区实施方案》，明确实施步骤、强化工作保障、创新工作模式，举全区之力推动法治政府建设走深做实。

【工作责任细化】 健全完善区委依法治区委员会及其办公室和4个协调小组工作机制，组成人员实行“席位制”。创新镇街“一委两员”模式，12个镇(街道)党委（党工委）全部设立全面依法治镇(街道)委员会及其办公室，落实区镇村三级法治联络员、法治督导员420余名。落实法治政府建设情况定期报告制度，分别向区委、区人大常委会和市政府报告年度法治政府建设情况。

【依法行政与依法决策】 严格落实重大行政决策法定程序，基本形成了较为完备的科学决策制度体系。加强和改进区委、区政府法律顾问团工作。按照《绵阳市游仙区委区政府法律顾问团管理办法》，续聘常年法律顾问机构5个、特聘法律顾问5人，明确具体承担的11项工作职责，建立法律顾问轮流坐班和专业值班制度。抓好合法性审查，编制合法性审查流程图，强化单位内部审查，切实做到“有件必审、有审必严”。加强规范性文件管理，先后开展法规规章及其他规范性文件涉及行政处罚内容专项清理，涉及长江流域保护规章、规范性文件专项清理等工作。向市政府和区人大常委会报备行政规范性文件3件。

【行政复议体制改革】 为全面贯彻落实中央、省、市关于行政复议体制改革的要求，按照《绵阳市游仙区行政复议体制改革实施方案》，明确了6个方面改革内容：一是整合行政复议工作职责。二是健全行政复议工作机制。三是发挥行政复议监督功能。四是强化行政复议工作保障。五是加强行政复议内部监督。六是建立健全协作配合机制。游仙区于2021年7月1日前完成行政复议职责整合和集中行使行政复议权的改革任务，实现一级政府的行政复议工作以一个机构对外，一级政府只设一个行政复议机构，并由该复议机构集中受理、集中审理、集中决定、集中送达本地行政复议案件。2021年底，区委编办批复同意增设一个行政复议股，由区司法局内部调整编制1名，批复同意对外使用区人民政府行政复议办公室名称和印章。按改革方案要求，2022年底启动行政复议办公场所的改造，2023年上半年完成改造，设立接待窗口、听证室、调解室、阅卷室、档案室等办公场所。

【法治化营商环境建设】 深化“一窗受理、综合服务”模式。设立“综合受理区”，对524个事项开展综合受理业务，实现“前台综合受理，后台分类审批，综合窗口出件”。指导镇（街道）便民服务中心加大推进“三化”建设，优化“综窗”运行，持续加强对镇（街道）下放权力的指导、培训和监督，确保镇（街道）对下沉事项真正“接得住、办得了、办得好”。深化异地服务。积极参与绵阳—北碚区政务服务合作，设置“绵硅综窗”，依托市政务服务中心平台，参与重庆北碚区“异地可办”政务服务事项31项。2022年以来跨省通办窗口办件2888件、川渝通办窗口办件230件，绵碚通办窗口办件8件。深化特色服务。对企业开办实行全链条“零距离”服务，助推企业开办最快4小时办结；对重点项目实行定向服务，协调各职能部门提前介入、联办预审，打通“梗阻”环节，加快报批进度；借助计算机远程控制及QQ远程协助，工作人员在线为企业群众远程服务；新设企业首套印章免费刻制，办件资料免费复印、证照免费邮寄。

【行政执法规范化】 坚持上下协同。实行“一名区级领导联系一个镇（街道）”制度，牵头协调城管执法工作，定期通报情况；镇（街道）一把手作为属地第一责任人，具体推进执法工作；社区、小区设置楼栋长和网格员，将责任落实到每块区域。注重力量下沉。招考法律和管理专业人员，将学历高、经验足、有干劲的执法力量充实到一线，与镇（街道）基层治理力量形成合力。推动部门联动。由区政府牵头，整合执法力量，全面实行“综合行政执法+公安+交警”联勤联动模式，定期召开联席会议，开展联合行动，破除城管执法“单打独斗”的局面。强化执法监督。推行行政执法“三张清单”制度，组织开展案件评查。严格落实“三项制度”，提高行政执法规范化。组成专项督查组对区住建局、区交通运输局等执法重点领域开展各类检查10余次，现场调阅抽查行政执法案卷100余份。严格资质管理。持续落实行政执法人员资格管理和持证上岗制度，严把资格准入关，对全区执法人员进行全覆盖、无遗漏的清理审核，确认执法人员

◆ 2022年9月9日，游仙区公安分局开展“百日行动”夜间清查行动，游仙街道派出所民警在街面巡逻　　（赵章　摄）

343名。

【行政权力运行制约监督】　自觉接受人大、政协监督。53件人大代表建议、114件政协委员提案全部办结，满意率达100%。围绕法治政府建设、营造法治化营商环境、新冠疫情防控等重点工作，定期向区人大常委会专题报告，认真抓好审议意见研究办理。依法接受司法监督、行政监督。深化“府院”联席会议制度，被诉行政机关负责人出庭应诉率100%。加强内部监督运行工作机制建设，强化内部流程控制。落实政务公开，制定《政府信息公开与政务新媒体检查、监管工作考核办法》，切实做到“公开为常态、不公开为例外”。大力开展“法治问效”督察，召开“作风问诊”法治专场会议，播放《法治问效督察纪实》曝光短片，对13个部门存在的33个问题揭短亮丑、传导压力。　（张静）

政法委与综治

【概况】　2022年，游仙区紧紧围绕党的二十大、省第十二次党代会和第十届科博会安全稳定这个总目标，以及市域社会治理现代化试点工作迎检准备，积极谋划全年重大节点和重要时段的平安建设工作，明确措施，落实责任，抓好平安建设各项重点工作排查梳理、分析研判、预测防范等相关工作，确保全年目标任务全面完成。2022年6月，游仙区被四川省委、省政府评为“2021年度全省平安建设先进县（市、区）”（第12次获此荣誉），游仙区委政法委被评为“平安四川建设先进集体”，全区12个村（社区）分别获评2021年度省级、市级“六无”（“六无”：无黑恶、无毒害、无邪教、无命案、无重大安全事故、无群体性事件）平安村（社区），审理的林某、刘某某以提供“养老服务”为名非法吸收公众存款案入选全省法院打击整治养老诈骗典型案例。矛盾纠纷多元化解、打击整治养老诈骗、市域社会治理等工作受到市委政法委书记荣全等领导的多次肯定性批示。

【社会治安防控体系建设】　整合特巡警大队、交警、派出所、综合执法、综治力量、网格员、群防队伍力量，组织开展守点、巡线、控面工作，切实提高见警率、管事率，防止重大案件发生，特别是党的二十大期间，全区公安干警、平安巡防队员、平安志愿者、网格员、“红袖标”等群防群治力量3000余人，在全区范围内全天候、全时段地开展平安大巡防活动。对社会面治安进行防控，对黄赌毒等社会治安突出问题进行排查整治，对危爆物品、寄递物流等重点领域加强管控，全年区刑事案件、治安案件发案率同比分别下降31%、16.8%。

【扫黑除恶斗争】　深入学习宣传贯彻《中华人民共和国反有组织犯罪法》，游仙区委政法委（区扫黑办）组织区直部门利用平安建设宣传月、“4·15”“全民禁毒宣传月”等活动积极开展《中华人民共和国反有组织犯罪法》宣传活动，各镇（街道）组织各类文艺会演、知识竞赛、“周三夜学”、“法治进校园”、法治教育实践基地、主题班会等活动在全区党政机关、中小学掀起学习《中华人民共和国反有组织犯罪法》的高潮，全面提升群众知晓率、参与度。深入开展四大行业领域整治工作，围绕2022年常态化扫黑除恶“十件事”，推动扫黑除恶常态化、机制化做了重要部署和安排。2022年办理涉及林业行政案件63件，查扣涉嫌非法营运“黑车”50辆，检查学校食堂140家，发出责令整改通知书16份，检查特种设备使用单位117家，发现安全隐患26个，下达监察指令书26份，已整改安全隐患19个，立案查处4件。2022年，区扫黑办收到涉黑涉恶线索5条，经核查，游仙区辖区未发现涉黑涉恶案件。

【综治中心规范化建设】　按照《综治中心外观及室内标识规范手册》，规范建设三级综治中心，高标准打造新桥镇、仙人路社区等20余个示范点。继续加强“智慧平安小区”建设，共建成平安智慧小区118个（2022年完成33个）。

【矛盾纠纷多元化解】　印发《游仙区2022年矛盾纠纷多元化解工作要点》，整合相关行业力量和社会资源，更新调整游仙区矛盾纠纷多元化解专家库成员52人，常态化运行动态管理台账模式。广泛开展各类矛盾纠纷排查，扎实做好全区4件涉企业、涉重大项目矛盾纠纷防范化解处置工作，积极开展分级排查和跟踪督导。2022年，全区共排查各类矛盾纠纷1892件，化解1831件，化解率达96.78%。完成标准案件补贴线上评审874件、线下评审11件，补贴金额共计70970元。

【网格化服务管理】　加强网格队伍建设，进一步提升社会治理能力，坚持公开、平等、竞争、择优和德才兼备的标准，规范有序实施公开招聘工作，全区2022年公开招聘社区专职网格员293名。加强督导考核，突出工作成效。区中心实行周、月、季通报，半年预考核、预扣分，年底扣减目标考核分制度，通过每月工作例会对工作滞后镇（街道）、部门分管领导进行约谈，并限期整改，确保工作整体推进。

【市域社会治理】　积极做好市域社会治理现代化试点迎检各项准备工作，先后组织召开迎接市域社会治理现代化试点工作验收动员部署会、迎检工作推进会，对下一步做好“中央复核、省级初审、市级预评估”迎检各项准备进行了安排部署。进一步压实各自责任，对《全国市域社会治理现代化试点工作实施细则（县市区版）》进行解读，一一对应查漏补缺，严格按照“一项指标、一套资料”的要求，做好佐证资料整理归档和补充完善，共准备示范点位30余处，收集整理各类资料上万份，高质量做好迎检中央、省市域验收组的前期准备工作，为市域社会治理现代化试点顺利通过验收打下坚实基础。

【危爆物品寄递物流清理整顿】　建立与寄递物流业业主的联系制度，要求物流业主主动采集新聘请录用的从业人员信息并及时通报，全面规范业主及从业人员动态管理；强力推动寄递物流企业落实集运物品100%先验视后封箱，寄递物流活动100%实名制，邮件、快件100%通过X光机安检制度。严格落实“谁经营、谁负责”“谁收件、谁负责”“谁违规、谁负责”的三级主体责任管理制度，督促寄递物流企业设置安装视频监控设备，落实寄递“三个100%”制度和安全防范措施。2022年检查寄递物流企业56家次，出动检查人员142人次，开展综合性检查和专项检查共21次，发现一般隐患5个，并全部整改完成。

【平安铁道线建设】　常态化开展铁路沿线隐患问题集中排查整治专项行动，共排查整治各类隐患389处，化解涉路矛盾纠纷3起，劝离上道行人130余人。加强人防、物防、技防建设，联合相关部门安装、涂刷警示标语标牌25处，维护修复铁路基础设施21处，维护安防设备41个。大力开展宣传教育，累计开展集中宣传11次，签订爱路护路承诺书383份，发放宣传资料和礼品11000余份，受教育1万余人。

【特殊人群服务管理】　加强重要时间节点对严重精神障碍患者的管理工作，全年未发生严重精神障碍患者危害社会的案件和事件。大力开展吸毒人员“大排查、大清查、大

◆ 2022年6月20日，区委政法委、区公安局深入辖区调研禁毒、寄递物流等工作　（杜强　摄）

收戒、大管控”行动，采取日常清查、场所清查等有力有效措施，全面加大涉毒违法犯罪行为的发现和打击力度。

【见义勇为】 开展见义勇为表彰奖励和慰问资助见义勇为先进个人及家属活动，结合农民工返乡、走访慰问等有利时机，组织开展见义勇为宣传活动，进一步弘扬见义勇为精神，在全区形成见义勇为光荣的舆论氛围。2022年，全区各镇（街道）、各部门组织开展见义勇为宣传活动95次，发放资料5万余份。2022年全区有10名见义勇为人员获得全国、全省、全市表扬。其中，赖宁获得第十四届全国见义勇为模范称号，江德华等3人获得全省有突出表现的见义勇为个人（群体），金祥林等6人获得全市有突出表现的见义勇为个人（群体）。2022年共慰问见义勇为先进个人及其家属43人次，发放慰问金、慰问品价值2.86万余元。

【专项整治行动】 坚持依法严打方针，以各种专项行动为抓手，重拳打击“黑拐抢”“黄赌毒”“盗抢骗”“食药环”等突出违法犯罪，有力震慑维护社会安全、群众安宁。2022年，共破获各类刑事案件392起，抓获犯罪嫌疑人568人，追赃挽损74.98万元。破获电信网络诈骗案件81件，打击处理302人，挽回经济损失1864.96万元；侦办九类涉恶案件39起，抓获犯罪嫌疑人53人；破获食药环领域案件5起，抓获犯罪嫌疑人23人；破获毒品违法犯罪案件161起，打击涉毒犯罪嫌疑人36人、查处涉毒违法人员181人；破获养老诈骗案件19件、抓获犯罪嫌疑人5人。查获2017年贩枪集团隐案1起，抓获犯罪嫌疑人9人，查获枪支12支、弹药3000余发、榴弹3枚，落地涉枪交易线索300余条。

【社会心理服务建设】 统一制定全区镇（街）、村（社区）心理咨询工作登记册和工作个案记录表，召开心理咨询室示范点打造推进会，打造盐泉镇、新桥镇、富乐街道3个示范点。充分利用“今日游仙”、“健康游仙”、“游仙发布”、“游仙工友荟”、24小时免费心理援助热线等媒介，不断强化心理健康知识科普宣传，引导全社会共同参与心理健康促进行动。

【打击整治养老诈骗行动】 严格按照打击整治养老诈骗专项行动部署要求，组织召开全区动员部署会、

◆ 2022年3月30日，游仙区2022年综治平安宣传月活动在海悦银河城举行
（区委政法委供图）

◆ 2022年4月27日，游仙区打击整治养老诈骗专项行动部署会召开
（杜强 摄）

推进会、办公室主任会、案件会商会、总结表扬大会等会议21次，印发《专项行动办工作规则》《办公室副主任包片督导方案》等配套文件，对表现突出、成绩显著的8个先进集体和10名先进个人进行表扬。2022年，全区共受理88条线索，均已按要求进行核查回复并做好沟通稳控工作。在全市率先印发《绵阳市游仙区打击整治养老诈骗违法犯罪部门信息互通机制的意见》，解决在打击整治涉养老诈骗案件过程中，涉及案件证据材料、打击情况数据不统一、不透明等“信息孤岛”突出问题，促进司法机关、行业主管部门（行政执法机关）和镇（街道）之间沟通协作，加强对养老诈骗信息的收集、研判和预警、信息传递，促进信息共享，有效防范涉养老诈骗问题的发生。（杜强）

【政法队伍建设】　全区政法系统按照“忠诚铸魂、铁纪担当”专项行动安排部署，深入开展政治忠诚入心铸魂、顽瘴痼疾整治深化、纪律作风整肃、维稳安保攻坚、服务保障“拼经济、搞建设”、队伍管理风险隐患排查和暖警爱警关爱“七大行动”，全年共计开展政治轮训16次、业务培训180余次，健全完善党管政法制度2个，制定出台暖警爱警政策（办法）4项，开展政治督察和作风纪律巡查4次，处理违纪违法干警2人，选树先进典型12人，交流轮岗政法干警11人。组织干警代表考察学习游仙经济社会发展情况，引领全区政法干警树立“跳出政法看政法、跳出政法干政法”工作理念，召开“优化营商环境面对面”涉法涉诉专题座谈会2场，走访企业61家，解决企业反映问题17个。全区政法干警理想信念进一步坚定，队伍结构进一步优化，护航游仙经济发展的决心信心进一步提振。（尹常满）

公安

【概况】　2022年，游仙公安紧扣党的二十大安保维稳工作主线，充分发挥职能作用，严厉打击各类突出违法犯罪，全力以赴防风险、保安全、护稳定、战疫情、促发展，有力维护了全区政治社会大局持续安全稳定，以全市第一名的优异成绩荣获年度全市公安工作成效“一等奖”，时隔5年再次荣获“四川省优秀公安局”称号。全年共立刑事案件983件，同比下降22.54%；破获各类刑事案件520件，破案率52.9%；抓获刑事案件犯罪嫌疑人956人。全区行政案件立案2834件，行政查处2505件，抓获行政案件违法行为人3435人。

全区共受理刑事案件960件，立案983件。共审核批准刑事拘留193案465人，取保候审633人，监视居住82人。共提请检察院批准逮捕82案122人，移送起诉211案541人。共受理行政案件2647件，立案2834件。审核行政处罚案件1044案3156人。共办理行政应诉案件2件，胜诉2件；未受理行政复议案件，受理办结刑事复议案件3件。全年无国家赔偿案件。办理信访案件557件，其中，局长接待件45件，公安部信访信息管理系统、四川省信访信息管理系统转送件81件，市长公开电话交办431件，办结率100%，初信初访化解率达98%以上，回访满意率达97%以上。

【打击各类违法犯罪】　2022年，全区共立刑事案件983件，破获刑事案件520件，抓获刑事案件犯罪嫌疑人956人；共立行政案件2834件，行政查处2505件，抓获行政案件违法行为人3435人。其中，经济犯罪立案54件，破获36件，涉案金额17119.20万元，挽回经济损失79万元；采取强制措施29人，审结起诉23人。毒品违法犯罪立案18件，破获29件，打击处理52人，公诉23人；行政案件235件，行政

◆ 2022年12月7日，游仙区公安分局在小枧派出所举行2022年度职业荣誉授予仪式　（赵章　摄）

处罚295人，强戒50人。食药环知领域犯罪立案32件，破获25件，抓获犯罪嫌疑人57人，移送案件18件，移送起诉54人，公诉17人。全区无森林火案发生，共依法查处野外违规用火行政案件9件，行政查处9人。

【防范打击电信网络诈骗犯罪】 2022年，全区共立电信诈骗案件293件，同比下降40.12%；电信诈骗资金损失2594.90万元，同比下降43.51%；破获案件87件，同比上升37.09%；抓获相关嫌疑人329人，同比上升13.19%，返还资金200余万元。持续加强电信网络诈骗综合治理工作，全面推进“国家反诈中心”App安装推广、境外滞留人员清降工作，全区“国家反诈中心”App推广安装率48.8%、滞留缅北人员清降率80.6%。

【户政管理】 2022年，全区共受理各类户籍业务25977件，二代居民身份证28003件次。全年为群众办理“绿色通道”98人次，提供“容缺受理”服务84人次。依托四川省人口信息管理系统和互联网平台，全区陆续开通“微户政”、“首次申领二代身份证全国通办”、新生儿入户“省内通办”和川渝黔“跨省通办”、全国范围户口迁移“跨省通办”业务，全年“微户政”平台共受理咨询业务59人次，办理业务4人次；受理“川渝黔”跨省通办户籍业务45件次，“首次申领二代身份证”全国通办13人次。开展村（社区）基本要素填报、出生医学证明编号补报（更正）、办理户籍业务引用标准地址、清理死亡应销未销人员、重错假数据清理等专项行动6次，完成率100%，标准地址引用率100%。为延伸政务服务，2022年6月在魏城镇建成公安行政服务分中心。

【出入境管理】 2022年，全区共受理各类出入境证件519件，其中护照145件、往来港澳通行证365件、前往港澳通行证2件、往来台湾通行证2件、港澳居民来往内地通行证1件、五年期台胞证4件；报备国家工作人员1885人，法定不准出境人员1190人；办理跨境赌博犯罪案件2件，抓获涉赌人员121人，关停实体赌场1个，打击涉赌平台8个、技术团队1个、地下钱庄3个、推广平台7个、技术服务商3个、黑灰产业链平台10个；办理妨害国（边）境犯罪立案11件，采取强制措施35人，公诉或微罪不诉27人，清理网上有害信息45条；办理外国人非法居留案3件，警告2人、罚款1人。

【流动人口管理与人口核查】 2022年，全区共受理发放流动人口居住登记证23473个，到期注销5248个，累计受理29145人次。全区各派出所均开通流动人口受理、登记权限，共设居住证办理专业窗口12个，负责流动人口管理的社区民警51人、社区辅警59人。全年采集、维护、整改“一标三实”基础数据42万余条，其中实有房屋日常维护294250间、实有人口日常维护129750人；核查辅助采集推送数据279391条，核查率达100%；户籍人口清理登记维护70250条，清理率100%。

【社会治安管理】 2022年，全区矛盾纠纷类警情转录率99.6%，受理纠纷类警情5447件，调解成功5186件，调解成功率95.2%。受理委托调解纠纷646件，调解成功630件，调解成功率97.5%。共有人民调解员15名，其中专职调解员7名，兼职调解员8名。共配置专兼职社区民警34名，社区辅警87名，“一村一警务助理”124名。全年对全区2家烟花爆竹经营企业、5家民爆企业开展监督检查55次，发现问题隐患8个，下发整改通知书8份。在打非治违工作中，共收缴各类非法枪支93支、子弹18545发、雷管75发、管制刀具26把，消除

◆ 2022年11月8日，市、区公安局与绵阳广播电视台联合推出“购物狂欢，同心反诈”双十一主题直播活动 （赵章 摄）

◆ 2022年9月9日，游仙区公安分局开展“百日行动”夜间清查行动

（赵章　摄）

一批安全隐患，确保全区经济健康稳定发展。行业场所管理，全年共审核审批准入、变更旅馆6家，整改旅馆业治安隐患18起，处罚15人次；完成10家新办、变更废旧金属回收业备案登记，7500余枚印章的备案登记工作；对16家备案娱乐场所实行等级动态升降和差异化管理，督促整改治安隐患75起，约谈问题场所经营业主6家；对全区112家寄递物流业进行常态化治安管理；开展企业内保单位安全检查周边环境整治，排查整改安全隐患25起。

【治安防控体系建设】 2022年，全区123家旅店、62家网吧安装行业管理系统，落实“实名验证，实时录入，实情登记，实时传输”的登记管理规定。游仙区持续深化治安管理大数据智能应用，完善工作机制建设。全面监督重点行业单位人防、物防、技防配备和安全管理制度落实情况。

【铁路护路联防】 2022年4月，铁路护路联防工作由区委政法委移交游仙公安分局。2022年，全区共排查整治各类铁路安全隐患389处（包含地质灾害点1处、防护网损毁点21处、轻飘硬浮物254处、危树危竹3处、白色垃圾7处、蔬菜大棚47处、彩钢棚6处、其他隐患50处），开展铁路护路集中宣传7次、举办爱路护路法制课15堂、入户走访宣讲487次，悬挂宣传横幅25条，累计发放铁路护路宣传资料20种8000余份、宣传礼品2000余份，受教育达1万余人，签订爱路护路承诺书383份。

（梁燕　杨志宏　董希）

检察

【概况】 2022年，区检查院围绕党的二十大安保维稳，为平安游仙提供法治保障。始终保持对各类犯罪的高压严惩态势，批捕各类犯罪90人，起诉553人。常态化推进扫黑除恶斗争，起诉涉恶犯罪10人；批捕故意伤害、强奸、非法拘禁等侵犯公民人身权利犯罪9人，起诉14人；批捕“黄赌毒”、寻衅滋事、聚众斗殴等妨害社会管理秩序犯罪38人，起诉380人；起诉涉枪、交通肇事、重大责任事故等危害公共安全犯罪45人。全面落实认罪认罚从宽制度，546名犯罪嫌疑人、被告人自愿认罪认罚，从源头上减少上诉、申诉案件。全面落实少捕慎诉慎押刑事司法政策，72名涉嫌轻微犯罪的行为人没有被逮捕；101名犯罪情节轻微可不判刑的行为人没有被起诉，最大限度减少社会对抗。

【营造法治营商环境】 依法惩治生产销售伪劣产品、非法经营等破坏市场经济秩序犯罪，起诉27人。在严格依法办案前提下最大限度保障企业的持续经营发展，在办理一家小微企业负责人和技术人员涉嫌生产销售伪劣产品的犯罪案件中，走访了解企业经营状况，并在企业负责人认罪认罚且退赔违法所得的情况下，建议先行解封企业账户和部分设备设施，同时依法提起刑事附带民事公益诉讼，建议对该企业负责人和技术人员适用缓刑并销毁伪劣产品，后法院采纳建议，依法对其判处缓刑。扎实开展涉案企业合规改革，对1名犯罪情节轻微的企业负责人，依法决定不起诉，并责成该涉案企业作出合规整改。落实民营企业家约见检察官制度，面对面认真倾听、充分交流，现场解决民企诉求6件，推动民企内部腐败问题治理。

【融入市域社会治理】 当好党委政府“法治参谋”，针对案件背后反映的社会管理漏洞和短板，精准提出检察建议10件，努力实现“办理一案、治理一片”。针对办案发现的利用网络平台管理漏洞非法获取

◆ 2022年5月27日，区检察院召开"携手落实'两法'共护祖国未来"检察开放日活动暨新闻发布会

公民个人信息实施犯罪的问题，向2家涉案信息科技公司提出检察建议，有效督促其对外卖网络平台安全系统维护升级，加强用户个人信息保护。针对办案发现的部分乡道护栏损坏严重、养护工作责任主体划分不明、界线不清影响道路交通安全的问题，依法向交通部门提出检察建议，推动进一步明确细化了乡道养护的区划界线和责任主体，并将乡镇养护工作纳入全区农村公路养护年度考核。

【办好为民实事】 突出打击盗窃、诈骗等侵财类犯罪，批捕40人，起诉84人。扎实开展打击整治养老诈骗专项行动，起诉欺老骗老等犯罪9人，为老年受害群体挽回经济损失144万余元。严惩电信网络诈骗犯罪，批捕20人，起诉217人，其中，起诉非法买卖电话卡、银行卡、网络支付账户等帮助信息网络犯罪活动罪95人，为被害群众挽回经济损失80余万元。办理支持农民工起诉讨薪案件15件，帮助追回"血汗钱"28万余元。对12名生活困难的涉案人员发放司法救助金12万余元，对符合条件的9人协调落实了低保政策，防止因案致贫、因案返贫。认真落实群众信访"件件有回复"制度，办理群众来信来访130余件次，7日内程序性回复率、3个月内办理过程或结果答复率均达100%。组织开展案件公开听证26件次，邀请人大代表、政协委员、人民监督员、居民代表等参加，让当事人把事讲清、听证员把理辨明、检察官把法说透，运用公开方式、借用多方智慧解开群众心结。

【未成年人检察】 对侵害未成年人犯罪零容忍，批捕6人，起诉7人。对实施犯罪的未成年人，情节严重的起诉5人，对罪行轻微的依法不起诉1人、附条件不起诉3人。对未成年人初犯、偶犯施以矫治帮教7人次，用司法善意让孩子迷途知返。成功支持起诉2起未成年人追索抚养费案，切实维护未成年人合法权益。联手民政、妇联在全市率先建立村社家庭教育指导工作站，结合办案开展家庭教育指导10人次，制发督促监护令8件，有力促进"甩手家长"依法带娃。依托"熊猫未士·灯塔"未成年人检察团队举办开学第一课、家庭教育进社区、法治进校园巡讲等活动，5000余名师生、家长接受法治宣传。

【刑事检察】 加强刑事立案、侦查活动和审判活动监督，提前介入公安机关侦查取证61件，监督立案6人，监督撤案26件，纠正漏捕5人，追诉漏犯11人，纠正侦查活动违法情形14件，提出抗诉2件。强化刑事执行监督，监督纠正社区矫正脱管、漏管2人，纠正社区矫正和监外执行违法违规情形17件。深入推进财产刑执行检察监督，发出纠正违法通知书和检察建议8件，纠正率100%。加强与纪委监委衔接配合，提前介入职务犯罪案件调查4件，起诉4件4人；向纪委监委移送违纪违法案件线索8件，反腐败合力进一步提升。

【民事检察】 全年共办结各类民事监督案件32件，其中，办结民事生效裁判监督案件9件，对市检察院交办的案件提出再审检察建议意见5件，不支持监督4件；办结民事审判程序监督案件9件，提出检察建议8件；办结民事执行程序监督案件14件，提出执行监督检察建议10件。加大对侵害民企权益的虚假、恶意诉讼惩治力度，针对个别企业虚增债务、稀释债权打"假官司"骗取民事调解书以逃避债务的行为，依法提出再审检察建议意见和执行程序检察建议，协同维护严肃权威的司法秩序。打造"富乐·蓝盾"残疾人权益检察保障和法律服务品牌，联手区残联构建民事行政检察工作中协同保护残疾人合法权益机制。

【行政检察】 全年共办理各类行政检察监督案件21件。加强行政非诉执行监督，对行政处罚非诉执行提出检察建议8件，推动解决行政执法“最后一公里”。常态化开展行政争议实质性化解，做好监督纠正、释法说理工作，化解行政争议5件。探索开展行政违法行为检察监督，联手行政执法机关制定实施行政检察与行政执法监督协作配合机制，提出行政违法检察建议3件，相关行政机关收到检察建议后，均按要求予以整改。运用“派驻+巡查”工作模式试点开展行政强制隔离戒毒检察监督工作，在新华强制隔离戒毒所设立派驻检察官办公室，针对强制隔离戒毒执行不规范问题，提出检察建议5件，监督相关行政机关予以纠正，工作经验被省检察院转发推广。

【公益诉讼检察】 持续开展“公益诉讼守护美好生活”专项监督，全年共办理行政、民事公益诉讼案件51件，向行政机关提出诉前检察建议33件，向人民法院提起刑事附带民事公益诉讼案件2件，发出公告并督促当事人修复受损公益15件。聚焦水资源保护，督促相关行政机关清理饮用水水源保护区内的漂浮物及垃圾，修护隔离设施，改善水资源环境6处；聚焦生态环境修复，对区法院起诉的绵阳市游仙某丝绸公司非法占用农用地、滥伐林木犯罪案件，依法提起刑事附带民事公益诉讼，要求其履行生态修复义务或承担生态环境修复费用87万余元的民事责任；聚焦国有财产保护，督促相关行政机关向违法占用农用地的个人和企业依法征收耕地占用税；聚焦居民小区电动车“飞线充电”消防安全隐患，推动整治72个居民小区“飞线充电”安全隐患1394处，该案被市委政法委评为全市政法系统“五年二十佳”案例，工作经验被省检察院、市委转发推广。联手区法院制定《关于加强刑事附带民事公益诉讼协作工作机制的意见》，形成公益司法保护合力。

【政治建检】 深学笃行党的二十大精神和习近平总书记重要指示批示精神，常态化落实“第一议题”学习制度，扎实开展“忠诚铸魂、铁纪担当”专项活动，举办党组理论学习中心组学习会12次、支部集体学习150余次。始终坚持党对检察工作的绝对领导，主动向区委、区委政法委和市检察院报告重要事项、重大案件38件次。严格落实意识形态工作责任制，每季度党组专题分析研判意识形态工作，定期开展肃清流毒影响排查和门户网站、“两微一端”等新媒体专项检查，完成党的二十大和科博会涉检舆情管控任务，全年无涉检舆情发生。高质量推进党支部标准化规范化建设，全面推行党员积分管理，搭建“一支部一品牌，一部门一亮点”矩阵，实现党建和业务“双融共促”，工作经验被《四川党建》转发推广。

【从严治检】 深入推进“作风能力攻坚”行动，开展“提质效·抓落实”问题“大查摆”活动，收集问题98项，逐一落实整改。持续开展“听音问廉绵州行”活动，走访干部群众680余户，倾听百姓心声，接受群众监督。严格落实新时代政法干警“十个严禁”，组织干警如实填报“三个规定”重大事项11件次。围绕纪律作风、重点工作落实和各项政治纪律规矩执行，开展检务督察18次，组织全体检察人员签订“八小时以外”行为规范承诺书。旗帜鲜明支持派驻纪检监察机构履行监督责任，共同营造风清气正的干事创业氛围。

【能力素质建设】 全面落实省以下地方检察院财物市级统一管理改革，在区委及区委政法委的关心厚爱、区政府的大力支持和区财政等部门的通力配合下，检察保障更为有力。上线运行全省政法系统跨部门办案平台，实现刑事案件办理流

◆ 2022年5月28日，区检察院“熊猫未士·灯塔”团队赴信义镇凤鸣村开展模拟法庭宣传活动

程和电子卷宗在检察机关与其他政法机关间“一卷流转”和“一键共享”。特邀6名行政机关专业人员兼任检察官助理，引进专业支撑，提升办案能力。通过业务竞赛、岗位练兵、素质拓展、检答网培训等形式，分岗位、分条线培训干警185人次，5名干警入选区级以上专家库。截至12月，游仙区检察院集体和个人获得区级以上表彰36项，工作经验被上级机关转发5项，涌现出全省青少年普法教育先进工作者、全省检察机关司法警察工作履职突出个人等一批先进典型。

（刘沫汝）

法院

【概况】 2022年，在区委坚强领导下，在人大有力监督、政府关心支持和政协民主监督下，游仙区法院坚持以习近平新时代中国特色社会主义思想为指导，全面贯彻习近平法治思想，深入学习贯彻党的二十大精神，紧紧围绕“努力让人民群众在每一个司法案件中感受到公平正义”目标，大力践行“一线工作法”，坚持服务大局、司法为民、公正司法，忠实履行宪法法律赋予的职责，奋力推动各项工作取得新进展。全院共审执结各类案件8986件，同比上升20.57%；法官人均结案345.62件，同比上升20.64%。

【优化营商环境】 围绕区委确定的年度重点工作，制发《关于服务保障游仙区实施科技创新战略支撑引领游仙高质量发展的实施意见》等3个方案，从司法层面健全优化营商环境机制。坚持各类市场主体法律适用、法律责任一律平等，依法审结民商事案件6032件，涉案金额17.79亿元。建立企业大调研大走访长效机制，实地走访企业92家，组织“营商环境面对面”座谈会，解决企业法律实务问题22个，提供法律建议50余条，提升企业法律风险防控能力。在中金公司重整案中，先后2次筹措资金1400余万元，切实保护职工权益，为企业纾困解难。在丰泰重整案中，加强税收债权保护，追缴税款4600余万元，保障了税收安全。坚持善意文明执行理念，审慎运用执行强制措施，通过执行和解方式结案619件，最大限度降低司法活动对企业经营的影响。集中开展失信企业征信修复专项行动，主动为28家企业修复信用，助力企业恢复正常经营。成立游仙高新技术产业园区巡回法庭，着力为企业提供专业、精准、高效的司法服务。

【维护社会稳定】 以推进平安游仙建设为抓手，审结刑事案件211件，判处罪犯452人。严厉打击严重危害社会治安犯罪，审结严重暴力犯罪案件9件9人，严重暴力犯罪案件数量连续多年呈下降态势。常态化开展扫黑除恶斗争，依法审理涉黑涉恶犯罪案件，人民群众安全感进一步增强。打好禁毒人民战争，依法审结毒品犯罪案件18件25人。坚决维护群众“钱袋子”安全，审结电信网络及养老诈骗犯罪50件203人，追赃挽损904.89万元，林某、刘某梅以养老服务实施非法集资案件入选全省法院打击整治养老诈骗十大典型案例。始终坚持铁腕反腐，依法审结贪污贿赂案件3件3人。妥善办理批案要案，积极化解长期信访案件，努力为党的二十大胜利召开创造安全稳定的政治社会环境。

【助推依法治区】 全面监督支持依法行政，推动行政执法与司法审判良性互动，对全区行政部门开展行政应诉培训，开展行政部门法治体检，发送司法建议28份，其中2份被评为全市法院十大优秀司法建议。加强与集中管辖法院沟通交

◆ 2022年7月22日，游仙区法院组织召开“优化营商环境面对面”涉法涉诉专题座谈会 （张倏越　摄）

流，共同推动行政机关负责人出庭应诉常态化，全区行政机关负责人出庭应诉率提升至98.15%，同比上升28个百分点，行政相对人实现“见官问政”，更能“信官息诉”。强化法治宣传，游仙区法治教育基地接待参观交流1650余人次，围绕防范养老诈骗、家庭纠纷、农村产权纠纷等社会热点开展“法律七进”20余次，拍摄校园普法、跟着法官去执行等法治主题微视频，发放法治宣传资料4200余份，让法治观念浸润人心。

【关爱特殊群体】 深化家事审判改革，妥善审结赡养、抚养、离婚等纠纷733件。依法严惩猥亵、强奸等涉妇女犯罪，审结案件5件5人。用心守护未成年人，依法严惩故意伤害、性侵等侵害未成年人犯罪7件7人，判处故意伤害未成年子女的杨某民有期徒刑12年。积极推动平安校园建设，在辖区10个学校建立法治教育工作站，举办法治辅导“开学第一课”20次，为青少年健康成长撑起一片法治蓝天。依法保护劳动者合法权益，审结劳动争议、农民工工资、工伤赔偿等案件274件，帮助424名农民工追回“血汗钱”820余万元。加强司法民生保护，司法救助11人26万元，为困难当事人减、免、缓交诉讼费240.12万元。

【完善司法服务体系】 全面推行全域诉讼服务，24小时自助法院服务群众5000余人次，跨域立案及转接立案98件，“12368”诉讼服务热线服务群众945人次，有效减轻当事人诉累。深化案件繁简分流改革，健全调解、速裁、快审一站式解纷机制，化解案件3698件，占民商事案件比例达62%，平均审理时间10.14天，为实现公平正义提速增效。全面优化人民法庭布局，5个人民法庭全部实质化运行，加快推进石马法庭建设，设立5个乡镇诉讼服务站，人民法庭审结案件1962件，同比上升89.75%，有效打通服务群众“最后一公里”。

【执行工作】 深入推进执行案件“繁简分流、分段集约”改革，打破“一人包案到底”的传统执行模式，通过办案团队集约、分段、分工办理，进一步规范和制约执行权力运行。全年共执结案件2676件，执行到位金额6.93亿元。强化失信惩戒，组建全市法院首个执行警务中队，限制高消费1845人次，司法拘留、预拘留19人，罚款3人，移送公安机关追究拒执罪1件，严厉打击逃避抗拒执行行为。规范网络司法拍卖流程，通过淘宝、京东等网络平台拍卖标的物1406件，成交金额4248万元，溢价率达15.41%。与区公安分局建立执行查控协作机制，将村（社区）网格员纳入协助执行队伍，努力从查人找物重点难点入手，全力攻坚切实解决执行难。

【司法改革】 深化审判权力监督制约，细化审判人员权责清单，纳入“四类案件”监管319件，确保放权不放任、用权受监督。创新类案与关联案件强制检索和结果运行机制，检索案件同比上升8.9%，裁判尺度进一步统一，自由裁量权标尺更加清晰，工作成果荣获首届“四川法院改革优秀案例”。全力提升案件办理质量，常态化开展判后答疑和败诉当事人走访活动，最大可能争取当事人理解与支持，案件一审服判息诉率96.34%、同比上升1%，收结案均衡度78.82%、同比上升14%，获评全省法院均衡结案工作先进集体，审判管理工作在全省法院作经验交流。按期完成财物统管改革工作，法院工作顺利开展，保障更加有力。

【诉源治理】 巩固“党政主导、部门联动、源头防范、诉非衔接、多元共治、司法保障”诉源治理工作格局，深入推进“一站式”多元解纷和诉讼服务体系建设，强化区联调中心管理，深化公益律师入驻法院工作机制，科学整合各方调解力

◆ 2022年7月12日，绵阳市中级人民法院、游仙法院在新华强戒所建立平安关爱帮扶帮教基地 （张倏越　摄）

量，驻法院人民调解员参与调解案件141件，公益律师提供法律咨询、诉讼辅导等法律服务1400余人次，参与调解88件。创新人民法庭乡村调解工作机制，村社干部与法庭干警共同开展诉前调解，努力实现小事不出村、大事不出镇、矛盾化解在基层，工作模式在全市法院作经验交流。

【智慧法院建设】 推进诉讼服务指导中心信息平台建设，实现审判质效指标动态监控，精准弥补诉讼服务短板。在常态化疫情防控背景下，大力推广“非接触式”诉讼服务，为当事人提供网上立案、在线调解、线上开庭等智能服务3533件次，实现诉讼服务“零距离”。升级改造办案平台，全面推行全流程无纸化办案系统，助力司法全流程更智能、更高效。进一步剥离审判辅助事务，通过购买社会服务方式解决送达等制约审执工作的难题，实现人力资源更优配置。深化司法公开，公开审判流程信息5464条、庭审直播729件、裁判文书3836份，通过电子诉讼档案查询、借阅、利用服务群众2380余人次。深入推进司法警察执法规范化建设，获评全省法院“六专四室”建设成绩突出单位。

【政治建设】 全面深入学习贯彻党的二十大精神，通过党组会、中心组学习会和支部会开展多形式、分层次、全覆盖的全员培训，确保党的二十大精神入脑入心。深入开展“深刻领悟‘两个确立’决定性意义、坚决做到‘两个维护’主题教育”，开展全员政治轮训2次，集中学习讨论30余次，撰写心得体会80余篇。深入开展“忠诚铸魂、铁纪担当”专项活动，与“为群众办实事示范法院”创建紧密结合，紧扣群众需求出台完善法官工作站、执行警务联动等机制8项，开展公务用枪、肃清流毒影响等专项排查整治，全覆盖谈心谈话160余人次，荣获首届新时代“绵阳政法先锋”。

【作风建设】 压紧压实党风廉政建设主体责任，出台完善加强内部监督的制度机制4个，深入开展司法作风突出问题集中整治、常态化顽瘴痼疾排查整治、落实省法院审计建议整改等专项活动。聚焦身边腐败、家风建设等丰富廉政警示教育形式，持续深化新时代政法干警“十个严禁”学习教育和排查整治，紧扣顽瘴痼疾突出表现梳理各类人员岗位职责清单和廉政风险点，因岗施策细化完善预防措施。深入推进清廉法院建设，认真落实防止干预司法“三个规定”“三非”工作机制日常填报要求，通报司法作风突出问题、案件评查等50余人次并纳入目标绩效考核，运用监督执纪第一种形态提醒谈话15人。

【自身建设】 加强司法能力建设，组织干警参加教育培训260人次，2篇调研文章在《中国审判》刊载，14篇调研文章获国家级、省级奖项，连续4年荣获全省法院系统学术讨论会基层法院组织工作先进奖。抓实暖警爱警工程，邀请专家开展心理讲座2次，连续开展法治冬令营和夏令营，举办退休干警荣退仪式，个性化定制干警体检项目，不断增强干警凝聚力和归属感。守好意识形态阵地，3个典型案例在央视《今日说法》和《乡里乡亲》栏目播出，126篇宣传稿件在《人民法院报》《四川法治报》等主流媒体刊发，文化建设工作在全市法院作经验交流。

【接受监督】 自觉接受人大监督和政协民主监督，向区人大常委会报告执行、优化营商环境等工作3次，举办“代表委员开放日”活动，主动邀请人大代表、政协委员集中视察工作2次，认真办理建议、提案2件，办理人大常委会交办信访件5件。常态化走访代表委员，邀请代表委员参加见证案件评查、十佳庭审评选、执行兑付等工作，虚心听取意见建议。自觉接受监察监督，依法接受检察监督，促进公正廉洁司法。坚持实事求是，坚守法律底线，充分发挥审判监督职能，依法办理再审审查案件9件，自行启动再审3件，确保错案发现一起、纠正一起。发扬司法民主，健全参审规则，人民陪审员参审案件254件，司法审判更加契合民意。广泛接受社会监督，发布法院工作动态130余期，努力让司法更阳光、更透明、更公正。（张黎）

司法行政

【概况】 2022年以来，游仙区司法局充分发挥法治在全区改革发展稳定大局中的保障作用，较好地完成了2022年各项重点工作任务。游仙区“组建全面依法治镇（街道）委员会”“探索一核三治微治理”“开展法治歌曲创作”等多项示范试点工作成果被省委依法治省办宣传推广。游仙区“七五”普法工作获四川省委表彰，区委依法治区办法治创新、法治调研、法治督察工作获市委依法治市办通报表扬。区委依法治区办、区司法局承办第二届中国科技城法治创新大赛并获得法治创新奖、组织奖。区司法局在全省司法所工作会议上就司法所服务乡村振兴工作作书面交流发言。

◆ 2022年5月23日，游仙区“美好生活 民法典相伴”宣传月暨游仙区民法典进百村（社区）启动仪式在新桥镇胜利村举行

【法治宣传】 开展“法治周周行”活动20余场,组织民法典、妇女维权、未成年人保护、社区矫正、消防安全等线上普法知识竞答13次，5万余人参与。各法律服务机构、公共法律服务站（室）开展宪法、民法典等相关法治宣传活动140余场次，举办讲座70余期。大力推进法治示范创建，持续深入开展民主法治示范村建设，以创建促宣传。扎实开展“宪法宣传月”活动及民法典进百村（社区）、法律明白人培训等，开展网上宪法知识竞赛、“法小仙”高校抖音大赛等活动，完成第二届中国科技城法治创新大赛作品评选及颁奖工作。

【法律服务】 进一步优化公共法律服务平台建设。延伸公共法律服务触角，公共法律服务流动工作站坚持每月进村入户，开展法律服务。扩大驻外法律服务网络，建强游仙区公共法律服务中心驻广东东莞、重庆工作站、新建驻浙江杭州工作站，为游仙籍和四川籍在外务工人员提供法律服务和必要的法律帮助。与省人民政府驻科学城办事处共建共享一体化公共法律服务平台，深化区域法治协同合作。落实法律援助制度，优化经济困难审查，试行法律援助经济困难证明告知承诺制，2022年共受理法律援助案件653件，提供法律援助咨询3486人次，挽回经济损失768万余元。加强和完善党政机关法律顾问、“一村（社区）一法律顾问”工作，加强对法律顾问的工作考核，2022年担任法律顾问的律所达23家、律师52人，基层法律服务所达3家、基层法律服务工作者5人，为法治政府、法治环境建设提供法律支撑。

【人民调解】 坚持发展“枫桥经验”，健全完善基层人民调解组织212个，规范建设派驻人民调解室12个、专业行业调委会5个、名人调解室4个。新建“游仙区网约车人民调解委员会”。持续深化人民调解队伍专职化建设，通过政府购买服务方式选聘专职人民调解员28名，动态调整优化基层人民调解员1050名。2022年，全区各级人民调解员排查纠纷6906人次，调处纠纷1336件，成功率98.5%。增补13名人民陪审员，13名人民监督员，完善人民群众参与司法审判工作，提升法治公信力。新桥司法所、魏城司法所被命名为市级“枫桥式司法所”，全区2个调解组织被评为四星

◆ 2022年10月28日，游仙区公共法律服务中心驻浙江工作站挂牌成立

级调委会，1名调解员被评为市级调解能手，4名调解员被评为二级调解员。

【刑罚执行】 游仙区作为全省司法行政系统改革示范单位，被确定为全省11个社区矫正工作改革试点县(市、区)之一。严格落实疫情日报告制度，开展线上摸排、线上宣传、线上监管。常态化开展扫黑除恶斗争，助力新生主题教育，共组织开展集中教育196次，累计受教育2354人次，开展个别谈话955人次，进行心理辅导1236人次，组织社区服务2264人次。持续推进刑罚执行一体化建设，扎实做好调查评估、走访排查等社区矫正工作。协助开展教育帮扶活动18次。

（卜启航）

仲裁

【概况】 2022年，区仲裁委以加强劳动人事争议处理效能为工作主线，不断提高调解仲裁办案质效，有效促进劳动关系和谐稳定。2022年共处理劳动争议案件246件，其中立案受理193件，作出不予受理决定案件53件。仲裁结案率达99.48%,超目标任务9.48个百分点，调解成功率达71.03%,超目标任务11.03个百分点，没有发生重大、群体性劳动争议。

【完善机制】 进一步完善了立案、庭审、审理、送达、人员管理等仲裁工作程序，促进仲裁流程规范、服务便捷；完善争议处理多元处理机制，积极促进“三方驻会办公室”和法律援助工作站开展工作，推进了同区人民法院“调裁审”协作常态化，形成劳动争议处理工作合力。

【队伍建设】 坚持以教育强素质，以实践提能力，提升仲裁人员能力素质。每周召开仲裁例会，有计划学习政策法规，提前预判待审案件争议焦点，及时讨论已审案件事实认定和法律适用问题；关注“专业媒介”拓宽学习范围，仲裁工作人员定期关注人社系统官网、劳动人事争议处理知名微信公众号等，利用网络自行学习；重视政治理论学习。把思想政治建设放在首位，教育仲裁人员按规则办事，做到坚持原则不动摇、执行标准不走样、法定程序不变通。

【便民服务】 实行案件分类处理，对农民工工资争议、工伤保险待遇争议和女职工权益争议等开辟“绿色通道”，加快处理，及时调解，减少当事人路程往返，结合实际对不同对象提供“快捷服务”；对劳动者申请诉讼、财产保全、先予执行等争议案件，主动为当事人提供文书样板，依法快捷做出处理，积极与人民法院协调，主动开展“衔接服务”；对外设置仲裁咨询服务窗口、开通咨询电话，创新运用仲裁申请、调解“两个平台”，确保仲裁业务咨询、办理无障碍，切实面向企业和群众开展多样化“法治服务”。

（张旭）

人民武装

【概况】 2022年，游仙区人民武装部（以下简称区人武部）坚决落实军分区党委、游仙区委部署要求，坚持稳中求进工作总基调，聚焦备战打仗，紧抓国防动员主责主业，逐步推进年度各项工作，确保人武部全面建设创新发展。游仙区征兵工作继续走在全市前列；民兵队伍建设工作迎接国防动员部检查，得到好评。

【政治引领】 2022年，区人武部在民兵队伍中加强党的二十大理论宣讲学习，利用民兵整组训练时机组织以性质宗旨、形势任务、战斗精神为主题的教育16场次，激发民兵的荣誉感和责任感，坚定了民兵听党指挥、平时为民、战时为兵的思想意识。围绕服务“主责主业”，充分利用报纸、网络、电视和手机等媒体对征兵工作、国防动员、全民国防教育、民兵工作等进行宣传报道，全年在各类报纸、微信公众号等媒体上稿12篇，在各类网站累计发稿30余篇。

【战备建设】 2022年，区人武部对照战备要求分析短板和缺项，针对近年来辖区内发生的灾情和应对处置中出现的问题，修订完善参战支前、应急救援、抗洪救灾、地质灾害等预案，做好行动预判，在人员编成、物资预储、潜力调查、指挥演练等方面与之对接。修订“1+N”国防动员支援作战方案和“3+1”应急预案，切实依案备案、依案备勤、依案实施。加强战备值班，进一步明确战备值班分队的任务，指导加强日常管理和军事训练，保证队伍拉得出、用得上。按照编组指标要求，突出抓好组织整顿潜力数据、预编方案和组织实力落实，重点检查民兵编组人员的成分结构，了解预编民兵平时工作地点，严格民兵出入队比例，切实防止纸上编兵，确保编好建实民兵队伍，切实做到平时服务、急时应急、战时应战。在各基层单位编建基干民兵队伍，在辖区事业单位、国有企业编建支援力量。新桥镇民兵分队作为全市先行试点单位，高标准、高质量迎接军分区点验，民兵工作受到上级首长机关肯定。

【军事训练】 2022年，区人武部坚持从难、从严、从实战需要出发组织民兵训练，在军分区统筹下，组织民兵应急连完成12天的基地化轮训，组织基干民兵进行军事理论、水上救援、轻武器实弹射击和体能训练；结合民兵整组编建，同步完成民兵分队集结点验；采取集中驻训、乡镇组训、派教帮训、岗位自训等多种方式，扎实组织支援分队，按大纲要求完成军事训练任务；完成民兵训练任务数，基干民兵分队能力得到有效提升。11月，全区各级民兵队伍以高标准、严要求、好作风接受军委国防动员部民兵工作考核，总评成绩良好，受到一致好评。

【兵役征集】 2022年，区人武部与区纪委联合制定下发《廉洁征兵军地联合工作细则》，着力解决在征兵过程中军地联合执纪的问题矛盾，有效防止征兵工作中的不正之风，征兵期间未发生廉洁征兵问题。全年征兵大学生征集比例为90.6%，大学毕业生比例达57.5%，完成上级赋予的兵员征集任务，征兵工作继续走在全市前列。

【参建参治】 2022年，区人武部主官积极融入地方经济建设，落实区级河长巡河制度，提出并移交河道污染问题3起，相关部门迅速整改，确保小芙蓉溪水质稳步提升。落实县级领导包镇制度，大力推进“一线工作法”，常态化下沉到一线林地、一线农田，排查森林火灾隐患、汛期降雨隐患，把森林防火、防汛抗旱工作落地落实。扎实推进“双清单、三助力”建设，军地相关单位互提要求，进一步开创双拥工作新局面、巩固军政军民团结，更好服务部队备战打仗和地方经济社会发展。区人武部机关党支部与金龙村党支部签订军民共建单位协议，常态化进行对口帮扶，为5个返贫风险监测户家庭送去慰问物资，询问生活情况，协调解决遇到的困难。针对帮扶村路远易坏的实际，出资帮助修缮800米乡村道路，打通农产品与市场的“最后一公里”。

【国防教育】 2022年，召开区委议军会议，制定下发《关于加强和改进中小学国防教育工作的意见措施》，大力推进国防教育进学校课堂，把国防教育纳入中小学课堂内容的“必修课”。利用第22个全民国防教育日和“12・4”宪法宣传日等时机，认真开展国防教育进校园活动，发放宣传资料600余份。加强典型宣传和走访慰问，重点对边海防服役人员家庭进行慰问，联合退役军人事务局开展悬挂“光荣军属牌”“送喜报”活动，为荣立三等功以上的军人家庭送喜报，大力营造尊崇军人的浓厚氛围。

（谌滕蜚）

◆ 2022年6月1日，绵阳军分区在新桥镇点验民兵队伍

经济管理

发展改革

【概况】 2022年，游仙区入围全省项目前期工作综合考评县（市、区）50强，产业园区高质量发展大会获评全市综合排名第二。全社会固定资产投资增长7.6%，投资总量长期保持全市第二，年度内投资运行2次进入全市红榜。29个项目开工建设，28个项目建成投产，6个（次）项目获评全市"骏马项目"。成功申报政策性金融工具项目4个、总投资24亿元、申报基金2.4亿元。与绵投、科发等集团，组建总规模约10亿元的产业基金，有力推动项目早开工、快建设、早见效。成功争创四川省县域经济发展先进县。2021年度粮食安全党政同责工作被市委、市政府评定为先进。全年全区从上级发改系统争取资金超9亿元。

【稳经济政策】 坚决落实"疫情要防住、经济要稳住、发展要安全"要求，千方百计稳住经济大盘，推动经济稳步发展。印发《游仙区经济社会发展追赶计划》《游仙区推进"两稳一保"十条措施》等政策。2022年，游仙区实现区属地区生产总值448.64亿元，同比增长4.6%。60个省市区重点项目完成年度投资计划的100%。成立区委书记、区长任组长的"园区提质""企业满园"领导小组，建立"承载能力提升攻坚"等7个工作专班，统筹推进相关工作。2022年，游仙高新区实现规模以上工业企业总产值397.38亿元，实现净入库税收8.5亿元。

【固定资产投资】 2022年，全区固定资产投资继续保持高位运行，每月投资总额占全市比重维持在12.6%—13.1%，稳居全市第二位，投资工作2次入围全市"红榜"。全年完成投资227.9亿元，同比增长7.6%，超额完成市下达目标任务，总量继续排名全市第二，增长率排名县市区第八。其中，一产投资13.45亿元，同比下降25.7%；二产投资73.95亿元，同比增长10.1%；三产投资140.53亿元，同比增长11%。民间投资133.14亿元，同比增长13.4%；工业投资73.86亿元，同比增长10%；技改投资57.58亿元，同比增长15.8%；房地产投资57.62亿元，同比增长33.9%；建安投资197.47亿元，同比增长9.1%。

【项目建设攻坚】 践行"一线工作法"，推行"五个一"工作机制，用好"同心会客厅"等平台直面破解项目建设难题，出台兑现"两稳一保"十条措施，有力推动项目早开工、快建设、早见效。全区实施省市区重点项目60个，总投资391.53亿元，2022年完成投资130.98亿元，30个项目完工。入围全省项目前期工作综合考评县（市、区）50强，激光产业基地、先进材料中小微产业园获评全市一季度"骏马项目"，激光产业基地、先进材料中小微产业园、核医疗健康产业园、游仙高新区北区高新企业加速器获评全市二季度"骏马项目"，激光产业基地、核医疗健康产业园、东湖大酒店获评全市四季度"骏马项目"。

【优化营商环境】 清理、精简投资项目审批、工程建设项目审批、核准等事项。按照"流程不减，时间缩短"的要求，指导业主做好相关基础资料，为优化整合报建审批前的评估评审环节，研究组建政府性投资项目社会中介机构咨询库和专家库。截至12月，按照限时办理、规范办理、透明办理、网上办理的要求，依规办结事项729件，涉及总投资达551.47亿元。其中，企业备案244件，政府投资项目审批485件。

【招投标领域问题整改】 认真执行国家及省有关招投标工作的法律法规，以及《绵阳市招标投标管理办法》和《政府投资条例》等相关的规章制度。印发《游仙区深化工程招投标领域突出问题系统治理2022年重点工作》，组织全区招投标活动监管部门和重点单位召开专题会议，落实工作职责，对全区招投标工作进行指导、协调、管理和监督，研究处理招投标活动中的重大问题。共在网上审查招标文件39份，发出整改通知书22份。接到信访投诉8起，处理招投标违法违规行为5例，共处以罚款47.76万元。

【信用体系建设】 区发改局组织区市场监管局、区人社局、区生态环境局、区行政执法局等涉及行政处罚职责的单位和受到行政处罚而失信10家企业，开展信用修复工作培训，督促区级部门指导失信企业开展信用修复，引导企业依法依规诚信经营。帮助辖区20多家企业在信用绵阳、信用中国网站上修复信用，有效帮助企业恢复发展信心。公示行政许可事项11824项，行政处罚事项1045项。信用中国（四川绵阳）网站信用动态推送信息95条。2022年，区发改局会同区社会信用体系建设联席会议相关成员单位在芙蓉汉城建设“信义街区”。在信义镇打造信义博物馆，探索建立道德诚信积分制，激励周围人向道德信义模范看齐，对标道德信义模范规范言行。个别镇联合当地银行金融机构，探索建立“道德银行”，村（居）民诚实守信情况与个人征信情况挂钩。

（郭亚川）

国有经济

【概况】 2022年，游仙区有国有全资和控股集团公司4家，下属全资企业61家、控股和实际控制企业27家。4户集团公司中，绵阳惠东投资控股有限公司成立于2003年9月23日，注册资本1.5亿元，主营业务为市政基础设施建设、污水处理及汽车租赁等；绵阳城东投资控股（集团）有限公司成立于2018年5月，注册资本10亿元，主营业务为城乡供水、丧葬服务及公墓销售等；绵阳富乐投资有限公司成立于2010年4月，注册资本金10亿元，主营业务为工程建设投资、重点产业投资及贸易销售等；绵阳园城融合发展集团有限责任公司成立于2016年11月，注册资本10亿元，主营业务为土地综合开发、城市基础设施建设和高新技术产业投资及管理等。

游仙区按照中央、省、市关于国企改革三年行动有关工作安排部署，持续深化国企改革，推动区属国企高质量发展。截至2022年底，区属国有企业各项经济指标稳中有升，总体呈现出良好的发展态势，资产总规模从2021年的378.25亿元增加到539.18亿元，同比增长42.55%；营业总收入从2021年的7.23亿元增加到14.11亿元，同比增长95.16%。

【区属国有企业激励约束机制】 2022年3月17日，区政府印发《绵阳市游仙区区属国有企业负责人经营业绩考核暂行办法》（以下简称《办法》），以区属国有企业高质量发展为目标，引导区属国有企业做强做优做大。《办法》共分5章30条，分别对负责人业绩考核办法的适用范围、负责人业绩考核的原则、分类考核、年度考核、任期考核、考核结果运用、基本年薪、绩效年薪、任期激励收入、解释机关、有效期等作出明确规定，同时设置业绩考核指标。

【区属国有企业员工聘用机制】 2022年11月15日，区委组织部、区国资办、区人社局联合印发《绵阳市游仙区区属国有企业公开招聘员工实施办法》（以下简称《办法》），进一步深化区属国有企业人事管理制度改革，规范区属国有企业员工招聘行为，建立规范公平公正公开的招人用人机制，促进平等就业和国有企业健康长远发展。《办法》共分6章21条，明确员工招聘的适用范围、原则、方式方法、基本程序、聘用办理流程以及回避、监督和纪律等方面的内容。

（佟小刚）

国有资产监督管理

【概况】 截至2022年底，全区行政事业单位资产总额1238408.27万元。其中，流动资产382323.23万元；固定资产154503.71万元；在建工程92906.32万元；无形资产3878.36万元；公共基础设施500583.75万元；政府储备物资1420.60万元；PPP项目资产97215.40万元；长期待摊费用217.68万元；受托代理资产5359.22

万元。

【资产管理制度体系】 认真贯彻落实国务院行政事业性国有资产管理条例，建立健全游仙区行政事业单位国有资产管理体系，制订《绵阳市游仙区行政事业单位国有资产管理办法》，经区政府研究同意并印发，自2022年5月24日起施行。规范了行政事业单位国有资产配置、使用、处置等管理工作，扎实推进全区行政事业性国有资产管理。

【资产审批】 制定《行政事业单位国有资产处置审批表及流程图》，切实提高资产运行效率和使用效益，确保国有资产安全完整；严格按照省市行政事业单位资产配置标准执行，主要是对办公设备、公务用车配置标准、办公家具的配置进行了明确的规定。

【资产清查】 为全面深化国有资产管理改革，摸清国有资产"家底"，有效防止国有资产流失，根据《绵阳市游仙区国有资产清查工作方案》开展全面资产清查工作，此次清查出各单位占有使用的各类用地共计455205.26平方米；由国家投资兴建的各类用房129964.17平方米；公务用车、执勤执法车、特种专业用车15辆。惠东公司根据清查结果进行甄别、筛选，对土地、房屋进行测绘、评估，区自然资源局牵头负责统一办理产权证和产权变更手续，区财政局将闲置的、可利用的国有资产划转东风电力公司，壮大公司资产规模，提升公司融资能力。（佟小刚）

财政

【概况】 2022年，游仙财政工作紧紧围绕全区发展总体思路，大力培育财源经济，不断加强收入征管，突出抓好资金争取，加大财政监督力度，优化财政支出结构，深化财税体制改革，提升财政管理绩效，为推动全区经济社会又快又好发展提供了财力保障。

【一般公共预算】 辖区一般公共预算收入完成157482万元。区级一般公共预算收入完成132626万元，加上上级补助收入405953万元、一般债券收入61172万元、预算稳定调节基金4998万元、调入资金5270万元和上年结余54908万元后，全区一般公共预算收入总计为664927万元。

按照收支平衡原则，区级一般公共预算支出为474736万元，加上上级支出31069万元、债券还本支出32075万元、预算稳定调节基金2626万元和年终结余124421万元后，全区一般公共预算支出总计为664927万元。

其中，区级一般公共预算收入完成132626万元，为预算的102.02%，同比增长11.26%，增长的主要原因是税收收入同比增长1.74%，完成96584万元；非税收入同比增长48.49%，完成36042万元。税收收入占一般公共预算收入的72.82%。区级一般公共预算支出完成474736万元，为预算的98.22%，同比增长18.09%，增长的主要原因是上级补助收入和本级刚性支出增加。年初预算安排的预备费5000万元，主要用于自然灾害综合风险普查405万元，自然灾害救灾365万元，危房搬迁及教师周转房改造209万元，人员工资、死亡抚恤等三保支出2033万元，以及弥补其他民生资金不足。

【政府性基金预算】 区级政府性基金预算收入完成95455万元，加上上级补助收入5932万元、专项债券收入97400万元、调入资金2700万元和上年结转收入49166万元后，全区政府性基金预算收入总计为250653万元。

按照收支平衡原则，区级政府性基金预算支出为221278万元，加上债券还本支出300万元、调出资

◆ 2022年6月，区财政局到紫东食品企业开展市场主体纾困解难走访
（区财政局供图）

金5270万元和结转下年支出23805万元后，全区政府性基金预算支出总计为250653万元。其中，区级政府性基金预算收入完成95455万元，为预算的375.30%，同比下降39.77%，减少的主要原因是土地出让收入较2021年大幅减少。区级政府性基金预算支出完成221278万元，为预算的139.95%，同比减少8.12%。

【国有资本经营预算】 区级国有资本经营预算收入完成0万元，加上上级补助收入246万元，上年结转收入100万元，全区国有资本经营预算收入总计为346万元。

区级国有资本经营预算支出316万元，加上结转下年30万元后，全区国有资本经营预算支出总计为346万元。支出主要用于补助企业公益性项目建设的融资利息支出。

【社会保险基金预算】 全区社会保险基金预算收入总计完成69149万元（其中，区级收入20522万元，转移性收入48627万元），为预算的293.23%，同比增长322.54%，增长的主要原因是转移性收入增加。全区社会保险基金支出总计完成68506万元，为预算的636.55%，同比增长599.88%，增长的主要原因是2022年提高了基本养老金标准和转移性收入增加形成的支出增加。收支相抵，结余643万元。

【财政收入稳步增长】 全年区级一般公共预算总收入完成13.23亿元，为预算的100%，同比增长10.99%。税收收入完成9.53亿元，同比增长0.39%；非税收入完成3.7亿元，同比增长52.43%。税收收入占一般公共预算收入的72.03%。支出保障能力得到进一步提升，区级一般公共预算支出预计完成48.33亿元，同比增长20.22%。

【助力市场主体纾困解难】 千方百计稳住经济大盘，推进“两稳一保”，设立1.9亿元资金池，用于解决市场主体和就业群众急难愁盼问题，兑现企业奖补扶持资金8418万元，发放发电补贴20家资金81.8万元，发放纾困资金22家资金154.1万元。搭建银政企融资服务平台，出台稳经济助企纾困担保增信、贷款贴息、风险分担资金和加快金融业聚集发展相关政策，区内各金融机构为中小微企业提供融资担保贷款64.52亿元，全区普惠小微贷款余额同比增长22%，为中小微企业发放助企纾困新增贷款9700余万元。

【防范化解债务风险】 加强政府性债务全口径管理和动态监控，严谨举债，健全债务风险预警机制，守住风险底线。增加基金收入，有效降低了债务率，并制定了切实可行的政府隐性债务化解方案，确保全年隐性债务化解任务100%完成。加强政府债务管理，全年度预计申报发行新增政府债券13.46亿元，争取各类债券资金16.03亿元。

【绩效结果运用管理】 推进预算和绩效管理一体化，完善全过程绩效管理闭环，切实前移预算管理关口，充分发挥绩效评估的源头防控和绩效目标的前置引领作用，持续深化绩效运行监控和绩效评价。严格执行预算绩效结果与预算安排挂钩机制，将绩效结果与完善政策、调整预算安排有机衔接，对低效无效资金一律削减或取消，对沉淀资金一律按规定收回并统筹安排，全年共收回低效或无效资金9143万元。

（肖蜀川）

税务

【概况】 2022年，累计组织各项税费收入54.91亿元，同比增长32.79%，税收收入23.38亿元，社会保险费收入16.44亿元，非税收入14.8亿元。确保组织收入平稳运行，巩固深化税费征管方式转型升级，构建法治公平、优质便捷、现代高效的“三个融合”税收营商环境。

【组织收入】 坚持组织收入原则，守住不收“过头税费”底线，切实

◆ 2022年10月24日，游仙区“优化营商环境面对面”涉税涉费专题座谈会召开

把该减的减到位、该收的收上来。加强税源监管和精诚共治，形成纵向层级分级、横向部门协作的组织收入格局。全年累计组织各项收入54.91亿元，较2021年同期增长32.79%。其中，税收收入23.38亿元，社会保险费收入16.44亿元，非税收入14.8亿元（国有土地使用权出让收入13.88亿元）。

【减税降费】 全面落实新的组合式税费支持政策，坚持“快退税款、狠打骗退、严查内错、欢迎外督、持续宣传”五措并举，全年减税降费及退税缓税缓费累计9.06亿元，其中，退税2.69亿元，减税降费5.29亿元，缓税缓费1.08亿元。新的组合式税费支持政策带动全区涉税市场主体达到2.53万户，较年初增加2866户。

【依法治税】 严格落实“首违不罚”事项清单，实施首违不罚173户次。探索创新“说理式”执法、税务行政执法建议、企业纳税合规管理等执法方式提升精确度，针对税收违法风险点做出了“书面说理”5户，制发税务行政执法建议书38份，口头建议14户次，选取10户纳税人作为第一批合规指导企业，科学精准指导企业合规管理。

【深化税收征管改革】 大力推动数字化的电子发票改革试点工作，按照“线上为主、点面结合、网格兜底”工作思路，挂图作战、对标对表、动态管理,明确3个阶段任务，制定6个配套工作方案，组建4个专班团队。全年推广7915户，核定票种8244户，累计开票6585户，开票29772份，开票金额45.56亿元，推广率达83.2%。严格贯彻落实《四川省税费征管保障办法》，探索多部门数据共享应用、联合监管、税费服务协作。深化“税邮合作”，14个“税邮驿站”全面投入运营，实现全辖区内80%覆盖。深化“银税互动”合作，合作银行增至42家，为341家企业提供2.56亿余元贷款。

【便民办税】 深入开展2022年“便民办税春风行动”“春风富乐 税济万家”税收志愿服务活动，建成绵阳首个“助力大学生就业创业税费服务站”。“线上+线下”双线模式完成社保缴费“最多跑一次”民生项目试点。系统梳理优化50余项涉税涉费事项办理流程，将窗口“平均等候时间”“平均业务办理时间”压缩至5分钟以内。建立“心禾”服务站，推行“青税辅导员”制度，与20余家初创型企业结对。在“春雨润苗”专项行动中帮助6000余户次纳税人解决各类涉税涉费问题。开辟“长者通道”“孕妈妈专窗”，全年累计为老弱病残孕群众提供上门服务130余次。

【优化税收营商环境】 举办“优化营商环境面对面”涉税涉费专题座谈会，实施“头等舱”体验计划，招募税费服务体验师以“体验+暗访”形式走流程、提意见，借助优化税收营商环境“四员”团队，从“观察员”视角找短板，推动税费服务简流程、提效能、优服务。

（陈肖江）

◆ 2022年6月10日，区税务局、区工商联承办的“春雨润苗进校园·税商携手向未来”专项活动在绵阳职业技术学院举行

审计

【概况】 2022年，游仙区审计局依法依规履行审计监督职责，扎实推动审计工作质量提升。全年实施审计项目32个（其中，计划内审计项目22个，上级审计机关下达审计项目4个和领导交办重大项目跟踪审计6个），审计发现问题190余个，查出管理不规范等问题金额逾亿元，促进增收节支1.78亿元，核减财政资金98.43万元，避免财政损失58.92万元。游仙区人民政府连续6年被市人民政府表彰为“全市审计工作先进单位”，游仙区审计局被市审计局、市人社局评为“全市审计系统先进集体”、被区委、区政府表彰为建设“五个游仙”先进集体等。审计整改经验做法被

《中国审计报》《四川审计工作动态》《现代审计》等刊发。

【财政审计】 抓好预算执行审计，加强财经法纪执行情况检查，提高财政资金使用绩效，促进党风廉政建设。完成2021年区级财政预算执行审计及决算草案审签、区应急管理局2021年部门预算执行审计、区医疗保障局、区总工会2021年部门预算执行审计等4个审计项目。审计发现问题32个，对区财政局及相关部门提出工作建议12条，出具审计报告4份，审计滞留应上缴国库资金17262.85万元。抓好稳增长政策跟踪审计，开展了2022年1—4季度重大政策措施落实情况跟踪审计，审计发现问题13个，提出审计建议11条，出具审计报告4份。推动中央及省、市、区各级关于稳增长、促改革、调结构、惠民生政策措施落实。

【固定资产投资审计】 探索政府投资项目绩效审计。完成游仙区太平镇（现忠兴镇）至江油界观光农业旅游公路建设项目绩效审计，重点关注了项目建设管理阶段、竣工后部分投资绩效等情况，审计发现了提前支付工程进度款、未在规定的时间内签订施工合同等10个问题，查处的主要问题金额共98.43万元。加强政府投资重大项目跟踪审计。稳步推进游仙区激光产业园建设项目、绵阳游仙经济开发区东区（魏城工业园）基础设施项目、石马特色小镇建设工程一期、先进材料中小微产业园项目、核医疗健康产业园6个重大项目的跟踪审计，审计发现问题46个，提出审计建议45个，督促被审计单位加强问题整改，推动项目建设有序合规推进。

【经责资环审计】 推动经济责任审计全覆盖。密切关注领导干部贯彻执行中央、省、市、区重大经济方针政策和决策部署、完成重大目标任务、规范履职行权等情况。组织实施了1个乡镇党政主要领导和1个学校、1个医院、7个区级部门主要负责人，共计10个单位12名领导干部的经济责任审计，同比增长233%，审计发现问题103个，提出审计建议31条，出具审计报告10份，查出管理不规范资金36036.04万元。深化自然资源资产审计。开展了对石马镇党政主要领导自然资源资产离任（任中）审计，重点关注了主要领导干部在自然资源资产管理和生态环境保护方面的履职情况，审计发现问题14个，提出审计建议3条，出具审计建议书1份。

◆ 2022年7月4—6日，区审计局对区政府投资建设的省市重点项目开展跟踪审计督导

【内部审计】 建立健全工作机制，做好审计"后半篇"文章。积极推动建立游仙区审计局督导检查、有关行业主管部门监督管理、被审计单位落实整改的工作机制。督促推动区委、区政府主要领导经济责任暨自然资源资产离任（任中）审计发现问题整改38个，其中完成问题整改31个，推进分阶段问题整改7个；持续协调配合督促跟进省委第七巡视组巡视发现问题整改7个，截至2022年底，完成问题整改5个，推进分阶段问题整改2个。开展审计整改专项行动，发出未整改问题清单19份，推动整改问题金额35896.84万元，累计完成整改问题383个，整改率97.7%；开展严肃财经纪律整治突出问题专项行动，向相关主管部门移交5个审计发现问题。

【三级联审】 扎实开展"三级联审"（由区纪委牵头，由各单位的内审机构、区财政、区审计等财经监管部门和业务主管部门按照职能分工对单位财经纪律执行情况的审查），制订《2022年"三级联审"审计工作实施方案》，成立6个联系督导组对"三级联审"工作进行专项督查，组织对14个单位2017年至2021年期间的财经纪律执行情况、专项资金使用情况和公务卡使用情况实施审计，进一步强化了财经法规纪律和“三重一大”集体决策制度的执行力度。

【其他审计】 开展专项资金审计。完成省级财政乡村振兴转移支付资金专项审计、义务教育阶段困难学生生活补助资金专项审计，审计发现问题30个，提出工作建议7条，出具审计报告2份。以“交叉审计”方式开展江油市省级以上高新技术开发区产业发展要素保障情况专项审计调查、安州区耕地保护政策落实情况专项审计调查、梓潼县基础设施项目专项审计调查，审计发现问题30个，提出审计建议7条。先后抽调游仙区审计人员6人配合开展2022年川西及攀西地区林草资源生态保护修复专项审计调查、绵阳市大气污染防治专项审计调查、四川长虹电子控股集团有限公司董事长赵勇任期经济责任暨资产负债损益审计、眉山市就业补助资金和失业保险基金审计，参与市委巡察组工作。 （张高）

统计

【概况】 2022年，游仙区统计工作以提高统计数据质量为核心，以做好统计服务为目标，全面提升统计基层基础建设，认真贯彻落实区委、区政府和市统计局决策部署，大力践行“一线工作法”，积极统筹疫情防控和经济社会发展工作，做好重点经济指标跟踪和经济运行分析，为全区高质量发展提供有力的统计保障。2022年度准确完成工业、固定资产投资、商贸、服务业、地区生产总值核算、城乡住户调查、劳动力调查等40余项统计专业及统计调查工作，按照时间节点及时完成第五次全国经济普查前期准备工作，在全区各地营造浓厚氛围。

【全区经济指标统计】 2022年，区属实现地区生产总值448.64亿元，同比增长4.6%。其中，第一产业增加值37.66亿元，同比增长4.5%；第二产业增加值155.88亿元，同比增长2.5%；第三产业增加值255.10亿元，同比增长6.1%。1—12月，区属工业总产值完成402.54亿元，同比增长0.2%；规模以上工业增加值同比增长4.5%，增速位列县市区第九；全社会固定资产投资额同比增长7.6%，增速位列县市区第八；社会消费品零售总额152.64亿元，同比增长0%，增速并列县市区第三。

【统计调查工作】 聚力农业、工业、服务业、投资、消费、社会、科技、能源等领域的常规统计调查和报表工作，密切与各主管部门和镇街、园区的联系，围绕全区经济发展中的痛点难点，着力加强对重点行业、龙头企业的监测。常态化开展统计法治监督检查，分专业深

◆ 2022年5月12日，区统计局陪同绵阳市调查队在魏城镇白鹤村开展实割实测

◆ 2022年8月11日，区统计局在盐泉镇长林村指导住户调查大样本轮换工作

入全区涉农镇村、工业企业、房地产建筑业、批发零售住宿餐饮及服务业进行数据质量核查，对统计数据质量中所存在的问题及时纠正、及时整改。

【住户调查大样本轮换】 成立游仙区2022年住户调查大样本轮换工作领导小组，顺利完成抽选分市县小区样本、入户摸底调查、抽选住户样本、试记账等前期工作。此次大样本轮换共抽取17个村（居）委作为调查小区，对3521户家庭开展摸底调查，在此基础上抽取并落实170户居民家庭作为全区新一轮住户调查样本。12月1日，游仙区新一轮记账户已经正式开始记账。

【统计数据管理】 印发《2022年数据质量管控工作方案》《防范和惩治统计造假弄虚作假责任制实施办法》《游仙区统计造假不收手不收敛问题专项纠治工作实施方案》，着力夯实统计基层基础，不断提高源头统计数据质量。严格按照调查单位月度审核确认工作要求，对游仙区入库企业进行100%核查，2022年游仙区共申报调查单位143户，新增102户，其中工业16户，建筑业11户，房地产1户，商贸35户，服务业26户，5000万元以上投资法人单位13户；退库33户，其中工业11户，房地产8户，商贸6户，服务业3户，投资5户；申报变更8户。

【统计服务】 围绕事关全局的重难点问题，2022年度形成经济运行分析材料20余篇。主动公开政府统计信息，完成统计月报11篇、统计信息22条、统计快报11篇，及时发布《2021年游仙区国民经济和发展统计公报》，完成名录库在库单位和一套表调查单位专项工作，形成数据质量评估报告4篇，分析报告2篇。

【统计监督】 将统计法律法规和中央《关于深化统计管理体制改革提高统计数据真实性的意见》《统计违纪违法责任人处分处理建议办法》《防范和惩治统计造假、弄虚作假督察工作规定》《关于更加有效发挥统计监督职能作用的意见》等文件纳入常委会、常务会和区委党校的学习内容，建立统计工作风险提示书、整改通知书、提醒敦促函，按照“谁主管、谁负责”和“管行业就要管统计、管统计就要管数据质量”的原则，落实统计机构的综合监管职责、镇（街道、园区）的属地监管职责、主管部门的行业监管职责和企业的主体职责的“四方职责”，推动实现规范问责、精准问责。结合执法检查，配合省局对10家调查对象开展统计执法检查；邀请市局执法人员与区执法人员一起对25家调查对象开展执法检查。 （谭妮烊）

市场监督管理

【概况】 2022年，区市场监督管理局围绕中心工作，抓实重点场所疫情防控，严守食品药品安全底线，服务市场主体激发市场活力，游仙区被国家知识产权局确定为国家知识产权强县建设示范县；优化营商环境工作、安全工作、“春雷行动2022”、消费维权工作，区市场监督管理局被市局表彰为先进单位；被市质量强市领导小组表彰为工作成效突出单位；知识产权工作被市知识产权局表彰为先进单位；被绵阳市“扫黄打非”领导小组表彰为先进集体。道路安全、提案办理、安全生产等多项工作获得区委、区政府表彰。

【食品监管】 坚持问题导向，加大食品安全抽检力度，制订“春雷行动2022”“纪委书记盯粮库”等专项抽检计划，全年完成抽检840批次，食品安全形势持续向好。扎实

◆ 2022年10月14日，绵阳市公安食药环侦工作现场会在游仙召开

（区融媒体中心供图）

开展食品安全监管工作。检查食品生产企业140户次、食品经营单位2600户次、小作坊80户次，“守、查、保”检查经营单位1756家次，覆盖率100%。推动食品安全“一企一档”“一品一策”“一域一档”的风险清单、措施清单和责任清单全覆盖。餐饮工作深入开展。对137家学校食堂及101家周边食品经营户进行检查，通过线上线下全覆盖培训食品安全管理人员3256人次，重大活动餐饮服务保障，无一例食源性疾病案例和食品安全事故发生。

【药品监管】 组织执法人员参加“两品一械”监管线上培训、专题培训和讲座，组织医疗机构、零售药店进行法律法规培训。利用“药品科技活动周”“全国安全用药月”等活动，向公众普及安全合理用药知识。指导查处违法违规案件55件，罚没32.7万元，向公安移交案件线索3条。对防疫工作不落实的5家药店予以警告处罚，19家药店责令停业整改。经专题培训和精准指导，2022年上报药品不良反应656例，化妆品不良反应90例，医疗器械不良事件326例。督促零售药店发挥“哨点”作用，履行社会职责，为疫情防控作出积极贡献。

【优化营商环境】 持续推进行政审批制度和商事制度改革，不断激发市场活力和社会创造力，全区新增市场主体3734户，市场主体总量达到38032户。市场主体信用公示扎实开展。发送年报提示短信4万余条，企业年报公示率达94.63%，圆满完成了年报任务。深入推进信用风险分类管理，实现信用风险与“双随机、一公开”的有机融合。组织市场监管领域部门联合开展“双随机、一公开”监管,全区22家成员单位共制定部门联合抽查事项清单58项，开展抽查活动28次，随机抽取检查对象130户次。

【产品质量监管】 开展塑料制品、燃气器具、春耕护农、车用燃油、消防安全、未成年人保护、电器设备、建筑材料、农村消费品等专项产品抽样检查，共计抽样113批次。深入开展小微企业提升工作，2022年是小微企业质量管理体系认证提升第二年，进入帮扶提升阶段。市场监管局会同专家对2家企业前期开展咨询服务发现的问题进行复查，帮扶企业整改落实。推动帮扶的3家小微企业通过市局验收，进入帮扶的第二阶段。开展2022年检验检测市场专项整治工作，对全区已取得资质认定证书的检验检测机构开展专项检查。

【广告监管】 开展违法违规商业营销宣传集中整治行动，严厉打击借庆祝名义从事商业炒作牟利等涉及导向问题的违法广告行为，有效确保广告领域意识形态安全。开展校外培训机构广告管控、燃气安全广告监管等各项整治行动，加强疫情防控、“三品一械”、农资（化肥、农膜等）、食品、保健品、医疗、教育培训、金融及投资理财等重点领域广告治理，严厉查处虚假广告违法行为，严守广告安全底线。开展互联网广告监管，重点开展好网络直播营销带货监管执法专项活动。开展广告监测效能，及时办结广告监测违法线索案件。开展广告业培育发展工作，培育有特色优势资源的广告业做大做强，促进区域经济健康发展。开展医疗美容突出问题专项治理行动，注重取得成效。

【特种设备安全监管】 以特种设备安全专项整治三年行动为主线，开展了特种设备安全大检查、超期未检、电梯安全突出问题及城镇燃气安全隐患排查等系列专项整治行动，共计检查特种设备相关单位173家次，发现安全隐患41项，下达特种设备安全监察指令书41份，现已整改完成41项，立案查处特种

◆ 2022年12月30日，游仙区市场监督管理局开展“全国安全用药月”宣传（王进　摄）

设备违法案件7起，处罚没款6万余元，收悉市局交办电梯突出问题隐患线索单88份，处理回复82份，剩余6份正在处理中。督促游仙区5家燃气管道企业完成812.28千米在用公用燃气管道的法定检验，有效化解公用燃气管道安全风险，全区食品药品、特种设备安全形势持续稳定向好，未发生安全事故。

【质量监管】 游仙区企业主导参与制定修订国际标准3项，国家标准66项，行业标准5项，团体标准9项。2022年8月，游仙区作为全市唯一县区获“绵阳市2021年度推进质量强国建设工作成效突出单位”表彰。2022年9月，游仙区被省市场监管局推荐参加全国工商联、市场监管总局（标准委）举办的第49期“德胜门大讲堂暨标准化公益大讲堂”（一把手话标准），区长韩晓清通过云现场作专题发言。

【知识产权保护】 印发《游仙区建设国家知识产权强县建设示范县工作方案（2022—2025年）》等文件，推动全区知识产权保护工作。加强知识产权培育，全区有效发明专利拥有量2824件，居全市第一，全区有效注册商标4979件。新培育国家知识产权优势企业3家，指导湖山电器获评四川省版权示范单位，中国核工业二四建设有限公司专利获四川专利奖三等奖。2022年8月游仙区被国家知识产权局确定为首批“国家知识产权强县建设示范县”。开展“春雷”“铁拳”“蓝天”等知识产权保护行动，查处商标侵权、假冒专利等案件17件。知识产权工作得到市局和区政府领导肯定性批示。

【消费者权益保护】 初步构建起政府主导、企业主体、部门联动、群众参与、社会监督的“五位一体”共治新格局，全年处理投诉举报1700余件次，为消费者挽回经济损失135万余元。累计发放《消费维权实用手册》《网络消费警示》等宣传资料3000余份，全方位、立体化、广覆盖地宣传“12315”消费维权品牌建设和放心舒心消费环境建设，提升放心舒心消费环境建设工作的社会知晓度和认同度，以高标准迎接了省局对绵阳“放心舒心消费环境工作测评”工作。积极推动消费“五进”工作，在城区大型商超、农贸市场等商业集中区建立9个消费维权站和1个社区消费维权站示范点，依托基层监管所建立8个消费维权站。全区已有189家商户和14家企业通过“ODR”“一码通”等信息平台解决在线消费纠纷，发展26个示范单位承诺线下购物无理由退货，3个示范单位承诺赔偿先付。仙人路社区“消费维权枫桥经验”在全市推广，仙人路社区、芙蓉所被市局评为“优秀维权三级调解机构”。

【春雷行动2022】 为切实维护岁末年初市场秩序，保护人民群众合法权益，启动“春雷行动2022”。行动期间共出动执法人员3011人次，检查企业和个体户4637户次，检查商场、超市、集贸市场等各类市场876个，整治重点区域219个，开展协作执法12次，开展行政约谈6次，共查处各类违法案件320起，移送公安立案5起，罚没金额65.1万元。通过绵阳市市场监督管理局、游仙政务网、游仙融媒等网站推送专项行动工作信息173期，营造浓厚的宣传氛围，提高了社会知晓率和参与度。 （田维彬）

综合行政执法

【概况】 2022年，游仙区综合执法局重点对开元场、富乐综合市场等区域实行定人、定岗、定时管理，规劝各类游商占道、坐商跨门经营等行为3万余起。实施疏堵结合，规范管理桑林坝、仙桃街夜市等临时便民摊区9处，持续提升城市市容秩序管理水平。

开展城乡环境综合提质三年行动，及时完成市住建委交办督查整改问题288件，整改率100%，绵梓、绵盐路以及高速路出入口等重点区域环境整治取得明显成效。

加强餐饮油烟排放日常检查，开展夜间露天烧烤专项整治行动120余次，加大对建渣运输车辆“抛洒滴漏”的执法力度，二环路（含省道205线）扬尘整治专项行动成效显著。

完成重点项目工作常态巡查和执法保障任务，共派出车辆90余辆次、人员200余人次，严厉打击区域内乱搭乱建、抢栽抢种等违法行为，协助乡镇街道拆除区域内建筑物90余处，完成重点项目拆除执法保障任务。

出台群众有奖举报奖励办法，有力打击和有效遏制城市管理领域违法行为，办理“12345”“12319”等平台反馈问题570件，办结率100%。全年共查处燃气设施安全、占道经营、道路扬尘、餐饮油烟等各类案件949起，共处罚金10.39万元。

【违法建设整治】 2022年1月，成立全区违法建设专项行动领导小组。以拆除典型违建为突破口，先后立案并拆除仙梨街东段、龙山景苑、人和山水等小区违法建设，特别是拆除了多年来未拆除的紫金城临时售楼部违法建设。推行基层治理模式，由基层政府牵头，各部门通力配合、重拳出击，快速拆除“浪琴湾”小区1100余平方米大型违法建设，得到区政府主要领导肯定性批示。严格按照“镇街吹哨、部门报到”工作要求开展巡查工作，2022年12月，派出50名队员协助魏城镇政府处置东宣违规占地一案，确保拆违工作有序推进。注重舆论引导，制作游仙区违法建设纪实专题片，印制违建整治宣传资料5万余份，会同辖区政府制止和拆除各类违法建设111宗，共计48105.91平方米。

【联勤联动】按照《游仙区“综合行政执法+公安+交警”联勤联动工作实施方案》，进一步加强综合行政执法、公安、交警部门在专项重点工作保障、城市精细化管理、治安联防联控、文明城市建设、应急抢险救灾等工作方面的深度互动，补短板、强弱项、固优势，实现“综合行政执法+公安+交警”联勤联动工作常态化，全面提升游仙区城市治理体系和治理能力。2022年，游仙区综合行政执法局积极与公安部门协调对接工作5次，6支执法中队与辖区派出所开展校园周边治理、治安百日行动、道路扬尘治理等活动30余次。

【协助执法人员绩效管理考核】2022年5月6日，绵阳市游仙区综合行政执法局印发《协助执法人员绩效管理考核办法（试行）》，进一步推进综合行政执法队伍规范化建设，加强管理与考核，全面提高协助执法人员的综合素质和依法行政水平，确保综合行政执法工作稳步推进，通过队容风纪和日常行为规范、上岗执勤规范、车辆出勤规范、投诉处理规范、督查管理等方面对协助执法人员开展考核。2022年累计与13人进行诫勉谈话，扣除8人月考核绩效，与5名违反工作纪律的协助执法人员解除劳动合同关系。（向林）

物价管理

【概况】2022年，在新冠疫情防控的特殊时期，全区物价工作以保供稳价、优化营商环境为主线，多措并举，居民消费价格涨幅控制在2.1%。

【价格应急监测】充分发挥价格预测预警作用，密切关注重要民生商品价格及供应情况，临时管控期间各类生活必需品、防疫消毒用品价格稳定，保供稳价工作成效显著，全年累计审核上报各类监测报表360份。启动社会救助和保障与物价上涨挂钩联动机制，累计向全区低收入群体发放价格临时补贴55.28万元。

【涉企违规收费专项整治行动】清理公布《游仙区行政事业性收费项目及标准目录清单》《游仙区涉企行政事业性收费目录清单》《游仙区政府性基金收费目录清单》。指导水电气经营企业建立并完善收费公示及目录清单，通过中国电信宣传短信、游仙区政府门户网站、“直播游仙”微信公众号、宣传手册等形式大力宣传转供电价格相关政策，累计发放转供电宣传资料和助企纾困明白卡4100余份。

【农产品调查】高质量完成农产品调查任务，结合农产品成本调查70周年宣传活动，以“科慧与生态同步、享裕和绿色同行”为主题，通过直播游仙等新媒体，大力宣传游仙农产品成本调查工作，回顾游仙建区29年来农产品成本调查工作取得的丰硕成果。（郭亚川）

游仙高新技术产业园区

【概况】 2022年，游仙高新区坚持以科技创新为引领，以“园区提质”“企业满园”为抓手，按照“两主两特”（两主：新型功能材料、物联网设备，两特：核技术应用、激光技术应用）产业布局，优化“一区多园”运行模式，加快建设激光技术应用产业园、核医疗健康产业园、航空与燃机产业园等专业园区，奋力建设具有国防科工特色的国家级高新技术产业园区。实现主营业收入1405亿元；实现固定资产投资104.1亿元；实现工业投资（含技改）45亿元；实现规模工业总产值397.3亿元；实现招商引资国内省外到位资金51.3亿元。园区被省委、省政府评为四川省开放发展示范平台；在全省开发区综合评价考核中再次被评为优秀；在绵阳市产业园区高质量发展大会上综合评比得分全市第二名。

【产业布局】 以“2+2”作为产业定位，巩固提升新型功能材料、物联网设备两大主导产业，加快培育核技术应用、激光技术应用两大特色产业。以东材科技、聚合新材功能膜材料，开元磁材、德华磁材磁性材料，特锐祥科技陶瓷新材料等项目为重点支撑，建设先进材料产业集群。以上海移柯通信模组、光联科技光模块收发器等项目为重点支撑，建设物联网设备产业集群。以中广核技、中广核久源、北京先通医药为龙头，以核医疗健康产业园项目为支撑，依托中国工程物理研究院核技术应用转化成果，实施项目研发、诊疗、配送、康复四大中心建设，推进核仪器装备设备制造等相关产业发展。以中久大光为龙头，依托中国久远激光产业基地为支撑，建设集“激光材料、激光器件、激光装备”全产业链激光产业园。

【院地协同】 院地协同创新中心投入运营，光子技术研究院挂牌成立，成都苏试、华工激光等8个项目签约入驻。激光技术应用产业园加快建设，4栋厂房交付使用，中久光电、中久新光等项目先后入驻。园区国有企业与中国工程物理研究院十所、长虹电子合资成立中玖闪光医疗科技有限公司，共建总投资12亿元的高能X射线FLASH（闪光）医疗设备项目。依托院所协办中国激光科技创新产业大会，签约华工激光、太科激光等10家激光领军企业，涉及投资18.1亿元。2022年累计签约国内省外项目21个（5亿元以上项目12个），签约金额127亿元。1月17日，在中国（绵阳）科技城核技术应用产业集群重点项目集中签约暨开工仪式上，共集中签约项目10个，签约资金近150亿元。

【机制改革】 聚焦服务保障国防科研和防范化解各类风险工作实际，统筹整合南北区工作力量，创新设立科技创新服务部、风险防控和合规审查部，内设机构职能进一步优化。深化放权赋能，承接348项行政权力事项，设立企业服务中心，配备服务专员为企业提供“一站式服务”，在相关权限区级部门选派13名副科级干部到园区挂职中层副职，实现“人随事走”“企业办事不出园”。

【产业承载】 科技创新孵化园基本

建成，高新企业加速器厂房完成封顶，共计可提供标准厂房40.6万平方米；21世纪生态科技示范园加快建设中,预计2024年建成后可提供标准厂房40万平方米。全力推进基础设施建设项目25个，新建成道路13.2千米，完成雨污水管网建设58千米、绿化建设约14万平方米，完成投资约26亿元。签订拆迁协议161家，可用面积33.33公顷。小规镇城市更新项目率先完成项目策划、修建性规划设计、项目融资等工作，成功列入四川省“十四五”城市更新重大项目库。湖山电器等6家企业在四川省上市后备企业资源库成功入库。

【要素保障】 完成园区“三区三线”划定工作。加速推动《游仙经济开发区（中南片区）控制性详细规划》调整，调整后预计将新增建设用地566.67公顷，其中已规划工业用地173.33公顷，居住用地26.4公顷，配套服务用地11.33公顷。完成卫片整改图斑93.33公顷，完成13个批次（91.73公顷）土地报征组卷工作，土地出让46.53公顷。坚持阳光拆迁，签订协议161户，拆除企业4家，支付拆迁补偿款0.92亿元。持续优化平台公司管理，出台《游仙高新技术产业园区国有企业公开招聘员工办法（试行）》，规范平台公司招人用人机制，促进国有企业的健康长远发展，富乐、园城公司完成融资55.41亿元，总资产规模达到157.57亿元。

（苟欢欢）

游仙经济试验区

【概况】 游仙经济试验区是1993年8月成立的开发区，2012年3月根据游仙区整体规划定位为游仙经济开发区东区。位于北纬31°21′13″～31°33′40″、东经104°42′15″～105°8′58″，南起仙人桥，北至石门垭，东至绵阳师院公路，西至中国工程物理研究院地界，规划面积3平方千米，市人民政府批准的控制性详细规划为5平方千米。辖六里、游仙东路、汉城、汉仙桥、小岛、桑林、民安、游仙路8个社区居委会和51个居民组。户籍人口43682人，常住人口148335人。驻地位于游仙区龙山街90号。

2022年，游仙经济试验区紧紧围绕“全面建设社会主义现代化游仙”这一总体取向，以加快推进“科技型创新示范区”“现代公园城市宜居区”“现代服务业集聚区”和“基层治理示范区”四区建设为目标，以满足人民日益增长的美好生活需要为根本目的，巩固拓展疫情防控和经济社会发展成果，大力开展项目建设攻坚、招商引资攻坚和作风能力攻坚，推进“党建引领、产业强区、城建攻坚、基层治理”四大工程，积极打造“城市消费新中心”，取得阶段成效。

【主要经济指标】 2022年，实现规模工业企业总产值66.57亿元；全社会固定资产投资完成15.95亿元；限额以上社会消费品零售总额完成8.38亿元。新增规模工业企业1家，新增限额以上社会消费品零售总额企业5家，新增规模以上服务业企业4家，招引科技型中小企业4家,市场主体培育发展净增长833户。

【项目建设】 2022年，辖区在建项目17个，新开工项目8个，续建项目9个，总投资31.8亿元，其中列入区重点项目4个，投资额14.4亿元，即计划总投资2亿元的公园华府二期房产项目、计划总投资1.9亿元的波鸿·游仙银杏世家房产项目、计划总投资7亿元的海天瑞府房产项目、计划总投资3.5亿元的御府花园房产项目。

【基础设施建设】 完成桑林坝居民统建安置小区外墙维修工程、金桃小区被盗路灯线缆恢复建设项目、绵阳市公交换乘站建设项目10千伏电力线路迁改工程；完成游仙城区试验区片区城市道路改造提升二标段（欧家坝片区）新建民生路后续施工道路线形调整、抗滑桩、挡墙、地基等施工；完成游仙坝、欧家坝片区损坏路灯检测，修复渔人码头至龙溪谷、民生路、时代龙城等路段涉及路灯；完成绵阳职业技术学院家属区屋面防水改造项目立项、财评前期工作及项目基层清理、卷材及保温板铺设等工作；完成余家溪流域入河排污口整治项目立项、地勘及设计前期工作。完成星辰广场项目一期燃气、供电、供水、二次加压安装，一、二期电梯检测等工作，一期138户、二期54户已通燃气；完成游仙坝、欧家坝片区损坏路灯恢复建设项目、游仙东路社区四、六社居民点配套基础设施维护建设工程项目、汉仙桥社区阳光路背街污水管网改造工程、欧家坝第二居民点续建工程(二期)等4个项目立项等前期准备工作(可研、预算编制等)。

【生态环境建设】 按《网格化环境监管实施方案》，建立网格监管体系，严格落实大气污染防治重污染天气预警要求，督促并检查企业、工地等执行重污染天气应急预警情况。聚焦市场周边、背街小巷、自建小区等环境卫生薄弱环节，开展市容市貌、餐饮油烟、扬尘治理等专项整治行动210次，发现、整改相关问题231起。处理环保信访问题21件。

【拆迁安置】 依法依规完成东西第二干道项目范围内2家企业的拆迁补偿、科学城接小岛道路桥梁工程方向范围内1家企业的拆迁工作、东西第二干道及科学城接小岛道路桥梁工程项目范围建构筑物及附着物的拆除工作，推进公交枢纽站用地范围内121人的人员安置、桑林坝土地整理项目统建房7户拆迁户的住房安置、东路社区四组、六组居民点和民安社区二组居民点的安置工作，完善乡村旅游环线项目租用民安社区土地的相关手续，完成绵梓路道路提升违法整治拆迁工作。发放失地农民生活补助费共690.27万元；发放拆迁房屋过渡费共计39.36万元;发放省道205线二期民安社区三组失地农民养老保险费用63.27万元。

【信访稳定】 紧紧抓住“解决问题”这一牛鼻子，建立“1+3+5+N”（1名包案领导，3名责任部门包案人员，5名社区干部，“N”多名社区群众）工作组。健全问题收集、梳理、汇总、分类、处理等“全过程”工作机制，落实问题交办、办理和督办责任。定期召开“治重化积”工作调度会，推动信访积案化解。按照“三到位一处理”原则，对合理诉求解决到位，对不合理诉求政策解释到位，对家庭困难的帮扶到位。成功化解信访积案19件、办理网信系统各类信访件140件、调解群众各项矛盾79件，完成两会、党的二十大、科博会等重点时期的维稳工作任务。

【社会事业】 扎实履行民生保障、社会服务等职责，将惠民资金补贴到位，对困难群体关爱到位，把社会保障落实到位。按时足额发放低保、临时救助、高龄补贴、公共租赁补贴等各类资金772万余元，劳保中心完成城镇新增就业85人，城镇失业人员再就业84人，开发“公益性岗位”36个，为“4050”（40—50岁）灵活就业困难人员申请社保、医保补贴174人。为辖区12140名退休人员进行社会化管理服务；为132人死亡人员申报丧葬抚恤金，组织辖区居民19170人购买城乡居民医保保险，组织辖区居民2700人参加城乡养老保险，为300名退休人员办理医疗报销。对计划生育特殊家庭进行家庭医生签约服务，累计签约146人；投入20余万元采购居家养老服务，惠及辖区684名困难老人。积极承接事权下放，办理各类证照2517件。修订《游仙经济试验区居民自建房建设管理实施意见》，拆除东路社区危房2处；完成汉城社区危房排查20余户；完成六里社区和东路社区危房排查20余户。深入推动老旧小区既有住宅增设电梯工作，完成6部电梯的核录加装工作。指导完成龙溪谷、芙蓉汉城等5个小区业委会成立及换届，成功调解人和山水、尚岛国际等小区物业纠纷10余起。顺利通过“四川省安全社区”复评。

【首届“匠心筑梦·技能出彩”技能大赛举行】 2022年5月31日至6月1日，在省、市两级总工会驻绵阳市游仙经济试验区蹲点组指导下，游仙经济试验区总工会联合绵阳市游仙军民融合职教集团举办为期2天的首届“匠心筑梦·技能出彩”校地合作职业技能大赛。大赛共设工具钳工、数控车工、烹饪冷拼、烹饪刀工等12个比赛项目，辖区13家企事业单位及来自成都、德阳、绵阳等地的8所职业技术学校共160余名选手参赛。颁发一等奖22个、二等奖37个、三等奖50个及优秀奖12个、优秀组织奖3个。

【社会工作站和未成年人保护站“双站双体系”试点项目】 投入20万元，在游仙东路社区试点建设社会工作站和未成年人保护站、社会工作服务体系和未成年人关爱保护工作体系“双站双体系”项目，形成了“党委领导、政府主导、部门履职、多方参与、专业运行”工作体系，着力开展未成年人关爱保护和专业社会工作服务、儿童友好环境营造、工作队伍培训和动态评估、专业化标准化成果输出等，实

◆ 2022年5月31日，游仙经济试验区2022“匠心筑梦·技能出彩”技能大赛举行（游仙经济试验区供图）

现未成年人保护工作“平台化管理、项目化运作、组织化开展”，被省民政厅评为“优秀服务站”。辖区持有社工资格证21人，占比30%。

【综治中心标准化建设】 按照“有标牌、有阵地、有人员、有经费、有制度、有装备”的“六有”要求，添置便民化设施设备，高标准打造8个社区综治中心，集成群众接待、信息研判、矛盾调解、心理疏导、法律服务、刑释人员安置帮教等功能，实现“一站式”服务。建立矛盾纠纷联调、社会治安联防、突出问题联治、基层平安联创机制，有力增强基层社会治安综合治理工作的辐射力、影响力和战斗力。

【经济试验区党群服务中心建设】 2022年12月，经济试验区在汉城社区党群服务中心，建成面积约1500平方米党群服务中心，实行便民服务区、休闲生活区、学习提升区、共建共享区、居民议事厅“四区一厅+N”功能设置。利用闲置空间，投入资金40余万元，打造经济试验区人大代表之家阵地建设、“有事来协商”议事功能区、汉城社区退休人员社会化管理服务站。以阵地换服务，通过“低偿+市场”方式，链接怀仁药业、游仙区供电局等共享资源，为辖区居民提供多元化服务。

【汉城社区“智慧巷道”建设】 依托经济试验区“街坊议事厅”议事平台，召开协商民主会议，通过汉城社区“智慧巷道”治理提升改造方案。拓宽消防通道，在小区出入口设置无人值守智慧道闸系统，对进入小区车辆进行分类管理；对小区内部进行硬化、绿化，增加停车位120余个，改善居民停车难问题。汉城社区二小组、三小组已全面完成智慧巷道建设，集体经济收入大约增加2000元/天。

【城乡环境综合提质】 按照精细管理、精致建设、精心治理总体思路，构建横向到边、纵向到底责任体系，推进城乡环境综合提质。抽调精兵强将，统筹拆迁办、城管办、综治办、社发局和执法中队力量，成立依法治理、规范经营秩序等7个工作组，实行工作职责、工作时限、目标要求、督导检查“四到位”，建立“月检查、月通报、季评比”考评机制，对连续2个季度排名末位的社区严肃追责问责。发动居民3000余人，自发成立“雷霆突击队”“巾帼联盟”“小强卫士”，大力实施“五清”“四定”“四化”工程。累计整治线缆长度30千米，累计硬化消防通道68处，取缔占道摊位70余个，拆除乱搭乱建42处4000余平方米，自建小区“脏乱差”问题得到有效改善。针对六里社区华兴南街乱象，抓准“妥善安置搬迁商贩”突破点，主动作为，从6月29日起，采取“安置一批、劝离一批”方式，半个月之内拆除商棚46个，联合区市政建设维护中心修缮破损人行道、落实绿化美化，彻底改变华兴南街临时摊位乱搭和占道经营乱象。加快推进桑林、小岛片区垃圾分类示范点建设，推动城乡容貌改观、环境治理有序。（何智渊）

核医疗健康产业园

【概况】 核医疗健康产业园是绵阳市委、市政府重点培育的产业园之一，由绵阳惠东市政建设工程有限公司承建。主要依托中国工程物理研究院某所核技术研究，尤其是放射性同位素研制能力为支撑，对有关科研成果进行民用产业转化。相关产业将填补我国在高端放射医疗装备制造和核药领域的空缺，打破国际供应商在技术和产品上的绝对垄断，满足广大人民群众对肿瘤治疗和更健康生活的需求。核医疗健康产业园项目建成后预计实现年产值超过500亿元、年税收20亿元，将在西南地区形成国内首家、规模最大、功能齐全、设施先进的核医疗健康产业基地，成为全国乃至世界领先的核技术应用高地。

【园区规划】 核医疗健康产业园规划用地266.67公顷，范围呈“三路环一山”之势：以青龙山为中心，东至乡村旅游环线，西至省道205线，北至国道108线。项目预计总投资186亿元(其中基础设施36亿元，产业投资150亿元)，建设周期5年（2022年1月至2026年12月）。布局放射性药物研发生产、专业物流配送、核医疗设备制造、肿瘤医院及康养、核测控装备无损检测等相关核技术民用产业、科研教育孵化中心以及配套设施。具体分为5个组团：研发组团、生产组团、安评和医疗组团、科研配套组团、文商旅组团。

【前期建设情况】 产业园从2020年10月启动拆迁，已进入实质性建设阶段。截至2022年底，建设总体平稳有序:产业园区总体规划研究方案已征得中国工程物理研究院综合计划部同意，市自然资源和规划局组织中国工程物理研究院、规划编制单位进行专题研究，已形成初步成果。先行实施的青龙山北片区控制性详细规划研究技术成果已通过专家会论证。

核医疗健康产业园青龙山北片区规划环评成果已报送省生态环境

厅。省生态环境厅已组织召开2次规划环评专家咨询会，申报资料待审批。产业园规划范围内共需拆迁444户、1836人，需拆迁安置资金约9.4亿元。其中，首期启动区32.87公顷的征地拆迁已全面完成，涉及121户居民，5家企业。

扎实推进“五通一平”。已供地场平工作完成，完成土石方挖填约120万立方米，其中四号地块（同位素与质子医疗项目）于2021年8月正式移交中广核技公司；一号地块正在实施；四号地块边坡支护结构完成；五号地块（先通医药项目）边坡完成至95%。园区市政道路经一路沥青路面完成（已临时通车），人行道透水砖与绿化基本完成；纬一路完成约20%。边坡顶截水沟完成基本完成。

项目招引成效明显。已与2家企业4个项目正式签订投资协议，协议引资15.05亿元。签订投资协议4个项目分别为中广核质子医疗装备制造基地、医用同位素生产基地、核测控装备制造基地、先通医药放射药研发生产基地。其中，医用同位素生产基地、先通医药放射药研发生产基地于2022年5月起陆续开工建设。（郭亚川）

激光技术应用产业园

【概况】游仙区依托中国工程物理研究院、中国久远在高能激光领域的优势科研资源，聚力发展激光高新技术产业，着力推动产业结构优化升级。2019年，绵阳市人民政府与中国工程物理研究院签订院地协同创新项目战略合作协议，就双方在激光产业进行深度战略合作达成共识。2020年，游仙区人民政府与中国工程物理研究院三所、十所和独资公司中国久远高新技术装备有限公司签订项目投资协议，拟充分发挥双方资源优势，依托中国工程物理研究院多年积淀的技术优势，共同规划建设“激光技术应用产业园”。

【项目规划】中国（绵阳）科技城激光技术应用产业园位于绵阳市游仙高新技术产业园区，亦属绵阳市科技城新区统筹区范围。规划用地100公顷，一期建设用地面积34.53公顷，建筑面积34万平方米，总投资约23.2亿元。以中国工程物理研究院与中国久远等公司合作项目建设为主，带动关联和配套企业入驻。二、三期拓展发展空间，规划占地近66.67公顷，计划投资49亿元。以军带民、民促军项目建设为主，拓宽科研院所与民营企业的合作渠道，促进民用技术更新换代，加快科研院所的科技成果转化，满足日益增长的民用市场需求，形成激光技术应用产业集群。

【发展布局】园区立足激光产业领域，强化四大功能，全面实施“一心一廊四功能板块”的产业布局建设，实现产业规划目标。“一心”，即游仙核心承载区；“一廊”，即以中国工程物理研究院、中国空气动力研究与发展中心、中国航发四川燃气涡轮研究院、中国电子科技集团公司第九研究所、中国兵器装备集团自动化研究所有限公司、西南科技大学、绵阳师范学院、绵阳职业技术学院、四川中医药高等专科学校等在绵院所高校为科技创新节点的科创走廊；“四功能板块”，即“吸铁石”功能板块，强化落实资源统筹和平台工作管理，聚集产业发展资源；“储能器”功能板块，强化落实产业新技术、新产品、新资源，储存支撑产业快速发展的新动能；“孵化器”功能板块，强化落实孵化科研成果向市场转化，将市场资源和技术研发动能转化为竞争优势和商品收入；“放大器”功能板块，强化落实产业合作和资本运作能力，快速提升业务规模量级，实现产业规模发展。

【项目建设】园区根据入驻企业工艺设备采取“量身定制”模式建设厂房，企业先租后购，自行投资建设设备设施，自主研发生产经营。厂房由园区2家国有平台公司共同融资修建。2021年6月正式启动建设，截至2022年12月底，一期项目完成主体建设95%，装饰装修完成55%，预计2023年8月全面完成交付使用。同步规划二期项目，用地66.67公顷，其中28.87公顷已完成国土空间规划审批，37.8公顷正在编制空间规划。截至2022年底，累计签约项目21个，落地11个，投产1个。（马菁）

农业农村

概述

【概况】 2022年，游仙区以创建省级实施乡村振兴战略先进区为目标，以改革突破为支撑,以现代农业产业园区建设、山湾农庄建设和农村人居环境整治为抓手,加快转变农业发展方式，着力推进特色现代产业发展。2022年，游仙区农林牧渔业总产值52.91亿元，同比增长4.6%；第一产业增加值37.66亿元，同比增长4.5%；农村居民人均可支配收入24278元，同比增长6.5%；完成全社会固定资产投资15.32亿元、对上争取2.1亿元。全区粮食播面4.04万公顷，总产24.01万吨、同比增长1.64%，生猪年出栏19.9万头。全区生活垃圾有效处置村达100%，生活污水有效处理村达95.4%，农村户用卫生厕所普及率达99.2%，畜禽粪污资源化利用率达94.4%，秸秆综合利用率达96.6%。游仙区获全省合并村集体经济融合发展试点先进县称号，油菜作物代表长江上游冬油菜区获得国家农作物品种展示评价基地认证。成功申报全省县域内城乡融合发展改革试点、四川省解决农村土地细碎化问题试点。

【惠农政策落实】 2022年，全区发放种粮农民一次性补贴1425.2万元、耕地地力保护补贴4081.7万元、目标价格补贴（稻谷）803万元、种粮大户补贴480.8万元、生猪良种补贴29万元，普惠农户约8.6万户。2022年，向92家企业推荐乡村振兴农业产业发展风险补偿金贷款16906万元，落实放贷10197万元(含续贷)，其中2022年落实放贷3063万元。向5家企业推荐财金互动主体农业产业发展担保贷款650万元，落实放贷650万元。

◆ 2022年，位于魏城镇的绵阳一站式农业服务中心　　（魏城镇供图）

种植业

【优质粮油】 2022年农业产值26.99亿元（占总产值的51%），同比增长4.5%。全年粮食播面4.04万公顷，产量24.01万吨。其中，水稻1.6万公顷，产量12.06万吨；小麦1.04万公顷，产量4.87万吨；玉米0.97万公顷，产量5.35万吨；大豆366.67公顷，产量864吨。油菜籽1.62万公顷，产量4.67万吨。

【经济作物】 2022年，全区蔬菜及食用菌生产面积0.73万公顷，产量21.35万吨。水果产量2.85万吨。中药材种植面积400公顷，产量0.331

◆ 2022年9月21日，四川省“夏玉米节水丰产高效科技示范测产验收”活动在游仙区举行（区融媒体中心供图）

万吨。

【优质蚕桑】 2022年，桑园基础稳定，全区桑园面积4697公顷。全年全区完成蚕种发放80350张，产茧2898.63吨，产值14521.1万元。发种数量、产茧均稳居全市第一位。

畜牧业和渔业

【概况】 2022年，牧业产值17.52亿元（占总产值的33%），同比增长4.2%。全年生猪出栏19.9万头，同比增长4.9%；年末生猪存栏13万头，同比增长3%。牛出栏7687头，同比增长4.7%；羊出栏2.99万只，同比增长0.8%；禽出栏759.36万羽，同比增长2.8%；禽蛋产量13128吨，同比增长2.8%。

【畜牧市场管理】 2022年，完成区内的动物防疫、检疫等监督任务；协助办理动物防疫条件合格证10家，办理动物诊疗许可证1家，办理兽药经营许可证5家，年检动物防疫条件合格证44家，协助办理动物运输车辆备案108辆，审批种猪、仔猪调运369886头，完成乡村兽医的备案工作，完成诊疗许可证及职业兽医的年检工作，完成官方兽医任命工作，结办信访投诉件6件。排查仔细非洲猪瘟，从非洲猪瘟防控卡点、养殖环节、产地检疫环节、屠宰检疫环节以及科学城冻库冷链监管仓产品等各环节按程序严格排查；对其过往运输生猪和运输车辆实行专用车道通行且进行彻底消毒、登记。非洲猪瘟防控卡点立案3件，结案3件，确保了辖区清净无疫。成功举办游仙区第一届动物防疫、检疫技能比武。全年监督检查规模养殖场46次，屠场、市场不定期检查和节假日节前监督检查50余次，未发现无证经营兽药、饲料及饲料添加剂和经营病死畜禽及畜禽产品。

【渔政渔业】 2022年，渔业产值3.41亿元（占总产值的6%），同比增长4.3%。全年水产品产量1.46万吨，同比增长4.0%。

现代农业园区

【概况】 2022年，摸排全区农户承包耕地撂荒面积242.2公顷，全部整治完成。完成2021年高标准农田建设项目1446.67万公顷、灾毁农田修复项目340万公顷建设任务，完成2022年高标准农田建设项目800万公顷（占项目进度的40%），累计已建成高标准农田26593.33万公顷(占耕地面积的75%左右)。

【农业园区建设】 2022年，《游仙区蔬菜种业现代化农业园区规划（2021—2025年）》（以下简称《规划》）通过省厅专家组评审。根据“三区三线”划定，重点落实了园区单位项目用地。出台现代农业园区蔬菜基地建设500万元资金补助方案，打造“百里菜廊”，落实制种蔬菜种植基地346.67公顷，商品蔬菜种植面积667.67万公顷。根据《规划》和推进方案，计划启动总部经济功能区、游仙区蔬菜集散地建设。落实园区融资，平台公司按照蔬菜种业融资方案，园区建设项目融资包装总投63897.65万元，计划融资5亿元，已到位资金2.5亿元，涉及项目建设融资资金已落实。蔬菜种业园区获认定为市五星级现代农业园区，优质粮油现代农业园区晋升为市四星级现代农业园区，游仙区（忠兴）优质粮油现代农业园区被认定为区级现代农业园区。

特色农业

【概况】 2022年，编制现代农业产业发展专项规划和农村人居环境整治专项规划，出台“四川省助企纾困政策明白卡”等稳经济政策。新培育市级龙头企业2家，省级家庭农场1家、市级家庭农场13家。全区家庭农场（含种养大户）1560

家、区级及以上农民合作社示范社382家、市级及以上龙头企业达60家（其中省级龙头企业8家），认证“三品一标”农产品139个。

【品牌培育】 2022年，完成绿色食品的年检和抽样检测11个，无公害农产品的抽样检测10份，完成华欧油橄榄的续展工作。2022年完成“三品一标”认证农产品4个，全区共有“三品一标”农产品139个。坚持政府引导，组织全区10余家农业生产经营主体参加“绵品出川”厦门行、东莞行、苏州行及四川省第八届“农博会”等知名展会，签订销售金额达3.2亿元。

【农业机械化】 2022年，全区共拥有各类农业机械6.99万台（套），总动力达41.77万千瓦，农作物综合机械化水平达73.25%。其中各类机电提灌站650余处，总装机达到37.5万千瓦，常年提水2887万立方米，保灌面积16833公顷次；各类种植业机具3.68万台（套），在册拖拉机635台，联合收割机223台。全区有农机专业合作社12个，每年作业服务面积达到2万公顷次，跨区作业达4000公顷次。

农村环境改善

【人居环境建设】 2022年，游仙区深入推进垃圾、污水、厕所“三大革命”，结合全市城乡环境综合提质三年行动，开展村庄“五清”工程。全区生活垃圾得到有效处置的村达到100%，生活污水得到有效处理的村占比达95%以上，农村户用卫生厕所普及率达99.2%、畜禽粪污资源化综合利用率达94.4%、秸秆综合利用率达96.6%。

2022年，全区各级群团组织和街道社区、镇乡组织开展形式不同的志愿服务活动200次。全区出动人员34560余人次、车辆3960余辆次，集中开展村组“五清”工程行动1860次，村组路面常清扫，清理广告、横幅、灯箱24120处，清理垃圾死角237处、塘堰水库3000个、河道沟渠1300余千米，拆除乱搭乱建21000平方米，增植绿地25700平方米，修复病害路面1200平方米。

【“厕所革命”】 2022年，游仙区按照省市工作要求，编制年度厕所革命实施方案，经审定后下发各镇开展厕所革命工作。全年共7个镇实施厕所革命示范村建设。其中，示范村3个改造户厕193户，非示范村推进村9个改造户厕609户，合计改造户厕802户，改造公厕1座，新建公厕2座。

农业农村监管

【农业行业安全】 全区成立8个常态化工作组，按照安全生产“三管三必须原则”，对农业机械、畜禽养殖与屠宰、农村沼气、渔业船舶、农业休闲旅游、农资农药、农产品质量安全、农业在建工程等行业重要领域农业生产经营主体开展安全生产监管，强化隐患排查整治，实现闭环管理。

【农业综合行政执法】 2022年，全区行政处罚案件共20件，罚没26.4209万元；办理无证销售农药商家6个，有效切断伪劣农资销售网络；发放宣传资料12000余份，开展联合区级部门法治宣传5次。

【农机安全】 2022年，全区共计受理农户农机购置补贴申请1122台套，补助资金额665万元，受益农户809户。全年办理拖拉机新上户148台，收割机新上户66台，注销拖拉机和收割机121台，吊销驾驶证3人。规范培训考试，农机驾驶员安全教育培训3期，培训驾驶员26人次。年内拖拉机、联合收割机年检达到369台。对缺档驾驶员补办体检表、申请表、考试表等，进行科一至科四重新进行考试，年内共补建驾驶员档67个。协同区道安办、交警直属三大队一道，扎实开展变型拖拉机专项清理整治工作，年内共检查27次、103台次，农机作业场所19处，机电提灌站38处；对重点农机企业、农机作业场所进行了安全检查，及时消除了农机事故隐患23处，限期整改5处，纠正各类农机违法行为26台（人）次，确保了全年无较大以上事故发生。灌站抗旱保灌工作。2022年，全区共出动提灌站1200余台次，提水4000余万立方米，灌田8000公顷次。

【农产品质量监管】 2022年，游仙区注重农产品宣传培训，坚持日常宣传和重点相结合、线上宣传和线下实训相结合的方式，广泛普及农产品质量安全法律法规和科普知识。全年深入全区8个镇1个街道及农产品生产经营主体，现场发放明白纸、宣传日历、告知书、技术指导手册等宣传资料2万份。现场接受群众咨询2000人次。启动“治违禁、控药残、促提升”三年行动。明确重点治理区域和重点监管对象，摸清农产品生产面积、产量、病虫害发生、用药习惯、农产品上市等关键信息，建立重点整治品种名录库，加强日常监管，督促生产主体严格履行农产品质量安全第一责任，落实生产记录制度，规范建立生产档案，翔实记录农业投入品购买使用记录、农事活动和产品流向等。认真开展春耕农资打假，2022年，共检查农资经营主体165家，市场3个，出动执法人员200人次。抽查经营种子户36家，抽检36份样品。完成农产品质量案件3件，处罚金额1.8万元。全年落实农产品质量安全追溯与农业农村重大创建认定、农业品牌推选、农产品认证、农业展会等工作“四挂钩”和“双随机”要求，扩大日常检查巡查范围，提高重点监管对象检查频次。引导306户生产经营主体入住国家农产品质量安全追溯平台，录入追溯信息，全年开具农产品承诺合格达标证105774份，对虚假承诺和抽检不合格的依法查处，同时列入农产品生产主体质量安全“重点监控名单”和“黑名单”，实施联合惩戒。完成省级交叉农产品质量安全监测抽样62份，完成省级监督抽样33份，市级监督抽样38份，产地协同小麦专项抽样10份，水稻专项抽样15份。

【检验检测】 全区全年完成省级农畜产品例行监测任务95个，合格样品95个，合格率100%，完成市级千分之一农畜产品抽检任务521个样，合格样品519个，合格率99.8%。 （刘绍彪）

林业

【概况】 2022年，游仙区继续落实最严格的自然资源保护制度，森林覆盖率达31.29%。全年完成营造林1500公顷，其中人工造林100公顷，退化林修复等森林精准提升1400公顷。完成县道、乡道绿化补植苗木11千米。开展集中义务植树活动，带动全区共20.7万余人次参加义务植树，零星植树47万余株。全区涉及的林权总面积27427公顷，已确权和林权登记发证总宗数17.91万宗。结合“世界湿地日”“国际生物多样性日”等积极宣传《中华人民共和国森林法》《中华人民共和国野生动物保护法》等法律法规，发放宣传资料2000余份，有效开展野生动物救护工作，辖区内2家野生动物园开展野生动物收容救护50余次。无重大野生动植物保护违法案件发生。组织开展“全区基层扑火队伍业务培训及应急演练”“游仙区第一次森林火灾风险普查”工作，无森林火灾发生，森林火灾受害面积严格控制在0.1‰以内。对全区27333公顷林地实施有效监测，开展越冬代复查、美国白蛾监测等工作，全年无林业有害生物发生，有害生物发生率严格控制在2.9‰以内。游仙区森防站被省林业和草原有害防治检疫总站评为省级测报点“优秀单位”。

【新一轮绿化游仙行动】 推行科学绿化，从“扩面”向“提质”、从“追求数量”向“追求质量”转变。实施绿色城区、绿色乡村、绿色道路、绿色水网、绿色屏障等十大建设工程，累计完成营造林2800公顷，其中人工造林133公顷，退化林修复等森林精准提升2667公顷。全区森林蓄积量达160.49万立方米；森林覆盖率从2015年底28.04%增长到2022年底的31.29%，同比增长3.25%。游仙区大规模绿化工作获得市林业和草原局先进表彰3次。

【全民义务植树】 游仙区绿化委员会号召全区干部群众结合抚育管护、认种认养等多种形式履行植树尽责义务。通过开展区级领导和机关集中义务植树活动，绿化荒山20余亩，栽植红枫600株，带动全区共20.7万余人次参加义务植树，零星植树47余万株，推动形成全民动手、共建绿色和谐游仙的社会氛围。

【现代林业产业发展】 以建设游仙现代林业产业园区为起点，建成省级现代林业产业示范园为目标，积极向上争取政策和项目补助资金，利用省级财政林业改革发展专项补助资金300万元，推动游仙现代林业产业园区建设，辐射带动全区特色经济林、生态旅游、花卉等产业发展，推进游仙现代林业产业蓬勃发展。完成了省级现代林业园区推荐申报资料收集整理和上报。

【林长制工作】 分级设立林长，明确各级林长职责，设置区、镇、村三级林长制公示牌。结合工作实际建立“林长+警长”工作协作机制，在《绵阳市游仙区林长制运行规则（试行）》等五项林长制配套制度的基础上，创新设立《绵阳市游仙区林长制约谈制度（试行）》。

【野生动植物保护监管】 在“世界湿地日”“国际生物多样性日”等节点开展活动，宣传《中华人民共和国森林法》《中华人民共和国野生动物保护法》等法律法规，发放宣传资料2000余份，增强群众保护湿地、野生动植物意识。落实野生动植物保护执法各项措施，充分发挥职能作用，全年无重大野生动植物保护违法案件发生。开展野生动物救护，全年辖区内两家野生动物园开展野生动物收容救护29次。

【打击涉林违法】 成立工作专班开展森林督查图斑线索案件执法，2022年查处各类林业行政案件161件，查处率100%。其中，滥伐林木15起，非法占用林地80起，违规野外用火3起，非法收购木材1起，不予立案62起,处理违法单位（人员）99个，处罚款519万余元。

【林业有害生物防治及森林植物检疫】 对游仙区27333公顷林地实施有效监测，2—3月开展蜀白毒蛾越冬代复查工作；3—5月、8—10月借助春秋两季松材线虫病普查工作，对区内监测区域进行重点区域重点监测、重点普查，其他监测区全面监测、全面普查的方式实施监管，同时加强外地调入游仙区松木及松木制品的检疫。5—9月开展美国白蛾监测工作，在游仙街道、沉抗镇、松垭镇、小枧镇等重点区域挂设诱捕器，全年共设置监测样地12个。4—6月全面开展蜀柏毒蛾药物防治工作（飞机防治667公顷、人工药物防治773公顷、灯光诱蛾1287公顷）。2022年全区无林业有害生物发生，有害生物发生率严格控制在2.7‰以内。

【森林防灭火】 利用包保制度、网格制度、林长制等，进一步明确各地主体责任人、责任范围和责任内容；组建完善镇村应急队伍、配置应急物资，组织各地开展“全区基层扑火队伍业务培训及应急演练”，与绵阳神鹰救援队签订森林防灭火联防联控协议；在重点区域、重点时期，通过宣传、培训、固定标语、警示牌等形式全面增强群众安全防范意识；组织开展“游仙区第一次森林火灾风险普查”工作，普查结束后，按照普查成果对森林火灾重点防控区域及重点点位，利用科学精准的方式开展有效防控。2022年全区无森林火灾发生，森林火灾受害面积严格控制在0.1‰以内。（杜强）

水利

【概况】 2022年，共对上争取项目8个，到位资金12667万元（其中省资金4996万元，市级资金93万元），协助争取到位发债资金7578万元，完成固定资产投资4.92亿元，完成率108%。12月，游仙区成功入选“四川省第二批乡村水务试点县”，试点实施期3年（2022—2024年），拟争取项目资金3000万元。有序推进2021年魏城河信义镇广济堰段防洪治理工程实施，投资2741万元（其中省资金1918万元），顺利完成河道综合治理6.1千米，其中新建护岸1.39千米、堤防0.87千米、河道疏浚4.11千米，新建穿堤箱涵1座、穿堤涵管8座及整治白马堰左坝肩69米。实施2022年病险水库除险加固项目，投资1222万元，对盐泉镇马鸣寺水库，忠兴镇龙珠水库、石马镇塔子水库、仙海区五八水库、仙海区丰收水库共5座水库进行除险加固。小型水库安全监测设施项目，投资360万元，对12座小（1）型水库大坝安全监测设施设备进行安装。

【干部能力素质提升】 成立党校讲师库，开办培训班3期，将政治理论、行业政策、纪律作风等纳入水利党校固定课时安排，邀请区内名师、行业专家授课6次，党校讲师授课10余次，教育培训党员180余人次，评选出优秀学员6人。开办“思想大解放、作风大提振、能力大提升”“业务大练兵”“廉洁教育”等专题微讲堂20余次，领导班子成员带头辅导学习，围绕工作短板、难点和痛点开展研讨，厘清工作思路，增强学习针对性。实施“一名挂联领导、一个责任股室、一套工作专班、一份倒排工期表”督查机制，制定重点水利项目攻坚作战图，成立督查组，深入业务股室及项目开展督查20余次，发布通报16期，稳步推进全区16个重点水利项目建设，顺利完工验收8个水利项目。顺利完成3项集成改革试点省级支持事项。

【河湖长制】 游仙区境内有大小河流共计85条（其中涪江、芙蓉溪、小芙蓉溪、杜家河、水磨河、魏城河、石刘河、徐家沟河、白蝉寺河等主要河流9条），水库105座[其中，小（1）型水库12座，小（2）型水库93座]，游仙武引斗渠以上29条、长352千米。各级河长共开展巡河18572次，发现问题181处，全部完成问题整改。完成全区9条主要河流划界工作、“一河(湖)一策”管理保护方案（2021—2025年）及年度“四张”清单编制，建立与江油、梓潼、涪城、三台等相邻河湖联防联控机制，持续推动河湖长制工作提质增效。建成“水美新村”3个，发放水利法律法规、河湖长制宣传图册3000余份，悬挂标语40余幅，制作河湖保护公示牌31块，组织河湖长制工作区级培训班1期，培训50余人次。全面完成4座小水电站清理整改和2座小水电站生态流量下泄监管工作。完成2016年、2017年节水型社会重点县项目验收工作和2017—2018年省级水保项目、2019—2020年区级水保项目的建设管理，制订2021—2025年水土保持重点项目实施计划并申报入库，向省厅呈报了《三岔河小流域水土流失综合治理实施方案》。

【水利运行管理】 编制完成《绵阳市游仙区“十四五”新农水规划》，共规划项目48个，总投资约

46亿元。完成《游仙区水利基础设施空间布局规划》，开展“三区三线”划定工作，落实国土空间规划“一张图”，为水利基础设施建设和涉水空间管控提供基础支撑。持续开展流域防洪规划修编工作，形成流域防洪规划修编成果。武引渠系2021年水毁岁修工程全部竣工；完成21座小型水库工程治理、30座小型水库维修养护、95座新增地方政府一般债务限额小型水库维修养护、12座小（1）型水库大坝安全监测设施建设、18座新增一般债券雨水情测报及安全监测项目建设、信义镇胜利水库除险加固项目建设，完成天星堰灌区2023—2025年续建配套与节水改造项目申报。全面完成魏城河综合治理项目刘家场镇段和仙鹤镇洛水村段工程建设任务，魏城镇鹤林绿洲段、魏城场镇段和东宣星光村段工程建设任务已进入扫尾阶段。

【春灌供水】 向灌区引水5992.56万立方米（其中农业用水4099.60万立方米，提供城市供水水源1892.96万立方米），完成1.5万公顷栽插任务，实现满栽满插。完成渠道清淤除障1200余千米（其中斗渠以上渠道350千米），渠道水毁修复7.19千米，渠道平台治理10千米，维修和更换放水口闸7处，对提灌站设备检修、维护和高压线路清障等。

【安全度汛】 修订《游仙区防汛抗旱总体预案》，编制完成全区12座小（1）型水库的《防汛抢险应急预案》《水库大坝安全管理应急预案》《水库调度规程》。编制完成全区93座小（2）型水库“三个预案”的编审工作。逐步落实“三个责任人”和“三个重点环节”。开展防汛应急演练200余次、培训13次，参加应急演练3500余人。投入25万元强化监测预警运行维护和群测群防体系建设，修复水位雨量站2处，设备更换6处，投入22.77万元新建视频站点3处，在受山洪威胁特别重要的8个危险区安装警示提醒牌等。储备编织袋3000条，铅丝10吨，砂石料5万立方米，救生衣210件，冲锋舟1艘。

◆ 2022年5月17日，区防汛抗旱指挥部在仙鹤镇组织开展防汛减灾应急演练 （区水利局供图）

【移民后扶】 游仙区2022年度共安排落实项目资金1098万元，按照“十四五”规划、移民后期扶持与水利工作深度融合等相关要求，共计安排4批项目：第一批319万元共31个项目、第二批296万元共12个项目、第三批264万元共14个项目、第四批179万元共10个项目，分别规划实施在9个镇（办）20多个移民村。认真贯彻落实《四川省大中型水利水电工程移民后期扶持人口管理办法》文件精神，做好农村移民人口动态管理工作，全年核减41人，转出1人，转入1人，足额兑现“直发直补”资金259.94万元。 （梁琴）

乡村振兴

【概况】 2022年，游仙区倍加珍惜乡村振兴先进区荣誉，坚持以更大力度、更高标准、更实举措推动乡村振兴再上新台阶，获评全国农村集体产权制度改革整县推进试点区、国家区域性蔬菜良种繁育基地、国家农作物品种展示评价基地、全国平安农机示范区。

【城乡融合试点】 2022年3月，游仙区成功申报全省县域内城乡融合发展改革试点。《绵阳市游仙区县域内城乡融合发展改革试点项目实施方案》获省委农办批准执行，将逐步建立健全乡村一体化规划体制、乡村基本公共服务一体化供给体制、乡村公共服务基础设施一体化建设管护机制、人才入乡机制。

【集体经济发展】 引导村集体经济组织参与改革，全区共移交村级集体资产6.89亿元，负债0.86亿元，村级集体经济组织“三资”移交完成率100%。探索推行“七种模式”发展壮大集体经济，全面完成22个集体经济薄弱村“消薄”任务，2022年全区村集体经济收入2454.67万余元，同比增长23.6%。游仙区荣获全省合并村集体经济融合发展试点先进区，典型经验在省委改革办《四川改革专报》刊发。

【农业社会化服务】 在忠兴镇试点创新成立镇集体经济联合总社，以大面积托管、大资金投入、大服务增收，实现“跨区域、规模化、机械化”的现代农业生产模式，有效解决农村土地撂荒、碎片化和“非粮化”问题。托管面积达2867公顷，粮食产量较托管前增长15%，其经验做法2022年在省委改革办《中国组织人事报》《四川改革动态》《省委每日要情》刊发。

（刘绍彪）

城乡融合

【概况】 2022年5月，区委、区政府对城乡融合体制机制进行调整，撤销城乡融合发展试验区党工委、管委会，成立城乡融合发展工作领导小组，领导小组办公室设在区委办，办公室主任设一正两副。新成立的城乡融合发展工作领导小组办公室按照区第七次党代会提出的“城乡融合”战略，围绕推进建立城乡统一建设用地市场、完善城乡资源共享平台、实施城乡一体化基础设施建设、推进城乡公共服务均等化进程四个方面开展工作，促进了城乡资源要素合理有序流动，初步形成了城乡融合一体化发展格局。

【建设用地市场】 完成城乡建设用地增减挂钩整理面积75.6公顷，超额完成13.4%。其中，魏城镇9.73公顷，仙鹤镇30.87公顷，盐泉镇35公顷。仙鹤镇、魏城镇复垦面积均超过立项控制规模的50%，复垦面积占比位于全省前列。仙鹤镇、魏城镇3个项目40.56公顷指标通过省自然资源厅终验。已验收的3个项目区农户户均增收1万元，村集体经济平均增收180万元。率先在绵阳建立统一的建设用地市场，以新桥镇胜利村一宗商业服务设施用地为试点开展农村集体经营性建设用地入市。2022年7月14日，该宗地块依法取得不动产登记证书，该证书是绵阳市辖区实施不动产统一登记以来的第一本集体建设用地使用权不动产权证书；2022年12月26日，该宗地块取得市政府《关于游仙区新桥镇胜利村一组一宗集体经营性建设用地入市交易方案的批复》，这是绵阳市第一宗经市政府批准入市交易的农村集体经营性建设用地。游仙区通过增减挂钩和集体经营性建设用地入市，实现了资源利用潜力最大化和农村“资源变资金”，壮大了集体经济，进一步集约高效配置了土地空间资源。

【城乡资源共享平台建设】 培育高素质农民280人，其中省级调训33人，市级调训33人，区级培训214人（经营管理型46人、专业生产型84人、技能服务型84人），进一步提升了游仙区农民工的技能，增强了就业创业能力，为城乡融合发展提供人才支撑。通过农民工综合服务站点+人力资源公司劳务输出模式，为1300余人提供就近就业。回引返乡农民工819人，返乡创业经营主体323户，吸纳带动就业3600余人，实现年产值7.6亿元。成立农村产权流转交易监督管理委员会，设立“绵阳市农村产权流转交易中心游仙区分中心”，建成镇级服务站8个、社区服务站1个、村（社区）信息收集点145个，初步形成区、镇、村（社区）共同参与农村产权流转交易市场的一体化运营服务体系，有效盘活农村“沉睡”资源、激发农业农村发展活力。

【城乡一体化基础设施建设】 新建并竣工投产5G基站280个，主城区、主要道路、工业园区、高校园区、旅游风景区及部分重点乡镇5G网络覆盖和村(社区)光纤宽带、4G网络覆盖率均达100%。实现游仙区城区、主要道路、工业园区、高校园区、旅游风景区及部分重点乡镇的全面覆盖。建设撤并建制村畅通工程30千米，村民小组通硬化路30千米。提升改造场镇13个生活垃圾中转站，配备环卫车辆，提高自身环卫保洁能力，完善新桥、魏城污水处理厂在线监测设备，并配套建设监测用房。

【城乡公共服务均等化工作】 2022年，通过面向社会公开招聘、直接考核招聘教师、引入优秀教师208名。建立了全区名师资源库，实行城镇中小学教师到乡镇学校任教服务、学区（乡镇）内走教等制度，城乡教师交流384人，占教师总数的12.73%，其中骨干教师交流117人，占骨干教师总数的11.99%。推行“城市学校+乡村学校”“优质学校+薄弱学校”等办学模式，实现成员学校在设施使用、优秀师资等方面资源共享。组建联盟教研团队。采用“互联网+联盟教研”，通过线上线下联合教研形式，积极搭建市区学科教研员、名教师与各学科教师交流学习的平台，畅通了学科教师专业成长的研磨平台、研培平台。建成城市社区社工室20个，城市社区（共25个社区）社工室覆盖率80%；农村地区社工室13个。评选出小枧镇综合文化站等3个区级“示范镇（街道）综合文化站”，涪江街道韩家脊社区综合文化服务中心等5个区级“示范村（社区）综合文化服务中心”。

【出台游仙区城乡建设用地增减挂钩相关政策】 继游仙区农村集体经营性建设用地相关政策出台后，区城乡融合办又协调区自然资源局、区住建局、区审计局出台《城乡建设用地增减挂钩项目管理办法》《城乡建设用地增减挂钩项目实施技术规定》《城乡建设用地增减挂钩项目农户集中安置点建设监督管理办法》《城乡建设用地增减挂钩项目审计监督管理办法》，这些政策文件综合考虑了城乡建设用地增减挂钩项目的整体管理、责任主体、项目流程、规划编制、验收核查、建新区实施方案、项目实施技术指导、安置补偿、安置点建设的监督管理及项目审计监督等，打通了增减挂钩及农村集体经营性建设用地入市的政策壁垒，为城乡建设用地增减挂钩项目和农村集体经营性建设用地入市制度化、规范化持续推进提供了政策路径保障。

（郑萍）

工业

概述

【概况】 2022年，游仙区属地区生产总值居县市区第三，规模以上工业总产值居县市区第三，被评为四川省科技成果转移转化示范区，游仙高新区连续两次在全省143个开发区综合评价考核中名列前茅。作为四川省工业强县示范区，工业以电子信息、先进材料、智能装备等三大支柱产业和核技术应用、激光技术应用、航空与燃机三大特色产业的“3+3”产业结构为主体。

2022年以前，游仙区工业总产值总量一直保持在全市第二位。但从2020年开始，因国家调控、疫情防控、统计核查、环保督察和增量不足等一系列原因，工业总产值和工业增加值增长速度开始下滑，全区工业经济稳增长形势十分严峻。2022年完成工业总产值402.54亿元，同比增长0.2%。22户4亿元及以上规模工业企业完成工业总产值294.09亿元，同比增长11.4%。全年完成工业投资73.86亿元，同比增长10%；完成技改投资57.58亿元，同比增长15.8%。

【数字经济】 积极宣传贯彻省市工信部门出台的相关政策，在促进数字经济发展中主动作为。游仙区共有电子信息类企业17户，主要以湖山电器公司、海格恒通、特锐祥、维博电子等为代表的一批高科技企业为支撑的重点规模工业企业，2022年共实现产值11.1914亿元，占全年产值402.3165亿元的2.78%。推荐工业互联网项目3个，雅化的数字系统及中国兵器集团的项目通过审核，分别获得25万元、67万元的资金支持。

【营商环境建设】 针对服务对象要求简化办理流程、提升服务时效等诉求，扎实开展政务服务“四减行动”“一门办理”等工作，优化流程28项，实行留抵退税、消费补贴等政策，企业线上申报、部门线上审核、结果线上展示，推行稳岗返还“免审即享”、社保缓缴“即审即享”等便捷审批流程，累计精减审批环节1286个，精减申请材料603项、1864份，1280项政务服务事项办结时间提速95.28%。践行“一线工作法”，常态化开展优化营商环境面对面专题座谈会、市场主体大走访等活动。建立区委、区政府领导在群的“游仙企业之家”微信群。组织市场主体参加“绵企通”平台在线问卷调查，深入民营企业发现问题、收集意见、解决困难，实打实解决问题86个，满意率达97%以上。企业服务中心为企业提供诉求处理、政策申报、帮办代办、职业培训等“一站式”综合服务。引导民营企业积极参与“绵品出川”行动，帮助企业拓展市场。设立营商环境监测点16个，选聘营商环境监测员16名，加大监督力度，积极构建“亲而有度”“清而有为”的新型政商关系。

【安全监管】 协调游仙供电公司，加强全区供电设施日常维护及隐患排查工作，对重点保供区域，协调供电公司有针对性增加维护和隐患排查频次。督促游仙供电公司加强林区输配电隐患排查，及时清理隐患点位周边树木杂草，并对全区林区输配电区域定期开展隔离区域清理工作，同时协调各镇、街道配合处理隔离区域清理中遇到的各种树木纠纷问题。多次邀请水利安全专家，对全区3家运营水力发电企业开展安全生产检查，建立安全生产问题及隐患清单，跟踪督导整改情况。督促发电企业做好设备日常维护及维修工作，特别是在“迎峰度夏”电力紧缺期间，在保障能够多发电的同时又能确保安全生产。

【高温天气企业自发电补贴】 在年度高温“限电”期间，在全市率先出台《鼓励工业企业自行发电生产补贴办法》，对游仙区20户企业进行自发电补贴，共计872280元，帮助企业降低停电期间生产损失。

【工业企业培育】 2022年游仙区新增省级专精特新企业（不含复核通过）17户，占全市新增（79户）的21.52%，新增数居全市第一。全区省级以上专精特新企业共43户（含3户国家“小巨人”），总数居全市第二。

工业产业结构

【概况】 游仙基本形成了以先进材料、电子信息、智能装备三大主导产业和核技术应用、激光技术应用、航空与燃机三大特色产业为支撑的“3+3”产业发展体系。新型功能材料、物联网设备、智能装备三大主导产业发展整体比重约占全区工业经济总量的62%。核技术应用、激光技术应用、航空与燃机三大特色产业加速发展，核医疗健康产业园已入驻中广核同位素科技（绵阳）有限公司、中广核医疗科技（绵阳）有限公司等4家企业，建成投产后预计实现产值近20亿元；激光产业园入驻中久光电、中久大光等8家企业，建成投产后预计实现产值超30亿元；航空与燃机产业布局飞行器、航空动力产品、传感器及仪器仪表等领域，计划到2025年实现产值超20亿元。

【主导产业】 全区先进材料、电子信息和智能装备三大产业发展较快。其中，先进材料产业拥有东材科技、聚合新材等企业37家，2022年实现产值121.97亿元，主要产品有聚酯薄膜、流道布等；电子信息产业拥有湖山电器、移柯通信等企业18家，2022年实现产值18.64亿元，主要产品有智能音响、物联网通信模组等；智能装备产业拥有科莱电梯、旭博科技等企业45家，2022年实现产值119.57亿元，主要产品涵盖整梯制造、非标定制等领域。

【特色产业】 全区正加速发展核技术应用、激光技术应用、航空与燃机三大特色产业。其中，核技术应用产业布局医用同位素、质子加速器、核测控装备等领域，正在建设的核医疗健康产业园已签约入驻中广核、先通医药等14家企业，预计投产达效后可实现产值超300亿元；激光产业园已签约入驻中久光电、中久大光等企业14家，预计投产达效后可实现产值超200亿元；航空与燃机产业布局飞行器、航空动力产品、传感器及仪器仪表等领域，预计投产达效后可实现产值超100亿元。

【产业可持续发展工作】 建立“链长制”培育重大先进制造业集群。梳理出6条重点产业链，每条产业链明确一名区级领导为链长牵头抓，一名园区领导为副链长共同抓，不断强化跟踪服务和要素保障，健全完善工作机制，依靠“区领导+部门+园区+专业团队”模式，壮大和完善园区产业链。围绕园区“3+3”产业定位培育“链主”企业，通过优中选优，精中求精，筛选出东材科技、特锐祥、中广核技、中久大光等11家本土企业，2022年培育“链主”企业1家。充分利用全区重点产业链招商图谱招引“补链”企业，与“链主”培育企业共同梳理亟须的关键链条，开展精准招商，更多更好地汇聚优秀企业，完善园区产业链。2022年围绕产业链“靶向”招引项

◆ 2022年7月19日，四川化材科技有限公司更名暨迁址揭牌仪式举行，正式入驻激光产业园区新材料创新孵化基地

目14个，签约金额达106.6亿元。

【核技术应用产业】 游仙作为全省仅有的2个核技术应用产业布局地之一，主要依托中国工程物理研究院的雄厚科研实力和国内唯一可以开展核医学应用的CMRR（中国绵阳研究堆）。游仙区以中广核医疗科技（绵阳）有限公司、中广核同位素科技（绵阳）有限公司、四川先通医药科技有限公司为“链主”企业，重点发展核素及靶向药物产业领域、放射性药物配送物流产业领域、核医疗诊疗设备产业领域、肿瘤治疗和康养产业领域等。上游方面，医用同位素供应依托中国工程物理研究院二所、中广核同位素公司，建立医用同位素“堆器耦合、诊疗一体”供应保障体系；核医疗诊疗设备产业依托中国工程物理研究院一所、十所、中广核医疗科技公司，建立医用直线加速器、质子治疗装备等高端肿瘤治疗设备研发生产体系；辖区内科研技术人员和科研成果丰富，具备整体推进核技术应用产业发展的科研实力。中游方面，拥有四川先通医药等核医药企业，筹建中国（绵阳）科技城核医药研究院，并在园区布局物流配套相关企业，补齐核医药生产和配送环节。下游方面，拥有四川省科学城医院、绵阳市中心医院、绵阳市第三人民医院、绵阳市四〇四医院等医疗机构，具备开展核医疗应用条件，助力相关成果产业转化，并在园区布局肿瘤治疗和康养等产业，实现就近诊断、就近治疗、就近康复，吸引更多病人到游仙治疗。

【先进材料产业】 游仙区先进材料产业以四川东材科技集团股份有限公司为“链主”企业，在细分领域功能膜材料方面有东兴绝缘、聚合新材、开元创亿等企业5家，磁性材料方面有开元磁材、信和磁材、德华磁材3家，金属材料方面有宏盛金属、胜源制造等企业6家，改性材料有鸿琪塑料、锐洋材料、盛宇材料等企业8家，新型建筑材料有华岗维加斯、奥特新材等企业14家，其他类材料有积水科技和联合晶体2家企业。全区先进材料产业链企业多为产业链上游基础材料和中游新材料制造类，企业细分领域多集中在功能膜材料、磁性材料和建筑材料，2022年全区先进材料产业实现产值121.97亿元，同比增长4.62%，发展态势整体向好。

【智能装备产业】 2022年，游仙区智能装备产业规模以上工业企业实现产值119.57亿元，占总产值的

◆ 2022年11月17日，核医学设备产业发展高峰论坛暨中外专家绵阳行活动举行

◆ 2022年，游仙西奥电梯公司生产车间 （王健 摄）

29.7%。全区拥有科莱电梯、兴事发、龙兴科技、高达科技等25家规模以上智能制造企业，并集聚飞腾机械、同人精工、嘉泰设计等涵盖精密加工、非标定制、工业设计等方面配套服务企业20家，初步形成了一定规模的智能装备产业集群。其中，电梯行业作为全区智能装备产业发展的主要领域，拥有科莱电梯、中科西奥等4家集开发、设计、制造、销售、安装、改造、维修、售后服务于一体的整梯企业，2022年全区整梯企业实现产值27.2亿元，同比增长27.1%，占智能装备产业总产值的22.7%，产业链整体发展态势良好。

【电子信息产业】 2022年，游仙区电子信息产业规模以上工业企业实现产值18.6亿元，拥有特锐祥、维博电子、光联讯通、湖山电器、移柯通信等17家规模以上企业，同时引进了华睿智连、弘川科技、物科光学等一批企业，湖山电器等6户企业在四川省上市后备企业资源库成功入库。已初步形成了一定规模的电子信息产业集群，从整体上看，产业发展态势稳步向好。

民营经济

【概况】 2022年，全区全力保市场主体、稳就业、稳物价，有力推动民营经济高质量发展。民营经济贡献了全区近60%的经济总量、近60%的投资和近60%的税收。民营经济市场主体占全区比重超过97%，在稳定就业、保障民生等方面发挥了较大作用。

【民营经济增长】 面对宏观经济下行和新冠疫情防控巨大压力，全区实现民营经济增加值266.56亿元，同比增长2.5%，占地区生产总值比重59.4%；民营经济增加值总量位居全市第五，民营经济实现税收13.2亿元，占全口径税收比重56.27%。全区民营经济主要集中在第二产业和第三产业。第一产业民营经济增加值4.11亿元、同比增长3.3%，总量占全区第一产业增加值比重为10.9%。第二产业民营经济增加值98.27亿元、与2021年持平，总量占全区第二产业增加值比重为63%。第三产业民营经济增加值164.18亿元、同比增长4.2%，总量占全区第三产业增加值比重为64.4%。

【民间投资】 民间投资是全区全社会固定资产投资主要组成部分。全区民间投资同比增长13.4%，高于全市平均水平3.6个百分点，占全社会固定资产投资比重为58.4%，高于全市平均水平7个百分点。全区民间投资主要集中在制造业、房地产业。制造业、房地产业（包括房地产开发）民间投资占全区民间投资比重分别为23.4%、46.8%。

【市场主体】 全区民营经济市场主体处于快速增长阶段，占比最大的为个体工商户。截至2022年底，全区民营经济市场主体达37150户、同比增长10.91%，占全区市场主体比重为97.69%。其中，私营企业8776户，同比增长8%；个体工商户27996户，同比增长11.93%，总量占民营经济市场主体比重为75.36%。

【产业结构】 产业结构由劳动密集型、资源加工型等产业价值链低端领域，加快向先进制造业、现代服务业、新兴产业等科技含量高和市场前景好的领域拓展，2022年全区民营经济一、二、三产业增加值比重为1.54∶36.87∶61.59。

【优质企业】 1家民营企业被认定为国家制造业单项冠军企业，1家民营企业列入四川省制造业企业“贡嘎培优”行动计划，37家民营企业被认定为省级专精特新中小企业、2家民营企业入选四川省100强民营企业。

重点企业

【四川东材科技集团股份有限公司】 东材科技是一家专业从事新材料研发、制造、销售的科技型上市公司。旗下拥有17家子公司，业务涵盖发电设备、特高压/智能电网、新能源、轨道交通、工业电器、家用电器、平板显示、消费电子、5G通信、环保阻燃织物等领域。“东方牌”系列产品远销50多个国家和地区，多项产品打破国外垄断。近年来，主要经营指标逆势稳定增长。

【四川东方绝缘材料股份有限公司】 公司是四川东材科技集团股份有限公司的全资子公司，致力于功能薄膜材料的研发、制造和营销，优质、安全、环保的新型功能薄膜材料引领相关产业技术进步和行业高质量发展，完整的产品解决方案和一流的技术服务深得海内外客户和市场的赞誉。产品服务于海内外新能源光伏发电、输变电智能电网、中小电机、家用电器和消费电子等领域。

【雅化集团绵阳实业有限公司】 公司是四川雅化实业集团股份有限公司全资子公司,是国内领先的起爆器材研发生产企业，是国家高新技术企业、智能制造示范企业、国家知识产权优势企业。前身为成立于1958年的“绵阳地区化工厂”，2022年，有员工600余人，其中各

◆ 2022年，东材科技办公大楼

类专业技术人员300余人。

【四川兴事发门窗有限责任公司】公司是国内大型的门窗生产销售企业，生产门窗产品100余种，年产值15亿元，拥有完善的营销、售后服务网络，产品畅销国内外，与华润、万科等大型房企保持长期战略合作关系，“搬新家，装新门，兴事发牌安全门”口号家喻户晓，“兴事发”商标被认定为中国驰名商标，公司连续3年名列四川民营企业100强和四川制造业100强。

【四川金太阳畜牧饲料集团有限公司】集团公司成立于1994年，是以饲料产品为主的大型农产品深加工企业，集团占地6.67公顷，下辖6家子公司，2022年有资产2.1亿元，产品销售网点遍布全国20多个省、自治区直辖市，年销售收入逾10亿元，是四川省农业产业化经营重点龙头企业、ISO 9001国际质量管理体系认证企业，连续18年荣获省级重合同守信用企业、省级质量信誉AAA级企业。集团拥有“中国驰名商标”“四川省著名商标”，品牌价值3.02亿元。

【绵阳仙特米业有限公司】公司是一家集稻谷、小麦的研发、种植、加工、销售、物流贸易于一体的民营控股、国有参股的专业化粮食加工企业。是国家高新技术企业、国家级粮食应急保障企业、四川省农业产业化省级重点龙头企业、四川省绿色工厂。通过ISO 22000认证和无公害农产品认证，3个品类取得了绿色食品标志。现有7条生产线，年加工粮油的能力总量达60万吨，有6万吨仓容，设有研发中心、配送中心等。

【绵阳市坤俊实业有限公司】公司成立于2016年8月，位于游仙区石马镇，主营业务为钢材、铝材、管材、木材的加工和销售，以及仓储、货物运输等物流服务。旗下川西北物流园是西南地区重要的新型钢材仓储物流及交易中心，可提供钢材仓储、加工、配送、金融等一站式物流服务。

【四川家福来电器有限公司】公司始创于1987年，注册资本1亿元。是一家集家电零售连锁商场、网络批发、家电售后服务、物流配送、酒店经营、房地产开发、金融投资等于一体的多元化集团企业。四川省商务厅重点联系企业，省内具备发展实力的最大家电连锁零售企业之一。集团在四川拥有30余家全资、参控股公司。拥有川西北规模最大的家电零售连锁商场，在绵阳、江油、遂宁、射洪、蓬溪、德阳、广汉、什邡等地拥有30余家专业家电卖场。总资产近10亿元，年销售总额30余亿元，年上缴国家税费4000余万元，在职员工3000余人，营业面积达5万平方米。

【绵阳市美乐化妆品有限责任公司】公司创立于1990年，秉持“诚信经营，用心服务”的经营理念，胸怀“专业服务，爱有温度”的发展信念，从一家门店起步，发展成为集连锁门店、线上运营、自有产品研发生产于一体的化妆连锁标杆企业。2022年有连锁店126家，员工800余人，会员百万余人，位列中国化妆品百强连锁第三，致力于成为中国最专业的美妆连锁企业。

【四川五系神韵商贸集团有限公司】公司是凯越投资集团旗下关联公司。依托游仙高新技术产业园区的“省级自由贸易区”规划，主要与五粮液及旗下的浓香酒公司深度战略合作，打造了五粮液旗下多元品牌运营矩阵。全国独家运营五粮液浓香酒公司“五粮坊”品牌，区域运营五粮液、经典五粮液、五粮春、五粮生肖、永福酱酒等品牌。核心大单品“五粮坊·青蕴”荣获酒类产品创新“青酌奖”等。

【四川浩东食品科技有限公司】公司是全国“放心粮油加工示范”企业，四川省农业产业化省级重点龙头企业，“天府菜油”品牌入盟企业，非遗文化传承企业。公司以优质粮油种植基地种植的稻谷、油菜籽为原材料，加工的“鑫浩东”菜籽油获得国家绿色食品认证，“鑫浩东”大米入选四川好粮油产品，“川熟乡”小榨浓香菜籽油入选“四川好粮油”和“中国好粮油”产品。

【四川虹新制冷科技有限公司】 公司是浙江五洲新春集团股份有限公司旗下热管理事业部旗下子公司，专注于异形空调管路组件生产与制造，拥有行业最大的三维数控弯管一体化设备、自动焊接设备，年产值超5亿元，与长虹、小米、瑞美等整机厂商长期稳定合作。

【四川科莱电梯股份有限公司】 公司始创于1988年，是中国工程物理研究院电子工程研究所贯彻党和国家“军民结合，寓军于民”伟大战略投资控股的大型军转民企业，现已成长为集电梯及智能立体停车设备的研发、制造、销售、安装、改造、维修、售后服务于一体的大型企业，拥有四川工厂、河北工厂两大生产制造基地和4家全资子公司。产品涵盖乘客电梯、加装电梯、扶梯、智能立体停车设备、电梯物联网等19大系列，销往全国各地及20多个海外国家。（赵蕾）

交通运输

概述

【概况】 2022年，全区公路通车总里程达到1903.69千米。其中，国道78.22千米，省道120.16千米，县道417.37千米，乡道610.08千米，村道677.86千米。公路密度188.33千米/百平方千米，38.1千米/万人。境内高速公路43.3千米，一级公路52.66千米，三级公路87.08千米，四级公路1716.38千米。年内，交通运输服务、“一超四罚”等工作获得市交通运输局肯定。高速查验点“入川即检”专班、提案办理、道路交通安全综合治理。

【行业党建】 2022年新成立货车司机、网约车、邮政快递3个行业党委，建成网约车党群服务阵地1个，认领货车司机党员298人，招募网约车司机党员79人。通过开展“亮身份、送清凉”“助企纾困”“春节慰问”等活动，走访慰问行业系统党员近300人次。通过开展党的二十大精神宣讲、阵地建设座谈会、主题党日等活动，增强行业党委组织活力，推动行业党委发展，营造支持新业态新就业群体党建良好氛围。

◆ 2022年10月，游仙公交枢纽主体工程完工

【城乡公交建设】 开通公交线路52条、城乡公交运力411台（含25台村村通客车），公交站点500米覆盖率100%。通过对全区建制村通道路通客车状况进行摸底调查，采取新增或延伸线路、迁移终点站等方法，先后解决五里梁工业片区通公交，旅游环线通公交等问题。

基础设施建设

【概况】 立足“十四五”，着力构建绵阳城市东部交通枢纽，完善“四横三纵”道路骨架网，全方位规划高速公路3条36.29千米、国省干线3条131.8千米，县道17条458.3千米，乡道114条670.1千米，村道840条1211.2千米，实现镇镇有高速出口、通二级公路，场场通三级公路，村村通四级公路。研究布局省道306线游仙区过境段改建工程、绵阳至南部高速公路游仙出入口、游仙通用机场，成为绵阳北上、东出、南下的新通道。

【固定资产投资】 完成对上争取9200万元。完成市级固定资产投资

7.1456亿元，完成率102%。完成区级固定资产投资23.4874亿元，完成率129.05%。

【高速公路建设】绵苍高速在游仙境内全长8.497千米，征地面积53.4公顷，项目总投资12亿元。全面完成征地拆迁及杆管线迁改，路基工程完成100%，累计完成投资7.88亿元。G5成绵高速扩容，在游仙境内全长15.76千米，征地面积155.73公顷，项目总投资28.8亿元。征地拆迁及杆管线迁改全面完成，路基工程完成100%，累计完成投资20.73亿元。G5广绵高速扩容：在游仙境内全长12.03千米，征地面积约76.3公顷，项目总投资15亿元。签订房屋补偿协议67户、倒房57户，搬迁坟墓338座，累计完成投资2.94亿元。

【农村公路建设】观玉路全长17.843千米，项目总投资2000.1015万元，已完工并交工检测验收。鱼泉村桥危桥改造项目全长86米，项目总投资471.51万元，已完工并交工检测验收。老虎桥改造项目全长88米，锣响坝桥全长86米，计划总投资997.3万元，于2022年5月开工建设。县道035线永石路三叉拐桥新建项目全长110.02米，水磨河桥新建项目全长36.04米，计划总投资684.09万元，于2022年10月开工。道碑观索桥改造项目全长110.06米，计划总投资530.18万元，已进场施工。2022年度，桥梁改造工程项目（11座），计划总投资2943.4万元，均已进场施工。安装村道波形护栏55.3千米，总投资1012.3万元，已完工并交工检测验收。

【公路养护】与区财政局联合制定《游仙区农村公路“路长制”及管理养护绩效考核办法》，通过资料查验和现场检查，完成对各镇(街道办)的年度养护绩效考核。有序推进隐患整治，对辖区农村公路安全隐患进行集中全面排查，完成224处隐患整改，更换、新增标牌197个、施划路面标线约2700平方米、补划减速震荡标线610平方米、修复波形护栏209米；有序推进次差路、事故多发路段整治，对2021年PQI（路面技术状况指数）检测为次差等级的义魏路031线、大宝路069线、模石路023线等进行了路面维修，对石马涪江渡口091线事故易发多发路段增设交通设施；完成省道210线双扇桥护栏改造，提升防护能力；加强路面破损修补、水毁点整治等养护工程推进，对安梓路、金石路、省道210线等路段裂缝进行预防性养护路面灌缝约4000米，修补金石路、凤玉路等破损路面约2000平方米，对金石路、省道416线等修复挡墙50米，完成龙柏路、小永路等5处水毁点整治。改善道路环境，每周对农村公路至少清扫1次，每月对公路绿化及附属设施至少清洁1次。清理边沟、路肩约130千米，清理波形护栏约30千米，刷漆翻新余家拱桥、龙桥等表面漆面破损、陈旧的桥梁防护栏7座，刷漆翻新胜黎路警示桩3千米。

◆ 2022年，魏城镇鱼泉村桥施工现场

交通运输管理

【概况】围绕道路交通安全，2022年召开安全生产部署、研判分析等会议17次，印发安全工作文件36份，组织观看安全生产宣传视频24次，印发法律法规汇编500本，开展警示教育21次。全年共检查交通运输领域企业491家次，迎接交通运输部、省、市安委会安全生产大检查和市(州)交叉检查8次，除正在施工的危病桥外，检查发现的其他安全隐患已全部整改完成，全年未发生安全生产行业监管责任事故。

【营商环境服务】围绕服务业经济指标，完成服务业规模以上企业入库任务6家。全年新增普货运输经营业户107户、普通货运车辆397台；新增和更新驾驶培训教练车备案119辆、新增一、二、三类汽车维修业户备案共计25家；区内9所驾校执行落实“先培训后付费”等项综合改革，培训机动车驾驶员9192人，驾驶员从业资格证培训112人，承办道路运输相关备案103件，办理道路运输审验业务2898件。

【道路运输执法】 开展日常检查与执法，出动执法人员2890人次执法车辆986辆次，巡（检）查行驶里程2万多千米；行政处罚立案处理23件；检查交通运输企业187次，发放宣传资料500份；组织召开安全会议12次；组织执法人参与应急演练活动2次。同时，对“两客一危”运输企业监管系统抽查违法违规行为调查处理16件，对16名驾驶员从业资格证计分处罚。开展专项检查与执法，开展路域环境整治行动78次；查处涉路违法案件44起，清理不规范设置非交通标志标牌48处；开展各类宣传活动16次（安全教育5次），发放宣传材料1200余份；开展路警联合治超行动12次，检测货运车辆573辆，查处超限车辆46辆，移交交警处理车辆12辆，卸货364.5吨；通过主动防御系统平台抽查车辆138辆，查处问题隐患车辆30辆，现场整改完成问题隐患车辆30辆；查处涉嫌违规案件4件，移交案件3件；受理处理举报件3件；完成“互联网+监管”平台行政执法行为录入256条。打击非法营运，出动执法人员1545人次，检查车辆9684辆，查扣涉嫌非法营运“黑车”66辆（其中网约车3辆）。

【环境污染防治宣传】 以“综治宣传月”“安全生产月”为契机，深入辖区交通领域企业、单位进行广泛宣传，对辖区维修企业、运输企业、公路建设工地大气污染防控进行检查和宣传。深入砂石料厂检查和宣传，告知货运车辆密封运输，严禁渣土车辆污染公路。对辖区道路过往运输车辆进行检查和宣传，规范装载依法运营。

【海事管理】 全年开展“今冬明春暨水上交通安全大检查”“船舶防污染专项整治”等各类专项整治活动9次。抓好水上应急抢险队伍建设，组织开展水上交通应急抢险救生演练。做好汛期、重大节假日和日常水上交通安全监管，在重大节假日期间坚持安排专人在重点水域、码头巡航，维护水上交通运输秩序，确保辖区水上交通安全无事故。（朱君　李力）

邮电业务

【概况】 邮政集团游仙分公司完成邮政业务、村级站点建设、惠农服务等经营发展工作任务。全年完成电信业务总量7.11亿元，同比增长19.1%。固定电话用户13.36万户，移动电话用户80.72万户，互联网宽带用户25.21万户。

【邮政业务】 完成收入8310.96万元，新增金融总资产5.95亿元。

【经营发展】 建设村级站点119个，正式运营21个（其中农民工综合服务站2个），村级节点优质综合便民服务站4个。完成惠农合作两项以上业务合作合作社128个，完成计划的106.67%。建设信用村13个，完成率130%。（朱君　李力）

商贸服务业

概述

【概况】 2022年，游仙区社会消费品零售总额完成152.64亿元，与2021年同期持平，高于全市1个百分点，增长率并列县市区第三。服务业增加值总量完成255.1亿元，同比增长6.1%，增长率并列县市区第一。商务局负责的其他营利性服务业（规模以上企业）营收同比增长64.9%，工资同比增长34.4%；批发业销售额同比增长4.3%，低于全市水平1.5个百分点；零售业销售额同比增长14.2%，高于全市水平4.8个百分点；住宿业营业额同比增长12.7%，高于全市平均水平3.1个百分点；餐饮业营业额同比增长3.5%，高于全市平均水平0.9个百分点；固定资产投资完成12.95亿元，对上争取完成1800万元；完成规模以上和限额以上服务业企业入库79户，完成目标任务的105.3%，其中规模以上服务业企业40户，限额以上商贸单位39户。

【促消费活动】 2022年，开展“乐享游仙·惠民消费”促销活动，通过银政联动投入消费券发放资金410万元，投入资金总额3000余万元，撬动4亿元的消费市场，帮助服务业领域困难行业渡过难关、恢复发展，进一步提振消费信心。创新“政府引导、企业主体、协会参与、媒体助力”模式，通过品牌折扣、现金红包、优惠券等形式让利促销。引导红星美凯龙、美乐、家福来等企业，抢抓元旦、“6·18”、“双十一”等有利时机，举办“2022年（春季）绵阳消费促进月”“首届家博会”等促销活动11场，带来了直接经济收益达5300万余元。组织“游仙造”产品走出去。由区商务局牵头组织工业、农业11家企业参加“绵品出川”厦门行、东莞行、苏州行3场活动，累计实现交易额1786.53万元，共签约3.1亿元销售订单。

【餐饮业】 游仙区餐饮企业214

◆ 2022年3月12日，绵阳首届家博会在游仙区红星美凯龙举行

（区融媒体中心供图）

家，个体经营户4586家。游仙区餐饮行业主要以小微经营为主，连锁餐饮主要以杨肥肠、开元米粉、筷子花为领军企业；游仙区名餐饮京川生态园、良居生态园、海上海水晶酒店、蜀久红森林庭院火锅、越王楼印象火锅、黑蚂蚁、老灶房、湖畔别院等。2022年游仙区餐饮受新冠疫情影响，消费群体流量减少，营业收入严重缩水。2022年3月，区委出台《绵阳市游仙区服务业发展的若干措施（试行）》支持餐饮民宿等生产性生活性服务业健康发展，对游仙区规模以上，当年营业收入达2000万元，且上年营业收入增长率为正增长的餐饮企业给予一定的资金扶持。7月，区人民政府主导开展惠民惠企消费券发放活动，支持游仙餐饮企业及餐饮名店发展。2022年积极开展游仙“名菜”“名店”“名品”“名师”挖掘、评选和宣传推广活动，支持行业商协会开展餐饮名店评选、美食厨艺大赛、消夏美食啤酒节等系列活动，进一步促进消费升级和带动餐饮行业收入及高质量发展。6月，已挖掘红烧乌鱼、状元凉粉、文氏棒棒鸡、康富源老开元米粉等11道游仙特色菜品及特色小吃向市级主管部门推荐，并通过网络平台广泛向群众宣传。

【电子商务】 2022年，全年实现电子商务交易规模772亿元，完成全年任务的101.58%，名列全市第一；网络零售额41.37亿元，完成全年任务的129.79%，名列全市第二。加强重点培育。培育一批带动性强、有重要影响力的电商品牌，如东材科技、明瞳商贸、梦奇科技、桑果白兰地等推动本地电商企业高质量发展，培育“葛伦生”“爱之妖娆”“紫东爆米花”“桑葚膏”等30个网销品牌。组织游仙区品牌型农业企业、农业合作社、村干部、农业种植大户、创业青年等参加省、市商务部门组织电商直播技能培训2次，参培达100人次。支持米粉产业发展。重点支持众福、今日农庄、嘉嘉乐等米粉企业借助电商平台发展线上销售，打造“游仙造”米粉特色品牌，推动米粉产业发展。2022年米粉线上销售额达4850万元。创新电商模式。结合游仙区农产品特色和电商发展现状，大力发展农村电商、电商直播及社区团购。全年嘉嘉乐、朝越蓝莓等企业开展直播带货90余场，共销售农产品10890余单，销售额达32.5万元。照耀商贸“美团”“美食美家”等平台，全年共开团163期，服务社区140个、居民50万人，销售额达536.5万元。（张宸）

【规范网络交易】 采取以网管网、依法管网、协同管网、推动线上线下一体化监管，进一步规范网络交易市场秩序。深入学习贯彻《中华人民共和国电子商务法》《中华人民共和国网络交易监督管理办法》，加强与《中华人民共和国食品安全法》《中华人民共和国产品质量法》《中华人民共和国广告法》等相关法律法规在执法中的衔接，支持网络平台经济健康发展。开展平台利用“迎大庆”、领导讲话等集中宣传名义销售商品专项监测工作。开展不正当竞争、网络传销等重点监管领域监测。结合开展“春雷行动2022”，抓好元旦、春节、“五一”等重要时节的监管，强化前沿指导，切实维护节日期间网络市场秩序。开展“铁拳行动”、网络销售宣传“特供”“专供”标识商品专项行动、网络直播搭货乱象等专项整治行动，进一步规范网络市场秩序。共开展网上巡查网店网站132个次，监测网络交易平台5个次，监测网络经营主体176户次，开展网络平台约谈会2次，监测网络各类信息1000余条，发现受理办结违法违规网络线索13条，办结率100%。扎实开展网剑行动。根据市市场监管局等13部门《关于印发绵阳2022网络市场监管专项行动方案的通知》工作部署要求，围绕“六大重点任务”，充分发挥联席会议作用，聚焦社会关注度高、涉及面广、反映强烈的重点问题，进一步维护公平竞争的市场秩序，切实保护经营者和消费者合法权益，营造风清气正、安全放心的网络市场环境。行动期间，共发放宣传资料2000余份，监测各类网络信息1万余件，关闭问题网站1家、共立案查处7件，下发责令整改通知书21份。（田维彬）

【商品市场】 游仙区共有商业综合体3个，分别为富乐街道海悦银河城、经济试验区红星美凯龙、经济试验区渔人码头。2000平方米以上超市5家，分别为经济试验区盛玛特购物中心、富乐街道永辉超市、美佳福购物中心新桥店、游仙街道世纪联华超市、小枧镇麦吉客超市。区内重点消费品企业2家，绵阳市游仙区世纪联华商贸有限公司、绵阳仟佳居商贸有限责任公司。500平方米以上超市53家，200平方米以上超市112家，分别分布在城区街道及各镇，完全满足游仙区群众日常生活需求。有各类农贸市场32个。其中，综合性农贸市场17个（城区农贸市场7个、乡镇农贸市场10个）；农产品专业市场（富乐花乡花卉市场）1个；社区菜市场14个，主要分布在城区各小区。完成农贸市场改造升级4个，分别是富乐农贸市场（总投资150万元）、开元农贸市场（总投资20万元）、五里堆农贸市场、魏城镇春华农贸市场，新增社区菜市场4个。城区7家农贸市场已基本实现市场电子化，并确定了富乐农贸市场、开元、五里堆、游仙坝、欧家坝、沈家坝商业城农贸市为肉菜追溯体系定点市场，实现食品安全可追溯，建立市场化管理信息化电子台账，通过大屏幕对市场信息公开。2022年，游仙区将农贸市场电子化向乡镇较大型农贸市场延伸，鼓励魏城镇、新桥镇、石马镇、仙鹤镇农贸市场实现电子化。（张宸）

【中介市场】 绵阳市依托四川省政务服务网统一建成绵阳市“中介服务网上超市”，为全市（含县市区）项目业主购买中介服务提供公开选取机会，为中介服务机构提供入驻、交易管理、信用奖惩等服务，形成全市统一开放、竞争有序、便捷高效的中介服务市场。截至2022年12月，超市入驻机构1132家，其中本地300家、外地832家。2022年，游仙区行政机关、事业单位、直属企业在中介服务网上超市注册24家，在中介服务网上超市公开选取中介服务的项目达55个，中介服务费总额131.8736万元。（莫正轩）

供销合作

【概况】 2022年，游仙区持续深化供销综合改革，建成镇级供销社7个，区域为农服务中心2个，盐泉雨台一期烘干项目建成并投入使用，“两端两网”新供销体系建设开局起步。为农服务方式不断创新，双线运行体制有效运行，农村产权流转交易体系不断完善，社会化服务能力大幅提升，供销综合改革工作成效显著。

【“两端两网”新供销战略合作协议签署】 5月18日，游仙区人民政府与市供销合作社联合社签订“两端两网”新供销战略合作协议。市供销合作社联合社党组书记任杰、党组成员赵雄伟、调研员刘云亮，游仙区领导韩晓清、郑联盛、姚永强出席签约仪式。双方将以推动供销工作高质量发展为目标，抓好深化综合改革、完善体制机制、拓宽经营领域、提升服务能力等方面工作，强化联动协作，形成发展合力。

【“两端两网”新供销建设】 紧紧围绕农产品流通服务体系建设，积极响应国家构建“四横四纵”8条冷链物流骨干通道网络战略，谋划争取“游仙国家骨干冷链物流基地、游仙区域商贸物流枢纽基地”项目，游仙区项目被省供销社纳入重点支持名单。在小枧镇规划建设“农产品集采集配中心”1个，投资700万元，建筑面积4000平方米，已完成冻库建设。与上马科技、明浩农业2家绵阳农产品供应头部企业达成战略合作，成立绵阳鲜源农产品配送公司，弥补游仙生鲜农产品供应链短板。

【供销综合改革】 采取开放办社新模式，新建镇供销社7个、区域为农服务中心2个，将全镇所有村集体经济组织全部吸纳为镇供销社股东社员，实现新建镇供销组织全覆盖。完善基层社治理结构，定期召开股东会、理事会、监事会等会议50余场次，提高农民社员的参与度和话语权。协调财政支持基层社作为涉农政策和项目的实施主体，协调省社、市社将政策资金向基层社倾斜，支持粮食烘干中心争取补助资金225万元，2022年争取为农服务中心资金50万元。同时，近三年争取财政资金250余万元。区域为农服务中心、基层社高质量发展示范县2个项目纳入省级供销综改资金拟入库项目名单，其中区域为农服务中心已通过省社审核。规范社有企业发展，理顺联合社与社有企业的关系，成立社有

◆ 2022年5月18日，区人民政府与市供销联社签订“两端两网”战略合作协议

资产管理委员会，履行社有资产出资人代表职责。制定《从严治社工作实施方案》《社有资产保值增值指标考核体系》，建立《社有企业重要信息管理台账》，加强社有企业财务监督管理，按照社企分开、双线运行的要求，进一步理顺社企关系。

【盐泉镇雨台粮食烘干中心】 为带动农业专业化生产、社会化服务、规模化经营，提高农业生产效益、提升农产品质量及实现农民增收，投资400万元建设4000余平方米的盐泉镇雨台粮食烘干中心，日烘干粮食120吨。一期烘干项目于8月完成验收并投入使用，累计烘干粮食1200余吨（大小春两季），切实为周边农户农业生产带去便利和效率。二期粮油加工收储项目进入施工阶段。 （张俊益）

粮油购销

【概况】 落实区级储备5100余吨粮油储备工作，及时拨付储备费用175万余元，切实保障政策性储备安全。通过与企业建立社会责任储备，建立应急网点、应急加工企业等夯实粮食应急体系建设。承办绵阳市粮食科技活动周、世界粮食日活动，做好爱粮节粮宣传。通过“双随机、一公开”“四不两直”等形式对辖区粮油市场开展检查，全年粮食流通市场平稳。按照调拨指令，全年共调出12000余件物资，保障疫情防控、防汛减灾等工作。

【保障粮食安全】 印发《游仙区区级储备粮食管理暂行办法》《游仙区区级储备粮食轮换管理暂行办法》《游仙区粮食应急预案》。做好夏、秋粮收购，严格查处不按规定执行粮食收购标准、未及时支付售粮款，以及欺行霸市、强买强卖、压级压价、拖欠售粮款等坑农害农行为。按照“疫情要防住、经济要稳住、发展要安全”要求，统筹疫情防控与粮食收购。组织辖区粮油企业、全局干部职工召开游仙区粮食购销领域专项整治“以案为鉴、以案促改、以案促治”专题活动部署会。开展2022年粮食质量风险监测抽样57份。其中，国家级、省级9份，市级9份，县级39份。

【推动粮油品牌提升】 通过品牌创建，不断提升游仙粮油产品知名度。2022年，新增1家“好粮油”企业。绵阳仙特米业有限公司的“白鹤”牌小麦粉、“仙特”牌大米、“川嫂”牌麦香面被评为“四川好粮油”产品。 （郭亚川）

银行业

【概况】2022年末，全区银行机构达到8家、保险业7家、融资性担保2家、小额贷款1家。2022年，全区金融机构人民币存款余额435亿元，同比增长17.3%；人民币贷款余额343亿元，同比增长18.3%；人民币存贷款余额加权同比增长17.7%。2022年，继续执行财金互动、创业担保贷款贴息等金融普惠政策，全年累计发放奖补、贴息金额235万元。

【助企纾困】2022年8月，区委、区政府印发《游仙区稳经济助企纾困担保增信、贷款贴息、风险分担资金实施方案》，由区政府出资3000万元，设立各不低于1000万元的担保增信、贷款贴息、风险分担资金，对符合条件的新增贷款企业给予贴息资金。与此同时，为充分发挥金融杠杆撬动作用，及时解决企业“融资难、融资贵”问题，助力市场主体迎难而上，切实帮助企业解难题、强信心。

【健全金融服务体系】2022年8月，制定并出台《游仙区加快金融业聚集发展的若干政策（试行）》，优化招引政策，制定奖励机制，引进并鼓励银行类、金融类法人机构及分支机构落户游仙区，对符合条件且成功进驻游仙区的机构给予购房租房补贴、经营奖励等，进一步壮大全区金融机构数量，逐步形成金融集聚中心。

【防控化解金融风险】坚持防范非法集资宣传教育不松劲，保持打击非法集资高压态势，做到防范非法集资宣传教育无死角，广大人民群众防非意识和识别能力进一步增强。依法推进非法集资案件处置工作，妥善处置非法事件。2022年全区非法集资存量案件1件——绵阳仙龙向山福乐养老服务有限公司非法吸收公众存款案，涉及集资群众1087人，涉案金额5602万余元，移送起诉4人，已退921万元，已领利息955.7万元，未退金额4681万元，涉及910余人，未发生严重涉稳事件。

四川万鸿颐养院非法吸收公众存款案，涉及集资群众4600余人，涉案金额1.98亿元，已于2021年12月经游仙区人民法院判决，共判决15人。因集资人损失较大，导致2022年有部分人员上访。全区系统性金融风险总体防控有力，金融形势整体稳定可控。

【积极培育企业上市】2022年，全区新增四川省上市后备企业资源库企业2家，该2家企业分别是四川中久大光科技有限公司、四川高达科技有限公司，全区在四川省上市后备企业资源库成功入库的企业共6家。2022年6月16日，四川湖山电器股份有限公司IPO（首次公开发行上市）由于报告期内控股股东变更导致申请被证监会发审会否决。10月19日，市金融工作局邀请深圳证券交易所西部基地副总监任路一行到四川湖山电器股份有限公司指导企业挂牌上市，针对湖山公司上市审批时“报告期内控股股东变更导致IPO申请被证监会发审会否决”这一问题进行现场辅导，并结合企业近三年的营业收入和利润制定上市时间表，企业最快可于2023年6月再次申请上市。

（冉方席）

专业银行

【概况】 2022年，游仙区辖区有专业银行7家，年末金融机构人民币各项存款余额435亿元，比上年增加64.14亿元，增长17.3%。人民币各项贷款余额290.5亿元，比上年增加0.3亿元，增长0.1%。

【绵阳农商银行游仙支行】 绵阳农商银行游仙支行成立于2021年8月，属绵阳农商银行大区支行。截至2022年12月末，绵阳农商银行游仙片区各项存款余额136.45亿元，同比增长7.48%，各项贷款余额56.44亿元，同比增长15.04%。新增贷款总额40.37亿元，其中中小微企业贷款发放9.06亿元、科技型企业贷款发放1.95亿元、乡村振兴贷款发放28.29亿元。绵阳农商银行游仙支行主要对接和服务绵阳市游仙区党政部门及辖区内企事业单位、商户、群众等，业务上主要承继原游仙区农村信用合作联社辖区内业务。2022年绵阳农商银行游仙支行始终坚持"服务三农、服务中小企业、服务地方经济"的市场定位，充分发挥地方性银行的区域优势、网点优势和机制优势，在细分市场的基础上为支持区域经济发展、助力乡村振兴、推进城乡统筹协调发展提供全方位的金融服务。

【工行游仙支行】 工行绵阳游仙支行有员工32人，2022年末，游仙支行客户数量超过30万户，存贷款总额达119.55亿元，规模位居绵阳市工行前茅。其中各项存款40.69亿元，各项贷款78.86亿元。先后获得中国银行业文明规范服务"千佳单位"、四川省人民政府"文明单位"、绵阳市文明建设委员会"文明窗口"、中国人民银行绵阳市中心支行"金融诚信服务示范点"、四川省分行"先进集体"、四川省分行"三十强""三十快"网点、四川省总工会"四川省模范职工小家"等20多项荣誉。

【农行游仙支行】 中国农业银行股份有限公司绵阳游仙支行是游仙区境内四大国有商业银行中唯一一家县级金融机构，机关本部位于游仙区沈家坝东津路23号。内设综合管理部、风险管理部、公司业务部、零售银行业务部4个部门，下辖支行营业部、南河支行、经开区支行、南郊分理处、经济试验区支行、魏城支行、三江支行、科学城支行、东街分理处等9个营业网点，业务辐射涪城区、游仙区、经开区绵阳三大主城区域。现有员工116人。截至2022年12月末，全行各项存款余额61亿元，各项贷款余额65亿元，存贷规模达126亿元，支行连续2年被省分行评为综合管理先进集体，支行班子连续3年被市分行评为"四好班子"。

【中行游仙支行】 中国银行游仙支行位于游仙区一环路东段128号芙蓉汉城38幢，2022年有员工27人，县区内网点3个。截至年末，存款总30亿元，贷款20亿元，实现营收1500万元。

【建行游仙支行】 建行游仙支行现有员工人数38人，2022年末存款余额33亿元，贷款余额11.58亿元，其中金融对一、二、三产业的支持占比分别是1.90%、41.05%、57.05%。

【商行游仙支行】 绵阳市商业银行游仙支行成立于2004年，内设综合管理部、业务部2个部门，以及支行营业部、绵州支行、开元支行、科学城支行、游仙西路支行及科学城八区支行6家营业网点，共有员工69人。截至2022年12月末，该支行各项存款余额54.6亿元，贷款余额52.4亿元，其中中小微企业贷款余额30亿元，其中1000万元以内小微企业贷款9.6亿元。

【邮储银行游仙支行】 邮储银行游仙区辖内网点21个，员工100余人，2022年末存款52.09亿元，贷款25.17亿元，游仙区支行荣获绵阳市分行2021—2022跨年度营销活动最佳网点二等奖，游仙区支行荣获游仙区金融工作先进单位二等奖。支行积极履责，服务地方，重点支持实体经济，始终将改善中小企业融资难、融资贵等问题放在首要位置，2022年利率较年初下降51个BP（基点，1个基点是1%）；大力发展乡村振兴战略，2022年完成信用村建设80个，信用户建设908户。

地方准金融机构

【概况】 截至2022年末，地方准金融机构3家，其中小贷公司1家——绵阳国汇科技小额贷款公司贷款余额3.48亿元，正常经营；融资担保公司2家——惠东担保公司和中信担保公司，2家公司在保余额6875万元，均因在银行有逾期担保贷款无法开展新增业务。

【游仙国汇科技小额贷款公司】 国汇科技小额贷款公司于2009年9月8日挂牌营业，注册资本金2.16亿元，有员工12人，公司资产总额35231万元，负债总额2587万元，实现营业收入617万元，实现利润17.99万元。贷款余额为34327.27万元，在贷客户284户，主要投向"三农"、个体工商户和中小微企业。其中"三农"贷款占19%、个体工商户贷款48.1%、中小微企业贷款占32.9%。公司从成立至今累计发放贷款2337笔35.81亿元，收回2052笔31.7亿元，较好实现了普惠金融的总体要求，取得了良好的社会效益和经济效益。

【绵阳市中信融资性担保公司】 中信融资担保公司注册资本金5000万元，职工2名。2022年新增担保贷款1160万元，年末在保余额18792万元，资本金放大倍数为3.3倍。公司总资产6007万元，营业收入13.6万元。

【绵阳市惠东融资性担保公司】 惠东融资性担保公司注册资本金15500万元，员工13人。2022年累计实现担保1174万元，担保发生额较上年度减少1055.8万元，年末在保余额9441.17万元，较上年压缩担保额度119.98万元。全年累计为园区的工业企业提供担保贷款629万元，占发生额的53%。

保险业

【概况】 2022年，全区实现保费收入6.92亿元，同比增长12.5%。严格执行绵阳市政策性农业保险承保机构遴选项目中选结果的通知精神，全年农业保险保费收入3775.78万元，同比增长46.5%。其中，传统大宗农产品保险保费收入2605.6万元，地方特色农产品保费收入1170.18万元，各级财政补贴资金2810.07万元。全区三大粮食作物完全成本覆盖率均超过70%，完成目标考核任务。积极创新地方特色农产品品种，在全省开创首张蛋鸡收入保险，签单保费104.26万元，提供风险保障1737.6万元。

【中国人保财险游仙支公司】 中国人民财产保险股份有限公司绵阳市游仙支公司，是游仙区业务规模大、保险人才多、服务网点广、偿付能力强的地市级财产保险公司。设立10家营销服务部，8个农村保险服务站，103个村社会保险服务点，为全区广大客户提供优质保险服务。2022年公司全险种保费收入20136万元（含科学城），全年实现净利润1459万元，车险实现保费收入6964万元，2022年非车非农险保费收入10263万元，政策性农险实现保费收入2909万元。2022年游仙支公司缴纳税金总计1248万元。

【中国人寿游仙区支公司】 公司是县级支公司，是全区规模最大寿险公司，内设综合管理部、营销发展部、个险培训部、机构业务部、客户服务中心5个部门，员工及营销员232人，是四川省文明单位。2022年实现保费收入15108万元，业务关键指标同期增长率排名全市系统前列，已经连续7年获评A类公司，2017—2020年连续4年被游仙区、区政府授予金融工作“一等奖”。开办业务涵盖政保业务、个人营销业务、法人业务及员工福利计划，产品涵盖意外、健康、养老、子女教育、投资理财等。

【中航安盟财产保险有限公司绵阳中心支公司】 中航安盟绵阳中心支公司于2017年3月成立，落户游仙沈家坝东津路，公司内设3个部门。2022年在游仙区开办了蚕桑气象指数保险全年承保桑蚕6528.2张，签单保费78.34万元，提供风险保障979.23万元。同时，在全省开创首张蛋鸡收入保险，签单保费104.26万元，提供风险保障1737.6万元。绵阳中支（含分支机构）2022年度实现总保费收入7087.55万元，全险种综合赔付率62.73%。

【中国平安财产保险股份有限公司绵阳中心支公司游仙区营销服务部】 中国平安财产保险股份有限公司绵阳中心支公司游仙区营销服务部成立于2009年3月16日，位于四川省绵阳市游仙区游仙路30号1-

◆ 2022年7月8日，中航安盟财产保险有限公司绵阳中心支公司开展保险宣传活动

2-2号。2022年度，平安财险游仙区营销服务部实现保费收入10258万元，缴纳各项税金1474万元（车船税1274万元，增值税及附加税200万元），纳税同比增长65.62%，提供就业岗位30个。

【中国人寿财险游仙区支公司】 中国人寿财险绵阳市游仙区支公司成立于2013年。2022年公司有员工27人，总保费收入规模在7500万元，财险市场排名第四。

【锦泰财产保险股份有限公司游仙支公司】 锦泰保险游仙支公司于2021年6月30日开业。公司主要业务范围涉及车辆保险、农业保险、财产保险、意外健康保险、责任保险等，保险服务涵盖经济社会发展和人民群众生产生活各个领域。正编从业人员3人，保险代理人3人。2022年实现农险保费收入107.24万元，实现非农险保费收入1059.09万元。

【中华联合财产保险股份有限公司游仙支公司】 中华联合财产保险股份有限公司绵阳市游仙支公司是中华财险在绵阳的分支机构。截至2022年12月底，公司保费规模844.14万元。公司综合偿付能力充足率为209.77%。

城乡建设与管理

概述

【概况】 2022年，全区建筑业总产值194.8亿元，同比增长13.2%；完成固定资产投资94.8亿元，同比增长19%；全区房地产销售面积100.0314万平方米；房地产从业人员工资同比增长5.2%，水利环境和公共设施管理业从业人员工资同比增长22.9%，全市排名第三。培育魏城镇为首批“省级百强中心镇”，新桥镇入库“省级百强中心镇”候选镇名单；魏城镇飞龙村等5个村申报第六批中国传统村落，魏城镇青云村、忠兴镇永佛村获评第五批四川省传统村落；建成夯土建筑非物质文化遗产展示与传承馆1处。党建引领、纵深推进游仙区“红色物业”，小区事务“三公开”等做法，已吸纳到市住建委相关物业管理文件中在绵阳市推广。

【既有住宅电梯增设】 2022年，既有住宅电梯增设开工79部，开工率132%；完工60部，完工率100%，完成了全年增设任务。2022年1月6日，省住建厅党组书记、厅长何树平到游仙区考察，对既有住宅电梯增设工作给予高度肯定。省住建厅以《党建引领社区治理——绵阳市游仙区富乐街道开启“电梯新时代”》为题发出专期通报，要求各地学习参考。2022年11月17日，省住建厅党组书记、厅长田文到游仙区考察，对既有住宅电梯增设工作给予高度肯定。

【生活垃圾分类】 游仙区采用市场化运营新模式，游仙区中环盟科技有限公司运营试点模式。社会资本参与生活垃圾分类投放、分类收集、分类运输、分类处理等全链条工作，前端投放利用小游戏、积分兑换吸引市民参与其中，落实专人进行引导；中端运输采用智能化调

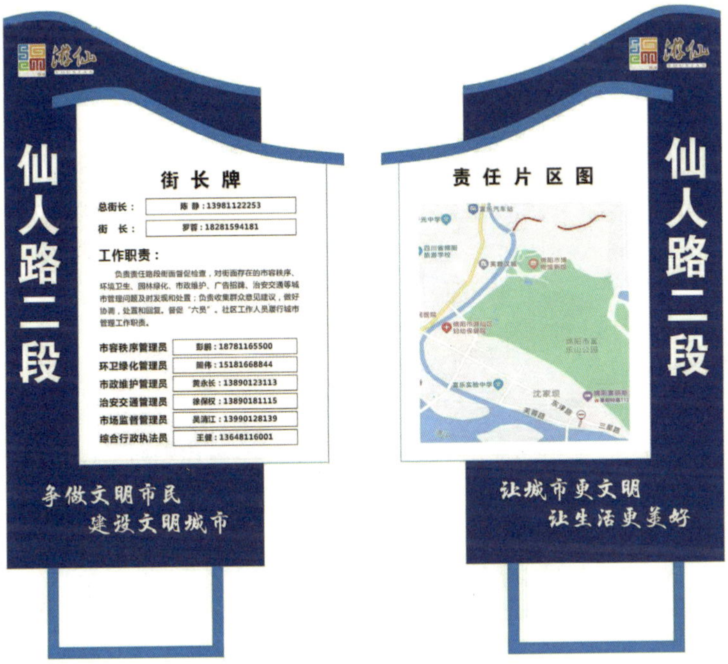

◆ 2022年，富乐街道仙人路社区街长牌

节不同垃圾桶容量，合理规范收运时间和路线；末端处置建立可回收集散中心，加大生活垃圾的资源化利用水平。（张骞）

国土资源管理

【概况】全年共出让土地14宗，总面积47.424公顷，实现土地出让金收入2.7292亿元。供应土地14宗81.752公顷，预计实现土地出让金收入12.7370亿元。为省市重点项目中核医疗健康产业园、东材科技功能膜材料制造基地等项目顺利开工提供了用地保障。高质量完成2021年度国土变更调查，形成游仙区2021年度国土变更调查阶段性成果。全年办理不动产登记业务10657件，实现抵押融资约11.77亿元。开展的绿色通道、上门服务、一次性告知单、公示继承等便民服务业务件共计86件。"非农化"问题违法占用耕地整改任务为167.83公顷，整改155.27公顷，整改率92.52%。"非粮化"问题整治任务总量为25.93公顷，整治32.36公顷，占整治任务总量的124.77%。耕地撂荒整治任务总量242.2公顷，整治242.2公顷，占整治任务总量的100%。批而未供处置基数为158.67公顷，已完成土地处置1.41公顷，处置率为0.92%。坚持"防范胜于救灾"理念，采取群众性排查和专业性排查相结合方式，按照"三个100%"（预案覆盖率、群测群防网络覆盖率和隐患告知率达到100%），确定监测人员、完善防灾预案，及时更新基础数据库，健全群测群防网络体系，打通防灾链路。扎实推进地质灾害综合防治体系建设，完成专职监测任务49处、治理工程3处，保持实现游仙区地质灾害"零伤亡"。

【地灾防治】坚持"防范胜于救灾"理念，采取群众性排查和专业性排查相结合方式，对全区重点场镇、在建工程、人口密集区等重点地域开展拉网式排查，全面掌握隐患分布、危害程度和影响范围。结合隐患排查，逐点逐人明确，及时调整防灾责任人，按照"三个100%"（预案覆盖率、群测群防网络覆盖率和隐患告知率达到100%），确定监测人员、完善防灾预案，及时更新基础数据库，健全群测群防网络体系，打通防灾链路。完成专职监测任务49处、地质灾害治理工程3处。依托汛期驻守服务单位，建立由专业技术人员、部门相关人员组成6—8人的应急救援技术保障分队。指导协助开展隐患排查、险情研判、提供应急救援技术指导。启动上下游信息共享、跨区域联动机制，已与江油、梓潼、三台、涪城等地建立联防联控微信工作群，实时共享气象、雨情、水情等信息。

【不动产登记】开展绿色通道、上门服务、一次性告知单、公示继承等便民业务95件。办理不动产登记业务10897件，实现抵押融资约19.76亿元。其中，转移登记6638件，抵押登记3018件，抵押注销登记522件，查封业务388件，解封业务164件，不动产查询业务956件，遗失（作废）公告47件，信访业务40件，数据关联及信息补录业务209件，自建房土地分割登记34件。全区涉及的林权总面积约2.74万公顷，已确权和林权登记发证总宗数17.91万宗。已完成农村"房地一体"确权颁证工作涉及宅基地97399宗、集体建设用地2043宗，外业测绘、权籍调查、入户调查工作，权籍公示、签字、成档已基本完成，已通过区级初检正在申请市级验收，同时正在进行数据入库及档案资料清理检查环节。促进农村集体经营性建设用地入市流转，为

◆ 2022年7月14日，区不动产登记中心为新桥镇胜利村第一村民小组颁发全市第一本集体建设用地使用权不动产权证书

游仙区新桥镇胜利村第一村民小组颁发了集体建设用地使用权不动产权证书。化解"芙蓉依山居"小区10余年未能办理分摊土地使用权证的登记难题，涉及300余人。集中力量支持重点企业中国航发四川燃气涡轮研究院（624所），办理"航空家园"安居房不动产登记，已完成1200件，100％完成总任务。

【2021年度国土变更调查】 游仙区2021年度国土变更调查工作于2022年1月开展，领取省级下发线索图斑及部下发监测图斑12810个，结合自主变化图斑共上传5297个举证图斑，经部省市多轮核查该成果于9月22日成功通过国家核查，形成游仙区2021年度国土变更调查数据库成果。

【土地统征储备和整理】 2022年度纳入土地报征计划的项目共20个114.73公顷，其中已取得征地批文项目19个111.2公顷，尚未组卷上报的项目1个3.53公顷。2022年出库土地22宗，总面积127.37公顷。其中，经营性用地8宗，27.91公顷。工业、物流仓储用地6宗，30.35公顷。科研教育、交通等用地8宗，69.11公顷。发布绵西高速、绵苍高速等单选项目和批次用地征收土地公告67个。完成新桥中小微产业园、东林商服用地、二环路、横山村居住用地、绵西高速等5个项目涉及的7个批次28个集体经济组织56.59公顷土地的《征地补偿安置方案》编制、公告和报批工作。完成缴纳2021年第28批次等6个批次建设用地耕地占用税287.7664万元。

【耕地保护】 推进农村乱占耕地建房专项整治，坚决遏制耕地"非农化"、防止"非粮化"，牢牢守住耕地红线。"非农化"问题违法占用耕地整改任务为167.83公顷，至2022年底已整改155.27公顷，整改率92.52%。"非粮化"问题整治任务总量为25.93公顷，至2022年底已整治32.36公顷，占整治任务总量的124.77%。耕地撂荒整治任务总量242.2公顷，至2022年底已整治242.2公顷，占整治任务总量100%。批而未供处置基数为161.37公顷，已完成土地处置62.80公顷，处置率为38.92%，市区排名第二。

（杜强）

城乡规划管理

【概况】 开展多轮"三区三线"试划和划定工作，划定成果（耕地保护目标3.49万公顷；永久基本农田2.7万公顷，占稳定耕地的86%，低于全市平均水平；城镇开发边界63.49平方千米，为现状城镇建设用地的1.31倍）已于9月22日通过省厅质检。已有10个城乡建设用地增减挂钩试点项目区实施规划通过省厅批复。已编制完成《游仙区城乡建设用地增减挂钩试点项目实施方案》，先行启动魏城镇、仙鹤镇、盐泉镇项目作为试点。6月，魏城镇、仙鹤镇2个镇涉及3个项目已完成省厅核查，预计可整理40.6公顷建设用地指标。强化规划管理，全年审查办理（含技术咨询）工程建设项目22件，市政类建设项目1件、建设工程规划核实及土地核验10件、老旧小区电梯增设46件。

【国土空间规划编制】 配合《绵阳市国土空间总体规划（2021—2023年）》编制工作，通过开展区域国土空间规划统筹研究，专题对接市自然资源和规划局和中规院，不断优化游仙国土空间规划布局。按照规则划定"三区三线"，合理确定城镇开发边界、生态保护红线和永久基本农田保护线。划定耕地保护目标3.12万公顷，永久基本农田2.7万公顷，占稳定耕地的86%，低于全市平均水平。城镇开发边界63.49平方千米，为现状城镇建设用地的1.31倍。启动游仙区乡村国土空间规划编制工作。完成芙蓉溪三产融合发展片区、魏柳河农旅融合发展片区和魏城驿城乡融合发展片区三个镇级片区国土空间规划编制工作，并通过区级审查和市级专家评审，拟按照市级主管部门统筹安排要求报送市规委会审议。同时根据各镇报送编制需求以及有关历史问题，拟定游仙区村级规划编制计划并通过区规委会审议，已启动4个村级片区。完成《东林片区控制性详细规划》局部调整，推进《五里堆片区控制性详细规划》修编、《绵阳游仙经济开发区南区（中南片区）控制性详细规划》修编、《绵阳市小枧——农科区控制性详细规划》局部调整和《绵阳市经开——小枧片区控制性详细规划》控规单位调整工作。

【城乡建设用地增减挂钩】 游仙区已有10个城乡建设用地增减挂钩试点项目区实施规划通过省厅批复，编制完成《游仙区城乡建设用地增减挂钩试点项目实施方案》并报区政府审批，先行启动魏城镇、仙鹤镇、盐泉镇项目作为试点。2022年6月，魏城镇、仙鹤镇两个镇涉及3个项目已完成初验，9月完成省自然资源厅核查，预计可整理40.6公顷建设用地指标；游仙区第二批城乡建设用地增减挂项目实施方案已形成初稿，将为第二批城乡建设用地增减挂项目实施提供指导意见。

【建设工程规划审批】 审查办理

（含技术咨询）工程建设项目22件，市政类建设项目1件、建设工程规划核实及土地核验10件、老旧小区电梯增设46件。针对游仙重大招商引资项目，优化审批流程，强化规划超前介入服务，并积极沟通协调相关部门，全力支持项目建设，先后完成了中能回旋加速器生产医用放射性同位素项目、游仙区放射药研发生产基地项目、年产2万吨特种功能聚酯薄膜项目、年产2万吨新型显示技术用光学级聚酯基膜项目、中国科技城游仙高新区北区高新企业加速器项目、绵阳五里梁科技创新孵化园、新型建材智能加工产业园项目、“6·24”灾后重建项目等项目的建设规划管理工作。积极办理五里梁停车场综合体项目、绵阳灵通技校综合大楼建设项目、绵阳市游仙区石马人民法庭等公共服务项目建设规划管理工作，促进全区公共事业的发展；高效高质完成东材科技（绵阳）技改扩能与搬迁项目110千伏变电站进线架空电力线路市政基础设施项目规划审批工作。（杜强）

城市建设

【概况】2022年到位向上争取资金27734.18万元，任务为20000万元，超额完成任务的38.67%。全年实施城建攻坚项目66个（其中新建项目34个、续建项目24个、储备项目8个），计划投资45.45亿元，实际完成投资50.6亿元。

【旧城改造】有序推进游仙区城市更新工作，截至2022年底，游仙区城市更新区域已列入绵阳市城市更新单元和城市更新项目库，进行立项（备案）、入库发改局国家重大项目库。多渠道融资推进城市更新工作，小枧、石马、芙蓉游仙老场镇、越王楼片区积极与多家银行进行对接充分利用城市更新窗口期进行项目融资，将城市更新改造项目安置房建设基础设施项目上报纳入棚户区改造项目库，争取中央资金。推进南星街6号旧城改造，完成9幢13户房屋拆迁、倒房和还建房屋成本财评，对土地进行收储和出库，移交市自然资源和规划局进入供地程序。

【市政维护项目】游仙区住建局作为市政维护项目业主单位的共计21个项目，总投资约1.36亿元，完工13个项目、在建项目3个、前期工作项目5个。截至2022年底，石马镇安置点A地块正在主体施工，B地块进行基础施工；游仙街道安置点完成土方回填。完成滨江绿道的概念性初步设计工作，督促业主单位惠东公司强力推进项目后续实施工作。

【城市修补】整治东方红大桥等城市桥梁19座，整治城市道路21条，维护城市家具12处，修复人行道（车行道）940余平方米;清掏、疏通城区淤堵管网2.44千米、雨污水井8880个、雨水箅子4147个、沟渠5259米；完成省级督办道路交通安全隐患点1处整治；完成区道安办要求整改的道路安全隐患20余处。累计出动人员50172人次、车辆13450余辆次，集中开展村社清洁行动2450余次，共清理广告、横幅、灯箱34943处，清理卫生死角10094处，清理整治河道50余处，规范跨门经营8912家，整治机动车、非机动车车辆乱停乱放36542辆次，拆除违建21000余平方米，增植绿地25700平方米，修复病害路面（含人行道）1200平方米，新增划定停车731处；指导惠东绿洲市政管理有限公司管理25座乡镇污水处理设施。

【环卫绿化】严格执行《绵阳市城市精细化管理导则（2022年修订版）》规定，不断完善考核办法和管理机制，确保城市环境更有序、更干净、更和谐宜居。开展定期检查，不定期抽查48次；执行重污染天气应急响应，重要点位循环作业，日出车90余辆次、用水800余吨；开展垃圾转运压缩站管理、维护、安全等检查，做到生活垃圾日产日清；强化卫生防疫，对生活垃圾转运站、废弃口罩收集容器和街面生活垃圾收集点进行每天4次消杀作业；完成2座公厕改造，规范26座公厕管理，坚持管理月度例会，完善公厕检查、考核、管理；征收垃圾清运处理费270万元。

公用事业

【概况】重点保障供水供气，派出检查组20余次，发现燃气安全问题111个，完成整改64个，持续整改47个；出动人力6216人次入户排查燃气安全，排查179001户，查处22562处隐患，整改22478户。开展过期瓶、报废瓶使用排查，未发现报废瓶、过期未检验气瓶的瓶装燃气。指导督促开展以燃气安全为重点的专项活动。启动涪江原水浊度大幅上升应急预案，为居民供水110吨，解决1.5万户居民应急生活用水困难。

【燃气安全排查整治】研究印发游仙区《城镇燃气安全排查整治工作实施方案》，成立区级燃气安全排查整治工作领导小组，指导督促属地政府和燃气企业出动人力7000余人次，排查用户179001户，查处隐患22562处，发放明白卡181403户，发现隐患处均已整改。扎实开展秋冬防止一氧化碳中毒专项行动。研究制定燃气热水器使用安全治理“回头看”专项行动方案，将责任落实到最小单元，共计入户排查5000余户，发现存在热水器烟道隐患43户，已完成整改。联合市场监管部门出动执法人员32人次，检查燃气热水器销售经营户18户，发现问题1个并进行整改。按照“谁主管，谁负责”原则，分行业开展燃气安全治理，确保燃气安全无死角、全覆盖。按季度召开燃气安全排查整治工作调度会议，指导教体、市场监管、卫健等行业部门根据工作实际，科学制定行业燃气排查工作专项实施方案并抓好落实。2022年8月10日、10月27日，省燃气安全督导组先后两次到游仙区检查燃气安全相关工作，均给予较好评价。

【燃气安全宣传】 根据省“燃气安全进万家”活动要求，印发《游仙区燃气安全知识宣传活动方案》，明确了辖区和行业的宣传内容、宣传责任、宣传范围和时间节点。全年在市、区新闻媒体刊登宣传燃气安全相关知识、短视频7条。组织集中宣传，通过各企业、各属地政府、各行业主管部门开展燃气安全知识进物业、进社区、进村社、进企业、进学校、进机关活动。在广场、公园、商业区、老旧小区、限额以上餐饮企业和小型餐饮密集场所、酒店、在建工地、城乡接合部、“小远”民宿工棚、村委会等场所开展集中宣传活动，大力营造燃气安全宣传氛围。全年共计开展宣传活动105次，悬挂横幅30余幅，发放宣传资料10万余份，张贴宣传海报15000余张，张贴燃气安全监督卡8000余份，发放明白卡181533户。搞好常态宣传，在各燃气企业营业厅、供应网点、场站等场所设置宣传栏，开辟宣传角，宣传燃气安全使用知识，发放宣传册等相关资料。

【污水垃圾处理】 全区25座乡镇污水处理设施全部移交惠东绿洲市政管理有限公司运行管理。2022年6月13日，区政府专题组织研究被撤并乡镇场镇生活污水治理工作，明确区住建局和游仙生态环境局涉及污水治理工作分工。同时，积极对现有的忠兴及其他污水处理厂（站）开展调研论证，包装申报“四川省绵阳市游仙区污水处理设施及配套管网建设和既有污水处理设施提标改造项目”1个，指导惠东公司对部分污水处理厂实施提标改造和优化升级，协调区财政投入170余万元完成新桥、魏城污水处理厂在线监测设备问题整改。

（张骞）

【农村电网改造】 大力协调游仙供电公司进行2022年度农村电网改造工程。国网绵阳市公司已向游仙供电公司下达农村电网改造升级项目40个，已全部完工，完成投资8400万元，完成10千伏线路43.5千米，低压线路253.5千米，配变安装290台，共计49000千伏安，在所有村社电网全覆盖基础上进一步优化。依托“电管家+网协员”基层电力服务模式基础，在2021年基础上，拓展18个村开展“村网共建”。在乡镇便民服务中心设立174个供电服务专区，推动“村村驻点”一站式服务延伸到镇村便民服务中心（室）。大力改善以上镇村农村电网环境，让群众得到更加优质的用电服务。

（郭亚川）

建筑行业管理

【概况】 2022年，全区建筑业总产值194.8亿元，同比增长13.2%；完成固定资产投资94.8亿元，同比增长19%。游仙区在库建筑企业114家，在建工程项目39个，其中市政工程4个，房建项目35个。

【建筑行业监管】 对监管的41个工程项目，进行了4次集中大检查，10余次不定期抽查，同时配合市、区部门开展联合检查3次，发现隐患103处，发出整改通知书52份，约谈企业7家，行政处罚2家，罚款8万元。处理夜间施工噪声扰民、工地扬尘、无证施工等各类投诉30余件。聘请专家专项检查40余台特种设备，对2家存在安全隐患的施工单位责令立即停止使用并限期整改。结合各在建项目施工节点，统筹落实好防汛减灾和防暑降温工作，排查3处汛期安全隐患点，确保隐患平稳可控。常态化开展“游仙住建质量安全行”“游仙区住建领域安全生产大检查”活动，迎接国家、省、市督查检查13次，全市交叉检查1次。

【工程招标领域问题治理】 开展工程招标领域突出问题系统治理工作和招投标代理机构专项自查和排查工作，强化招标文件备案审查及项目标后监管，发出招标监督意见书33份，提出修改意见68条，参加辖区公开招标项目开标监督54次，办理招投标书面报告备案22个。

【行政服务】 持续推进政务“一体化平台”使用，提升互联网+监管平台应用，完成“双随机、一公开”部门联合抽查事项共5项；受理市住建局数字中心派发案卷

22076件，已处置22071件，处置率99.98%。承办游仙区第七届人民代表大会第二次会议委员提案24件（主办22件、协办2件），区七届人大二次会议期间代表建议9件(主办6件、协办3件)，按期完成率及满意率均为100%。办理建设工程消防验收12件，建设工程消防验收抽查备案8件。

城乡融合发展

【概况】 游仙区城市更新改造项目稳步推进，积极对上争取项目资金；成功培育魏城镇为首批“省级百强中心镇”；积极申报第六批中国传统村落；扎实开展自建房安全风险专项排查整治工作。

【重点项目工程】 推进六大片区城市更新改造、七姓坝（城中村）等6个棚户区改造，安置点建设项目全面开工建设，到位保障性安居工程专项资金9.6亿元；争取上级老旧小区改造资金1.1亿元，完成改造任务15个，争取到2023—2024年老旧小区改造项目国家基金4640万元。

中经支路、小岛四号路提升改造项目全面完成；沈家坝片区道路路标美化综合整治项目和沈家坝污水管网改造项目开工建设；开元场片区道路路标美化综合整治项目和中科社区雨水管网建设项目完成可研、立项、设计等前期工作，将在2023年第二季度开工建设；争取到2023—2024年污水处理厂提升改造和污水管网建设项目国家基金5亿元。

越王楼边坡改造项目和白云寺边坡改造项目全面完成；老龙山公园和滨江绿道项目完成可研、立项、设计等前期工作，并通过项目专项贷落实项目资金，在2023年第一季度开工建设；芙蓉汉城特色街区完成概念设计工作、收购方案编制和运营方案征集工作；为解决城市边角空闲用地和改善低质绿化，在城区选择9个点位编制“口袋公园”建设项目，完成可研、立项等前期工作，正在进行设计工作，预计2023年第二季度开工建设。

【省级百强中心镇建设】 按照省委办公厅 省人民政府办公厅《关于推进中心镇改革发展的指导意见》精神，巩固深化乡镇行政区划调整改革成果，推进游仙区省级百强中心镇培育创建工作，制定出台《游仙区推进省级百强中心镇培育工作方案》，将魏城镇、新桥镇纳入省级“百强中心镇”培育创建。2022年6月24日，省推进中心镇改革发展厅际联席会议办公室印发《关于公布四川省首批“省级百强中心镇”名单的通知》，正式命名魏城镇为首批“省级百强中心镇”。同时，新桥镇成功备案入库省级“百强中心镇”候选镇名单。

【农村住房建设】 在魏城镇、信义镇积极探索推进宜居型农房建设试点，践行共同缔造，探索有益经验，在以夯土建筑维修、改造、新建为特色的农村住房建设上探索出有益经验。结合全省宜居型农房建设现场推进会，基于夯土技术打造的街子驿站基本建设完成。根据省、市下达的农村危房改造任务，指导各镇积极开展危房改造户条件复核、原住房危险性鉴定、开工建设等工作。加强质量安全管控，认真组织农房建设质量专项检查。2022年全区50户农村危房改造任务有序推进。

【村镇建设】 积极推进石马镇“特色小镇”、魏城镇和新桥镇“百强中心镇”建设、盐泉“百镇建设”试点，大力开展乡镇综合环境提质增效，深入挖掘魏城镇和阳村、飞龙村、青云村，忠兴镇木龙村、永佛村等5个村的历史文化，积极申报第六批中国传统村落。其中，魏城镇青云村、忠兴镇永佛村被认定为第五批四川省传统村落。

【农房安全隐患排查】 截至2022年底，累计排查农村自建房139069栋，其中经营性自建房4342栋，其他自建房134727栋，初判存在安全隐患的农村自建房5290栋，其中经营性自建房83栋，其他自建房5207栋。通过“回头看”，最终判定存在安全隐患的农村自建房5208栋，其中经营性自建房67栋，其他自建房5141栋。存在隐患房屋风险管控率和隐患整治率均达到100%。

城乡环境提质

【概况】 游仙区1个涉农街道、8个镇，60个社区，112个行政村，平均日产生生活垃圾量350吨，生活垃圾收集点数1749个，垃圾压缩中转站17座，保洁员人数2569人，共有各类生活垃圾收转运车辆56辆，大件垃圾收集车1辆。

【垃圾收运体系建设】 2022年，采购农村生活垃圾分类收集设施（垃圾桶）1200个，修建垃圾分类收集亭900个，采购洒水车等环卫车辆11辆。全区农村生活垃圾由各乡镇清扫收集，由绵阳城东公司负责压缩后转运进行无害化处理。无害化处理率达到100%，垃圾有效收集率达到100%。按照“源头分类，循环利用”的原则，进一步加大农村生活垃圾分类工作宣传力度，通过持续完善农村地区生活垃圾分类收集设施，推进垃圾分类收集、分类运输。集中开展农村生活垃圾收运线路保障、城乡环境综合治理等专项行动。对农村垃圾乱丢、垃圾爆池、清运不及时等问题通报属地及时整改，确保农村生活垃圾及时收运处置。

【环卫检查督查】 开展日常检查、不定期抽查4次，处理举报投诉80余件。执行重污染天气应急响应，城区主次干道每日降尘4—8次，重要点位循环作业，日出车80余辆次、用水约800吨。开展转运压缩站管理、维护、安全等检查，做到生活垃圾日产日清。对生活垃圾转运站、废弃口罩收集容器和街面生活垃圾收集点进行每天4次消杀作业。

【城区餐厨废弃物处置】 按照《绵阳市游仙区2022年食品安全重点工作安排》《2022年度县（市、区）、园区和市直有关部门（单位）食品安全党政同责工作考评细则》等文件精神，落实“四个最严”要求，维护“全域全年”稳定，坚决守住食品安全底线，做好住建领域食品安全工作。成立住建领域食品安全专项工作领导小组，由住建局局长任组长，分管副局长任副组长，局属各责任单位主要负责人为成员，召开专题会议，对城区餐厨垃圾收集、转运、处置工作、建筑工地食品安全工作进行周密部署。

主动与各餐饮酒店对接，宣传餐厨垃圾无害化处理的必要性和紧迫性。区住建局共出动巡查车辆20余辆次、工作人员100余人次，加大对餐厨废弃物收转运和处置的监督检查。通过上门走访、逐户排查等方式，对城区餐饮门店展开地毯式排查，下发绵阳城区餐厨废弃物收运处置联单1000余份，确保做到不留死角、不留盲区。要求各餐饮店做好餐厨废弃物处置台账，每天如实填写。截至2022年底，住建局对全区700余家餐饮门店情况全部建立了台账，对餐厨垃圾走向，做到底数清、情况明，从源头上斩断餐厨废弃物流向生猪饲养场，杜绝潲水喂猪行为。

为规范处置餐厨垃圾，督促餐饮企业对餐厨垃圾统一存储，严格做好餐厨垃圾收运管理，住建局印发《关于规范游仙区餐厨垃圾收运处置的通知》《关于规范餐厨废弃物收运单位收运车辆的通知》，并对区内各餐厨废弃物收运企业进行登记和收运手续核查，全区有登记有餐厨废弃物收运资格的收运企业4家。（张骞）

科学技术

科技管理

【概况】 2022年，全区累计认定为绵阳市科技型中小企业达1114家；通过国家评价入库的科技型中小企业246家；深入实施科技型中小企业培育和高新技术企业倍增计划，全年有效高企72家；企业研发经费支出总额4.2亿元；高新技术产业主营业务收入164亿元；全区科技成果转移转化项目20项；科技服务业增加值总量102.79亿元、同比增长104.56%；全区拥有工程技术研究中心14家（其中国家级4家、省级8家、市级2家）、重点实验室9家（其中国家级6家、省级2家、市级1家）。

【科技服务业发展】 与企业建立联络机制，“一对一”服务企业，2022年科技服务业增加值总量102.79亿元，占服务业比重40.3%，占地区生产总值比重22.91%。营业收入增长率104.56%（含科学城65.8%），工资总额同比增长21.2%；已成功培育规模以上科技服务业企业4家。

【科技特派团产业帮扶】 开展科技培训交流活动，围绕“花果桑田种药菜”七大特色产业，组织开展各类业务培训3次，累计培训农户150余人次，培养技术骨干30余人，开展现场技术指导、交流服务8次。深化“院地”合作，利用科技特派团资源优势，与省农业科学院科技保障中心合作开展科技特派员服务与创业项目，为区域优势蚕桑与优质水果产业发展服务。指导建设2个标准种植养殖示范基地，其中绵阳仙特米业有限公司已在游仙区建成20万公顷优质无公害稻谷、20万公顷优质无公害小麦种植示范基地，为基地10万户农户、30万户农民增收达千余万元，有效发挥了龙头企业的辐射带动作用，把传统农业做成了有科技含量、有市场空间、有工业基础、有合理利润、有群众基础的现代农业，推动区域农业种植的升级换代。

【科普知识宣传】 利用科技下乡、科技活动周、食品安全宣传周、节能宣传周和低碳日活动、防灾减灾日、世界环境日、安全生产月等开展科普宣传活动6次，发放生态环保、健康知识等宣传资料800余份。积极开展线上科普活动，建成绵阳市游仙区科技创新服务平台（“科创通”微信小程序），定期推送科普信息、科学知识，已累计推送信息40条。

【专业技术和技能人才队伍建设】 建立游仙区“科技创新专家库”，聘请院所专家28名，为游仙科技创新、产业发展、科技招商等提供建议；组织辖区企业推荐216名专家申报科技城人才库，在专业引领、智力支撑、决策参考等方面提供有力支撑；推荐同人精工蒋开宇、鸿为创新研究院张月雷等高层次领军人才申报“天府青城计划”；发动中广核技、湖山电器和雅化实业3家科技企业设立8个科研助理岗位，逐步建立具有一定专业能力的科研服务人才队伍；持续开展游仙区“精英团队”人才项目，2022年引进和培育“质子治疗系统加速器系统国产化创新团队”等高层次人才创新创业项目11个，兑现扶持金额230万元。

科技创新

【科技创新平台建设】 成功获批建设省级成果转移转化示范区；完成624科创中心机构注册，已入驻团队20家，共享科技人才150余名，向地方推荐产业化项目9个；完成光子技术研究院机构注册，加快实体化运营；牵头举办中国（绵阳）科技城航空动力产业园签约仪式和承办“创新金三角·智慧科技城”首场活动；编制科创谷和科大硅谷规划方案；指导涡轮院申报四川省航空动力先进测试及计量工程技术研究中心；成功招引天津善测（绵阳）子公司发动机健康监测技术项目在游仙高新区注册；主动对接中国科学院空天信息研究院入驻游仙；配合指导绵阳职业技术学院通过省级大学科技园验收；推出“游仙科技创新服务平台”微信小程序，为游仙区科技创新战略和数字化政府建设提供科技资源保障。

【培育科技创新主体】 实施高企培育倍增计划和科技型中小企业培育计划，全年有效高企72家、完成率110.8%；国家评价入库科技型中小企业246家、完成率177%；科技成果转化20项、完成率133.3%；新增绵阳市科技型中小企业64家、完成率106.7%；技术合同登记额2.3亿元、完成率109.5%；企业R&D（研究与试验性发展）研发投入4.2亿元；高新技术产业主营业务收入完成164亿元、完成率111.6%；申报省级科技计划项目资金893.26万元；发放支持科技创新资金1400余万元。开展“园区提质”“企业满园”行动和“招院引所”工作，完成率100%。

◆ 2022年6月23日，游仙区科技局承办“创新金三角　智汇科技城”首场活动

【农村农业科技创新】 积极对接省、市上级部门汇报工作，争取省级科技特派员项目资金20万元；新培育涉农科技型中小企业9家；指导绵阳市久红农业科技有限公司、绵阳顺栖农业开发有限公司等申报省级成果转移转化示范项目和创新产品项目2个。指导辖区绵阳经科菌业有限责任公司，成功申报四川省衔接推进乡村振兴科技项目（游仙家合村羊肚菌标准化栽培关键技术研究和示范）资金30万元，在信义镇家合村建立科技示范点1个，引进羊肚菌新品种1个，支持信义镇家合村乡村振兴建设。

（林杨贵）

文化　旅游

公共文化建设

【概况】 截至2022年底,辖区有国家三级公共图书馆1个、国家三级文化馆1个、博物馆1个、纪念馆1个、镇（街道）综合文化站24个，行政村（社区）综合文化服务中心172个；区图书馆配备纸质图书2万余册；五车平台电子书8万余册；博看书苑微书屋电子期刊4000余种共20万余期，电子图书6万余册；有声期刊人声版资源300余种共6万余集。

【文艺人才】 辖区有“红色文艺轻骑兵”等2支品牌文化旅游志愿者队伍，在册文旅志愿者372名；成功引进4名音乐、舞蹈专业乡村文艺人才，驻点指导镇、村开展文化活动，提升群众文化活动品质；区文化馆干部王勇获评四川省突出贡献乡村文化和旅游能人称号，魏城镇文化干部曹富兴获评四川省金熊猫奖先进个人。

【文化惠民】 2022年，“两馆一站”免费开放，惠及群众20余万人次；继续推动区级示范公共文化阵地建设，建成区级示范镇（街道）综合文化站3个、村（社区）综合文化服务中心5个；全区全年开展各类文化活动100余场，其中：开展送文艺进社区、进养老院活动6场，开展的“芙蓉争妍”群众文艺大课堂公益培训涵盖7个门类，参加培训4000余人次；开展“送文化下乡”文化惠民活动20场次，惠及全区各镇（街道）及部分景区景点；组织开展“传统文化读书会”“智慧父母”等公益专题活动，举办“书香游仙·阅见美好”读书会30场。

【文艺作品】 原创文艺作品《山湾农庄的笑声》获得第十九届全国群星奖复赛优秀作品称号，并入围全国群星奖复赛；美术作品《羌山咂

◆ 2022年6月12日，游仙区图书馆携手绵阳小记者举行“趣游书海，创意比拼”大搜查活动

（区文广旅局供图）

酒》荣获四川省第九届少数民族艺术季视觉艺术优秀作品；书法作品《戒录习近平总书记在庆祝中国共产党成立100周年的讲话》荣获四川省群众美术书法优秀作品。

（张闫祺）

文联工作

【概况】 绵阳市游仙区文学艺术界联合会（以下简称区文联）下有作家协会、美术家协会、摄影家协会、音乐舞蹈家协会、书法家协会、影视艺术家协会6个直属文艺协会，全区注册文艺会员400余人。拥有西蜀绣院、聋派指画文化艺术传承工作室、王贞龙年画大师工作室、王勇书法艺术工作室等一批文化艺术传承创作工作室。

【区文联第三次代表大会和换届工作】 12月12日，区文联第三次代表大会在全体代表和与会者的共同努力下胜利召开，完成各项议程。大会审议通过区文联第二届委员会工作报告，选举产生新一届区文联委员会。主席空缺，副主席为贾丹，秘书长为王千。

【文艺精品】 创作主题诗歌散文、书画摄影等1000余件，展出作品400余幅。开展“喜迎二十大 奋进新征程”——我眼中的新游仙采风创作活动，编辑出版《芙蓉溪》喜迎党的二十大文艺作品专辑；《芙蓉溪》杂志成长壮大为游仙文化艺术阆苑中的一朵新葩，累计出刊78期，发表作品390万字；创作文学作品300余件，在《散文选刊》等国内外刊物发表文学作品200多篇（首），书籍《剪爱》《放牧心灵》出版发行；创作美术作品300余件，向抗疫一线医护人员捐赠20余幅优秀作品；音乐作品《村语呢喃》《让生活依然洒满阳光》《“法”字歌》等广为传唱，优秀原创作品法治歌曲《为你而来》、MV《爱满家园》、歌舞《万疆》《越王楼歌》《书香梓棉》先后登录“学习强国”学习平台，原创小品《山湾农庄的笑声》入围第十九届全国群星奖复赛；微电影创作60余集，《游仙故事》系列短视频总浏览量达3万多次，部分作品在“学习强国”学习平台等平台多次转发；拍摄《未爱游仙》视频3期，将关爱未成年人健康成长作为主题，平均点击量超过1万次；拍摄防疫宣传视频5期，及时传递正确的防疫知识，作品在各大短视频平台展播。全年有80余人次在市级以上活动中获奖，书法美术摄影作品入选、入展国家级展览39件、省级展览30余件、市级展览50余件，获省级奖项1件，市级奖项2件；围绕“喜迎二十大”开展线上线下文化文艺主题活动80余场，创作文艺精品300余件，其中美术作品《风雨为歌》入选中国美术家协会主办的第四届邮驿路运河情全国中国画油画作品展，勾源国画作品《初夏清趣》入围由中国美术家协会主办的2022中国写意画作品展，华林国画作品《羌山咂酒》获2022年绵阳市版权奖优秀作品奖、“向着幸福奋进”优秀文艺作品二等奖，并入选四川省第九届少数民族艺术节视觉艺术展；书法作品《写经典》荣获四川省2022年中华经典诵写讲演系列活动二等奖，行书《习近平总书记论中国共产党历史》荣获绵阳市第二届“向着幸福奋进”优秀文艺作品展三等奖；隶书《李调元诗由白塔灞渡东津》《吴长骏，游仙赋》、楷书《李白，上安州裴长史书》、篆书《李白，咏石牛》《李白，将进酒》入展绵阳市“守正创新 喜迎二十大”首届正书展；行书《东坡志林选抄》、楷书《黄州快哉亭记》入展四川省第七届书法篆刻展，书法作品10余件荣获绵阳市首届春联网络书法展和第二届妇女书法篆刻提名展优秀

◆ 2022年6月16日，游仙区“红色文艺轻骑兵”送文艺走基层惠民演出走进游仙经济试验区

（区文广旅局供图）

版权奖；舞蹈作品《小小陶 大梦想》《北冥有鱼》分获市级一等奖、特等奖，表演唱《莫太快》获四川省教职工表演唱比赛一等奖，快闪“同心齐向党 喜迎二十大”MV深受广大干部喜爱，并在“学习强国”学习平台刊播转发；魏清龙作品《乡村振兴》在全国农信系统摄影大赛中荣获二等奖，李培基摄影作品《电力建设者》入展四川省文联主办的“礼赞新时代 奋进新征程——喜迎党的二十大四川省美术书法摄影展”。

【文艺惠民】充分发挥各协会和文化艺术传承创作工作室人才优势，长期坚持公益培训，全年开展“文化进万家”文艺志愿服务活动50余场次，服务群众7000余人次。5月，游仙区第三期书法公益班开班，50余名来自区内的书法爱好者报名参加培训学习；游仙区书法研修班也于5月正式开班，累计授课20余次。组织开展公益陶笛培训等文艺惠民培训活动，全年组织舞蹈公益培训2期，共20课时，陶笛公益培训20余课时，区内文艺爱好者和机关、社区干部等60余人参加学习。邀请四川省爱乐乐团走进游仙，举办“奋进三十年 喜迎二十大”专场音乐会，为群众送上文化大餐，同步直播点击率达6.8万次。组织开展“送春联送福进万家”公益活动、“赏年画过大年”新年画联展活动，累计开展活动20余场次，服务群众5000余人次，送出春联、“福”字共计9000余副（幅），区书协被中国书法家协会评为2022年“送万福进万家下基层公益活动”先进单位。结合建区三十周年举办“青春游仙·筑梦腾飞”主题摄影大赛，举办“生态游仙·我是行动者”环保主题书画摄影大赛、“创新争先、自立自强”科技工作者书画摄影作品征集评选等活动，征集作品1000余幅，在“直播游仙”和户外展示优秀作品300余件。围绕“我们的中国梦 文化进万家”，做精“芙蓉四季”文化品牌，开展“芙蓉四季 文艺时光”群众文艺优秀作品“云”展演12期，分别以“乐”享游仙、“光影”游仙、“非遗”游仙、“翰墨”游仙、“舞”动游仙、“书香”游仙等主题展现游仙本土文化的魅力，30余万人观看。创新“群众点单，政府买单”模式，线下开展“喜迎二十大”芙蓉四季系列文化活动走基层进校园、进乡村20余场次，惠及群众2万余人次，以“萨克斯专场音乐会”“红色文艺轻骑兵”送文艺惠民演出、“群众大舞台”消夏晚会、轻喜剧小品《山湾农庄的笑声》巡演等形式，为群众送上丰富的文艺大餐。（贾丹）

融媒体宣传

【概况】深入推进“直播游仙”App提质增效，2022年11月中旬上线“新闻+政务+服务+商务”型、治理型新版“直播游仙”App。开展“爱游仙的N个理由”“共赞家乡美”等系列活动，提高了群众的参与度，扩大了App的知名度，有效提升了下载量。截至12月底，“直播游仙”App下载量18万次，注册用户11万余人，中心各平台粉丝总量突破30万人，平台稿件发布量、浏览量，用户日均活跃度居绵阳各县级融媒体中心前列。

【宣传主阵地建设】实现全区园区、镇、街道、部门、学校等142个单位入驻融媒号，年发稿量达4500余条，官方主流媒体平台稿件发布数量大幅提升。充分发挥应急广播农村地区全覆盖优势，精心策划制作刊播广播新闻、音频节目900余期（次），做到宣传全覆盖。

【内宣外宣】围绕喜迎党的二十大、学习贯彻党的二十大精神及中央、省、市工作重点和区委、区政府中心工作，推出“党的二十大特别报道”“拼经济·搞建设”“决战四季度、大干一百天”“在一线”“环境提质三年行动”“两稳一保 纾困解难”等系列报道163期，播发稿件2000余条次。中心所属新媒体

◆ 2022年1月12日，游仙区举行2022年“春风送岗”线上直播招聘会

平台刊发稿件6000余条，阅读量达7300余万次，其中10万次以上稿件30余条。及时报道游仙经济社会发展中的好经验、好做法，上送稿件被上级主流媒体采用400余篇(条)，其中央视8篇(条)、省级媒体110篇(条)，央省媒体外宣用稿数量成倍增长。“学习强国”学习平台供稿被采用100余篇(条)，全国平台采用7篇(条)。

【创新创优】 组织参加全国、省、市、区开展的各项节目（作品）征集评选活动20余次，上送优秀作品60余件，获省市区各类奖项40余项。选送的作品获“四川首届县级融媒体新闻奖”，并在“四川森林防火宣传”“绵阳好新闻”“绵阳市2021年度原创网宣作品展播”“绵阳市2021年度优秀广播电视暨融媒节目评审”等活动中获奖。

【服务基层治理】 做好各新媒体平台留言回复和处置，在重大会议、重要庆典活动和重要时间节点，安排专职人员做好24小时监控。上线“直播游仙”App“问政”板块，畅通民生诉求反映渠道，各平台已收集各类问题达260余个，全部转交相关部门、属地回复处置。开设《融媒聚焦》新闻曝光专栏，成立《融媒聚焦》专栏报道组，曝光问题30余期，阅读量20万人次，有力促进了问题整改。

【线上线下互动】 游仙区策划2022年“春风送岗”“新时代文明实践直播大讲堂”“阳光政务”“校园艺术节”“科普宣传”等直播活动60场，用户在线观看和互动总量45万人次。开展“党史答题”“知识产权”“普法教育”有奖答题、“建区30年·爱上游仙的N个理由”有奖征集、“庆祝建区30周年”有奖征文活动，吸引50余万人次参与。引入“找房子”“找工作”等生活服务，开通“直播游仙”App积分商城，更好地达到“先服务再引导”“以服务促引导”的效果。进一步增强区域情感认同，凝聚奋进合力。

【应急广播】 精心策划制作、刊播广播新闻、音频节目900余期次。转发《应急之声》《乡村好声音》《二十大专栏》等上级音频节目上百条，播放上千次，做到宣传全覆盖。

（赵丽娟）

文化遗产保护

【概况】 游仙区内文物古迹形式多样，在国家文物局登录备案文物点506处，其中古遗址46处、古墓葬346处、古建筑83处、石窟寺及石刻24处、近现代史迹及代表性建筑7处，涵盖古遗址、古墓葬、石窟寺及石刻、古建筑、近现代重要史迹及代表性建筑等六大类不可移动文物。汉平阳府君阙、碧水寺摩崖石刻、鱼泉寺、马鞍寺为全国重点文物保护单位。

【文物保护】 实施鱼泉寺边坡病害抢险加固工程、马鞍寺消防工程、东宣乐楼应急抢险加固等6个项目，争取到全国重点文物保护专项资金2418万元。截至2022年底，马鞍寺消防工程、鱼泉寺边坡病害抢险加固工程一期、滴米遗迹应急抢险加固工程、东宣乐楼抢险加固工程等4个项目圆满竣工；鱼泉寺消防工程建设基本完成，等待最终评估；鱼泉寺安防工程已实施初验，等待最终评估。

【文物管理】 全面落实文物安全责任制。切实履行文物安全属地管理原则，坚持党政同责、一岗双责，齐抓共管、失职追责，完善文物安全责任体系。明确了各镇（街道）目标任务和保护管理责任人，形成政府牵头、分工协作、整体联动、齐抓共管的良好工作格局；落实区、镇、村三级联防巡查机制，主管部门指导与属地主体责任分层监管模式，管理与监督相互依托，总体与细节闭环紧扣，严格执行国家、省级文保单位“一月一巡查”，市、区级文保单位“一季一巡查”，文物保护点“半年一巡查”原则。每年争取区级文保资金20万元，用于辖区文物保护单位24小时专人日常守护巡查补助；组织全区文物保护应急演练暨安全培训。组织5个部门、11个镇（街道）、仙海水利风景区、松垭镇等110余人，涉及不可移动文物506处，在全国重要文物保护单位马鞍寺举行全辖区全行业应急演练，邀请专家培训授课，普及文物保护法律法规；开展文物安全日常巡查80余次，对发现的问题要求文物属地人民政府切实加强整改。

（潘洁敏）

非物质文化遗产保护传承

【概况】 2022年，全区有省级非物质文化遗产1项——太极五子衍宗丸。市级非遗7项——魏城镇川剧脸谱、游仙东路古木造型技艺、仙人路富乐糖画、东津路高空杂技、沉抗镇文昌年画、剑南路赵门武术、梓棉场川剧变脸，区级24项（其中，民间舞蹈3项，传统手工技艺14项，曲艺5项，民间杂技2项）。实施非遗进校园活动，在五里路小学、剑南路小学、富乐中学、富乐国际、仙海水利风景区中心学校等中小学建立市级校园传习基地5个，建立翡翠凉粉市级扶贫就业工坊1个。

【非遗传承与保护】 大力推动非遗传承，3名非遗传承人获得第六批市级非物质文化遗产项目代表性传承人认定，非遗传承人荣获四川省2022年度非遗传承人薪传奖、四川省2022年度非遗传承人优秀实践奖两个奖项，入选2022“绵州工匠”最闪亮的时代明星。开展非遗课堂，组织富乐糖画非遗传承人到剑南路小学授课、西南科技大学学生到董氏扎染基地研学等，累计开课300余课次，教授学生200余人。

【非遗宣传与利用】 开展“非遗文化进万家——视频直播家乡年”活动，组织富乐糖画等5个非遗项目参加“绵品出川”厦门站、文化和自然遗产日”、2022“寻找绵阳最美非遗”等大型宣传推广活动5场；组织企业参加各类宣传展演200余场次；组织非遗项目参加第三届“四川非遗购物节”线上活动、线上直播带货培训会、四川省非遗直播购物节等系列活动，多渠道打响游仙非遗名片。营造吃、住、行、游、购、娱全要素非遗环境，通过非遗+乡村旅游，打造文昌年画系列文创产品、东乡饼子、富乐糖画、翡翠凉粉、米粉丝制作技艺、董氏扎染技艺、传统川剧、赵门武术等，通过非遗+扶贫就业，推动魏城镇飞龙村引进常山农业公司，市场化开发翡翠凉粉、翡翠挂面等系列产品，年产值达300万元以上，惠及当地200余名剩余劳动力。通过非遗+产业发展，开发文昌年画天下第一福系列文创产品，创新开发工艺品、食品、日常摆件等，打造游仙本土特色文创产品和旅游商品。提升传统米粉丝制作技艺，发展成为颇具地域特色的文化食品——绵阳米粉，实现产业化发展。通过“非遗+互联网”，畅通古木造型、特色豆豉、根雕、严家油坊传统土榨榨油工艺等线上销售渠道，提高经济效益。（蒋秉臻）

◆ 2022年，太极五子衍宗丸制作技艺展台

广播电视

【概况】 2022年，投资930余万元的游仙区应急广播体系项目，建成1个区级平台、9个镇级（1个街道、8个镇）平台、149个村（社区）级平台、2498个终端广播点位。投资700余万元的游仙区智慧广电示范区创建项目，建成智慧广电综合管理平台1个，“智慧广电+媒体融合、智慧广电+乡村旅游、智慧广电+数字农服、智慧广电+智慧党建”4个子项目。

【广电惠民】 保障优化完善乡镇应急广播运行维护，落实专项资金67万元，发布各类信息4万余条，力保全区广播点位正常运行；持续做好“困难群众看电视”工作，减免375户城乡困难群众有线数字电视收视费4.5万元。

【安全保障】 开展“黑广播”、非法销售安装使用卫星地面接收设施联合专项清扫行动4次，拆除非法安装使用卫星地面接收设施6套；加强安全播出管理，全面保证全年广电安全播出“零事故”，获得市文广旅局“圆满完成党的二十大安全播出保障任务”的表扬。

（谭玉梅）

文旅产业

【概况】 2022年全年完成社会固定资产投资3.0945亿元，新增文化旅游服务业规模以上企业4家。省市文旅重点项目3个，总投资27.6亿元；策划包装招商储备项目4个，总投资136亿元。

【文化旅游市场主体】 2022年辖区

◆ 2022年5月18日，2022年“云上文旅”游仙区文旅融合发展推介会暨大型实景沉浸式戏剧《名楼盛宴》首演新闻发布会在越王楼召开

文化旅游市场主体共计159家。其中：规模以上文化旅游企业28家；国家A级景区3个；星级酒店3家；星级乡村酒店5家；星级农家乐11家；民宿9家；旅行社及服务网点24家；歌舞娱乐场所16家；网吧43家；文化艺术类校外培训机构49家。

【文旅项目】 重点文旅项目7项，总投资163.6亿元。省市在建文旅项目（川北野生动物乐园、东湖大酒店、百花锦鲤综合示范基地建设项目）3个，策划包装招商储备项目（越王楼片区整体提升改造、游仙夜间文旅消费集聚区项目、止语农林文旅融合产业发展、朝阳时光项目）4个。

【重大发展规划】 为合理整合利用乡镇国土空间，谋划文旅产业未来发展，编制形成《芙蓉溪三产融合发展片区旅游发展专项规划》《魏柳河农旅融合发展片区旅游发展专项规划》《魏城驿城乡融合发展片区旅游发展专项规划》等三大片区旅游发展专项规划。

【文旅品牌】 截至2022年底，开发形成成熟文旅品牌5项。成功创建四川省旅游强区。辖区有1家省级文旅融合发展示范园区，开发“七朵仙花”特色休闲农业景观，“八仙过海”农旅特色产品品牌，开发“汉唐三国·人文游仙”“乡村风情·生态游仙”“三线科工·科技游仙”“教育研学·红色游仙”4条精品旅游线路。指导魏城镇铁炉村创建省级乡村旅游重点镇村。积极打造绵阳特色文化旅游名片，推动越王楼·三江半岛景区创建省级文明旅游示范单位，指导3家A级景区全部顺利通过年度复审。

【宣传推介】 举办2022年“云上文旅”游仙文旅融合发展推介会暨大型实景沉浸式戏剧《名楼盛宴》首演新闻发布会；建立川、渝、陕旅行社团联盟，推出“芙蓉仙境”旅游专线，提升游仙文旅在川渝地区的市场感召力和影响力；“相约游仙”新媒体发布推文和视频158条，阅读量6.1万余人次；组织文旅企业和文创产品，参加“绵品出川”厦门站、东莞站、苏州站，参加“在宽窄巷子遇见绵阳”成都宽窄巷子文旅推活动，大力推介游仙文旅品牌形象；举办游仙区“青春游仙、筑梦腾飞”主题摄影大赛；拍摄制作《文旅局长说文旅》视频，通过“四川省文旅厅”微信公众号、视频号播出。

（唐军　尹苗苗　张闰祺）

◆ 2022年11月11—13日，“在宽窄巷子遇见绵阳”大型文旅推广活动亮相宽窄巷子东广场。图为游仙推介节目

社科联工作

【概况】 2022年，游仙区社科联团结带领广大社科工作者同心协力，锐意进取，在社科普及、理论研究、课题调研等方面取得新进展。2022年，区社科联被市社科联评为“学术工作先进集体”，民俗文化普及基地被评为“社科普及工作先进集体”，5人被市社科联评为“2022年度社科工作先进工作者”。

【社科项目规划研究】 2022年7个项目课题成功申报为2022年度市级社科研究规划项目并按期结项。组织单位和个人参加2022年绵阳市第十八次社会科学优秀科研成果评奖，1个评为二等奖，3个评为优秀奖。组织省、市社科基地成功申报市级社科普及项目3个，并扎实开展社科普及和研学等活动，按期完成项目结项上报，申请资金补助1.5万元。收集区内社科研究优秀成果并向上推送，10余篇理论成果在《绵阳论坛》等刊物发表。

【开展理论宣讲活动】 将理论工作和社科工作相结合，2022年5月，区社科联牵头组织游仙区理论宣讲大赛初赛；5月27日承办“喜迎二十大·强国复兴有我”绵阳市第二届基层理论宣讲大赛，来自各县市区、园区和市直有关部门的46位选手参加了比赛，紧紧围绕“基层”“理论”“宣讲”3个关键词，讴歌“两弹一星”先驱、抗震救灾英雄和身边典型的先进事迹。根据全市“2022强国复兴有我 小小讲解员比赛”活动安排，协同区教体局组织区内中小学生进行评比初选，推选4人参加全市“小小讲解员比赛”活动，获得优秀奖。结合理论工作，全年组织开展党的二十大、省第十二次党代会等重要精神进部门、乡镇、学校的宣讲活动，邀请社科界专家进行研讨和宣讲，全年开展各类理论宣讲活动200余场次。

【社科普及】 与全区新时代文明实践活动、文化展演、新闻出版、扫黄打非等工作相结合，结合“护苗2022·绿书签”、送文化下乡、“书香游仙·全民阅读”、禁毒日宣传等活动，积极宣传《四川省科学技术普及条例》、《绵阳市文明行为促进条例》、版权知识、历史文化等科普内容。在农家书屋建设中参与选配科普读物，全年向群众发送科普资料5000余份。持续编印《越王楼诗文精选》《飞龙故事》《承家风、立家训》《少年苏易简》《状元苏易简的家风故事》等科普读物，《仙鹤风华》、游仙区国家级传统村落系列丛书等一批地方科普读物完成编撰。

◆ 2022年4月23日，游仙经济试验区新时代文明实践所开展读书分享活动

【社科工作统筹】 把理论工作和社科研究相结合，将加强思想政治建设和意识形态工作，作为社科工作的首要任务和工作基础，做好日常研判管理和意识形态领域风险防范，引导社科工作正确方向。推动部门联动协作，结合全区实际，筹划开展社科系列活动，与理论及宣传工作相结合，形成区社科联统筹、社科基地为依托、部门协同参与的工作机制，确保社科工作有序开展。加强理论宣传学习。用好“游仙社科在线”微信群、社科基地平台，及时学习宣传中央、省委、市委、区委重要会议精神和战略部署。组织社科界30余人次参加党的二十大精神、习近平总书记到四川视察重要指示精神、省第十二次党代会精神的学习和市、区讲座论坛，努力营造思想政治理论学习的良好氛围。加强思想政治引领，加强社科普及基地等阵地管理和宣传引导，把正确的政治方向和社会主义思想道德新风尚与社科普及教育相结合，在宣传展示、社科研究、项目申报、理事会换届等工作时，严格审核把关，把握正确的政治方向和学术导向。

【发挥社科普及基地平台作用】 以省市社科基地和研究中心为引领带

动，开展了综治平安宣传月活动、《绵阳日报》小记者研学、喜迎“二十大”、创建全国文明城市宣传月、“小小讲解员”研学、农耕文化实践体验、红色文化主题等活动。在越王楼与绵州文化普及基地举行了“云上文旅”游仙区文旅融合发展推介会暨大型实景沉浸式戏剧《名楼盛宴》首演新闻发布会，开启越王楼沉浸式体验中国传统文化魅力之旅；民俗文化普及基地接受市非遗验收、接待周边县区调研考察、青少年研学实践活动，与市内外学校进行经验交流，协助开展农耕文化建设，同时，基地也成为绵阳师范学院“川西北校长提高班”“师范专业学生”定点参观、培训点之一，打造“社科基地+”的特色品牌。飞龙山红军文化普及基地在挖掘红色资源的基础上积极创新，以上党课、主题拓展、沉浸式体验游等多种方式，迎接全省各级党组织、企事业单位、在校师生等在飞龙山开展学习教育。2022年全区社科基地和研究中心开展共活动36场次，开展对外交流14次，接待参观研学2万余人次，丰富了群众文化生活，充分发挥了在社科普及、文化传承、学习教育中的示范、带动作用。

【区社科联第三次代表大会召开】2022年4月，区社科联第二届理事会任期已满，报经区委同意召开区社科联第三次代表大会。历时8个月的组织筹备，2022年12月13日，游仙区社科联第三次代表大会胜利召开。会议总结过去五年全区社科发展主要工作并提出了今后五年主要工作思路。审议并通过区社科联第二届理事会《凝智聚力、服务大局，努力开创游仙哲学社会科学事业新局面》工作报告和《游仙区社会科学界联合会章程》。选举产生了区社科联第三届理事会理事、常务理事以及领导班子。通过大会的举办，进一步汇聚社科人才，增强社科工作合力。（张诚）

版权管理与保护

【概况】2022年，游仙区版权局贯彻落实《知识产权强国建设纲要（2021—2035）》和《版权工作“十四五”规划》，全面提升全区版权创造、运用、保护、管理、服务水平，完善版权工作体系，讲好版权故事，促进创新发展，为立足新发展阶段、贯彻新发展理念、构建新发展格局、推动高质量发展提供有力保障，游仙区荣获2022年度绵阳市版权工作综合考评第一名（详见表3）。

【作品版权登记】2022年，游仙区创新实施“1+12+N”版权保护服务工作机制，抓实强企版权专项服务，开展作品版权登记1210件，完成率达151%，位居全市第一。

【软件正版】建立健全“摸—买—用—管—查”高效管理体系，预算专项资金29万元/年，采用“场地授权”方式采购全区84个单位4868台电脑正版办公软件。完善软件正版化采购、安装、使用、管理、考

2022年绵阳市版权工作主要任务完成情况统计表

表3

县市区、园区	作品登记（件）			案件备案（件）	示范培育（个）	软件正版化（分）
	任务数（个）	完成数（个）	完成率			
平武县	600	610	101%		1	90
北川县羌族自治县	600	624	104%		1	90
盐亭县	600	617	102%	1		96
梓潼县	600	999	166%	1	2	90
三台县	650	670	103%	1		98
江油市	800	897	112%	1	1	90
涪城区	800	925	115%	1	1	90
游仙区	800	1210	151%	1	2	98
安州区	700	859	122%	1		96
经开区	450	359	79%			90
高新区	450	482	107%			90
科技城区	450	461	102%		1	90
仙海区						90

◆ 2022年4月26日，市、区版权局联合开展“4·26”版权执法专项整治行动

核等制度，出台《软件资产管理》等规范性台账，发布漫画版计算机软件版权科普指南，开展软件正版化专题培训，营造“拒绝盗版 使用正版”良好氛围，全区顺利通过省软件正版化考核组检查，排名全市第一。

【版权执法】 强化版权全链条保护，突出典型案件查处和重点行业专项治理，聚焦重要时间节点开展市区两级“4·26”知识产权宣传周联合执法检查、冬奥版权保护集中行动、打击网络侵权盗版“剑网2022”行动、打击院线电影盗播盗录传播集中行动、“青少年版权保护季”行动等专项行动，全区共出动监管执法人员1268人次，检查单位356家次，曝光涉冬奥“冰墩墩”、少儿出版物等侵权盗版有害行为4起，收缴侵权复制品22册，查处侵权盗版案件1件，坚决做到重拳出击、整治到底、震慑到位。

【版权宣传教育】 创办《“游仙版权”有“版”有“眼”》特色栏目16期，展示版权护航代表、作品486个（件）。在2022年度绵阳市优秀版权奖评选活动中，全区共囊括10个荣誉奖项并荣获“优秀组织奖”，排名全市第一。举办“4·26世界知识产权日”版权宣传周、“绿书签行动”暨“版权保护”系列宣传活动14场次，受益人群2万余人。（袁小茹）

教育

【概况】 游仙区现有公办学校43所，其中小学28所、初中9所、九年一贯制学校1所、公办幼儿园2所、特教学校1所、完全中学1所、中等职业学校1所，在校学生总数约65800人。有民办学校（幼儿园）、培训机构共129所，其中民办幼儿园74所，十二年一贯制民办学校1所，民办普通高中1所，民办中等职业学校2所，培训机构51所（学科类2所、艺体科技类49所），在校学生约18500人。2022年全区小学六年巩固率126.4%，初中三年巩固率103.3%，初中毕业升学率97.8%。全区有在编在职教职工2935人，其中特级教师11人、高级教师719人、硕士研究生54人、本科学历1844人，有退休教师1312人、退休国企职工131人。全区有青少年活动中心1个，全民健身中心1个。

◆ 2022年6月28日，游仙教体系统庆祝中国共产党成立101周年大会召开

【学前教育】 全区有幼儿园105所，在园幼儿14305人，其中公办园在园幼儿7300人（与民办园联合办园1623人），占比达51.03%，普惠性民办园在园幼儿12807人，普惠性幼儿园覆盖率达89.53%，学前三年毛入园率达到113%。学前教育工作坚持“抓落实、促规范、提内涵、办特色”的工作思路，贯彻落实《幼儿园与小学科学衔接行动计划》，推进科学保教。持续开展了小学化治理，坚决克服和纠正“小学化”倾向,承办了由绵阳市教育科学研究所主办的绵阳市学前教育“研究共同体”（开元实验幼儿园基地园）“幼小衔接”学术研讨暨培训活动。深化幼儿园课程改革，深入落实幼儿园以游戏为基本活动，探索富有特色的游戏课程。发挥优质幼儿园示范学校辐射作用，提升幼儿园的保教质量。规范幼儿园教学用书管理、幼儿园常规管理，提升全区保教人员的整体素质，推进了全区学前教育事业优

质、均衡、健康发展。五里实验幼儿园、小岛幼稚园成功争创为绵阳市学前教育研究共同体第二批教育科研基地园；五里实验幼儿园成功遴选为四川省示范性幼儿园。在绵阳市学前教育质量评价中，荣获县域评价A组特等奖，获幼儿园保教质量A组特等奖4个、一等奖4个。

【义务教育】组建了“4+2”共同体建设模式，在小学实行学区化管理，以富乐小学、剑南路小学等4所学校为领航学校组成四大学区，在初中推行集团化办学，以富乐中学、游仙中学2所学校为领航学校组成两大教育集团。六大共同体内创新了“赛训研”融合模式，采用“互联网+联盟教研”线上线下联合教研形式，畅通了学科教师专业成长的研培平台。充分发挥领航学校的示范、辐射、引领作用，共同推动学区内教育教学管理、教育教学研修、教育质量考核等工作，提升了学校的办学质量和管理水平。在全区中小学开展对标追赶行动，以问题为导向，确立了对标追赶目标，把教师发展模式、课程建设体系、特色活动开展、教育质量提升等作为对标追赶重点，形成了“学校—年级—学科”三级对标。学校围绕对标追赶重点，结合对标追赶计划，通过学校领导互访、教学研讨、专题讲座、教师跟岗学习等形式，实现学校间同心同向，快步前进。鹤林小学、盐泉学校等学校通过对标追赶行动，教学质量呈现稳步提升趋势。2022年，在绵阳市义务教育质量评价中，游仙教体局被评为县域义务教育质量A组特等奖，富乐小学、剑南路小学、建华小学、游仙中学等8所学校分别获得A1、A2、A3组特、一等奖。富乐中学、游仙中学分别获得空军青

◆ 2022年1月7日，绵阳市富乐实验小学开展“我是小能手”学生素质测评活动
（张波　摄）

少年航空学校生源推荐先进学校、保苗育苗先进学校。本学年中考，绵中、南山录取1684人，比2021年净增282人。

【普高教育】2022年新增绵阳富乐学校高中部、绵阳润禾实验高中2所民办高中，富乐学校高中部以713分的全市中考录取分数线高起点办学，绵阳润禾实验高中由百年名校南山中学全过程、全方位、全力量指导办学。2022年是游仙区开启高考综合改革元年，全区普通高中强化党建引领，落实学校办学自主权，全面激发学校办学活力，促进学校办出特色和水平，不断加强教师队伍建设，全面提升教师的专业成长和发展，加强骨干教师队伍建设，提高教师队伍专业化水平和信息化应用水平，提升教师新课程实施、学生发展指导和走班教学管理能力。优化课程实施，强化教研教改，促进学生品德、学业、身心发展和审美、劳动素养全面提升。积极探索教育规律，提升办学品位，打造最好的“特长+特色+可持续发展”的普通高中教育。2022年，全区高考再续辉煌，本科上线388人，其中重本上线48人，再创游仙高中教育历史新高。唯一公办普通高中开元中学在全市普通高中综合评估中再获特等奖，成功创建省二级示范高中。

【中等职业教育】中等职业教育稳步发展，职教产教深度融合。辖区内3所中等职业学校在校生达0.61万人，2022年毕业生升学率72.92%，直接就业率26.17%，毕业生就业留绵阳率80.50%，中职学校招生连续三年超过普通高中，职普比达到1∶1。游仙职业技术学校建成四川省“示范中职学校”和“示范专业”学校，2022年成功创建四川省四星名中职学校。游仙区中职学校按照城市功能拓展区产业布局和城镇体系规划，逐步形成了“依托市场、定位准确、错位发展、注重内涵”的专业建设理念，全区中职学校全面优化专业结构，淘汰重复和后劲不足的专业，新办“互联网+”、物联网等新兴专业，主动服务区域经济发展。大力实施了中高职教育衔接贯通培养，对口升学高考班管理与教学质量稳步提升，新招生1750人；组队参加绵阳市中职

学校师生职业技能大赛，取得一等奖4名、二等奖5名、三等奖8名的好成绩。

区内各中职学校以服务发展为办学理念，以专业对接地区产业，主动适应人才市场需求，全方位开展本地培训服务、技术服务、文化传承等工作。2022年组织全区中职学校开展职业技能培训、农民工新市民素质培训、社区教育培训、安全技术培训、微型企业创业培训、在岗农民工技能提升培训、企业员工培训、新技术培训等8个大类12个专业培训。据统计，2022年全区中职学校面向社会、行业开展各类培训1500余人次。

【高等教育】 区域内绵阳财经学校为市属中等专业学校，还有绵阳师范学院、绵阳城市学院、绵阳职业技术学院等3所普通高等学校。

【民办教育】 绵阳富乐学校是由四川凯越投资集团投资打造的一所集幸福幼教、特色小学、精品初中、卓越高中于一体的现代高端民办学校。学校秉承“德富四海，才乐天下”的办学理念，强调课程顶层设计，形成了名校长引领、名教师执教的一流教育团队，以特色素质教育、高效启智课堂、特色班级建设为核心的学生成长体系，培养学生自主发展、文化修养、社会参与等综合素养，为未来社会引领者的成长奠基，着力打造适合每一个学生的教育。2022年，按照国家规范民办教育的相关政策，富乐学校缩减了办学规模。

绵阳市润禾实验高中是一所新建民办普通高中。学校以“德润万物、禾生天下”为办学理念，践行立德树人的根本任务，以“办心中有人的学校”为办学指导思想，引领新课程新高考改革;以“爱国读书、求真务实”为校训，实施“小班化、智慧化、个性化、精准化”的精品课堂教学;以“严、明、细、实、真”为工作作风，让每一位学生成长为“生命自爱、人格自尊、德行自律、学习自主、锻炼自强、成长自立”的新时代青年。

全区民办教育机构规范了民间投资办学准入，强化了统筹规划和管理工作。依法压减了现有民办教育培训机构数量，全区民办教育进一步规范、有序、健康发展。

【特殊教育】 2022年，全区有特殊教育学校1所，义务教育阶段残疾学生347人，其中普通学校随班就读151人，送教上门19人；特教学校就读119人，送教上门58人，毛入学率139.91%。执行所有残疾学生人均6000元公用经费标准。除“两免一补”外，所有在籍学生按小学每年1000元，初中每年1250元的标准享受了贫困住校生生活补助。特殊教育学校集康复训练、义务教育、职业技能教育于一体，开设特奥训练、缝纫、丝带绣、陶艺、茶艺等专业培训课程，“美食烹任”“家政教学”“特奥运动”“音乐律动”“美术工坊”“生态农场”等多元主题特色校本康复课程，助力学生“生涯自立”发展。普通学校积极做好适龄残疾儿童随班就读，大力推进个别化教育，努力为每一名特殊孩子提供适合的教育，促进了特殊教育优质融合发展。

【师资队伍建设】 2022年，开展了以“增强教育情怀，提升德育素养，做‘四有’好老师”为主题的师德师风建设年活动，围绕这一主题开展了师德宣誓、师德承诺和学习讨论等活动。2022年度公开招聘教师91名，考调引进教师39名，直接使用部属公费师范生2名。合理使用顶岗实习（编外）教师77名，优先补充到薄弱学校和学科教师紧缺学校。全区有1个省级工作室“四川省劳模创新人才贾福明工作室”，5个区委人才办命名工作室“董晋龙名师工作室”（小学数学）、“牛会艳名师工作室”（小学英语）、“周文全名师工作室”（初中语文）、“李筱华名师工作室”（小学语文）、“陈兴贵技能大师工作室”（中职）；区教体局命名10个“名班主任工作室”和1个“张金梅名园长鼎兴工作室”。

体育

【概况】 2022年，全区中小学拥有400米标准田径场5个，200米塑胶环形跑道38个，篮球场86片、排球场55片、足球场44片，拥有专职体育教师167人。2022年组织5次区级青少年体育比赛，区级校园三大球比赛400余场，共有3500余名运动员参赛，350名裁判员参与执裁。游仙区有全民健身中心1处、公共田径场1处，乡镇农民健身工程和社区多功能运动场4处，全民健身路径300余条，实现行政村（社区）体育设施全覆盖。人均体育场地面积达到1.56平方米，发展社会体育指导员3000人。

2022年，游仙区组队参加四川省第十四届运动会获得4枚金牌、4枚银牌、4枚铜牌；组队参加绵阳市“贡嘎杯”青少年高中校园篮球联赛暨初中小学组总决赛获得中甲组第一名、中甲组第三名、初中女子组第二名、初中男子组第五名、小学男子组第五名；组队参加绵阳市“贡嘎杯”青少年高中校园排球联赛暨初中小学组总决赛获得中超组第五名、初中男子组第四名、初中女子组第四名、小学男子组第八名；组队参加绵阳市青少年三大球新苗选拔赛暨第十五届省运会梯队精英选拔赛获得篮球女子乙组第一名、男子乙组第二名、女子甲组第四名；获得排球女子乙组第二名、男子乙组第四名。3人入选四川省校园足球最佳阵容。

【全民健身】 2022年6月，在富乐花溪绿道举办了“百城千乡万村·社区”暨“国际禁毒日”第三届半程马拉松比赛。截至2022年底，全区有足球、篮球、羽毛球、围棋、象棋、桥牌、轮滑、信鸽、柔力球、武术、柔道、跆拳道等社会体育组织，会员上万人。全区学校全年体育场对外免费开放达3万人次，积极引导广大群众参加体育锻炼，常年参加体育锻炼的人口比例达32.3%。

【学校体育】 截至2022年，游仙区共有8个学校被教育部命名为校园足球特色学校，9所校园足球特色学校建设单位。富乐中学、富乐小学、五里小学、剑南路小学被教育部命名为校园篮球特色学校。万达学校、五里路小学、新桥小学、东原小学、小枧小学的足球，富乐中学、富乐小学、开元中学、万达学校、小枧中学的篮球，慈济中学、五里路小学的排球，剑南路小学、开元中学的轮滑，富乐国际学校的游泳，富乐中学、万达小学的田径，徐家小学、富乐小学的花式跳绳,忠兴小学的棋类项目已成为校园体育特色项目，全区各学校都在根据本校实际情况努力创建校园体育特色项目，“一校一品”的特色校园体育正在形成，体育后备人才不断涌现，学校体育工作呈现蓬勃向上的发展态势。

◆ 2022年6月26日，“百城千乡万村·社区”第三届半程马拉松公开赛
（代志斌 摄）

【体育产业】 全区有健身企业4家，体育协会7家，一星级体育服务综合体1家（绵阳花样年华足球俱乐部），体育类企业360余家。加强“体彩”的销售和市场调研工作，在提升网点业主素质、提高服务质量上下功夫，促进电脑彩票销售，助推体育产业发展。

（王娟 唐诚 唐建 代志斌）

卫生 健康

概述

【概况】 2022年，游仙区共有各级各类医疗卫生机构402个。其中，区级公立医疗机构4个，包括：区人民医院、区中医医院、区妇幼保健计划生育服务中心、区中心医院（属于四川省科学城医院的增挂牌子）；其他公立医院2个（科学城医院航空城分院、四川省川北监狱医院），4个社区卫生服务中心、8家中心卫生院，社区卫生服务站14个，公立医疗机构门诊部2个，198个村卫生室；学校及事业单位医务室（卫生所）9个，民营医疗机构161个，包括：民营综合医院3个（绵阳开元医院、游仙康耀医院、瓦子医院），民营综合门诊部7个，中医门诊部1个，口腔门诊部4个，诊所146个。

【卫生健康民生工程】 持续为全区常住城乡居民免费提供国家基本公共卫生服务12项，完成率100%，全面落实农村妇女“两癌”检查工作，宫颈癌、乳腺癌完成率分别为121.60%、107.92%。积极开展适龄女孩HPV疫苗接种补助项目工作，全区累计接种HPV疫苗5065人，完成率104%。通过室内改造与增添设施设备，全面完成100个新增普惠性托位建设任务。全面兑现计划生育惠民资金34335人，共计4606.64万元。

【卫生健康项目建设】 区妇女儿童医院第二院区业务综合楼、区人民医院老年医学中心、区公共卫生医疗中心等“三大中心”项目全部建成并投入使用，共计完成投资3.2亿元。全市首家公办普惠性托育机构暨游仙区婴幼儿照护和托育服务指导中心项目建成投入使用，积极解决国家实施多孩政策后的群众关切，特别是双职工家庭的育儿后顾

◆ 2022年12月1日，区妇女儿童医院第二院区业务综合楼建成投入使用
（区妇幼保健院供图）

之忧。全年累计投资4500余万元采购核磁共振、多排螺旋CT、电子胃肠镜等大型医疗设备及设施126台（件）。

【医疗机构等级创建工作】 区疾控中心三级乙等疾控机构创建已完成专家组现场评审，区妇幼保健院已顺利完成三级乙等妇幼保健院创建评审；由区妇幼保健院牵头，整合富乐、涪江、试验区社区卫生服务中心、小枧中心卫生院组建游仙区城区集团医院，成立集团医院党委，实现资源整合，形成新的发展优势。忠兴中心卫生院、盐泉中心卫生院开展县域医疗次中心建设，顺利通过省级评优验收，2022年12月30日省卫生健康委发文命名。

【医改工作】 按照“党建引领”原则，组建了以区妇幼保健院为总院，富乐、涪江、试验区和小枧等基层医疗机构为院区的游仙区城区集团医院。通过实施“以奖代补”政策、建立贫困患者救治救助办法、推广“长效针剂”、门诊服药补助等工作举措，有效防止了严重精神障碍患者及家庭因病返贫、因病致贫。忠兴中心卫生院、盐泉中心卫生院建成首批省级县域医疗卫生次中心。通过直接考核、高校校招等方式招聘卫生专业技术人员146名。持续推进岗编适度分离改革试点，调节使用空缺职数74个（其中副高级岗位19个、中级岗位55个），统筹解决符合条件的专业技术人员岗位晋升问题。

◆ 2022年，绵阳市游仙区疾病预防控制中心

◆ 2022年12月30日，绵阳市游仙区城区集团医院挂牌成立

【中医药强区工作】 对5家基层医疗机构进行中医馆服务能力提升改造建设。建成中医市级重点专科6个，成功申报“全国基层名老中医药专家传承工作室”建设项目1个。全区中药种植产业面积达377公顷，营业收入同比增长10%以上。

【医疗服务工作】 2022年游仙区区级医疗机构门诊及住院诊疗人次同比增长分别为3.5%、3.77%，出院人次增长1.2%，医药服务收入同比增长9.84%，床位使用率达90%以上，预约诊疗率达47.3%，县域就诊率逐步提高。建立了23个医疗质量控制分中心，完善了质控分中心和专家动态考核机制，各质控分中心按照学科指南和临床路径，实施统一的诊疗和操作规范，逐步实现医联体内各医疗机构医疗质量同质化。推进二级以上医疗机构第三方满意度测评工作，区级4家二级医疗机构满意度测评居全市前三位。对辖区400余家各类医疗机构医疗废物管理制度的建立及落实、医疗废物处置等情况进行监督检查，开展医废在线监管工作。2022年纳入在医废线监管平台机构共65家，完

◆ 2022年3月24日，在魏城镇组织开展无偿献血活动

成率25%（市级要求15%），超额完成目标任务。全年共组织无偿献血活动31场次、2188人参加、献血量共计683775毫升，超额完成全年目标任务，完成率103.21%。

（贾金燕）

疾病防控

【概况】 2022年，全区共审核报告法定传染病14种3556例，死亡9例，辖区报告发病率707.34/10万，比2021年同期（4579例）下降22.34%，其中报告甲类传染病0例，乙类传染病1446例，丙类传染病2110例；处置传染病预警信息404条。完成每月疫情简报12期，完成突发公共卫生事件及需要关注的传染病风险评估报告12期，完成流感等重点传染病专题分析1期。全年共现场处置传染病报告病例及群体突发事件276起，其中，报告突发公共卫生事件1起（未分级）；流浪犬咬伤多人事件1起；聚集性食源性疾病事件11起；棘球蚴病病例1起；猪感染链球菌病例1起；学校卫生群体事件23起（流行性感冒聚集病例2起、活动性肺结核8起）；饮用水投诉10起；托幼机构手足口病防控现场指导12次。

【新冠疫情防控】 全区二级医疗机构设置重症病房，增添呼吸机、指夹血氧仪等医疗设备，推广“全院一张床”及分类救治，确保重症患者“应收尽收、应治尽治”。

【人禽流感、SARS及不明原因肺炎防控监测】 1月、5月、9月，分别对魏城、忠兴、小枧、仙海的大规模禽类养殖场、活禽交易市场等5个点位开展禽流感监测，共采集职业人群血清标本5份，禽类污水、粪便、羽毛等外环境标本20份，结果均为阴性。

【手足口病监测】 2022年全区医疗机构共送检标本18份。制定《游仙区2022年游仙区霍乱监测方案》，共开展腹泻病人粪便监测120份，重点人员肛拭子40份，海水产品物表36份，熟肉制品、凉菜及散装或自制饮料等物表样25份，历史疫区外环境样本45份，监测结果均为阴性。

【血吸虫消除达标验收成果转化】 在国家级监测点新桥镇同福村、双河村，忠兴镇明龙村调查钉螺面积237694平方米，查出有螺面积5120平方米，查螺框数9116框，有螺框数82框，活螺数157颗，检查结果全部阴性，无感染性钉螺。会同各县市区血防专家开展血吸虫病风险监测工作，共查螺约3万平方米，查出有螺面积约3600平方米，收集野粪30份，打捞漂浮物约70千克，漂浮物内查出5颗钉螺和大量的其他螺类。对捡获的钉螺进行压检，结果全部为阴性，野粪用尼龙绢袋集卵孵化法进行检测，结果全

◆ 2022年5月13日，区疾控中心工作人员在忠兴镇开展螺情调查

部为阴性。

【碘盐监测工作】 全区碘盐覆盖率99.40%、合格碘盐食用率99.00%、碘盐合格率99.00%、加碘盐中位数27.99毫克/千克；8—10岁儿童结节检出率10.5%，B超检查肿大率1.5%，尿碘中位数128.17微克/升、小于50微克/升有6人；8—10岁儿童、孕妇、育龄妇女、哺乳期妇女及其0—2岁婴幼儿尿碘中位数分别为182.17微克/升、180.28微克/升、118.30微克/升、180.41微克/升和246.67微克/升。监测结果显示游仙区碘盐、甲状腺肿，尿碘指标达到四川省碘缺乏病消除标准，游仙区继续保持消除碘缺乏病状态。

（何浩）

◆ 2022年9月1日，区疾控中心工作人员在游仙街道百乐汇广场开展健康教育宣传

健康教育

【概况】 指导辖区各镇/街道、社区及医疗卫生单位通过QQ、微信、手机短信推送新冠疫情防控和健康教育知识，积极引导广大辖区居民改变不良的生活习惯，养成良好的健康行为习惯。全年辖区累计发放健康教育宣传资料420余种43.3万份；播放健康教育音像资料180余种3.81万小时；设置健康教育宣传栏249个，累计更换1472次；开展健康知识讲座693次，参与社区居民3.23万人次；开展公众健康咨询190次，参与群众0.73万人次。

【健康生活方式行动】 利用健康主题日和大型节假日，多部门联合开展慢性病防治、健康生活方式核心信息等科普宣传活动20余场次，现场参与6万人，发放宣传资料及小礼品20万余份。组织辖区各项目单位开展“三减三健”专项行动，全年累计开展减盐、减油、减糖、健康口腔、健康体重和健康骨骼6个小项专项行动27场次，参与5400余人，发放控油壶。限盐勺等健康支持性工具1500余份。持续开展健康生活方式指导员培训和招募工作。通过线上、线下方式并与实际工作相结合，开展多种形式的健康生活方式指导员培训，参与1120余人次，经考核合格全区2022年度新增健康生活方式指导员68人。

【健康素养促进行动】 指导和督促辖区各医疗卫生单位结合健康教育开展健康素养66条相关知识宣传，持续开展健康促进医院和戒烟门诊建设，推广“400-808-5531”全国戒烟热线和“中国戒烟平台”微信小程序，加强控烟宣传和简短戒烟干预。强化主动就医患者及家属、在校学生、机关企事业单位干部职工等重点人群，高血压、糖尿病、重性精神疾病等重点疾病的健康教育活动。根据游仙区2022年度监测方案，在涪江、游仙和盐泉、忠兴、仙鹤5个街道/镇的社区居民、机关干部和在校学生中完成居民健康素养问卷调查。（何浩）

人口监测与家庭发展

【人口概况】 2022年，全区总人口为479541人，已婚育龄妇女64746人，出生人口2386人，出生率为4.99‰，与2021年同比增加380人。一孩出生1320人，一孩率55.32%，二孩出生978人，二孩出生率40.99%，多孩88人。死亡3116人，死亡率6.52‰，人口自然增长率-1.37‰。

【计生三金】 严格落实农村部分计划生育家庭奖励扶助、计划生育家庭特别扶助制度。通过资格确认奖扶对象共计32991人，特扶对象1344人。全年实际发放计生奖扶资金4606.64万元。开展计生特殊家庭“三个全覆盖”扶助关怀工作，发放慰问金36.28万元，及时收集特殊家庭诉求及建议12项。向上争

取涪江街道办计生特殊家庭暖心家园项目活动经费1万元。（李晶）

爱国卫生运动

【概况】将爱国卫生运动与新冠疫情防控、农村人居环境整治工作相结合，依托“两大一好”（公共卫生大整治、家庭卫生大扫除、个人卫生好习惯）运动，持续开展周末大扫除活动。由游仙区爱国卫生运动委员会办公室牵头，组织各镇、街道办联合各社区卫生服务中心、医院以及相关职能部门开展以“绿色环保 文明健康”和爱国卫生运动为主题的宣传和咨询活动。扎实开展厕所整洁专项行动。社区卫生服务中心成立了学雷锋志愿者服务小组，定期开展学雷锋志愿者服务活动，区卫健局机关和城区各医疗卫生单位均利用LED、宣传栏等对社会主义核心价值观、讲文明树新风等文明城市建设相关的标语、公益广告进行了广泛宣传，营造文明城市建设氛围。积极开展文明单位创建活动，全系统已创建市级文明单位6个，2022年申报创建市级文明单位5个。

【周末卫生大扫除活动】辖区内所有单位和机构按照“属地管理”的原则，落实“门前三包”责任制，组织机关干部对办公场所及其周边地区进行了集中清扫，并进行消杀作业，确保了办公区域内外干净整洁，无卫生死角，助力本单位的常态化疫情防控工作。各镇、街道针以村、社区为单位，重点清理卫生死角、暴露垃圾、污水坑、乱堆乱放、乱贴乱画。全区共清除暴露垃圾100余吨，清除乱贴小广告400余张，辖区环境卫生持续改善，人民群众卫生健康意识增强，活动效果显著。

【爱国卫生宣传工作】由区爱卫办牵头，组织各镇、街道办联合各社区卫生服务中心、医院以及相关职能部门开展以“绿色环保 文明健康”和爱国卫生运动为主题的宣传和咨询活动。各单位选取在城区人流较为密集的区域，通过设立咨询台、悬挂宣传横幅、发放宣传资料等形式，广泛宣传文明健康绿色环保生活方式及疫情防控知识。向过往群众宣传讲解爱国卫生运动知识、病媒生物防治知识、卫生保健、疾病预防、食品安全、环境保护、计生政策等知识，营造了全民参与、共建共享的浓厚氛围。结合“党员进社区”，全区组织近万名党员志愿者深入街头社区参与文明卫生、疫情防控、心理卫生知识宣传和纠正不文明行为，同时加大爱国卫生、秸秆禁烧宣传力度和对人民群众的健康教育力度。全区通过“游仙发布”微信公众号、健康游仙等新媒体平台广泛宣传爱国卫生知识10余次，全区共悬挂宣传横幅近80条，发放健康教育宣传资料3万余份。

【厕所整洁专项行动】专项整治行动按照“分片管理，院长负责”的原则，采取自查自纠与重点检查、检查与整改相结合的形式，在全区卫健系统内展开了专项整治活动。据统计，全区医疗机构共有厕所281个，其中卫生厕所281个，卫生厕所覆盖率为100%。全区基层医疗机构共有厕所563个，其中卫生厕所563个，卫生厕所覆盖率为100%。妇幼机构共有厕所54个，其中卫生厕所54个，卫生厕所覆盖率为100%。疾控机构共有厕所12个，其中卫生厕所12个，卫生厕所覆盖率为100%。中医类医院共有厕所145个，其中卫生厕所145个，卫生厕所覆盖率为100%。

【卫生创建活动】按照市卫健委创建目标任务的安排，在区委、区政府的正确领导下，稳步推进国家卫生乡镇、省（市）级卫生单位、无吸烟单位、卫生乡镇、卫生村的建设。全区已创建成功省级卫生乡镇8个，省级卫生乡镇覆盖率100%；省级卫生村112个，省级卫生村覆盖率100%。省级卫生单位9个，省级无吸烟单位10个，市级卫生单位94个，市级无吸烟单位33个，健康医院2个，健康社区1个。2022年，新桥镇作为国家卫生乡镇创建单位，已通过国家级暗访，等待审核命名。全区266个市级无烟党政机关、14个市级健康单位，105个区级无烟学校均按照相关程序申报创建命名。卫生创建的扎实推进不仅优化了人居环境，改善了游仙形象，同时也推动了城乡同步发展，为推进游仙经济社会协调发展提供了良好的卫生环境保障。游仙区创建工作已步入建设与管理并重的重要阶段。（曾勇）

卫生执法监督管理

【概况】2022年，游仙区卫生健康执法大队对辖区1874家被监督对象开展全年监督频次不少于4次日常监督检查，共出动执法人员13182人次，监督6591户次、2300余车次，发放监督意见书6591份，发现违法行为97起，办理处罚案件97件。完成对辖区内医疗机构的多轮监督检查，办理传染病卫生类案件12例，分别给予通报批评、警告、罚款、不良行为计分等，对发现问题需要整改的医疗机构责令停业整顿。

【传染病专项检查】 绵阳市游仙区卫生和计划生育监督执法大队对全区医疗机构开展传染病防治专项执法检查工作，累计出动执法人员236人次、执法车辆118辆次，共计监督检查单位795家次，发出监督意见书795份，对存在问题的单位13家要求限期或立即进行整改，停业整顿9家，立案调查12家，警告12家，罚款2家，罚款金额7000元。形成专项总结及报表上报。

【学校卫生安全管理】 按照开学检查工作计划，结合新冠疫情防控工作，对辖区内的学校及托幼机构开展2022年春秋季开学检查，各社区、乡镇卫生协管员对管辖区域内学校传染病、疫情防控等“三案九制”建立情况，学生晨午检、因病缺勤追踪登记执行情况，校内环境卫生清洁和公用物品消毒设施的配备及记录情况，教室、宿舍定期通风消毒情况，饮水机清洗消毒等进行督查。

【公共场所监督检查】 对辖区内900余户公共场所开展卫生安全日常监督检查，检查包括卫生许可证、健康证是否合法有效，相关信息公示是否醒目；专间标识是否清楚，卫生设施运转是否正常，公共用品用具清洗消毒保洁是否规范，卫生管理是否落实，档案资料是否齐全，危害健康事故应急预案是否制定；公共场所室内控烟是否落实，醒目位置是否设置禁烟标识，是否摆放与吸烟有关的器具等具体内容。

【生活饮用水检查】 在春节、端午节、中秋国庆节等重大节假日前，组织大队监督员及镇乡卫生院协管人员，开展节前生活饮用水卫生安全专项检查，保障节假日期间城镇居民生活饮用水卫生安全。

【职业卫生检查】 全面清理申报系统内的用人单位数，及时将78家企业和2家职业健康体检机构录入至“四川智慧卫监”系统内，对80家单位进行监督检查，并建立个户档案资料。完成噪声粉尘专项检查工作，纳入整治的企业10家。

【血液安全专项检查】 区内共有16家临床用血单位，仅有绵阳市游仙区人民医院是临床用血管理单位，是游仙区唯一一个储血点，其他15家临床用血医疗机构均挂靠于其他用血医疗机构。此次专项检查主要针对临床用血医疗机构的组织与制度建设、血液来源及管理、临床输血管理、自体输血、脐带血采集情况进行了监督检查。

【中医药专项检查】 为贯彻落实四川省中医药传承创新发展大会精神，按照相关法律法规，对辖区内的中医药服务机构开展全面检查，辖区内有各级各类开展中医药服务机构118家，其中中医医院1家，医院（含卫生院）23家，中医备案诊所有4家，含中医科的诊所90家。督查各级各类医疗机构及人员持证情况，是否在批准范围内开展中医诊疗活动，机构内设置是否符合相关要求，以及医疗废物处置是否符合要求；消毒灭菌工作是否严格落实“一人一用”等以及常态化疫情防控措施是否严格落实等相关工作。 （张荣铨）

妇女儿童健康

【概况】 稳步推进“预防艾滋病、梅毒和乙肝母婴传播”项目，HIV（人类免疫缺陷病毒）感染孕产妇孕早期用药率100%,艾滋病母婴传播率为0。强化孕情早发现，落实“逢孕必检”，对感染HIV孕产妇及所生儿童提供全流程、规范化干预服务。推动农村适龄妇女增补叶酸预防神经管缺陷项目落实，全区目标人群叶酸服用率达到100%。全力保障母婴安全，高危孕产妇住院分娩率、管理率100%，产前筛查率98.92%，孕产妇死亡率0，婴儿死亡率0，5岁以下儿童死亡率3.02‰。强化孕产妇、儿童系统保健服务。全区孕产妇及儿童系统健康管理率均达96%以上。加强出生缺陷综合防治，新生儿遗传疾病筛查率、新生儿听力筛查率均达99.96%；0—6岁儿童眼保健和视力检查率96.11%。全面落实免费孕前优生健康检查和婚前医学检查项目，婚前医学检查率达97%以上。

【农村妇女“两癌”检查项目】 区卫健局、区财政局、区妇联联合下发了《关于印发游仙区2022年农村适龄妇女免费宫颈癌、乳腺癌筛查项目实施方案的通知》，明确了项目工作目标、内容、意义、规范了工作流程和检查流程。成立了游仙区“两癌”筛查管理中心（区妇幼保健院），对辖区“两癌”筛查工作进行业务管理和技术指导。同时，对定点筛查机构和各中心卫生院细化量化工作任务，按照属地管理的原则，充分发挥区、镇、村母婴保健网络优势，确保民生实事工作不折不扣地落实。全区充分利用广播、电视、网络等媒体，广泛开展妇女“两癌”防治相关政策和核心信息的宣传教育。进社区开展关注女性健康，“两癌”健康讲座。同时，游仙区“两癌”工作被绵阳电视台报道。为广大群众普及“两癌”自检、预防与防治措施及日常保健知识，增强自我保护意识，远离疾病危害。宫颈癌筛查年度目标任务3990人，宫颈癌筛查4852人，任务完成率121.60%；乳腺癌筛查年度目标任务3990人，乳腺癌筛查4306人，任务完成率107.92%。

【孕产妇和儿童保健】 举办游仙区2022年一季度妇幼健康业务综合培训班1次、游仙区2022年线上孕产妇、儿童健康管理工作暨业务培训会1次、2022年国家基本公共卫生服务妇幼项目管理培训班1次，培训人员182人次；开展指导3次、绩效评价与指导2次。推广使用四川省妇幼信息平台孕产妇、儿童保健管理系统。落实高危孕产妇和高危新生儿的筛查、分级管理和分级转诊制度；加强早孕建卡、孕期保健、产后访视、新生儿访视、儿童健康问题处理等服务工作，切实提高孕产妇、儿童保健管理率。落实早产儿保健、儿童口腔保健、儿童眼保健及视力检查、0—6岁儿童残疾筛查工作。2021年度基本公卫市级考核，游仙区孕产妇、儿童健康管理得分23.93分（满分24分），蝉联全市第一。

【孕产妇健康管理】 2022年，辖区产妇数2820人，孕早期建册2812人，早孕建册率99.72%。产后访视2820人，产后访视率98.84%。孕产妇系统管理2812人，系统管理率98.56%。活产数2853人（双胎33例），住院分娩2853人，住院分娩率100%；机构筛查并管理高危孕产妇2315例，高危产妇发生率79.64%。孕产妇死亡0。

【儿童健康管理】 全区0—6岁儿童26020人，保健管理25699人，保健管理率98.77%，眼保健和视力检查率96.94%，6岁儿童视力不良率6.32%。3岁以下儿童9272人，系统管理9171人，系统管理率98.91%；新生儿访视2835人，新生儿访视率99.37%。5岁以下儿童死亡7人，死亡率2.45‰。婴儿死亡5人，死亡率1.75‰。新生儿死亡1人，死亡率0.35‰。筛查并管理高危儿童1250人，管理率100%。

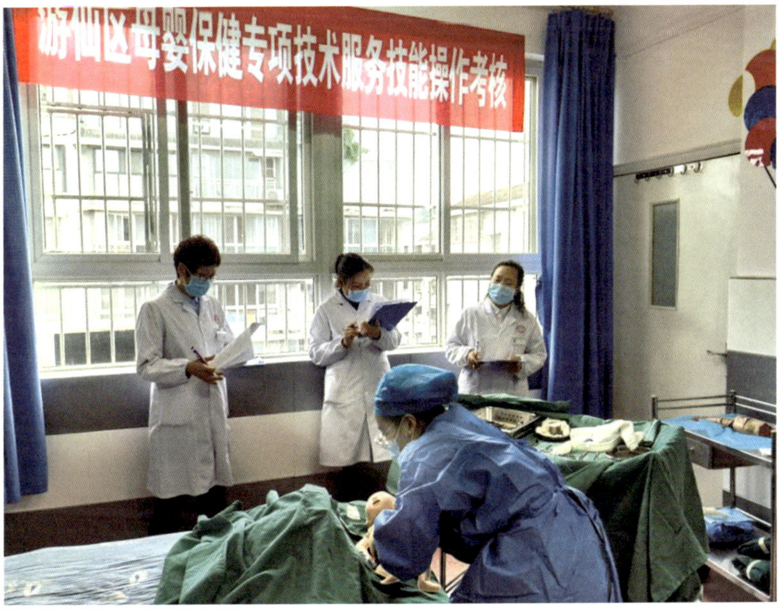

◆ 2022年3月25日，游仙区妇幼保健院举办游仙区2022年母婴保健技术服务技能操作考核（区卫健局供图）

【托幼机构卫生保健】 下发《关于做好2022年春秋季儿童入托前健康体检工作的通知》。开展综合评估及业务指导17家。开展托幼机构卫生评价70家，举办托幼机构卫生保健管理工作线上培训班1次，培训卫生保健人员203人。全区托幼机构有专兼职卫生保健人员150人（专职38人、兼职112人），工作人员2254人，健康检查2252人，健康持证率99.91%。在园儿童17710人，健康体检17093人，健康体检率96.52%。新入园儿童3472人，入园体检3465人，入园体检率99.80%。

【叶酸项目】 制订游仙区2022年增补叶酸预防神经管缺陷项目实施方案及工作计划，指导辖区各项目实施单位加强组织领导，落实保障措施,健全工作制度，组织开展叶酸发放管理、宣传培训、信息报送、项目督导等工作，提高项目实施进度和质量。全区机构活产数2941人，死胎、死产4人，出生缺陷25人，出生缺陷率85/万，神经管缺陷“零报告”。服用叶酸人数3467人，任务完成进度119.55%；目标人群叶酸服用率100%，知晓率100%。

【免费孕前优生健康检查】 制发《游仙区关于下达2022年国家免费孕前优生健康检查工作任务的通知》，完成《孕优项目绩效目标自评》《2022年度项目支出绩效自评报告》《游仙区妇幼保健院与仙海区协同开展计生工作情况汇报》。完善建立国家免费孕妇检查制度，各镇卫计办和各医疗机构孕妇工作开展较好。全年孕优检查评估4192人（男性1870人、女性2322人），评估高风险932人（男性93人、女性715人、双方62对）。开展咨询指导6777人；优生健康教育8759

人；早孕随访6191人次；妊娠结局随访547人。孕优全年目标完成率133.5%，位居全市第一。

【新生儿疾病筛查】 继续扎实推进新生儿疾病筛查及听力筛查工作，机构分娩活产数2941人，新生儿疾病筛查2939例(死亡1人、拒查1人)，筛查率99.93%。新生儿听力筛查2938人（死亡2人、拒查1人），筛查率99.90%。免费“四病”筛查2239人、听力筛查2239人，补助经费50.1536万元。对符合条件的，做到应筛尽筛、应补尽补。

（刘雷雷）

老年人健康养老服务

【概况】 成立绵阳市游仙区老龄工作委员会,落实老年人优待政策，共计办理老年优待证68364个，接待老年人咨询200人次。组织开展2022年游仙区失能老年人“健康敲门行动”。做好打击整治养老诈骗专项行动。充分利用春节、清明节、中秋节和重阳节等传统节日，结合“老年健康宣传周”“敬老月”等活动，开展形式多样的宣传教育活动，通过线上线下宣传、知识讲座、义诊咨询等方式组织开展健康宣传60场次，发放宣传资料2万余份，义诊5000余人，提供健康咨询7000余次。

（刘均）

【打击整治养老诈骗专项行动】 根据游仙区打击整治养老诈骗专项行动安排，召开动员部署会，制定工作方案，明确责任分工、主要任务和具体措施，成立领导小组。15家医疗卫生单位制作宣传横幅12幅，LED滚动播放宣传标语80条次，张贴预防养老诈骗宣传资料90余份，微信推送相关知识20余条。5—6月，对医养结合机构和部分养老机构进行检查，未发现无资质医疗机构、无行医资质相关人员擅自开展诊疗活动等违法行为。

【开展失能老年人“健康敲门行动”】 2022年游仙区失能老年人“健康敲门行动”任务数为1252人次。通过制定专项实施方案，组织召开培训动员会，发布张贴行动公告。5月底，审核确定市卫健委下达的1252名失能老年人名单。6月底，由各地卫生院为失能老年人提供一轮上门健康管理和健康服务指导。11月底，完成第二轮上门健康管理和健康服务指导。

应急管理

概述

【概况】 2022年，全区共发生生产安全事故2起、死亡1人、受伤3人。未发生一起较大及以上生产安全事故，全区安全生产形势总体稳定。被市委、市政府表彰为2021年度安全生产先进单位、森林草原防灭火工作先进单位、生态环境保护工作先进单位、食品安全工作先进单位；被市政府表彰为2020年地质灾害防治工作先进集体；获评市应急局2021年行政执法案卷评查优胜单位、2021年度安全生产监察执法工作先进单位；获得区委、区政府单项工作先进单位表彰24次。

【应急集成改革】 出台《关于做好乡镇行政区划和村级建制调整改革"后半篇"文章提升基层应急管理能力2022年重点工作的通知》，明确7个大类24项重点工作。开展3次区级森林火灾和防汛抗旱应急演练，指导各镇、村完成1次以上应急演练。积极开展28个社区微型消防站建设，配发180套应急队员个人防护装备、595个水基灭火器、210个干粉灭火器。扎实推进农村气象服务体系建设工作。采购第三方服务，实现分钟级暴雨监测预警；建成游仙区应急广播系统，区级平台与区融媒体平台实现互联互通，全区应急指挥调度系统信息化水平进一步增强。建成游仙高新区专职消防救援站，于2022年5月30日投入执勤备战。规划建设魏柳河片区专职消防救援站，已完成选址工作并纳入"十四五"规划。建成区级应急指挥调度系统，实现大屏化指挥，科学调度；开展游仙区应急指挥系统信息录入工作，录入通讯录、专家库、防护目标、应急避难场所、安全风险隐患、应急救援队伍、应急物资等4000余条信息，试运行工作正在有序开展。

◆ 2022年7月29日，"应急·安澜"2022年游仙区防汛救灾暨避险转移综合应急演练在新桥镇举行（区融媒体中心供图）

【乡镇级应急管理体系规划】 印发《游仙区"十四五"应急管理规划》，明确全区应急系统"十四五”时期8大类30个重点项目（承接市上项目22个、自有项目8个），已完成9个项目，另外10个项目正稳步推进。编制游仙区乡镇级片区应急管理体系规划，完成魏柳河片区、芙蓉溪片区、涪东片区、魏城驿片区专项规划编制工作。着力建设4个片区应急指挥中心，在已完成2个片区消防救援站基础上，规划再建2个片区消防救援站，实现“30分钟救援圈”。在魏城镇规划建设2万平方米的绵阳市应急物资储备库，在中心镇规划建设800平方米的应急物资储备中心，同时在中心镇规划建设1处1.5万平方米Ⅱ类标准化应急避难场所。

安全生产

【概况】 2022年，区委、区政府分别召开常委会、常务会议30余次，分析研判安全生产、防灾减灾和应急管理工作形势，解决存在的突出问题，安排部署下一步工作。区委、区政府全年共召开33次会议研究部署安全生产工作。区级领导狠抓安全生产监管责任，在春节、清明、“五一”、国庆等重要节日期间带队开展安全生产检查，推动企业落实安全生产主体责任。以“排险除患”为重点，扎实推进专项整治三年行动。因地制宜制定实施方案，紧盯道路交通、建筑施工、危化品、非煤矿山、消防、人员密集场所、工贸行业等重点领域开展整治，全区共排查梳理隐患2547处，按照“五落实”的要求明确责任，制定风险管控和治理措施，整改2360处，整改率达93%。

【安全生产专项整治三年行动】 企业开展风险辨识数量199家，企业排查治理安全隐患4372个。危化品运输车辆安装监控102辆，占比100%。消防通道划线住宅小区（公共建筑）118个，创建文博单位和宗教活动场所“三定三禁”示范单位1家。排查治理道路交通路面及沿线安全隐患73个，新增建设（含维修）公路安保设施5000米，客货运场站及运输企业安全隐患排查治理18个，处罚客货运车辆交通违法违规行为43起、查处非法营运车辆167辆。邮政寄递行业安全隐患排查治理11个。排查整治物业小区消防安全隐患4个，排查整治市政公用设施安全隐患5个、建筑施工工地安全隐患排查治理36个。开展重点环保设施和项目安全风险评估论证3家，论证率100%。渣土和垃圾填埋、污水处理安全隐患排查治理3条。粉尘企业安全隐患排查治理21条、排查治理有限空间作业隐患22个、排查治理涉爆粉尘隐患15个，工贸行业企业培训安全监管人员200余人。特种设备现场监督检查App检查63次，整治危险化学品相关特种设备3个，整治公共聚集场所特种设备21个，整治工贸行业特种设备27个，立案处罚1件；整治燃气行业特种设备8个、立案处罚2件；整治渔业船舶16艘、整治农业机械80台、整治农村沼气30个。

【安全生产宣传】 广泛开展安全生产月和防灾减灾知识“五进”宣传活动30余场次，发布各类宣传视频50余条，发放宣传单15000余份、宣传手册16500余本及带有安全口号的扇子3000把、环保袋3000个，悬挂宣传安全标语气球26个、横幅40余幅，展出警示教育展板40余块，咨询群众和企业员工达2万余人，增强社会公众防灾意识。高标准开展安全生产“五进”工作，其示范点创建工作被省安委办充分肯定，并在达州市交叉暗访检查中顺利通过验收。

应急救援

【概况】 为了提升应急救援“战斗力”，出台《关于做好乡镇行政区划和村级建制调整改革“后半篇”文章提升基层应急管理能力2022年重点工作的通知》，明确7个大类24项工作。开展3次区级森林火灾和防汛抗旱应急演练，指导各镇、村完成1次以上应急演练。积极开展28个社区微型消防站建设，配发180套应急队员个人防护装备、595个水基灭火器、210个干粉灭火器。着力建设4个片区应急指挥中心，在已完成2个片区消防救援站基础上，规划再建2个片区消防救援站，实现“30分钟救援圈”。

【应急值守】 全局干部职工严格执行应急值守各项制度，坚持全年365天24小时值班和领导带班制度，保证在岗在位，随时密切关注水情、雨情、火情等情况，积极做好应急处置准备，在出现突发情况时第一时间响应、最快速度出发、有序有力有效应对处置，当好党和人民的“守夜人”，为人民群众的生命财产保驾护航。

【防灾减灾】 以“预防为主、防御和救助相结合”作为防灾减灾工作方针，认真贯彻落实防灾减灾工作要求，积极对上争取救灾资金584万元，其中农房重建资金96.72万元，紧急转移安置和过渡期生活救助资金53.28万元，冬春生活救助资金414万元，御寒物资20万元；争取救灾帐篷66顶，折合人民币约

14万元，解决受灾群众过渡期的生产生活问题。

【防汛抗旱】按照“汛期不过、排查不止”要求，会同区水利中心、区自然资源局开展拉网式山洪沟地形地貌、物源情况、淤积现状、阻水建筑等情况排查工作。其间，共排查16处水利设施、53处地灾点，全部纳入应急整治，共计投入3700余万元。组织开展“应急使命·2022”游仙区抗洪抢险暨地质灾害避险综合应急演练、“应急·安澜2022”游仙区防汛综合应急演练，做好抢险救援准备工作，加强物资和队伍管理，确保来之能战、战之必胜。

【森林防火】针对春节、两会、“3·30”、清明、五一、“5·12”、中元节、国庆节、中共二十大等时期，向各镇（街道）及包片领导发出工作提示函43份，特殊时段召开森林防灭火工作会议5次。完成游仙区第一次森林火灾风险普查，形成初步成果。全区林区输配电（高、低压）线路隐患排查共计231千米，排查火灾隐患189处，已全部整治，隐患消缺累计砍修树枝3000余棵。组织林业企业开展动态化排查整治隐患124起。全区新建防火通道9.8千米、隔离带0.45千米和消防水池3个。深入开展森林防灭火“五进五到”，全年落实森林防灭火宣传资金27.28万元，印发森林防火命令2万份，制作滚动播放森林防火命令，印制“森林防火进学校”宣传折页5万份、森林防火倡议书1万份，“森林防火进家庭”宣传单10万份，制作宣传展板10张、抖音小视频124条，充分利用森林火灾案件的警示和震慑作用，进一步增强广大干部群众的防火意识及法治观念。

直管行业执法监管

【概况】结合年度执法计划及“护安2022”“防风险、保安全、迎二十大”等专项执法行动，开展现场执法检查140次，累计持证执法人次254人次，开展执法检查生产经营单位数96个，查处安全生产违法违规行为140项，查出重大事故隐患13项，均已完成整改，整改复查率100%，共出具执法文书280份，处罚罚款27.1万元。

【工矿商贸领域】结合岁末年初、春节、“五一”、国庆、党的二十大期间和节后复产等重要时段，扎实开展工贸行业重大安全隐患限号和百日清零行动。共派出检查组16次，出动检查人员52人次，检查工贸企业52家，发现问题隐患165处。组织全区重点工贸企业开展安全知识专题培训，邀请专家、学者通过讲法传技增强企业法律和安全意识。同时邀请安全专家对5家泡菜厂有限空间企业、6家粉尘涉爆企业开展“把脉问诊”服务，全覆盖多角度指导服务，有效解决企业专业能力不足问题。同时，按照新安法要求，进一步加强企业主体责任落实和水平提升，广泛宣传标准化和信息化建设。2022年以来，指导6家工贸企业开展安全生产三级标准化创建，1家企业创建省级安全文化示范企业，通过创建，有力提高企业的本质安全水平。

【危险化学品领域】一是全面推行清单制工作，厘清相关职能部门危化品安全监管职责，制定区级部门危化品清单8个，督促辖区危化储存经营企业完善企业清单31个，危化票据经营企业制定明责卡26个。二是企业聘请危化专家每季度开展一次隐患排查治理自查自改工作，排查整治隐患150余项。同步将隐患排查治理台账和隐患整改报告由危化专家签字后报应急局备案；成立专项检查组1个，检查危化品储存经营企业31家，制发检查记录31份，查出、整改问题隐患80余处。三是深刻汲取“4·19”事故教训，以“专家巡诊”和“网格化”的模式全覆盖排查闲置、废弃、关停企业的厂房（仓库）等场所部位1716处，排查出的隐患均已整改完成。（李佳玲）

消防

【概况】2022年，全区消防救援队伍共接警出动1098起，出动车辆1280辆次、人员5708人次，抢救被困人员84人，疏散被困人员168人，抢救财产价值2320余万元。全年，区消防救援大队共开展日常监督检查1900家次，督促整改隐患1400处，行政处罚94家，临时查封31家，责令“三停”单位13家，罚款21.052万元。联合住建、公安、市场监督、商务、教体、文广旅、综合执法、应急等部门开展联合执法检查30余次。处理火灾隐患举报投诉130个，发动全区网格员、物业服务企业、乡镇街道工作人员、派出所民警深入村（居）民住宅开展火灾隐患排查2000余户。

【工作部署】区委、区政府多次听取汇报、指示批示、带队检查、实地调研消防工作。组织召开消防工作专题会、工作协调会等研究部署消防工作，分析火灾形势，并通报各镇（街道）及有关行业部门做好安全防范措施，发送消防督办、提示函，全面推动消防安全责任落实。并结合安全生产专项整治三年行动部署要求，全面整治各类场所火灾隐患，向各地、各部门印发《绵阳市游仙区城中村自建房消防安全专项整治工作方案》。区安全事件指挥部办公室印发关于《全区冬春火灾防控工作方案》的通知，进一步压紧压实消防安全责任；区安委员会印发《全区生产经营租住村（居）民自建房重大火灾风险综合治理工作实施方案》的通知，对全区生产经营租住村(居)民自建房开展集中排查治理、印发《绵阳市游仙区高层建筑重大火灾风险专项整治实施方案》的通知，全面整治全区老旧高层商住混合体、老旧高层住宅、高层公共建筑以及属于高层建筑或合建的大型商业综合体消防隐患。

【城乡火灾防控】 开展消防安全专项整治“三年行动”、消防安全大检查、冬春火灾防控、自建房消防安全专项整治、高层建筑重大火灾风险专项整治等10余项专项工作。在春节、全国两会、北京冬奥会、清明、“五一”、端午、国庆等重要时间节点的消防安全检查工作等。积极推进“城中村”、老旧小区、自建房小区、企业厂房、养老服务机构、集中医学观察场所、易燃易爆场所、消防水源大排查，持续开展“双随机、一公开”监管工作。并结合辖区消防现状，6月14日，组织全区129家重点单位召开消防安全工作会议。组织全区管委会、各镇（街道）人民政府（办事处）分管消防救援工作负责人召开消防安全工作会议4次。召集厂区、库房、高层小区等重点区域和场所召开了消防安全警示约谈会20次。积极开展上门指导帮扶，结合检查工作对相关单位、场所提供消防安全服务，发动全区网格员、物业服务企业、乡镇街道工作人员、派出所民警深入村（居）民住宅开展火灾隐患排查3000余户，为全区营造良好的消防安全环境打下坚实基础。

【消防宣传】 不断推进消防宣传社会化进程，普及消防法律法规和消防常识，努力提高全民消防安全意识和素质，促进社会消防安全环境明显改善。严格落实消防宣传“五进”要求，采用线上线下相结合的方式，线上通过推广注册全民消防学习平台2.9万余人次；线下通过深入全区机关、社区、企业、学校、医院、家庭等场所上门开展消防宣传培训260余次；2022年11月，分批次组织全区各镇（街道）应急救援队、网格员、护林员开展应急消防安全培训；发动社区网格员开展“敲门入户”和进社区消防宣传工作，进家庭进行消防安全隐患排查；利用广播、LED、横幅、传单、微信群发相关文件和消防提醒、宣传车流动宣传、户外大屏幕滚动播放消防知识以及对外开放消防站等多种形式开展消防安全宣传。全年累计共发放各类宣传资料30000余份，与企（事）业单位、人员密集场所联合开展消防实战演练26次，各类培训人数超过1万人，重大节假日通过手机短信发送消防安全提示5万余条，发放宣传海报11000余份，分别针对室内炭火取暖、老旧电器使用、公共区域停放电动车、冬季取暖设备安全距离、安全通道堆放杂物、儿童玩火、燃气泄漏、卧床吸烟、易燃易爆物品等9个方面做出了安全提示，有力地增强了群众消防安全意识。

【实战实训】 为加快提升基层应急救援能力和应急救援队员在救援活动中的自我防护和自救水平，区消防救援大队立足“全灾种、大应急”要求，始终将战斗力作为唯一标准，扎实开展全员岗位大练兵，科学施训，狠抓体技能的综合训练，闻警即动、敢打必胜，组织全体指战员、专职队员等开展联勤联训工作50余次，带队深入辖区重点单位进行熟悉演练、水源排查等140余次，在应对处置各类灾害事故中展现了新水平、做出了新作为。

◆ 2022年5月30日，游仙高新区专职消防救援站进驻执勤仪式举行

【消防站点建设】 随着全区经济社会发展和城市建设规模不断加大，为满足保护群众生命财产安全的现实需求，按照《四川省人民政府办公厅关于印发四川省应急救援能力提升行动计划（2019—2021年）》《四川省人民政府办公厅关于深化多种形式消防队伍建设发展的意见》要求，2022年5月30日，游仙高新区消防救援站正式投入执勤备战，游仙区已形成城区5分钟、乡镇30分钟消防救援圈。

【工作实效】 2022年，完成科博会、重大节假日等多次重大活动消防安全保卫任务。全年无较大以上或有影响的火灾事故发生。2022年，区消防救援大队荣获绵阳市防火业务比武竞赛最佳风尚奖、区消防救援大队华兴街消防救援站获评省级“青年文明号”、市级“绵阳市工人先锋号”，被市消防救援支队评为2022年度良好班子，1名消防员获得省委宣传部、省应急管理厅、省总工会“2022年最美应急管理工作者”称号，2名主官获得省级单位表彰，1名消防指战员荣获2022年度消防监管能手称号，2名指战员荣获市级单位个人三等功，2名指战员获市级单位2022年度先进个人，12名国家消防救援队伍人员荣获市级单位个人嘉奖，5名政府专职队伍人员荣获市级单位个人嘉奖，4名指战员被评为市级优秀基层指战员，区消防救援大队党委被省消防救援总队评为2022年度先进基层队站，被市消防救援支队评为2022年度优秀班子、2022年度重点项目建设先进单位、2022年度先进单位。（屈德鲜）

生态环境

概述

【概况】绵阳市游仙生态环境局是绵阳市生态环境局的派出机构，对应绵阳市生态环境局的主要职责，负责辖区内生态环境行政管理工作，同绵阳市游仙生态环境综合行政执法大队（市生态环境综合行政执法支队派出机构），绵阳市游仙生态环境监测站（市生态环境监测中心站派出事业单位）合署办公。2022年获评绵阳市生态环境保护党政同责工作目标绩效考评先进单位、绵阳市安全生产党政同责工作目标绩效考评先进单位、绵阳市粮食安全党政同责工作目标绩效考评先进单位；绵阳市河湖长制工作先进单位、绵阳市优化营商环境工作先进集体。

【环境质量】2022年，全区PM2.5平均浓度30.4微克/立方米，PM10平均浓度44.3微克/立方米，空气质量优良天数334天，优良率达91.5%，空气质量综合指数3.20，优于城区平均水平13个百分点。

◆ 2022年9月22日，国家生态文明建设示范区初核组一行莅临游仙区对创建国家生态文明建设示范区进行初核

1—12月，市控断面水质优良比例100%，水功能区考核断面水质优良比例100%。城市集中式饮用水（仙鹤湖水库）水源达标率100%，14处乡镇集中式饮用水源达标率100%。全区土壤环境质量总体保持稳定，农用地和建设用地土壤环境安全得到基本保障，土壤环境风险总体得到有效管控。

【生态创建】持续推进国家生态文明建设示范区创建，2022年9月19日，四川省生态环境厅已将游仙区列入2022年生态文明示范创建候选地区进行公示。组建局机关“生态文明党员宣讲队”，大力开展习近平生态文明思想“六进”活动，高水平打造习近平生态文明思想进农村、进社区、进校园示范点。

污染防治

【大气污染防治】 积极推动“碳达峰、碳中和”，率先在全市完成温室气体清单编制；扎实开展重污染天气应对工作，启动重污染天气预警9轮次，推动游仙区重点行业企业环境绩效差异化管理，组织召开培训会；统筹抓好烟花爆竹禁燃禁放和文明祭祀管控；指导294个涉气污染源完成源清单更新填报工作；开展移动源专项整治，共抽检柴油货车800辆，非道路移动机械100台，检测加油站油气回收装置18个。

◆ 2022年3月15—16日，游仙生态环境局联合交警三大队在绵梓路老收费站处设卡开展柴油货车路检路查

◆ 2022年5月11日，游仙生态环境局、梓潼生态环境局联合对魏城河流域沿线水环境状况开展跨区域联合检查行动

【水污染防治】 开展辖区水功能区排污口统计，核算排污口入涪江段纳污能力和限制纳污量，拓展生态容量空间；印制《涪江芙蓉溪生态环境突出问题整改目标及责任分工清单》，全面推进问题整改，实现水质提升。市控断面水质达标率100%，县级以上集中式饮用水水源地水质达标率100%。

【土壤污染防治】 积极督促四川久远环通电源有限责任公司对污染地块加强管控，推进辖区农用地土壤污染状况调查，完成新桥镇、忠兴镇农用地土壤污染状况调查工作。土壤环境质量总体保持稳定，土壤环境风险总体得到管控。

环境监管

【生态环境执法】 完成“双随机”执法检查260余件，下发限期整改通知书40余份，开展后督察80余次，有效消除生态环境安全隐患。强化环境信访投诉处理，累计处理生态环境类信访投诉82件，办结率100%，群众满意率98%。持续打击环境违法行为，累计查处生态环境类违法案件13件，处罚金130余万元，通过执法震慑，有效增强了企事业单位的环保意识。

【环保督察】 牵头制定印发《游仙区贯彻落实第二轮中央生态环境保护督察报告整改实施方案》，整改工作有序推进；及时调度监督反馈问题整改，涉及游仙3个问题已全部完成整改。

【政务服务】 完成审批建设项目8个，指导企业办理登记备案30家，

◆ 2022年10月28日，省生态环境厅党组书记、厅长钟承林（前排左三）一行到游仙调研中国（绵阳）科技城核医疗健康产业园建设情况

累计豁免环境影响登记表备案17家，变更、延续排污许可证41张；做好跟踪服务和要素保障，对区级招商引资项目开展环评专家预审工作，跟进服务2022年市级领导牵头推进省市重点项目，邀请省生态环境厅辐射源管理处处长陈立一行到游仙调研指导科技城核医疗健康产业园环评工作，促进核医疗产业基地项目建设工作高效推进；积极推动激光产业园、新桥中小微企业产业园、魏城工业园相关项目环评、规划环评工作。（周晓燕）

城乡居民生活

【概况】 2022年，游仙区城镇居民人均可支配收入52903元，同比增长4.4%。其中，工资性收入33706元，同比增长4.4%；经营净收入4229元，同比增长5.0%；财产性净收入4291元，同比增长2.2%；转移性净收入10677元，同比增长5.2%。全年城镇居民人均消费支出32721元，同比增长2.1%；其中，食品烟酒支出10708元，同比增长4.4%；衣着支出2509元，同比增长2.0%；居住支出6512元，同比增长2.4%；生活用品及服务支出2323元，同比增长2.5%；交通通信支出4088元，同比增长2.3%；教育文化娱乐支出3455元，同比下降4.9%；医疗保健支出2029元，同比增长3.8%；其他用品和服务支出1097元，同比下降2.3%。

2022年，游仙区农村居民人均可支配收入24278元，同比增长6.5%。其中，工资性收入10197元，同比增长6.5%；经营净收入9118元，同比增长6.0%；财产性净收入836元，同比增长6.6%；转移净收入4127元，同比增长7.3%。全年农村居民人均消费支出18517元，同比增长4.5%。其中，食品烟酒支出6388元，同比增长5.8%；衣着支出1071元，同比增长6.0%；居住支出3345元，同比增长2.5%；生活用品及服务支出1186元，同比增长2.8%；交通通信支出3068元，同比增长6.5%；教育文化娱乐支出1325元，同比下降11.5%；医疗保健支出1795元，同比增长13.5%；其他用品和服务支出340元，同比增长15.8%。

（李艾菲）

【城乡低保】 2022年，游仙区进一步加强社会救助体系建设，扎实做好困难群众兜底保障工作，不断健全城乡低收入人口认定和动态监测机制，持续提高困难群众救助的主动性、及时性、精准性。全年向困难群众发放救助资金4166.6842万元。2022年，全区累计救助城乡低保对象53446户次71880人次。其中，农村低保对象44607户60776人次，城市低保对象8839户11104人次。累计发放城乡低保资金2742.1752万元。其中，城市低保资金567.3493万元，人均救助510元；农村低保资金2174.8259万元，人均救助357元。根据低保对象的劳动能力，家庭困难原因以及生活水平等实际情况，将城乡居民最低生活保障对象划分为A、B两类实施管理，对低保家庭中有重病、重残、60岁以上老年人和学生实行分类施保。自2020年，游仙区将城乡低保审核审批权限下放后，区民政局每月按照不低于20%的比例进行入户抽查。

【城乡特困供养】 2022年，全区累计救助城乡特困供养对象18093人次。其中，救助农村特困对象11491人次，城市特困对象6602人次。累计发放城乡特困供养资金1274.869万元。其中，农村特困资金700.9268万元，城市特困资金573.9422万元。2022年6月开始，向分散供养对象监护人按照完全自理每人每月50元，半护理每人每月80元，完全护理每人每月120元的标准发放特困护理补贴，累计发放45万元。完善了全区分散特困供养对象监护人监护协议，对未明确监护人的分散特困供养对象重新进行了确认和签订监护协议。城乡特困供养对象审核审批权限下放后，区民政局每月按照不低于30%的比例进行入户抽查。

【临时生活救助】 2022年，游仙区拨付50.35万元临时生活救助备用金至各镇（街道），提高临时救助时效性。全年累计救助1440人次，发放临时生活救助资金149.64万元，人均救助1039元。通过实物救助为城乡低保对象、分散特困供养对象、低保边缘家庭分两次发放了爱心防疫包8688份，折合人民币51万余元。临时生活救助审核审批权限下放后，1000元以下金额区民政局每月按照不低于30%的比例进行入户抽查，1000元以上金额区民政局100%入户抽查。

【低收入人口认定和动态监测】 2022年，游仙区投入政府购买服务资金113万元，以社会工作服务站、社会工作专业人才为依托延伸民政服务。将专业化社会工作人才充实到基层民政服务队伍，协助政府精准掌握低收入人口情况，适时调整低收入群体信息库。建立“游仙区低收入人口动态监测”系统，利用信息化手段确保救助对象及时性、精准化、不遗漏，救助服务不重复、服务工作透明化，形成救助业务数据库，更好地为群众提供公平、高效、优质的服务。通过摸排走访、主动申报等方式，认定低保边缘家庭114户235人，新增城乡低保对象355户443人，新增城乡特困对象61人。（吴曙东）

社区管理

【概况】 2022年，游仙区完成2013年以来市级法治示范村（社区）复核确认和2021年新命名市级法治示范村（社区）创建工作，游仙街道金山村、石马镇解放社区等10个村（社区）被命名为“市级法治示范村（社区）”；印发《关于开展创新基层群众自治试点工作的通知》和《关于在城市社区开展美好环境与幸福生活共同缔造活动试点的通知》等文件，推进忠兴镇兴合村创建全国基层民主协商示范村和市级“民主协商、三治融合、民主监督、场景营造、乡风文明”基层群众自治示范村。成功创建省级基层群众自治示范村1个、申报市级基层群众自治示范村6个、法治示范村6个。以村（社区）政务服务事项准入制度和政府购买社区服务为切入点，成功创建首批省级社区治理服务创新实验区。

【社区阵地建设】 2022年，游仙区扎实推进“补短板”项目和智慧社区项目建设。全面落实新建小区公建配套社区服务设施移交机制，清理2013年以来全区社区综合服务设施用房协议42份13408.92平方米。全面完成2021年度“省级社区综合服务设施补短板达标工程”“市级社区治理试点示范”和“市级智慧社区建设项目”15个。积极争取省级资金120万元、市级资金90万元，推进2022年度“省级达标补短板”和“市级智慧科技型社区”“市级达标补短板”项目建设。积极匹配区级资金62万元，开展“村级服务功能整合试点”“村活动阵地‘三化’建设”等项目建设。

【社区服务管理加强】 2022年，游仙区印发《关于在社区居民委员会下设环境和物业管理委员会的通知》和《游仙区关于加强村（居）民委员会公共卫生委员会建设的指导意见》，推进城乡社区环境和物业委员会建设，加强辖区村（社区）公共卫生委员会机制、队伍和能力建设。分批次面向社会招募大专以上学历（含退役军人）社区专职工作者204名、社区专职网格员338名，逐步补齐社区专职工作力量。

（吴曙东）

社会组织管理

【概况】 2022年，全区建成1个区级、12个镇（街道）和36个村（社区）社工站（室），新培育法人社会组织22家、社区社会组织91家、持证社工84人，释放公益创投项目26个，服务群众近10万人次。

【社会组织培育】 2022年，游仙区整合资金95万元，聚焦“一老一小”和基层治理，实施2期公益创投活动，释放项目26个，打造“七彩银龄”“老小区里的绿色时光”等品牌项目，调动社会组织参与基层治理热情；统筹资金10万元，对区社工总站提档升级，融合社会组织孵化培育元素，建设区级社会组织孵化服务中心，为社会组织提供活动支持、技术指导、资源链接等服务；在韩家脊、李杜祠等社区试点建设社区“慈善微基金”，激活社区慈善资源。

【社会组织监管】 2022年，游仙区对177家社会组织开展2021年度线上+线下年报年检工作，其中年检合格125家，基本合格14家，不合格1家。2022年11月，区民政局联合区工信局、区市场监督管理局、区发改局抽查行业协会收费整治工作，联合区市场监督管理局、区教体局开展教育培训机构专项清理检查，共指导整改问题102项。

【推进社会工作阵地建设】 在2021年实现区、镇两级社工（总）站100%全覆盖的基础上，选取需求、资源相对集中的区域，整合闲置服务场所和村（社区）服务资源，按照镇（街道）社工站带动村（社区）社工室发展的思路，深入推进村（社区）社工室建设。2022年，新建村（社区）社工室20个，富乐街道、涪江街道、小枧镇实现村（社区）社工室全覆盖。（吴曙东）

社会慈善与救助

【社会慈善】 2022年，游仙区慈善总会接收社会定向捐赠资金及物资87.63万余元，全部按照捐赠方意愿定向拨付资金和物资。2022年5月，游仙区在全市率先在韩家脊社区和李杜祠社区试点成立两支社区“慈善微基金”，募集资金32.5万元。开展慈善救助贫困家庭学生79人，发放金秋助学金15.7万元，大病救助5.1万元。2022年5月下旬，游仙区开展“川慈童伴·挚爱天使”公益集市活动，9月，拍摄“携手做慈善 传播真善美”微视频。区慈善总会与区红十字会面向社会联合发布“向泸定地震灾区提供捐助倡议书”，区慈善总会共接收社会捐赠资金40万余元。

【社会救助保障标准提高】 2022年7月1日开始，游仙区农村低保由435元/月提高至500元/月，城市低保由635元/月提高至700元/月，农村特困供养由566元/月提高至650元/月，城市特困供养由635元/月提高至910元/月。区民政局、区财政局联合印发《游仙区2022年城乡居民最低生活保障和特困人员基本生活保障标准》。

【补贴补助兑现】 2022年7月31日前，游仙区向7月在保城乡低保对象、城乡特困供养对象增发一次性补贴，增发标准为游仙区城乡低保标准的20%。全区增发城乡低保5981人57.477万元，增发城乡特困供养对象1508人15.764万元，累计增发补贴资金73.241万元。对游仙区2022年7—10月在册的城乡低保、城乡特困、低保边缘对象按照标准发放临时价格补贴。对纳入扶持范围的移民每人每年补助600元。对2006年6月30日前搬迁的纳入扶持范围的移民，自2006年7月1日起再扶持20年。对2006年7月1日以后搬迁的纳入扶持范围的移民，从其完成搬迁之日起扶持20年。经区移民办核定，游仙区有大型水库移民337人，累计救助4040人次，累计发放生活补助20.52万元。执行精简退职职工生活补助标准为400元/月，全区有精简退职职工86人，破产企业遗属11人，累计发放资金49.3516万元。全年劝导劝离职业乞讨人员15次，发放生活物资50人次，站内救助流浪乞讨人员18人次。（吴曙东）

◆ 2022年1月14日，忠兴镇兴合村防止返贫爱心公益捐赠活动启动仪式举行

社会福利

【概况】 2022年，游仙区切实加强残疾人“两项补贴”、高龄津贴政策宣传和审核审批工作，确保资金发放到位。积极开展贫困重度残疾人照护服务试点工作，对545名贫困重度残疾人提供社会化照护服务。不断加大精神障碍居家患者社区康复工作的力度，居家患者参与康复率达60%以上。

【残疾人“两项补贴”和高龄津贴】 2022年，游仙区加强残疾人“两项补贴”和高龄津贴人员的信息比对，对发现的问题及时通知各镇（街道）进行核查并整改，确保资金精准规范发放。全年，共发放困难残疾人生活补贴25690人次259.11万元，发放重度残疾人护理补贴58401人次388.591万元，发放高龄津贴162007人次562.8575万元。

【贫困重度残疾人照护服务试点】 2022年，根据《绵阳市财政局 绵阳市民政局关于下达2022年省级财政福彩公益金的通知》相关要求，通过政府采购公开招标方式确定服务组织开展贫困重度残疾人照护服务试点工作。投入资金32.66万元，对545名贫困重度残疾人提供社会化照护服务。

【精神障碍社区康复项目建设】2022年，游仙区组织辖区养老机构梳理在本院的精神障碍患者信息，共摸排出精神障碍患者59人。2022年，游仙区通过竞争性磋商确定绵阳市游仙区乐活方舟养老服务中心实施“精神障碍社区康复点服务”项目建设工作，项目金额为20万元，服务期限为2年，主要服务内容：参与社区康复的人数收集所属镇（街）服务对象资料、进行面谈、初步评估，确定服务对象属于本项目服务范畴，服务人员数量不低于50人；针对服务对象开展针对性精神康复服务；两年内，持续个案跟踪帮助让5名患者及家庭能够正常接触、融入社会，探索社区精神康复的服务模式和方法。

（吴曙东）

养老服务

【概况】 2022年，游仙区深入贯彻落实民政部和省、市民政部门相关工作部署，全力推进养老服务工作提质增效，创新推动养老服务试点，开展养老机构（设施）安全生产、疫情防控、防灭火管理等工作。全区共有各类运营养老机构27个（公办敬老院19个、民办养老机构8个），共有养老床位3254张，每千名老人拥有床位35.69张，建有社区养老服务综合体2个，城乡社区老年人日间照料中心160个。

【理顺农村公办养老机构管理体制】 2022年，游仙区扎实做好两项改革“后半篇”文章工作，进一步理顺农村敬老院管理体制，将全区农村公办养老机构收归区民政局直接管理，同时将22个机构设置为1个街道养老服务中心、8个区域养老服务中心、14个养老服务分中心，有效提升特困供养人员养老服务质量，促进了农村敬老院健康发展。

【开展政府购买居家养老服务】 2022年，争取到全国居家和社区基本养老服务提升试点项目，投入资金379.25万元，完成378张家庭适老化床位改造，超额完成任务。同时为378名服务对象服务9403人次，累计服务总时长47325小时。

【打造“15分钟养老服务生活圈”】 2022年，游仙区在全市率先推进社区养老服务综合体和为老综合服务站建设。投入资金200万元，在游仙街道游仙区中医院顺利建成1个社区养老服务综合体，新增床位38张。涪江街道五里堆路社区、经济试验区汉仙桥社区、小岛社区、小枧镇笔架山(三星社区和大河社区的统称)和五星村等5处为老综合服务站已建成并投入运营。区救助站临时过渡场所设施设备升级改造项目完工并投入使用。区失能半失能老年养护院正在稳步推进。争取中央资金1080万元建设信义镇区域养老服务中心，各项工作有序推进。

【养老服务人才培育】 2022年，游仙区组织开展养老机构管理能力提升培训，积极建设一支高素质、专业化的养老机构人才队伍，促进养老服务高质量发展。同时，组织辖区养老从业人员参与省、市组织的各类线上培训和线下培训1100余人次。2022年7月，组建游仙区代表队参加“绵阳市第二届养老护理员职业技能竞赛”，荣获团体三等奖。

【提升养老服务网络供给能力】 2022年，游仙区出台《绵阳市游仙区民政局关于加强对独居老人巡访工作的提示函》，指导各镇（街道）建立农村留守老年人巡访制度，并依托“1中心+N站点”开展独居老人巡访工作，为老人提供精神慰藉、理疗和助医等专业社工服务，月探访率达到100%。同时，通过政府购买社会组织服务，为困难老人提供助餐、助浴等服务。

【弘扬孝亲敬老爱老传统美德】 2022年，游仙区积极开展“敬老月”活动，制定了慰问百岁老人和90岁以上高龄贫困老人实施方案。指导各镇（街道）开展走访慰问活动，加强对老年人的关心和爱护，进一步弘扬孝亲敬老爱老传统美德，维护老年人合法权益，营造养老孝老敬老社会氛围。

【及时足额发放养老服务机构补贴】 通过金民工程中的养老服务系统填报和每月核实，全年发放6家民办养老机构运营补贴24.195万元，发放农村公办养老机构办公经费18.34万元。通过严格考核，对运营管理良好的13个老人日间照料中心发放运营补贴资金29万元。 （吴曙东）

妇女儿童工作

【概况】 2022年，游仙区积极落实农村留守儿童、困境儿童、事实无人抚养儿童和孤儿保障等福利政策，着力推进未成年人保护体系建设，探索未成年人保护“五大机制”，积极争取省级资金300万元提升改造未成年人保护阵地建设，实现未成年人保护阵地全覆盖。发放孤儿和事实无人抚养儿童基本生活保障金38.7万元。未成年人保护工作被授予国务院未成年人领导小组授予“全国首批未成年人保护示范区”称号。

【未成年人保护】 《中华人民共和国未成年人保护法》修订实施以来，游仙区不断完善体系、健全机制、理顺关系、履行职责，区儿童福利机构优化提质和创新转型，设立区未成年人保护中心，建成乡镇级未成年人保护站12个，社区儿童服务中心60个，村儿童之家112个，实现儿童关爱保护阵地全域覆盖，建立“半小时未成年人关爱保护响应救助圈”。创新推进“双站双体系”建设，制定《游仙区未成年人关爱保护体系建设实施方案》，积极探索“领导协调机制、发现报告机制、评估和联动响应机制、个案会商机制、督导跟踪机制”五大机制，形成“党委领导、政府主导、部门履职、多方参与、专业运行”工作体系，全区未成年人保护工作持续高质量推进。

【“双站双体系”建设】 2022年，游仙区统筹推动区三级社工服务体系建设，全面贯彻落实《中华人民共和国未成年人保护法》，引导全区12个镇（街道）开展“双站双体系”（即镇社工站、未保站、社会工作服务体系、未成年人关爱保护工作体系）建设试点，探索专业社会工作服务体系扎根在基层、未成年人关爱保护落实在一线的融合性发展路径，加快服务拓展和效能提升，形成以“党委领导、政府主导、部门履职、多方参与、专业运行”为核心内容的发展性未成年人关爱保护工作体系。全区社会工作和未成年人保护工作实现双发展、双受益、双突破。游仙区“双站双体系”建设试点工作经验被《中国社会工作》杂志报道。

【儿童福利】 2022年，区民政局联合区法院、区检察院、区公安分局、区司法局、区卫健局、区医保局、区残联等8个部门发文《关于进一步做好事实无人抚养儿童、艾滋病病毒感染儿童、弃婴有关工作的通知》，进一步加强资源整合、信息共享、协调联动，聚力做好事实无人抚养儿童、艾滋病病毒感染儿童、弃婴等保障工作，兜牢、兜准、兜好保障底线。发放202人次孤儿基本生活费25.76万元，事实无人抚养儿童143人次基本生活费12.9462万元，6名孤儿“助学工程”助学金5.5万元。“六一”儿童节慰问76人，慰问资金共计3.4048万元；协调处理服刑在押人员事实无人抚养儿童和年满18周岁集中供养孤儿回乡安置事宜。

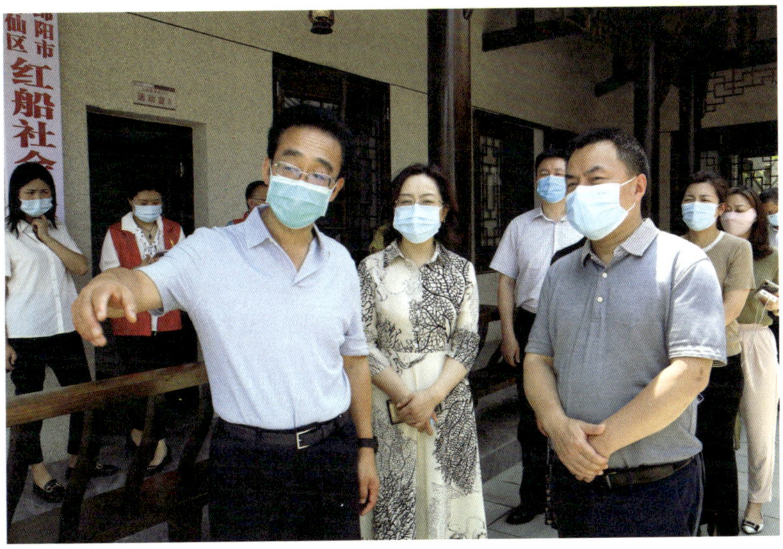

◆ 2022年6月7日，省民政厅党组书记、厅长（前排左一）益西达瓦一行到游仙区调研社会工作服务体系建设和未成年人保护工作

【收养登记】 2022年，游仙区认真贯彻落实《中华人民共和国民法典》中的收养程序，依法开展收养资料审核、走访入户调查、法律审查和收养评估等工作。同时，定期对已收养儿童进行家庭回访，了解被收养儿童的生活、教育等状况，保障其合法权益。全年办理收养登记4人。 （吴曙东）

婚姻

【概况】 2022年，游仙区结合疫情防控要求，积极开展婚姻登记、档案整理移交和规范化建设工作。全区共办理结婚登记2928对，离婚冷静期1897对，办理正式离婚登记1195对，补发结婚证1383对，补发离婚证179人，查询婚姻登记档案900余人次，录入电子档案5700余份。

【持续做好婚姻登记规范化管理】 2022年，游仙区坚持依法行政、创先争优，严格按照“首问负责”“一次性告知”“限时办结”等制度，提供快捷、优质、文明、高效服务，确保婚姻登记工作有序进行。持续做好“延时服务”、上门服务、预约登记、档案整理移交等工作。

【婚姻家庭辅导】 2022年，游仙区充分发挥社会组织作用，主动对接

区妇联、区司法局和绵阳市婚姻家庭教育促进会，在游仙区政务中心婚姻登记处成立婚姻家庭指导站（2022年9月24日正式进驻）。截至2022年12月30日，共辅导夫妻146对。其中，新婚6对，离婚冷静期申请辅导夫妻128对，冷静期结束夫妻12对。

【婚育一件事办理】 2022年，游仙区积极开展“公民婚育一件事”联办工作，由区民政局牵头、公安、卫健等部门协同建立联办工作机制，明确职责分工，落实部门责任。各部门能主动对接相应上级部门，解决实际办理中的矛盾和问题。2022年，婚姻状况户口登记项目变更187件，办理生育登记服务113件。（吴曙东）

殡葬

【概况】 2022年，游仙区深入贯彻落实民政部和省、市民政部门殡葬工作相关部署，加强法规政策宣传和文明祭祀引导，实施公墓建设运营指导和业务监管，落实绿色惠民殡葬政策，完成殡葬专项规划编制工作，开展疫情防控、安全生产、惠民殡葬、防灭火管理、生态环境保护等工作。全年全区发放3555人绿色惠民殡葬资金205.2757万元，发放节地生态安葬奖补资金0.7万元。

【祭祀安全管理工作】 2022年，游仙区从倡导文明祭祀、节俭祭祀、安全祭祀、党员干部以身作则等方面向全区干部群众发布文明祭祀倡议书和改革婚丧礼俗 塑造文明乡风婚俗改革倡议书。围绕“生态祭扫，平安清明”主题，组织殡葬宣传车深入全区各镇（街道），进村入组开展以“生态殡葬、文明祭祀”为主题的殡葬宣传活动12场次，印发殡葬服务手册2万份，依托社工站开展殡葬法规政策宣传、惠民殡葬政策宣传、协助殡葬服务机构开展殡葬公益宣传等。印发《关于做好2022年春节期间群众祭祀安全管理工作的通知》《关于做好2022年清明节期间群众祭扫服务安全管理工作的通知》和《关于做好2022年中元节期间群众祭扫服务安全管理工作的通知》等文件，结合“5·1”森林防灭火督查、“5·12”地震灾区祭祀防火管理和森林防灭火常态化治理暨专项整治“回头看”工作等，切实做好祭祀安全管理，积极创造安全有序的祭扫环境；创新祭扫服务模式，增强祭扫群众满意度获得感；细化区级部门、镇（街道）和殡葬服务机构责任，全面落实工作职责。

【“节地生态安葬”公益活动】 2022年，游仙区持续推进“节地生态安葬”公益活动，指导殡葬服务机构设置便民服务站，采用“鲜花换纸钱”“丝带换香烛”“描碑寄哀思”等文明生态祭扫方式，免费为群众赠送鲜花、祈福丝带、擦墓毛巾和墓碑描字的毛笔和油漆。持续推进教育引导群众文明祭扫、生态殡葬，积极推广树葬、花葬、草坪葬等生态节地葬法。

【全面落实绿色惠民殡葬政策】 2022年，区民政局与区财政局联合印发《关于进一步落实绿色惠民殡葬政策有关事项的通知》，将绿色惠民殡葬资金减免制调整为发放制，将减免金额项目化调整为补贴标准定额化，将补贴范围从市域内扩大到省域内。并再次全面提标，于4月1日起实行普通群众基本殡葬服务费用600元/人、困难群众基本殡葬服务费用1000元/人、节地生态安葬奖补1000元/人的补贴发放标准，实现辖区户籍城乡居民绿色惠民殡葬政策全覆盖。2022年，全区为3562人发放绿色惠民殡葬资金205.9757万元。

【太平间营利性殡仪服务整治】 2022年，游仙区根据省民政厅、省卫生健康委《关于深入开展太平间营利性殡仪服务专项摸排整治工作的通知》及市民政局、市卫健委《关于转发〈四川省民政厅四川省卫生健康委员会关于深入开展太平间营利性殡仪服务专项摸排整治工作的通知〉的通知》相关工作要求，联合区卫健局全面开展专项整治工作，经排查，全区未发现太平间营利性殡仪服务。

【殡葬领域等突出问题整治规范工作】 2022年，游仙区根据民政部等11个部委《关于巩固和深化“活人墓”等突出问题整治规范工作的通知》、省民政厅等11个部门《关于印发〈巩固和深化“活人墓”等突出问题整治规范工作实施方案〉的通知》相关要求，结合违建墓地等突出问题专项摸排和2021年违建墓地专项整治考核验收工作情况，由各镇（街道）、村（社区）全面清理摸排、统计上报，坚持依法整治、统筹协调推进。

【农村公益性公墓建设】 全新拟定农村公益性公墓筹建资料，全力配合某重点工程建设，做好重点工程所涉迁葬坟墓的选址、规划和筹建指导，完成石马镇紫府村农村公益性公墓筹建批复。

【殡葬专项规划编制】 2022年，根据游仙区城乡建设规划和人口数量、地理环境、丧葬需求等，按照因地制宜、分类推进原则和节约土地资源、保护生态环境要求以及满足覆盖区域20年骨灰安置总量等要求，以镇（街道）为管理单元，从服务区域、项目名称、项目类型、项目地址、迁坟需求、占地面积、用地性质、建设规模等方面科学编制2021—2035年殡葬专项规划。

（吴曙东）

社会保障

【概况】狠抓扩面征缴，全力做好社会保险征缴工作，积极做好社保待遇测算及发放，严格执行基金财务管理制度，确保基金安全，严格落实社保降费减负政策，社会保险工作稳步推进。全年企业职工基本养老保险参保6.98万人，工伤保险参保3.76万人，失业保险参保2.96万人，社会保障卡持卡人数45.4万人。城乡居民基本养老保险发放6.25万人1.07亿元，企业职工养老保险发放3.23万人6.90亿元，机关事业单位养老保险发放2821人，发放1.87亿元。

【社会保险征缴】围绕“应保尽保”，加强与税务、市场监管等部门的联动，全年新增参保企业298家、新增参保6231人，企业职工基本养老保险累计参保2420家、6.98万人、征收基金5.49亿元；全区264个机关事业单位参保机关养老和职业年金，缴费人数6858人，征收养老保险基金1.47亿元、职业年金7379万元；工伤保险累计参保3.76万人、征收基金583万元，其中4家建筑施工企业按项目参加工伤保险，369人参保，征收工伤保险基金20.1万元；失业保险参保2.96万人。安排专人为各参保单位提供社保缓缴政策解答、资格审核、系统录入等服务工作，协助企业办理参保事宜，为55家企业申请缓缴，涉及金额1031.8万元。

【社会保险待遇发放】完成31108人养老金年度待遇调整，补发养老金1727.65万元，月增加养老金246.81万元，人均月增加79.34元。全区企业职工养老保险发放32333人，发放养老金6.9亿元；机关事业单位养老保险发放2821人，共支付1.87亿元。全年共有497人申报死亡，支付遗属待遇1967.22万元。2022年病残津贴年度待遇调整20人，其中新增病残津贴领取人员8人，共发放病残津贴23.36万元。2022年因增加军龄、变更参工时间、增加独生子女证、缴费基数补差等原因重算待遇69人，重算后按照要求进行补（扣）发。落实财政代发政策，配合区供销社、工信局代发集体企业超龄人员养老金38人、18.39万元，代发遗属补助5人、5.35万元，发放原单位支付人员159人、30.29万元。做好2023年城镇企业职工退休人员春节慰问工作，全区（市属、区属、国企退休人员）发放春节慰问大米4.6万袋。

【基金风险防控】加强认证管理，将领取社会保险待遇人员信息和公安、民政、卫健及司法部门有关数据进行对比，对行动不便、使用智能设备有困难的人员，提供上门认证服务，全年认证退休人员30423人，认证率99.99%。严格执行“先比对、再核实、后发放”的待遇落实机制，持续提升部门联动共享信息质量，通过与公安、民政、卫健、法院等部门数据的共享比对，及时发现并处理服刑冒领、死亡冒领、重复领取等疑点数据，先后完成省市反馈的疑点信息核查6批次、疑点信息321条，及时追回服刑领待、重复领待、死亡冒领基金。全面落实信息系统电子社保卡扫码登录，为负责经办、初审、复核的人员配备权限。严格落实“三个全面取消”要求，全面取消手工经办业务、社银人工报盘、现金发放待遇。采取定期检查和不定期抽查方式，对执行社保政策和工作流程情况进行重点稽核，提升基金监管水平。

【社保能力建设】扩大与银行、邮政、基层平台等合作范围，与工商银行、四川农商银行等4家银行合作建成15个社银一体化网点，将社保卡密码重置、权益记录查询等34个业务事项延伸至各镇（街道）、社区便民服务中心办理，最大化延伸业务服务半径。在区“零工爱心驿站”、党群活动中心等人流密集场所配备社保查询自助一体机，极大地方便了办事群众。开展“全员走流程”活动，加强流程再造，对10项高频社保征缴业务办理环节进行“简化”，简化证明材料12份。加强单位内部部门信息互认，减少多个关联事项重复提交证明材料，6项社保征缴业务实现告知承诺制，企业群众办理相关事项，只需作出符合规范规定的承诺，无须提交有关证明材料。综合柜员制业务由“多窗分散受理”变为“一窗通办”，精减办事材料，压缩要件达28%，业务提速36%。推行网上经办服务，企业和群众通过网上提交材料、优先快速办理，实现“一次不用跑”，在完成规定办结时限的基础上进一步提速50%。

【开发全省首个“生存状态异常直报系统”】“生存状态异常直报系统”为每一个村设置填报账号，乡镇或村社干部通过“绵阳市人力资源和社会保障局”微信公众号、“绵阳社保”微信公众号中的“微服务”功能，或通过微信扫描二维码进入直报系统界面，进行人员生存异常状态填报，从而实现“网格化”管理，加强社保基金风险防控。“生存状态异常直报系统”坚持精准、方便、快捷原则，人员身份信息可通过手动输入或OCR识别身份证填报，人员所在的县市区、乡镇、村社信息自动匹配人员类型和生存状态异常时间（服刑时间或死亡时间），实时传输信息，实现了村社实时申报，乡镇实时暂停，县区实时监管的运行模式。“生存状态异常直报系统”能将村、社上报的信息利用大数据治理平台与“省回流待遇发放数据”“移动端生存状态异常直报数据”“其他渠道人员死亡数据”等进行比对分析，实时反馈预警信息。县区管理人员可及时对预警信息进行研判并做出回应，有效维护基金安全。“生存状态异常直报系统”上线以来，游仙区社保基金防冒领风险降低，较好解决了手工报送时效性差、工作量大、数据无法共享等问题。 （勾宏宇）

医疗保障

【概况】 2022年，游仙全区基本医疗保险参保388092人。其中，职工医保参保47398人（在职41119人、退休6279人），较2021年减少72人；城乡居民医保参保340694人，较2021年减少11110人。

新增医保定点医药机构20家，取消医保定点资格7家。截至2022年底，辖区共有定点医院35家、定点零售药店176家、定点诊所72家。

【基金收支】 2022年，职工医保基金收入（含生育）30781.03万元，同比增加4458.03万元，增长16.94%。统筹基金支出5724.94万元（含生育保险支出1107.31万元），享受待遇31.09万人次，其中：门诊支出1148.94万元，同比增长107.02%；住院支出4576万元，同比增长6.44%，政策范围内补偿比例87.26%。个人账户上账支出6092.52万元，当年基金收支结余18963.57万元，结余率61.61%。

城乡居民医保基金收入30626.75万元，同比增加1026.29万元，增长3.47%。统筹基金支出25913.51万元，享受待遇59.82万人次，其中门诊统筹支出3453.45万元，同比增长6.33%；住院统筹支出22460.06万元，同比减少2.18%，政策范围内补偿比例56.73%（基层医疗卫生机构79.44%）。代缴居民大病保险支出2384.86万元，当年基金收支结余2328.38万元，结余率7.60%。

【医保惠民】 全面执行《国家基本医疗保险、工伤保险和生育保险药品目录（2021年）》，纳入医保基金支付的西药1486种、中成药1374种、中药饮片892种，国家谈判药品和高值药品共302种；市域内医疗机构检查检验结果实行互认，参保群众在绵阳市辖区内各级各类医疗机构就诊，涉及医学检验、医学影像两大类107项检查检验结果可互认。稳步推进药品、耗材集中带量采购工作，已有339种集采中选药品（含中成药）和26种品规的集采医用高值耗材在游仙区落地使用，平均降价超过50%。贯彻落实国家组织药品和医用耗材集中带量采购工作中医保资金结余留用政策，向定点医疗机构拨付结余留用资金65万元。持续推进医保支付方式改革。辖区13家定点医院先后开通运行DRG（按疾病诊断相关分组）点数法付费，全年按DRG点数法付费清算累计8529人次，清算总金额3072.7万元。

【医疗救助】 落实财政资助参加城乡居民医保政策，建立重点人员参保动态管理机制，确保困难群众应保尽保。全年累计资助14458人参加城乡居民医保，资助总金额359.91万元。根据省、市相关文件

◆ 2022年4月20日，游仙区医保局举行医疗保障基金社会监督员聘任仪式 （邓昊　摄）

精神，牵头制定《游仙区巩固拓展医疗保障脱贫攻坚成果有效衔接乡村振兴战略的实施细则》，对重点救助对象（特困人、低保对象、防止返贫监测对象）、低收入家庭成员、因病致贫家庭重病患者、依申请救助对象实施分类精准救助，进一步夯实医疗救助托底保障，合理控制救助对象政策范围内自付费用比例。全年累计救助各类困难群众1.56万人次，拨付医疗救助资金808.49万元。

【基金监管】 推进智能审核全覆盖，加大对疑点数据的筛查和分析，对费用增长异常、监测问题突出的单位进行重点稽查；积极引入第三方力量参与基金监管，对问题突出单位探索开展“驻院巡查”；持续深入开展高值医用耗材整治、打击医药机构内外勾结欺诈骗保等工作，先后印发《关于开展2022年打击诈骗医保基金专项整治自查工作的通知》《2022年绵阳市游仙区医疗保障基金监督检查工作方案》，对辖区282家定点医药机构开展全覆盖监管检查；落实省、市抽检复查反馈问题违约处理，及时整改审计发现问题。公开选聘医疗保障基金社会监督员，曝光医保违规典型案例145起。全年累计审核扣款26.35万元，监管查处违规医药机构168家，追回（拒付）医保基金463.89万元，其中停机整改53家。向公安移交疑点线索14条，涉及14家单位。

【医保便民】 落实经办服务综合柜员制，实现“一次排队、一次告知、一表申请、一窗办成”，全面推行职工医保参保业务网上办理，向园区赋能21项医保经办服务事项助推企业发展，推进医保经办服务下沉。印发《游仙区进一步推进医保服务事项入驻基层便民服务机构办理的工作方案》，将职工参保登记、城乡居民参保登记等17项医疗保障经办政务服务事项纳入镇（街道）便民服务中心的综合窗口受理，辖区8个镇、3个街道、经济试验区的便民服务中心及53个村（社区）便民服务站均已开通医保业务受理。探索推出“医保快递”工作模式，实现辖区内医保业务帮办代办全覆盖。事权下放以来，各镇（街道）村社区为群众办理医保业务共计1700余件，发放医保连心卡3300余张，帮办代办医保业务1100余件次。

【异地就医联网结算】 新增开通异地就医联网结算定点机构41家，覆盖乡镇中心卫生院和社区卫生服务中心。累计有17家定点医院开通异地住院直接结算，其中14家同时开通跨省异地住院；开通异地门诊直接结算的定点医药机构共164家（药店110家、诊所及门诊部36家、医院18家），其中95家同时开通跨省门诊。全年累计联网结算异地参保患者10.26万人次，结算总金额1415.57万元。 （乔静）

◆ 2022年10月21日，游仙医保快递被送到村民家中

创业就业

【概况】 2022年，全区城镇新增就业6698人，完成全年目标任务的117.51%；失业人员再就业1254人，完成目标任务的125.4%；就业困难人员就业335人，完成目标任务的111.67%。城镇登记失业率2.18 %，低于4%的目标数。发放创业担保贷款1837万元，完成目标任务的104%。

【精准就业服务】 开展进企业、进园区、进社区、进农村、进校园，送政策、送技能、送岗位、送补贴、送培训“五进、五送”春风行动暨就业援助服务活动。建立重点企业用工和重点群体就业分类帮扶机制，实施人社专员服务制度，对重点企业提供“一对一”就业服务，极力解决企业“急难愁盼”的用工难问题，对高校毕业生、农村转移劳动力、大龄失业人员、残疾人、退役军人、零就业家庭人员等重点群体实施私人定制帮扶，做到一人一档、一人一策。实施精准分类宣传，对普通劳动者重点宣传公共就业服务、职业培训等政策，提高他们的就业自主性；对就业困难人员重点宣传就业激励政策和援助措施，鼓励他们自主创业、灵活就业。实施精准的岗位推荐和指导服务，实现用人单位就业岗位“定向招聘”和“靶向引才”，促进实现高质量充分就业。

【便捷就业服务】打造区政务服务大厅就业综合窗口、镇（街道）便民中心劳动保障窗口、60个社区就业接件窗口为主要服务载体的“半小时公共就业服务圈”，实现30分钟内收集人员信息、30分钟内提供政策咨询服务、30分钟内发送岗位推荐信息。推广使用“四川e就业”微信小程序，就业失业登记、失业保险金申领等高频就业服务事项实现了“马上办、网上办、就近办、一次办”。广泛开展“网招”、大力开展“微招”、灵活开展“会招”等招聘活动，求职招聘从“面对面”变为“屏对屏”，不断优化服务方式，提高企业和群众参与度。开展政策宣传、招聘服务、就业指导、创业服务、职业培训、困难帮扶“六进”校园活动，建立高校毕业生重点帮扶机制，组织在绵阳高校应届毕业生参加就业供需座谈会、双选会、专题讲座，大力开展“131”服务活动，对有就业意愿的未就业毕业生至少提供1次职业指导、3次岗位推介、1次技能培训和就业见习机会，极大提高了服务高校毕业生的时效性。

【常态化创业服务】扎实推进创业服务，邀请省内创业专家服务咨询团队巡诊指导，为高校毕业生创业提供“一条龙”“零距离”服务。常态化开展“创业巡诊”“创业沙龙”等活动。为提升创业能力，促进农村富余劳动力就业创业，开展创业培训563人，实地进行创业指导766人次。发放返乡农民工、大学生创业补贴17人，共17万元。扶持成功创业354人，项目库新增优质项目39个。大学生创新创业产业园新增项目51项，带动就业160人。创业担保贷款为推动全民创业，以创业带动就业，保就业促和谐起到了积极作用，发放创业担保贷款1837万元。组织22个项目参加第五届“中国创翼”创业创新大赛（绵阳赛区），获得一等奖2人、二等奖3人、三等奖4人及优胜奖1

◆ 2022年5月29日，2022年游仙区“公共就业服务进校园”活动暨高校毕业生就业服务专题讲座在绵阳城市学院举办

◆ 2022年11月11日，四川省人社厅党组书记、厅长胡斌（前排右二）一行到游仙区零工爱心驿站调研灵活人员就业服务工作

人。其中1名选手推荐省决赛并获得优胜奖。在市政府主办的绵阳市创业明星创业能手大赛中9人获得创业能手称号，游仙区获得“优秀组织奖”。在绵阳市直播大赛中1人获得创业达人，3人获得优秀奖。在“关于树选绵阳市返乡入乡创业明星”活动中4人获得“2022年返乡入乡创业明星”荣誉称号。绵阳职业技术学院、绵阳城市学院分别参加四川省第七届国际“互联网+”大学生创新创业大赛决赛，并获得银奖3项、铜奖23项，为游仙区大学生创业提供展示平台。

（王科）

【建成绵阳市首家零工爱心驿站】建成绵阳市首家集单位用工、零工候工于一体的零工爱心驿站，打造了一个有温度的公共就业服务新平台。零工爱心驿站占地面积700余平方米，内设接待管理、招聘服务、业务洽谈、农民工综合服务、零工休憩和维权服务等功能区，驿站内能容纳零工500余人，能满足日常洽谈交流、政策咨询、信息对接、矛盾调处等权益保障服务。驿站建立“零工超市”，开发了揽活招工小程序，为零工线下线上匹配相应就业岗位，实现零工人员、招工单位足不出户就能揽到活、找到工。零工爱心驿站采取“政府主导+购买服务”的方式进行运营，得到四川省委常委、绵阳市委书记曹立军及国家、省人社部门的肯定，建设经验先后被《人民日报》等媒体宣传报道。

红十字会活动

【概况】2022年，游仙区红十字会第六届理事会共有理事43人，常务理事13人。新建红十字基层组织5个，志愿者注册101人。招募志愿者成立红十字应急救援队，开展环境消杀志愿服务。全年筹集资金、物资54.24万元；培训救护员1021人、普及培训5043人次；遗体器官登记527人。大力传播红十字文化，开展红十字文化作品征集活动。组织1万名青少年开展防灾避险知识竞赛，被评为“单位组织一等奖”。

【备灾救灾】2022年，动员社会应急力量参与应急防控，成功招募志愿者30名成立红十字应急救援队，并开展志愿者培训3场。在五里实验幼儿园开展防灾避险演练1场。助力忠兴镇创建安全社区。“9·5”泸定地震依法开展社会募捐工作，接收捐款33.41万元支持救灾，及时公示接受社会各界监督。争取上级红十字会价值0.52万元的防疫物资；为联系社区发放“急救包”123个助力疫情防控。

【人道救助】开展“红十字博爱送万家”活动，为遗体器官捐献家属、困难家庭等158户发放价值2.1万元的物资。为光明村等地23名困难群众资助救济金2.45万元。“芳草助学金”帮扶4户0.6万元。爱心企业为10名学子捐资助学2万元并发放节前慰问品。为壤塘县留守学生等发放2万元的爱心捐赠物资。积极动员2家爱心企业，为信义镇捐赠资金4.55万元帮扶贫困群众。为上海捐赠价值0.9万元的预制蔬菜包等。完成白血病患儿救助4人、先心病患儿救助2人。

【应急救护】扎实推进应急救护“五进”行动，积极联系高校，做好急救资源动员，签订战略合作协议1个。探索开展疫情防控下的救护员培训，持证学员为新学员做新冠病毒抗原检测，增添AED（自动体外除颤器）教学课程。10月，举行第三届红十字急救员技能大赛，7支队伍28名队员参赛。全年培训持证救护员18期1021人、应急救护普及培训20场5043人次。

【“三献”工作】做好网上宣传、注册工作，利用“5·8”红十字日、“红十字博爱周”等契机开展专题宣传活动，营造志愿捐献的良好氛围。在学校大力开展献血、造血干细胞捐献、人体器官捐献、国际人道法、艾滋病预防宣传活动，发放环保袋400个、宣传资料4500

◆ 2022年10月18日，绵阳市游仙区红十字救援队成立　（赵锋洲　摄）

份。遗体、眼角膜和人体器官捐献志愿登记527人，捐赠眼角膜、遗体各1例。

【志愿服务】 规范使用志愿服务信息平台，新增注册志愿者101人，发布志愿服务项目25个，为50名志愿者开展新冠疫情防控志愿服务培训暨演练活动。1名红十字青少年被省红十字会授予优秀红十字青少年称号。招募1名大学生志愿者参加实践活动。

【基层组织】 支持建立基层组织，深入富乐街道、盐泉镇及学校等地进行调研，指导、支持成立仙人路社区、光明村、五里实验幼儿园、剑南路小学、盐泉学校5个基层组织，完善工作制度，发展会员、志愿者，开展主题活动4场，游仙区红十字会被绵阳市红十字会评为2022年度综合评价、救助、救护、基层组织建设工作先进集体。

【知识竞赛】 区红十字会联合区教育和体育局组织1万名青少年开展红十字生命教育防灾避险知识竞赛，通过读报学习、填写纸质答题卡或登录“中国红十字报”App等形式，在“5·8”红十字博爱周至“世界急救日”期间自选时间答题，在全社会营造“人人学急救、急救为人人”的良好氛围，区红十字会被中国红十字会总会办公室表彰，获单位组织奖一等奖。

（岳丽蓉）

残疾人救助

【概况】 2022年，设立游仙区首个“残疾人之家”，为残疾人就近就便提供康复、日间照料、寄宿托养、运动健身、心理辅导等服务。完成112个村、60个社区残协规范化建设和换届选举工作，保留残疾人专干专委172名。涪江街道韩家脊社区、石马镇翠屏社区残协全覆盖工作获得市残联充分肯定，并作为优秀示范点供各园区残联观摩学习。

【康复救助】 以残疾儿童抢救性康复为重点，投入资金179.6万元，为111名残疾儿童提供康复救助服务。建立基本辅具补贴制度，免费为584名残疾人适配辅助器具673件。加大残疾人基本康复服务保障力度，为2833人落实家庭医生签约增值服务1.13万余次，为42名精神残疾人给予门诊服药补助，完成白内障复明手术救助111例，开展盲人定向行走融合训练40人次，为100名残疾人提供心理测评、心理疏导等个性化服务。

【教育就业扶持】 常态开展残疾人求职登记，推送残疾人岗位信息3000余条。争取资金26.9万元，为260名自主创业户发放1000—10000元不等的市级自主创业补贴，为380名居家灵活就业（创业）残疾人发放直补金19万元。全面推进按比例安排残疾人就业工作，培养助残就业基地1个，吸纳安置残疾人19名，全年74家企业安置残疾人150人。开展6—14周岁适龄残疾儿童少年入学情况摸底核查工作，247人通过随班就读、送教上门和特殊教育学校就读方式实现入学，残疾儿童入学率达98.02%。

【文体宣传】 组织39名运动员参加市第四届残运会暨第三届特奥会，共揽金牌47枚、银牌41枚、铜牌16枚，取得残运会团体第三、特奥会团体第一的好成绩，被绵阳市人民政府残疾人工作委员会授予“体育道德风尚奖”。“全国自强模范”韩玉平的事迹被光明网刊载，游仙区杨海安、熊斌2名残疾人被评为绵阳市自强达人，游仙区奇迹爱蒙特殊儿童中心、绵阳市香月儿文化创意有限公司2家企业被评为绵阳市助残爱心单位，游仙区徐恩贵、贾清福、张超宇3个残疾人家庭被评为绵阳市最美残疾人家庭，游仙区李海波、杨键、乐小慧3名工作者被评为绵阳市先进残疾人工作者。

【社会权益保障】 区残联与区检察院签订《关于在民事行政检察工作中维护残疾人合法权益的意见》，建立健全对口联络、线索移送、办案协作、信息共享等联动机制，全区残疾人信访案件突破性减少。该项做法得到省、市残联认可，并代表全市在全省残联系统视频会议上

◆ 2022年10月19日，游仙区关爱生命 春雨助残爱心公益项目启动仪式举行

进行交流发言。

【残疾人兜底保障】 实施残疾人“两项补贴”扩面工程，制定印发《关于建立三、四级智力、精神残疾人护理补贴制度的通知》，惠及全区800余名残疾人。制定《特殊困难残疾人关爱帮扶行动实施方案》，为70余名困难残疾人家庭发放慰问品、慰问金及养殖禽苗。开展“温暖万家行”系列慰问活动，走访慰问困难残疾人1100余人次。完成62户重度困难残疾人家庭无障碍改造，为98名符合条件的残疾人发放机动轮椅车燃油补贴，为3名残疾人发放C5驾照补贴。（谭小霞）

住房保障

【概况】 2022年，游仙区房地产市场完成投资57.62万元、商品房销售面积100.03万平方米、商品住房库存面积58.13万平方米，总销售面积全市排名第一，同比增长-11.1%，增长率全市排名第六；房地产从业人员工资同比增长6.2%，价格总体平稳。

【保障性住房供给】 收取119户公租房申请资料，已提交市住建委审核。全年发放公租房租赁补贴约16万元；自9月发布保障房租赁补贴以来，已发放2批次101人，补贴资金5万余元，第三批次50余人资料已提交市住建委审核。完成全区第六批退休职工住房补贴审核工作，已兑付1次。

【房地产开发】 区住建局、区发改局、区公安分局、区自然资源局等8个部门联合制定《游仙区持续整治规范房地产市场秩序实施方案》并成立工作专班，重点整治房地产开发、房屋买卖、住房租赁、物业服务等4个方面的问题。制定了《打击整治养老诈骗专项工作方案》《关于游仙区房地产广告专项整治行动方案》，重点整治商品房销售中以“养老”名义进行虚假宣传及违规在城区街面张贴养老产品宣传广告的行为。制定了《2022年防范非法集资宣传月工作方案》，围绕房地产行业易发生非法集资风险的关键环节和重点部位开展防范宣传。

【物业管理】 组织街道、社区物业管理人员、物业企业对《物业管理条例》《住房专项维修资金申报使用》《既有住宅电梯增设文件汇编》等进行专题培训，增强管理人员依法行政和管理服务意识。先后出台了《2022年全区物业服务行业安全生产工作要点》《关于进一步强化落实物业服务区域疫情防控措施的紧急通知》《游仙区住建领域城乡消防安全集中整治工作方案》等文件，为规范物业服务行为、明确职能部门责任分工、提升小区整体生活环境提供了政策保障。开展物业小区“疫情防控”“冬春防火”“安全生产”等专项检查、日常巡查116次，下发书面限期整改通知书10份；督促7家物业公司公开收支情况，接受社会监督；完成了对绵州水郡、嘉来·西山鹤鸣等6个小区的区域划分；对21个使用维修资金的小区进行现场勘查，审核、拨付资金70余万元。

【自建房专项整治】 扎实开展自建房安全风险专项排查整治工作，排查自建房145276栋，经营性自建房6160栋，排查出经营性自建房116栋存在安全隐患，通过管理措施消除隐患114栋，工程措施消除隐患58栋。对沈家坝北街社区、游仙街道芙蓉社区等重点区域房屋进行安全鉴定，经专业机构鉴定，存在D级危房24户、C级危房48户，均已督促产权人（使用人）按照鉴定报告建议意见进行处置；全区50户农村危房改造均已开工，开工率100%。

（张骞）

退役军人事务

【概况】 2022年，区退役军人事务局认真贯彻落实党的二十大精神，退役军人事务工作取得较好成绩。退役军人参与基层治理工作经验被《绵阳改革动态》刊发，退役军人苟锡之被评为绵阳市退役军人“就业创业之星”，游仙职业技术学校被评为绵阳市社会化拥军示范单位，伤病残士兵移交工作得到省厅肯定表扬，石马镇退役军人服务站被评为全省“百家优秀退役军人服务站”，石马镇横山社区退役军人服务站站长徐显贵被评为全省“百名优秀站长”。

【移交安置】 2022年，为退役军人发放待安置期间生活补助，缴纳待安置期间基本保险。接收安置转业军官，转业军官全部采取指定性安置的方式安置到行政岗位，安置满意率100%。移交安置滞留部队伤病残退役士兵，率先完成伤病残退役士兵三年集中移交任务，相关情况得到了省厅高度肯定，并在省厅2022年第16期简报上通报表扬。落实军休人员和自主择业干部政治生活待遇。在春节、端午等时间节点对军休人员和自主择业干部进行慰问；组织军休人员集中体检1次，到宁夏开展疗养活动1次；组织自主择业干部开展集中座谈会1次，到仪陇开展学习教育1次。

【就业创业】 联合工会、人社等

部门举办招聘会3场，印发用工信息5期，提供就业岗位5000余个。与区委组织部、民政局联合印发《绵阳市游仙区公开招聘2022年度社区专职工作者方案》，定向招聘退役军人社区专职工作者。建立就业创业失业台账并动态更新，梳理区内已就业退役军人，下岗失业、就业困难退役军人，已创业退役军人。采取“线上+线下”“理论+实操”等方式，组织自主就业退役士兵职业技能培训，全面提高退役军人就业能力。开展军创企业走访月活动，走访辖区军创企业，并为其搭建交流平台，促进军创企业相互交流提高。

【双拥共建】 2022年，游仙区利用春节、“七一”、“八一”等时间节点开展多种形式双拥活动，走访慰问退役军人和优抚对象代表，发放慰问信、慰问金和慰问品，召开座谈会、茶话会、观影会、表彰会等系列活动50余场。下拨基层立功受奖奖励金，开展送喜报活动60余人次。组织各级开展优待证办理培训15场次，发放张贴宣传海报800余张、宣传单1.8万余份，发送短信2.3万余条。为退役军人及其他优抚对象申领优待证，申领率达89.42%。

【优抚纪念】 向上争取资金15.54万元，对魏城镇飞龙山烈士纪念设施进行全面整修，并按计划整修完毕。按照“应迁尽迁，集中管护”要求，于9月28日将魏城镇铁炉村三组的张瀚烈士墓迁葬至绵阳市南山烈士陵园。为19名在韩志愿军烈士寻找亲属，采集30名烈士亲属DNA样本并通过冷链送达北京国家烈保中心；组织32名烈士亲属前往南山烈士陵园为9名烈士举行集体安葬仪式。将参战参试退役人员医疗补助报销比例由25%提升至35%；为55名伤残军人购买保险36.5万元，为其他优抚对象购买城乡居民医疗保险；完成伤残、带病回乡、60岁农村籍退役士兵相关待遇受理58人。

【安全稳定】 开展退役军人政策宣讲活动，发放宣传资料2.5万余份，宣传普及3.5万余人次，指导各乡镇退役军人服务站开展学习宣传活动30余次。接收办理致电、来信等1850件，接待来访1149人次，化解矛盾问题39起，处理网络舆情2起。发放帮扶基金4批250人次，共计96.39万元；广泛宣传退役军人“防癌抗癌专属保险卡”，落实优惠政策，切实为退役军人排忧解难。

【退役军人作用发挥】 发动全区退役军人加入志愿服务队伍，常态化参与辖区疫情防控、文明城市创建、矛盾纠纷调解、治安巡逻等各项志愿服务1300余场次，累计服务时长8000余小时，服务40万余人。鼓励退役军人参与基层治理，

◆ 2022年11月8日，2022年度自主就业退役士兵职业技能培训开班典礼暨专场招聘会在绵阳市游仙职业技术学校举行

◆ 2022年7月27日，中越边境自卫还击战参战老兵黄文海为剑南路小学学生讲述红色革命故事

全区172个村社“两委”中退役军人占比达18.6%，有关退役军人参与基层治理工作经验被《绵阳改革动态》刊发。组织退役军人志愿服务者开展党的二十大精神宣讲、红色故事进校园、政策法规进军营等宣讲38场次。（魏贤春）

民族与宗教事务

【概况】2022年，区民宗局深入贯彻新时代党的宗教工作理论和方针政策，全面落实中央民族工作会议、全国宗教工作会议精神，铸牢中华民族共同体意识，坚持宗教中国化方向，真抓实干、狠抓落实，不断开创民族宗教工作新局面。

【城市民族工作】全面落实《关于推进绵阳市新时代城市民族工作标准化的实施意见（试行）》，持续开展铸牢中华民族共同体意识主题教育实践活动，强化民族团结思想熏陶和文化教育。游仙东路社区探索城市民族工作社会化服务试点，有力缓解社区工作力量不足的矛盾。各街道、社区积极开展民族政策宣传、“欢天喜地闹元宵·民族团结乐融融”等活动20场次，看望帮扶困难少数民族20人，整改清真餐厅标识违规问题1件，积极构建平等、团结、互助、和谐的民族关系。

【助力民族地区发展】深入贯彻落实市委、市政府决策部署，做好市内协同发展工作，拟定《游仙区—北川羌族自治县协同发展实施方案》，编制2022年度协同发展项目清单。4月，区委书记陈华斌带队到开坪乡永平堡村、小坝镇金凤村等地实地调研，对资金投入、协作机制等方面作了具体安排。5月，游仙区委统战部、区农业农协局等部门二进北川，对接协同发展工作。深化全域结对帮扶壤塘工作，印发《绵阳市游仙区持续深化全域结对帮扶壤塘县的实施意见》，选派15名援藏干部、教师赴壤塘挂职支援，接收壤塘10名干部跟班学习，在壤塘县举办1次省内对口帮扶专场招聘会，大力开展消费帮扶，助力壤塘乡村振兴。

◆ 2022年8月26日，游仙区购买壤塘县3.5万千克高原萝卜

【宗教工作】召开全区宗教领域重点工作联席会3次，开展“回头看”集中督查2次。持续做好抵御境外宗教渗透工作。全区12个开放宗教场所纳入全市国土空间规划。指导镇（街道）统战委员、宗教团体和宗教场所深入开展《宗教事务条例》《互联网宗教信息服务管理办法》等宗教政策法规学习，提高运用法治方式处理问题的能力。开展联合执法、综合执法，工作取得实效。坚持自主办教。引导教职人员“爱国爱教爱家乡”，积极开展“三大提升”活动、“六好”场所创建。（谭炬坤）

农民工服务

【概况】2022年，认真贯彻落实中央、省、市关于农民工服务保障工作决策部署，不断创新服务保障举措，狠抓技能提升培训，深入开展基层服务站点建设，落实关心关爱措施，强化示范创建和优秀农民工回引，全力维护农民工权益，全面完成上级下达的目标任务。

2022年游仙区农村劳动力17.16万人，转移就业人员10.97万人（其中，省内5.83万人，主要分布在成都；省外5.14万人，主要分布浙江、广东、江苏、上海、新疆等地；境外就业114人）。农民工转移就业数量与2021年基本持平，就业形势总体趋于稳定，返乡入乡就近就业创业逐步呈现增长的趋势。

2022年农民工服务保障工作团队获得“四川省农民工工作先进集体”荣誉称号，2022年农民工服务保障重点单项工作团队被绵阳市

就业创业促进中心评定为成绩突出单位。

【开展五件实事专项行动】 一是制定《绵阳市游仙区今冬明春农民工服务保障五件实事实施方案》，成立农民工服务保障五件实事工作专班。二是深入开展全覆盖走访慰问，通过集中慰问、上门走访、深入企业工地等各种形式走访慰问全区11万名务工人员，发放慰问品慰问金共价值23万余元。三是切实开展根治欠薪，做好农民工工资报酬权益维护工作，服务农民工2000余人次，协助成功追讨薪金5000余万元。四是开辟“绿色通道”，为7893名农民工办理身份证等各类证照，在辖区汽车站提供集中代购票服务、预留车票等服务，服务农民工5.31万人次。五是组织线上线下招聘会9场，提供就业岗位3.2万个，解决辖区企业用工缺口1300余人，不断提升农民工群体的获得感、幸福感和安全感。

【劳动力监测制度】 为全面、准确掌握游仙区劳动力资源状况，客观反映就业失业情况，更好监测就业形势动态变化，为经济社会发展提供稳就业政策支撑和人力资源保障。会同区人社局出台《绵阳市游仙区关于印发劳动力资源监测制度的通知》，建立监测员制度，制定了工作补助标准，落实农村劳动力监测员112名。通过摸排，更新入库农村劳动力信息12.21万人，入库18.1万人，数据更新率71%。

【农民工服务站点建设】 根据省农民工工作领导小组办公室等8个部门《关于推进村（社区）农民工综合服务站建设工作的通知》精神，组织电信、邮政公司、邮政银行、人力资源公司召开工作协调会3次，成立领导小组，制定下发《绵阳市游仙区村（社区）农民工综合服务站建设（试点）工作方案》，2022年全区建立12个村（社区）农民工综合服务试点站。均配备了一名专职人员、多名兼职人员，整合了人力资源公司、电信、邮政、金融机构业务入驻，实现水、电、气、网络、邮政、金融、政务、就业等公共服务。建立了村干部包片、网格员包户联系制度，实现了政策宣传“零盲点”、人员摸排“零遗漏”、关爱帮扶“零缺失”、就业服务“零等待”、受理业务“零推诿”、便民直通“零距离”的“六零”工作目标。

【返乡入乡工作】 制定出台《游仙区返乡入乡创业示范园区、明星评审认定办法(试行)》，评定2021年度返乡创业示范园2个、返乡入乡创业明星5人。通过层层推荐，实地

◆ 2022年1月12日，慰问重庆沙坪坝区游仙籍农民工 （刘洋旭 摄）

◆ 2022年1月7日，游仙区返乡创业示范园、返乡入乡创业明星评比现场 （杨宏 摄）

考察筛选，申报返乡入乡示范区1个、示范镇2个、示范园2个，推荐3家企业创评省级返乡下乡创业明星企业和4名返乡创业者创评省级返乡下乡创业明星。积极收集农民工及企业家返乡入乡创业项目征集，共征集上报2个返乡入乡创业项目，绵阳市新康源农业科技开发有限公司创业项目入选四川省农民工及企业家返乡入乡创业项目。协助抓实零工爱心驿站建设。会同区人社局等10个部门，引入专业人力资源服务机构，建成“政府主导+公司运营”的零工爱心驿站，向求职农民工提供招工候工引导、就业信息发布、求职登记、政策咨询、劳动维权、电动车停放、劳动工具存放、饮用热水、急救药物等零距离贴心服务。收集零工基本情况812人，登记293家用工企业用工信息，解决临时用工1419人。坚持“以培促创”，将全区的重点产业发展融入农民工就业创业培训中，确保培训更有针对性。做到技能培训与市场需求相结合，全年共开展面点、农业病虫害防治等项目劳务品牌培训700人，创业培训140人。

（冯建海）

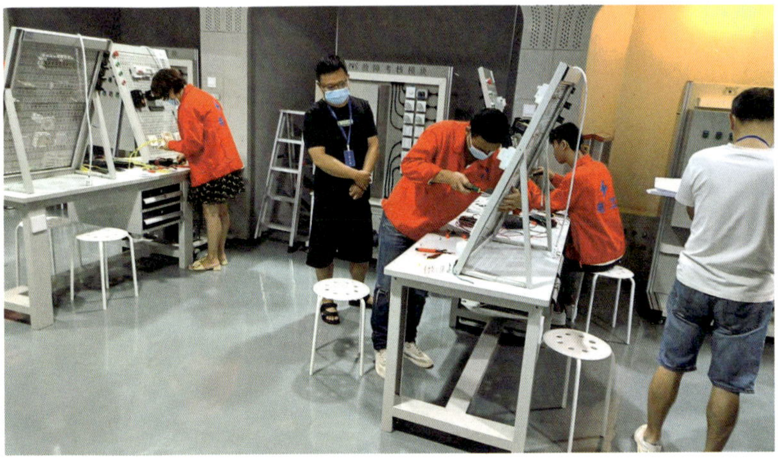

◆ 2022年8月8日，游仙区农民工技能培训（电工专业）结业考试现场

（周凤英　摄）

镇 街道

涪江街道

【概况】 涪江街道为古绵治所、盛唐开元故地，处于绵阳城区东北部，是中国（绵阳）科技城核心区、游仙区西南门户、区委、区政府驻地。街道辖区面积8.25平方千米，服务人口14万人，有8个社区，93个小区，有基层党委7个、党总支2个、党支部46个，党员1700余名。辖区商贸繁荣，酒店、商超、夜市等业态星罗棋布；绵阳城市地标——越王楼，全国重点文保单位——碧水寺位于辖区内；有各类学校14所，学生1.3万人。

2022年，街道各项工作接受中央、省、市调研26次，全年承办区级以上现场会8次，“红色物业”建设、城市党建等工作经验在全省街道党工委书记、社区党组织书记示范培训班等会议和省市内刊上交流推广7次，社区治理工作被民政部《中国社区报》、中国新闻网专题报道，街道获得全市城乡环境综合提质十佳乡镇（街道），省委常委、市委书记曹立军年内两次到街道调研、走访，对各项工作给予肯定性评价。

【经济发展】 开展“6・18”促消费系列活动，评选“群众最喜爱十佳美食”“促辖区经济发展突出贡献奖”，开展涪江商会规范化阵地建设，着力优化营商环境，激发辖区商贸活力。全年固定资产投资任务2.5亿元，完成2.68亿元，完成率107.2%。社会消费品零售额任务69.7亿元，完成69.8亿元，完成率超100%。服务业及商贸企业招引3家，服务业升规入统7家，入库总投资1.99亿元的项目2个，街道全年完成税收14.5亿元，年度经济指标全部完成。

【党建基础】 建成韩家脊社区、三汇绿岛小区2个市级党建示范点，与“4×3”“两新”党建示范阵地、“信服理”微协商议事亭和政协委员联络站串联起党建连片示范群，

◆ 2022年1月15日，韩家脊社区完成开元南街临河主题墙体彩绘

（何云　摄）

2022年涪江街道各社区基本情况统计表

表4

序号	社区名称	面 积（平方千米）	户数（户）	人口（人）	集体经济收入（万元）	人均纯收入（元）
1	东材社区	0.45	683	1366	0	19900
2	韩家脊社区	1.2	4183	15059	15	39700
3	剑南路东段社区	1	4332	12244	1.5	28500
4	开元路社区	0.5	1358	6732	2.2	19700
5	开元路中街社区	1	2131	6417	2	15300
6	绵山路社区	0.9	3992	9878	1.5	29800
7	五里堆路社区	0.8	3764	8657	1	26900
8	治平路社区	2	3094	12150	2	21000

全年接受各级调研交流26次，累计受到《中国社区报》等媒体报道12次。设立基层党建、产业发展等9类导师18名，23名社区干部到街道跟班锻炼。建立书记抓党建责任和履行党员义务清单1748份，完善《小区党支部标准化规范化建设实施细则》，组织建设持续规范。建设三汇绿岛、观岭八号小区“双报到”党员服务站2个，推动18个党组织和678名党员报到履职。推进智慧小区建设，建成全市首个街道智慧体系“智慧涪江”治理平台。

【党建创新】 扎实推进开元南街有机更新，完成社区大学堂升级、“爱心车站”改造、智慧停车建设等，改造成效得到省委常委、市委书记曹立军肯定。深化“红色物业”管理模式，以“一二三四”工作法为引领，把“红色物业”推向3.0时代，工作经验在市委组织部刊物刊发，并在全省街道党工委书记示范培训班上交流发言。

【党风廉政建设】 建成街道家风家训小巷、听音问廉广场，深化作风能力攻坚，发现并整改“慢落实、假落实、乱落实、不落实”问题13个。召开党工委会专题研究党风廉政建设和反腐败工作7次，听取班子成员履行主体责任情况汇报4次。开展“院坝问廉”3场次，现场和会后答复、解决群众反映问题18个，拉近了党心民心。全年立案审查4件，党纪处分4人。

【社会治理体系建设】 建成1个街道社工站，8个社区社工室，7个法人社会组织、1个社区社会企业、46个社区社会组织、115名社工常态化开展社会服务，健全以街道社工站为龙头，社区社工室为节点，社会企业、社会组织为支撑，社会工作者为骨干的社工服务运营体

◆ 2022年1月17日，涪江街道在街道社工总站举行社工服务站颁奖仪式（陈莉　摄）

◆ 2022年5月，涪江街道韩家脊三汇绿岛小区外沿河清水栈道风光
（何云　摄）

系，进一步织密了社会治理服务网。

【基层治理创新】 在韩家脊社区建成全市首个社区慈善微基金，首期募集善款23万余元，依托五里堆路闲置阵地建设全市首个为老服务综合站，打造“15分钟社区养老服务圈”。完成城市驿站建设，为外地务工和外卖员提供服务，践行社区、社会工作者、社区社会组织、社区志愿者和社区公益慈善的“五社联动”的基层治理新模式。

【民生服务】 开展爱国卫生运动30余次、控烟宣传讲座30场，举办招聘活动10场，推送提供就业岗位2000多个，达成就业意向500余人。全年发放惠民补助资金277.17万元，补助3472人次。

【居住环境提升行动】 以环境提质、文明城市建设为抓手，着力改善居住环境，新增35个停车位，创新实施“街长制”工作模式在全市推广，在全区月度考核评比中斩获三连冠，并夺得全市第三季度十佳乡镇（街道）桂冠。完成公安校等3个老旧小区屋顶除漏，电梯增设13部，立项840万元用于老旧小区改造、加装电梯等，稳步推动小区配套设施改造提升。

【安全稳定】 深化《安全生产三年整治专项行动》，推进两项改革“后半篇”应急能力建设、落实重大节假日隐患排查制度，发现并整改安全隐患36条。完善安全生产应急预案，开展森林防灭火、河堤溃坝等应急演练18次，全年未发生安全生产事故。加强对吸毒人员关爱，涉毒人数明显下降，工作成效得到省公安厅专职党委副书记胡刚的肯定。120个小时内完成碧水小区房屋排危，完成危旧房屋整治。

富乐街道

【概况】 富乐街道办事处是游仙区人民政府的派出机构，组建于2000年10月，由涪江河滩地开发建设而成。辖区面积5.6平方千米，东起沈家坝与小枧交界，西至芙蓉溪，北至朝阳厂，南至芙蓉溪左岸，呈带状地形。富乐街道驻游仙区东津路20号，已成为游仙区政治、经济和文化中心之一。辖区内有李杜祠、桃园三结义广场、中华科学家公园、富乐山景区。辖区常住人口4.5万余人，共设李杜祠社区、沈家坝东街社区、沈家坝北街社区、仙人路社区、五八社区5个社区居委会。

【党建工作】 在全市探索首个党建引领小区分类治理指标体系，将辖区93个小区划分为四类，从小区党组织建设、小区治理、小区服务、小区文化4个方面探索小区分类治理模式，初步形成比较规范的指标体系。探索党建引领“三三三”工作模式，将机关小区打造为市级党建示范点；探索“双报到”党员参与小区治理新模式，创新开展居民微心愿双报到党员集中接单活动，实现“居民点单、社区派单、双报到接单”良性互动模式。用好辖区党建大联盟成员单位优势资源，全年签订并实施环境治理、疫情防控等党建大联盟项目27个。

【经济工作】 2022年,全社会固定资产投资完成数2.58亿元，完成率103%。入库项目3个，入库投资额1.6亿元，配合相关区级部门入库项目3个，投资额3490万元。对上争取中央、省、市资金累计500万元，完成目标任务的437%。新增科技型中小企业任务数1户，已完成1户，完成率100%。限额以上社会消费品零售额企业总额1—12月完成数4.92亿元；电子商务交易规模任务数3亿元，完成率100%；网络零售任务数2.2亿元，完成率100%。社会消费品零售额限额以上企业入库任务数3家，服务业规模以上企业入库任务数4家。

【城市管理和环境综合治理】 制定“三大机制七大行动”环境提质方案，探索“网格化+街巷长制”“专项行动＋志愿服务”“基层治理＋

联合执法”“三+”模式，建立“富乐辣妈”“河小清、路小净”等品牌志愿服务队，开展“最美商铺”和“最美小区”评选活动，按季度召开社区环境月晒现场会，优化街巷长制工作方案，辖区环境面貌显著提升，街道获评“绵阳市2022年第二季度城乡环境提质三年行动十佳乡镇（街道）”。主动承担全区小区生活垃圾分类试点工作，通过逐户走访摸基础、综合比较选地址等步骤，投入40余万元，在芙蓉雅居、富乐锦城等19个小区安装了生活垃圾分类一体化智能分类设施，开展多次居民集中培训，垃圾分类全面推行，富乐锦城小区作为示范点位，迎接省住建厅主要领导现场调研，获肯定性评价。先后多次迎接市、区（含外市外区）相关部门调研学习，并广受好评。探索“内容一起议、办法一起想、质量一起管、部门一起上、制度一起定”“五个一起”模式，累计向上争取项目资金9647万元，2022年实施老旧小区改造项目18个，对美乐花园、电力小区等30个老旧小区燃气管网等改造，累计受益居民5000余户。明确选人机制，找好一个领头人；明确服务机制，组建一个工作队；明确资金筹措机制，推广一套好办法——“三无两有一补”。2022年电梯加装任务数26部，实际完成36部。作为电梯加装示范单位，迎接3次省住建厅调研；省住建厅、市住建委分别刊发电梯加装经验做法；中国新闻网、《人民日报》等媒体前往辖区进行采访报道。

【社会民生工作】 全面建立100个小区（居民小组）居民台账、特殊困难群众台账、志愿者台账，针对高龄独居老人、生活困难等特殊群体全部落实“一对一、多对一”帮扶机制。及时足额发放生活困难群众、低保人员、残疾人“两项补贴”及“4050”等灵活就业困难人员社保补贴、住房租赁补贴、移民补助等民政资金。在全区率先完成社工站（室）全覆盖，培育和引进专业社会组织17家，社区新增持证社工11人。挤出工作经费15万元成功举办第四届微公益创投大赛，实施环境提质、“一老一小”项目26个。在全区率先建立社区公益慈善基金，接受各方捐赠3.5万余元。打造“城市劳动者休息驿站”，为环卫工人、快递小哥等户外劳动者提供可纳凉、可热饭、可按摩的小憩场所，获评“四川省最美工会户外劳动者服务站点”。开展“爱心冰箱”夏季送清凉活动，在森林雨等3个交通便利处设置“爱心冰箱”，发动爱心人士捐赠，

◆ 2022年8月16—25日，“富乐山下 诗意李杜”之“仙圣杯　诗书画展览”在富乐街道李杜祠社区文管所开展

◆ 2022年10月17日，游仙区政协向富乐街道仙人路社区“寇妈说事”协调议事会团队赠送书法艺术牌匾

为户外劳动者提供300余箱免费矿泉水。多次对接公交公司，成为全市首个实现老年卡年审进社区的街道。链接社会组织、志愿者，每周二在银杏树下开展“爱心义剪”活动，为老年人提供免费剪发服务。

【社会治安综合治理】 按照综治中心标准化建设，建成“三中心六室一所一站”，形成一社区一特色社区综治工作模式，该经验被市委政法委刊发。健全信访稳定工作责任制，落实科级领导包案制度。

【应急管理和安全生产】 实施“队伍整编大提升”“制度规范大提升”“物资装备大提升”行动，储备专业救援队员100余人，志愿者300余人，累计开展实战演练12次，参训人员1200余人次，形成“统一调配、专常兼备、上下联动”的良好工作格局。相关工作先后被“四川应急”微信公众号、“直播绵阳”等媒体报道宣传。维修改造4处应急避难场所和5处应急避险点，建成5个社区级微型消防站，16个小区级微型消防站；辖区自建房社区867个单元新增1700多具灭火器，实现楼栋单元灭火器全覆盖。2022年，开展联合执法30余次，整治3500余处安全隐患。2022年，辖区无一起重大安全事故。

【基层民主协商】 依托“富乐议家社”街道基层协商品牌，探索搭建“李杜龙门镇”“寇妈说事”等社区基层协商平台，形成“四会五事”协商过程规范流程。省政协主席田向利到辖区调研基层协商工作，对“寇妈说事”基层协商平台给予高度评价，并要求在全省推广经验做法，《四川政协报》《四川日报》等媒体先后到辖区进行采访报道。

【朝阳棚户区改造】 对未签约117户入户调查，摸底，收集问题诉求245条，按类别梳理汇总6条。完成钉子户签约6户，朝阳生活区16栋完成整栋签约，整栋房屋腾空12栋，已移交给科发天达公司实施拆除6栋。2022年，水、电、气销户149户，累计1420户；累计完成签约1696户。 （杨晓琴）

游仙街道

【概况】 游仙街道位于绵阳城区东（游仙区西部）城乡接合部，东邻小枧镇和仙海风景区，西邻石马镇，南邻富乐街道办与中国工程物理研究院科学城相连，北与新桥镇接壤，距市区中心（临园路）8千米。辖区内交通便捷，绵遂高速、国道108线穿境而过，一环路北段东延线、二环路、省道205线。总面积约44.5平方千米，下辖游仙观、芙蓉、龙申、吴家4个城市社区，长明、金山、文胜、石垭4个行政村、37个村民小组、22个居民组，街道总户数20707户，其中农业户4082户；总人口39533人，其中，农业人口9433人，有外来人口10137人。

1992年建镇，1999年与游仙区经济试验区合并，2003年与游仙区经济试验区分离。2016年11月，由四川省、绵阳市政府批准，撤销游仙镇，设游仙街道办事处，2018年11月30日，正式挂牌成立游仙街道办事处。因体制转换是一个较长时期，经游仙区民政局批准，保留“游仙镇”的牌子至2019年12月。

【镇域经济】 2022年，全年完成固定资产投资14.6亿元，完成率109.76%；社会消费品零售额12.9亿元，较上年度增长38%；社会消费品零售额企业入库3家，完成率100%；规模以上服务业新增入库企业4家，完成率100%；招商引资10亿元，完成率100%；工业产值实现4000万元，同比增长25%。

【项目拆迁】 全年共完成424户农房、10家企业、200余公顷林木果

2022年游仙街道各行政村基本情况统计表

表5

村名	面积（平方千米）	户数（户）	人口（人）	农村经济收入（元）	农村经济总费用（元）	农村经济净收入（元）	农民人均纯收入（元）
长明村	8.23	1001	3523	76	—	—	24378
文胜村	4.89	447	1365	17.2	—	—	24109
石垭村	3.72	520	1642	18.3	—	—	24155
金山村	8.8	779	2595	10.1	—	—	24278

树的拆迁补偿，以最快速度完成核医疗健康产业园用地、东西第二干道、内部专用道路等重大项目拆迁交地，完成旅游环线、九院电力铁塔、绵投加油站、鹤林沟片区污水管网等重点项目用地的农房及青苗林果拆迁补偿。同步推进安置点用地拆迁进度和社保安置进度，提前完成安置点37户农房拆迁和迁坟点建设，完成一、二地块社保安置，已完成参保人员待遇发放。

【项目建设】 核医疗健康产业园入驻企业建设快速推进，已完成95%基础设施建设，先通医药“放射药研发生产基地”项目主体建设基本完成，模板已完成70%—80%，梁柱钢筋绑扎完成40%，综合楼基础回填，车间二基础回填；中能回旋加速器生产医用放射性同位素项目主体完成60%，其他项目有序推进。国家重点专项工程已进入扫尾阶段。

【城乡环境治理】 累计投入各类资金200余万元，大力整治城乡环境，有序推进“三年提质”行动方案按计划落实，配备保洁员60名、专职巡河员3名、保有村级垃圾收集车14辆、固定投放垃圾桶400余个；对接区环保局对余家溪水污染防治项目，投资630万元，解决余家溪河道水污染、文胜村小区、三社、四社农村生活污水治理，现完成了立项，正在进行项目设计造价；投资29.8万元对街道大气污染道路进行洒水降尘治理，完成了大气污染烟雾巡查160余次及查找烟雾报警问题源75次。投资26万元对东游路、仙建路、青龙山、乡道114线、富乐后山等偷倒乱倒生活垃圾、建渣进行清理。

【村集体经济发展】 推进“合并村”融合发展、“非合并”村（社区）盘活资源。全年8个村（社区）村级集体经济收入达456.5万元，长明村获评全省合并村集体经济融合发展试点先进村。打响“犁在印盒”特色水果品牌，水果销售额年递增30%，年产值120余万元，带动果农年增收10余万元，品牌效应初显。“绿宝石梨”“丰水梨”等绿色农产品认证正有序推进。

【基础设施建设】 完成芙蓉社区还建道路建设并通车；吴家社区耕种便道项目已立项，设计、造价等前期工作；投资70万元，完成仙人路一段芙蓉社区段生活污水管网改造项目；投资5.6万元，对游仙观社区仙鱼街排污管堵塞问题进行污水管整治改造。投资6.6万元，对芙蓉社区二组生活污水直排现象进行管网改建接入市政管网。

【社会事业】 全年农村低保金发放265人次，累计发放132881元，城镇低保金发放97人次，累计发放73426元；发放特困供养对象263人次，申报资金162137元；按照临时生活救助的相关政策，为7人争取的救助金额18315元；完成留守空巢老人排查，定期巡访200余次；为80岁以上352名高龄老人，全年发放4113人次，累计发放资金143775元；申报困难残疾人资金22500元225人次，为1548人次申报重度残疾护理补贴资金111260元；推行遗体火化、改革土葬、整治乱埋乱葬，建立殡葬惠民制度，拟在长明村修建公益性公墓。

【社会治理】 全年共接待群众来访31批次、600余人次，办理、回复信访件、市长热线等315件；扎实开展平安巡防工作，对重点场所、高发案件区域部位进行整治，全年各单位共巡防1000余次，共排查问题隐患112件，有效制止排除治安隐患78件次，为街道经济发展营造了良好的安全稳定环境。

【党的建设】 全年开展理论学习中心组学习6次，举办党校培训班4期，开展专题党课及系列宣讲活动20余场次，认真落实全区“三大攻

◆ 2022年12月30日，游仙街道在石垭村举行核医疗健康产业园生产组团统建房选房大会

◆ 2022年6月11日，游仙街道吴家社区共享食堂揭牌

坚”等战略要求，在吴家社区城乡接合部新型社区省市挂牌整治、“智慧小区”创新引办项目、示范党校创建、阵地“三化”建设等方面取得了明显成效；开设“机关大讲堂”9期，组织“书香润初心”读书分享会5场，开展党建拉练行动，充分激发干部干事创业积极性；以游仙观纯城市社区为重点，新建小区党组织8个、“两新”党组织1个；探索出金山村“连心桥”、长明村“长明荟”、吴家社区“吴邻家话”等议事品牌，多项成果经验被省市主流媒体平台及“学习强国”学习平台报道。

【廉政建设】 2022年，紧紧围绕“两个责任”落实，制定《街道2022年全面从严治党和党风廉政及反腐败工作安排意见》，街道党工委会议专题学习上级决策部署3次，研究党风廉政建设反腐败工作意见4次，组织召开季度联席会4次，听取班子成员履责汇报4次48人次，做到常抓常议常管；常态化开展廉政教育活动，党工委会前讲纪学法12次，通过话廉讲纪微课堂等形式组织党员干部学习典型警示案例6次，积极组织参加区级“910”就要廉“微党课”活动，并获得三等奖；扎实开展“听音问廉绵州行”走访工作，收集群众反映的意见建议212条，群众满意度达99%；深入开展整治形式主义、官僚主义，纠治“四风”工作，在监督检查中发现违反中央八项规定精神问题线索1件，查处2人，运用“第一种形态”谈话诫勉1人，批评教育3人，开展财经纪律内审2次，督促整改问题2类、11个，发现违纪问题线索1个；开展院坝问廉活动2场，收集问题建议19条，已现场答复完成整改7条，纳入台账整改12条，全年受理纪检信访件4件；全年党纪处分3人；对6名受处分党员干部进行回访。

（刘明辉）

石马镇

【概况】 石马地处绵阳城北，涪江东岸，东靠新桥镇、游仙街道办，南接科学城，北邻江油龙凤镇，西隔涪江与西南科技大学相望，是绵阳科技城新区重要组团、科技城集中发展区“一体两翼”之北翼、全国重点镇。镇政府位于游仙区石马镇甘泉街38号，交通便利，便于服务群众。辖区交通十分便利，位于绵广、绵遂、绵九高速的交会处，拥有2个高速路出口（绵广高速科学城出口、绵九高速游仙出口），城际铁路、宝成复线贯穿全境，距绵阳市中心9千米，距绵阳南郊机场15千米，已形成“铁、公、机”综合交通网，具有辐射西部各省、市的区位优势。全镇辖区面积56.33平方千米，下辖9个行政村、6个社区。全镇总户数10079户，户籍人口3.12万余人，林地面积1007.5公顷；耕地面积29630.55公顷。2022年，石马镇坚持稳中求进工作总基调，突出高质量发展总导向，积极应对困难挑战，统筹推进疫情防控和经济社会发展，坚持走产业融合和科技创新发展道路，以智能制造、精密加工等新型工业为引领，强化产业重镇的实体支撑。2022年，石马镇先后获得“绵阳市乡村振兴示范村”“血吸虫病防治先进工作单位”等市级荣誉，被区委、区政府评为建设更高质量“五个游仙”先进集体。

【经济运行】 坚持“稳”字当头，积极应对新冠疫情冲击和经济下行影响，夯实以智能制造、精密加工为主的产业重镇实体支撑。全镇共有工业企业146家，其中规模以上工业企业38家，完成工业总产值94亿元，完成固定投资22.9亿元、工业投资3.5亿元；完成招商引资到位资金4.38亿元，完成升规企业4户，完成招引科技型企业4家。全镇共有高新技术企业12家。财政总收入23161.54万元，其中，地方财政收入4250万元；上缴税收13700万元，同比增长5%。

【城镇规划建设】 以规划为引领，

◆ 2022年，游仙电梯智造特色小镇 （陈明庆 摄）

统筹空间布局和基础设施优化，锚定七姓坝片区“山水融城、活力水岸、生态住区”的定位和滨江片区“生态智城、乐居标地”的定位，腾出、盘活更多的商住、服务业用地，加快推动城市开发建设。游仙电梯智造特色小镇已完成项目投资约2.4亿元，场镇建筑功能改造工程完工约10万平方米，湖山路修建完成80%，城市设计工作全面展开，城市更新及棚户区改造项目有序进行。共排查房屋图斑10555栋，其中经营性自建房336户，非经营性自建房10219户，排查并整治安全隐患186户（含2户经营性自建房）。动员督促有人居住的户

2022年石马镇各行政村基本情况统计表

表6

村名	面积(平方千米)	户数(户)	人口(人)	农村经济收入(万元)	农民人均纯收入(元)
中科社区	2.2	1028	2968	4314	20633
涪江社区	1.89	360	1025	3582	20628
横山社区	1.489	391	1116	2192	20626
翠屏社区	1.21	766	2608	283	20609
解放社区	4.12	1888	5014	2512	20621
东林社区	5.78	795	2636	2075	20420
紫府村	5.18	702	2600	1208	20619
文峰村	3.84	415	1335	1919	20606
百胜村	3.77	566	1733	3102	20600
天林村	2.99	679	2319	2985	20620
石锣村	2.90	406	1223	3494	20403
飞凤村	2.38	312	972	360	20403
狮院村	5.52	468	1471	6787	20446
张家坪村	6.66	729	2399	6451	20435
金树村	5.15	574	1804	6551	20436

◆ 2022年5月27日，省知识产权服务促进中心到石马镇调研知识产权强镇建设

主对房屋进行加固、维修，对无人居住的存在安全隐患自建房，安排村社区及时进行警戒打围，禁止无关人员进入，保障群众的生命和财产安全。

【安全生产】 推进安全生产专项整治三年行动，推动安全生产“清单制管理”，深化各生产单位安全生产标准化建设，聘请市应急管理局专家库成员，耗时40余天，深入辖区140余家企业开展安全环保集中攻坚行动，及时排查整改安全生产问题70个。及时整治道路安全、森林防灭火、汛期安全等隐患48处。编制汛期内涝点、地质灾害点和山洪点位置隐患处置流程图，提升汛期隐患治理保障。严格落实信访联席会议制度和包案制度，社会大局和谐稳定。

◆ 2022年3月9日，全市新时代文明实践现场会走进石马镇

【社会事业】 发放“光荣在党50年”纪念章31枚，评选表彰优秀党员83名，全年共完成农业生产补贴发放269.16万元，完成各类农业政策保险任务。全年共计发放城镇低保金共计21.08万元，农村低保金66.03万元。发放五保金83.8万元，临时救助资金4.26万元，为760名高龄老人发放高龄补贴30.5万元，共计发放中华人民共和国成立以来离职干部生活补助74人5.4万元。城乡困难群众医疗救助6户，发放救助金额1.34万元。全年发放残疾人困难生活补贴发放10.1万元。

【环境治理】 推进农村环境整治，在涉及自然水体的河、沟、塘等周边开展小微水体保洁、整治。落实重污染天气预警各项措施，确保辖区空气质量稳步提升。完成小区违法建设等6个市、区两级融媒曝光问题的全面整改。围绕“五清、四定、四化”集中力量推进城乡环境综合提质“三年行动”，对7类60个重点问题完成定点定时整改。拍摄镇级视频曝光短片，曝光并整改问题点位200余个。出动执法车340余辆次、执法巡查人员800余人次，整治游商260余人次，辖区环境面貌显著改善。

新桥镇

【概况】 新桥镇位于中国（绵阳）科技城东北部、芙蓉溪中游，紧邻游仙主城区、仙海水利风景区，与游仙街道、忠兴镇、石马镇相邻，

◆ 2022年，新桥镇场镇入口

属浅丘地貌，距离城中心9千米。镇内山水相依，芙蓉溪自北向南穿镇而过，文化历史底蕴丰厚。相传在三国时期，双桥村原有一座桥，后新建一座木桥，桥竣工之日，刚好有一对新人结婚路过，新娘从花轿里出来，从桥上走过，留下“新人踩新桥，千古万年牢”的美丽传说，在当地，流传凡有结婚的新人，都来此踩新桥的习俗，故“新桥”地名由此而来。

新桥镇辖区面积89.75平方千米，辖桩子、新桥、复兴、云凤4个社区，双河、同福、玉泉、铜华、胜利、新民、王家坝、石庙、高意、红星、柏龙、胜旗、兴泉、新龙14个行政村，135个村民小组。总人口15131户、4.43万人，其中农业户12720户、农业人口37501人。山林面积1823公顷，耕

2022年新桥镇各行政村基本情况统计表

表7

村名	面积（平方千米）	户数（户）	人口（人）	农村经济收入（元）	农村经济总费用（元）	农村经济净收入（元）	农民人均纯收入（元）
双河村	5.605	950	2423	5675.28	2210.88	3464.40	24987
同福村	5.998	716	2016	5308.05	2067.82	3240.23	25894
玉泉村	4.031	672	1754	3852.18	1500.66	2351.52	25123
铜华村	4.831	710	2018	4818.52	1877.11	2941.41	25044
胜利村	7.119	1374	4341	8904.23	3468.75	5435.48	26305
新民村	8.624	1324	3933	8753.75	3410.13	5343.62	25182
王家坝村	4.343	955	3066	8617.14	3356.91	5260.23	25288
石庙村	3.685	518	1640	3612.89	2212.58	1400.31	24962
高意村	7.632	757	2322	6585.11	2769.69	3815.42	25019
红星村	5.928	709	1947	5048.4	1966.67	3081.73	24922
柏龙村	7.582	942	2719	5176.01	2016.38	3159.63	25037
胜旗村	4.786	684	1854	4428.33	1725.11	2703.22	23766
兴泉村	6.866	819	2284	4923.25	1917.91	3005.34	23568
新龙村	9.513	1293	3654	6271.18	2443.02	3828.16	23708

◆ 2022年，新桥镇街子场王家坝村产业远景

地面积4348.07公顷，其中水田2702.34公顷。2022年，新桥镇聚焦区委“三大攻坚”，提出“产业大发展、增量大突破、环境大优化、作风大转变”工作目标，统筹发展和安全，全面加速镇域经济发展。先后获评绵阳市血吸虫病防治工作先进单位、绵阳市家庭教育先进集体、全区创新担当特别贡献先进集体。

【关键经济指标】 2022年全镇实现税收9571.98万元，同比增长12.03%；完成固定资产投资20.15亿元，同比增长21.75%；农村人均可支配收入2.67万元，同比增长14.59%；招商引资到位资金6.05亿元，对上争取6780万元；各项关键经济指标位居全区各乡镇（街道）综合第一。

【工业和服务业】 2022年新增规模以上工业企业4户，总量达到21户；新增科技型中小企业3户、总量达到39户，实现工业总产值68.7亿元。全年新增规模以上服务企业3家，商贸流通企业4家，社会消费品零售额总额突破10亿元、完成11.64亿元，电子商务交易规模达到2.58亿元，网络零售2.18亿元。高标准谋划举办新桥镇首届乡村旅游节，承办游仙区第二届油菜花节，2022年实现乡村旅游经营收入11亿元。

【现代农业】 积极争取并稳步推进农村集体经营性建设用地入市试点工作。6个试点村集体经济组织实现集体经济收入56.4万元。承担游仙区迎接省级乡村振兴“回头看”62.5%的现场检查点位，是全区三个单项指标迎检镇之一，乡村振兴实绩考核获得区级优秀等次。

【基础设施建设】 全面完成“三区三线”划定，高质量开展以新桥镇为中心镇的芙蓉溪三产融合发展片区国土空间规划的编制，启动村级科技创新产业发展片区规划编制。完成5千米道路加宽，新建道路3.2千米，改造场镇雨污水管网1.3千米，场镇栽植行道树200余棵，新建人行道500余米。

【民生工作】 2022年，共发放低保、特困、临时救助、计生奖扶等各类民生资金937.33万元。城乡居民基本养老、医疗保险参保率均达98%以上。

【首个镇级招商引资集中签约仪式】 2022年3月2日上午，新桥镇举行首个镇级招商项目集中签约仪式，签约项目8个，总投资4.51亿元；与绵商行游仙支行签订总额不低于30亿元的意向性融资协议，支持招引企业发展。

【“纾困解难·服务企业”专题活动】 2022年6月29日上午，新桥镇举办“纾困解难·服务企业”专题活动，解读“稳经济”政策，表彰优秀民营企业家、企业优秀拔尖人

◆ 2022年6月29日，新桥镇开展“纾困解难·服务企业”专题活动

◆ 2022年9月25日，新桥镇生态循环种养发展片区联合党委成立

才，促成金融机构与辖区蓝狮科技有限公司等6家企业签订授信协议、镇股份经济合作联合总社与3家企业签订人力资源合作协议。

【行政村荣誉】 2022年3月2日，中共四川省委组织部办公室印发《关于2021年度省级（AAAAA）先进村党组织的通报》，通报全省100个村党组织评定为省级（AAAAA）先进党组织，新桥镇胜利村入选。2022年9月13日，中国文明网发布《全国文明村镇创建巡礼第36期》，新桥镇同福村乡风文明案例作为全市唯一入选展播。

【建立“跨村联建”功能型联合党委】 2022年9月25日，新桥镇举行“跨村联建”功能型联合党委揭牌仪式，新桥社区党总支和桩子社区党总支组建社区基层治理联合党委，柏龙村党委、新龙村党委和云凤社区党支部组建生态循环种养发展片区联合党委，双河村党委和同福村党总支组建科技城大道东延线产业发展片区联合党委。联合党委在镇党委领导下，按照“自治主体、行政区域、集体资产”三个不变原则，实行党员联管、组织联动、活动联抓、资源联用、服务联办，并赋予联合党委书记片区村（社区）干部任免、后备干部力量培养及项目、资金使用等建议权，推动形成资源共享、优势互补、融合发展、抱团振兴的党建工作新格局。

【重要会议】 2022年3月30—31日，新桥镇第二届人民代表大会第二次会议召开。镇人大代表、列席人员，共计77人参加会议，会议圆满完成各项议程。2022年12月21—22日，新桥镇第二届人民代表大会第三次会议召开。镇人大代表、列席人员，共计65人参加会议，会议圆满完成各项议程，依法成功选举罗舒为新桥镇人民政府镇长。

（姚佳）

魏城镇

【概况】 魏城镇地处游仙区东部，距中国科技城（绵阳）市区28千米，距梓潼城区17千米，与仙海区、梓潼县2个区（县）和信义、仙鹤、忠兴、新桥4个镇接壤，全镇辖区面积180.8平方千米，下辖徐家场、东宣场2个场，22个行政村，4个社区居委会，291个村（居）民小组。全镇总人口近8万人，党员2500人。2022年，魏城镇对照建设绵阳市县域副中心城镇和游仙区域副中心，固定资产投资完成119.14%，全年规模以上工业产值同比增长1.4%，商贸规模以上单位收入同比增长46.71%，服务业规模以上企业收入同比增长19.08%，“四上”企业升规资料提交7家，培育各类市场主体350余家。

【党的建设】 全年研究党建工作6次，专题听取班子成员履行“一岗双责”情况汇报4次。聚焦基层党组织建设，开展党建专项督查4次、党建工作调度会2次，督促基层党组织严格落实“党支部标准工作法”和党建绩效管理，条目式制定党建月工作清单，并通过月通报、季考核，推动党建工作标准化、规范化。聚焦党员干部队伍建设，支持村党组织书记参加省、市、区培训班，实现党组织书记培训全覆盖，依托镇党委党校，开展党员培训3次、1600余人。运用互联网思维、信息化手段，开发“智慧党建”微信小程序，编织党员服务微网格520个，全镇520名在家青壮年党员“一对一”联系帮扶到户，通过“线上+线下”方式解决群众的困难和问题。2022年3月，铁炉村获评2021年度全市先进村党组织（AAAA级），飞龙村获评2021年度全区先进村党组织（AAA级）。扎实开展作风能力攻坚，对工作不力的2名村党组织书记进行撤换。开展审查调查工作，全年党纪政务处分20人。全面完成2021年度基层党建述职3项问题整改工作。

【魏城工业园】 魏城工业园以PPP（公共私营合作制）模式开展建

◆ 2022年，魏城镇全貌

设，项目位于绵阳市游仙区魏城镇莲花村，规划用地95.43公顷，项目计划总投资7.57亿元。园区涉迁农户194户，企业6家，坟墓4000余座。魏城工业园自2021年5月启动以来，已完成签约农户131户、企业1家，签约率66%；完成倒房118户，已支付拆迁款3800余万元，拆迁交地面积47余公顷。已招引四川华明辉（鹏弘昱）入驻园区，占地9.13公顷，计划投资5亿元，建设绵阳石材产业园，项目拟建20条精加工生产线，建成后主要用于石材、岩板的加工、成型、展销、安装、维护等石材生产经营业务。

【农业产业】 推进农田水利建设，完成高标准农田项目建设294.3公顷、粮种制繁基地66.67公顷、蔬菜高产示范基地213.33公顷目标分解，蔬菜产量5000吨。积极与科兴（联润）公司等2家龙头企业对接，培育壮大新型农业经营主体，累计建成家庭农场64家，培育涉农龙头企业8家，建成农民专业合作社82家，魏城镇红岩村获评“省级乡村振兴示范村”。积极对上争取，持续壮大集体经济。10个村获中央、省级财政扶持资金800万元。农旅产业项目投资8亿元，铁炉村金炉谷、飞龙村红色飞龙山、群益村枫清湾等农旅融合项目效益逐步显现。积极盘活用好镇村闲置资产，全镇21宗镇村公有闲置资产已通过充实办公场所、支持集体经济组织发展、对外租赁等方式盘活利用，盘活率100%。高效推进城乡建设用地增减挂钩项目，已整理复垦8公顷。

【乡村旅游】 充分发挥乡村旅游资源优势，依托飞龙山、铁炉村、鹤林绿洲、枫清湾等乡村旅游景点，突出农旅结合，积极举办飞龙山红色旅游暨民俗文化艺术节、群益村红叶观赏节等旅游活动，大力发展休闲观光、生态度假、果蔬采摘、农耕体验及农家特色餐饮的“周末经济”“假日经济”，倾力打造城市人周末生活第二空间。以服务业为牵引，依托现有居住人口和商业体量，大力发展购物中心、餐饮、百货、休闲娱乐等多种业态，扩大商贸辐射影响力，加速推动建成新型小城镇。年均吸引游客20余万

◆ 2022年，魏城工业园建设

◆ 2022年，魏城镇农业产业园

人次。

【交通优势】 魏城镇辖区在建高速公路项目3个，三条高速在魏城镇境内设置出口2个。绵苍高速建设项目和G5成绵高速扩容项目拆迁工作已全面完成，5个村级安置点已交地，大部分安置房屋已完成修建，正进行后期“三改”项目。启动广绵高速复线项目拆迁任务，已完成约80%，启动“三改”道路4条。14.49千米通组路建设工程和15.4千米撤并建制村畅通建设工程已按时间节点完成。

【公共服务】 落实各项支农惠农政策，发放粮食、农机补贴、生猪、能繁母猪等各类惠农补贴329.4万元。严格落实惠民政策，2022年度城乡医保缴费5.3万余人，参保率98.41%；城乡养老保险参保43688人，参保率98%；发放民政、计生、残疾、高龄等各类惠民资金1118.61万余元。关心关爱农民工群体，主动协调追回28名农民工工资56.8万余元。大力支持公共服务设施建设，投资8000余万元正在建设老年医学中心，惠及老龄人口4万余人；对上争取108万元，强化未成年人关爱保护和社会服务。

【生态环境】 建立健全农村保洁制度，在22个村成立农村保洁队伍，实现全天候全覆盖保洁。开展“美丽庭院”评选活动，先后整理农户庭院300余户。开展专题曝光和集中清理整治行动，共整治“牛皮癣”、乱搭乱建等400余处。购买第三方保洁服务，投入保洁人员20人，对场镇进行全覆盖、常态化保洁。开展城镇划线定点停车行动，划定机动车停车位700个，农用三轮停车位100个，禁止停车标志设置率达100%。组织镇城管、交警、综合执法等力量10余人，对乱停乱放、占道经营等问题进行集中整治，场镇环境更加有序。探索建立“路长制”，采取“分村分段、定时保洁”的方式，由镇财政投入12万元专项经费保障，对绵梓路、小永路等主要道路进行常态化保洁。投资50余万元，在场镇主干道重要节点打造景观小品10余处，提升场镇宜居形象。

【社会治理】 坚持党建引领，全力推动“自治、法治、德治”三治融合，突出社会矛盾化解，规范处理网络信访和市、区热线136件，满意度超80%；化解纠纷132件，调解成功率达99.7%。常态化开展扫黑除恶斗争，扎实开展平安建设提升“三感”，群众关注的盗窃案、电信诈骗案同比下降56%。强化数据赋能，构建起镇域网格化社会治理联动体系。工作经验获市委常委、政法委书记荣全肯定性批示，并在市域社会治理现代化专刊、《绵阳日报》刊发。 (强丽君)

忠兴镇

【概况】 忠兴镇位于绵阳市东北部，东邻魏城镇、仙鹤镇，南接新桥镇街子场，西靠新桥镇云凤场，北连江油市大堰镇。距绵阳城区25千米，境内有胜黎路、安梓路、太凤路等7条县乡主干道贯穿全镇，通行98路、99路公交车，是区域乡镇交通枢纽，距国家AAAA级旅游景区仙海风景区5千米、距江油大堰高速出口7千米。总面积140.1平方千米，辖15个行政村、3个社区居委会，222个村民小组，12个居民小组。全镇总户数16368户，其中农业户14141户；总人口44169人，其中农业人口40691人；山林面积2980.91公顷，耕地面积5616.73公顷；农村经济总收入62059.55万元，农民人均纯收入24100元。

【主要经济指标】 2022年，忠兴镇实现社会固定资产投资6.63亿元，完成亿元以上招商任务1个，实现规模以上工业产值2.29亿元，工业企业技改投资3.58亿元，绵阳紫东食品有限公司被评定为省高新技术企业。实现项目入库12个，总投资4.15亿元，其中5000万元以上项目4个。规模以上服务业入库3家，限额以上个体企业入库3家，服务业增加值4937万元，电子商务网络零售额1.65亿元，新增市场主体166家，全区排名第二。

【现代农业发展】 水稻、玉米等主要农作物实现稳产增收，主要粮油农作物总产量48061吨，全面完成扩种增收任务。以红萝卜、猕猴桃、羊肚菌等为代表的品牌产品不断发展，中药材、蔬菜、柑橘、生姜、花椒等增收作物种植面积达2518亩，实现产值600余万元。新建特色种植养殖基地6个，生猪出栏5.4万头，位居全区第一。新培育市级农民合作示范社1个，家庭农场5家，市级示范场2家、省级示范场1家。作为全省两个乡镇代表，全面推进“土地细碎化整治试点镇”工作，并在全市高标准农田建设工作推进会上作经验交流。成功承办“2022年度全区粮食扩面生产现场会”。

【基础设施建设】 聚焦聚力基础设施建设，积极对上协调争取招引项目资金1.1亿元，新建道路35千米，扩宽道路12千米，硬化沟渠22.3千米，新建提灌站5座，技改维修15座，硬化塘堰40口，已进入施工阶段，水利工作被评为“绵阳市武引灌区先进乡镇”。全力推进全镇国土空间规划工作，切实抓好自然资源保护工作，认真做好卫片执法、森林讳法图斑的整改销号工作。持续推进乡村振兴，在迎接省级实施乡村振兴战略先进区“回头看”考核工作中被评定先进单位，酒店村被评为“四川省乡村振兴示范村”，木龙村、兴合村被评为“绵阳市乡村振兴示范村”。

【社会民生】 持续投入2700万元保障民生，扎实推进年度民生实事票决项目6项，落细落实稳定和就业政策措施，开展送岗送暖行动，健

◆ 2022年，木龙村大春小麦机械化播种现场，忠兴镇大托管土地实现全机械化耕种

2022年忠兴镇各行政村基本情况统计表

表8

村名	面积（平方千米）	户数（户）	人口（人）	农村经济收入（万元）	农村经济总费用（万元）	农村经济净收入（万元）	农民人均纯收入（元）
龙安村	7.52	783	2334	3341.57	874.59	2466.98	24214
龙泉村	5.47	963	2741	4252.77	921.44	3331.33	24338
明龙村	6.39	1023	2932	4918.60	880.26	4038.35	24385
双鱼村	8.20	858	2534	4078.58	1089.58	2989.00	24383
鑫龙村	9.25	1000	2872	4256.28	1072.03	3184.25	24343
兴合村	9.70	1335	4078	5726.63	822.51	4904.12	24822
南桥村	10.58	1200	3304	4696.96	710.00	3986.96	23600
酒店村	8.77	756	2155	3678.14	850.84	2827.30	24492
五兴村	14.86	1348	3733	5664.73	1568.09	4096.63	23704
永佛村	12.3	1054	2885	7039.06	810.71	6228.35	23470
紫气村	5.32	703	2016	1792.93	90.52	1702.41	24009
凤凰村	9.94	1067	3114	3910.38	165.59	3744.78	24116
木龙村	7.63	805	2431	3393.13	713.20	2679.93	24219
乜家村	5.02	594	1630	2304.58	504.68	1799.90	23490
福林村	7.32	652	1932	3005.21	1016.73	1988.48	23487

全“一老一小”农村养老照护和儿童关爱保护体系，完善镇社工站、未保站建设，持续培育孵化本地社会组织，打造精品社会服务项目4个，走访关爱困难群众884户。持续做好退役军人“双拥”工作，发放优抚对象补助金430.23万元。教育医疗繁荣发展，忠兴小学、忠兴中学荣获游仙区教体系统综合目标考核特等奖，太平小学荣获游仙区教体系统综合目标考核一等奖。有序推进县域医疗次中心建设，代表游仙区迎接省农业农村厅对两项改革“后半篇”文章基层医疗机构运行情况调研。

【基层治理】 深入推进“安全生产三年专项整治行动”“城乡环境综合提质三年行动”和“全国村级议事协商创新实验试点”工作。实施镇村联动共治、场镇街长负责、亮化结果通报，镇域环境治理再上台阶，在绵阳市城乡环境综合提质三年行动第三轮评比中忠兴镇荣获十佳乡镇，相关做法被《绵阳日报》刊发，并在全区交流发言。全域开展安全专项大检查及安全隐患排查，全年排查山洪危险区7个、地灾隐患10处、整治隐患路面11处，转移危险区人员961人次，组织开展村社区应急防汛演练18次，未发生食品安全事故，成功承办“游仙区2022应急安全与防汛演练”活动，顺利通过四川省安全社区创建工作。作为全区唯一代表，成功迎接省应急管理厅对应急值班值守、物资储备、应急能力提升的现场考评工作。以法治为“导向”整合资源，常态化打击电信网络诈骗、违法信访等违法犯罪行为，持续推进“治重化积”工作，化解历史遗留问题2个，获评全区“七五”普法先进单位、打击整治养老诈骗先进集体、中共二十大安保维稳先进集体。

【集体经济发展】 全面完成“消薄”任务，作为游仙区唯一代表在全市村级集体经济“消薄”决胜攻坚推进会上进行展示性路演，相关经验做法获市委领导肯定性批示。“联城带村组团进城”做法入选绵阳市发展壮大集体经济“十三法”案例，《中国组织人事报》报道2次，木龙观胡萝卜种植专业合作社入选农业农村部典型案例。做深做实两项改革“后半篇”文章，健全四级供销联合体系，示范引领梯度推进，相关工作获得省供销社领导调研肯定。积极培养省级首批农村致富带头人2个，木龙村党委成功创建市级AAAA级优秀基层党组织，永佛村、木龙村获评“四川省第五批传统村落”。

【土地大托管】 立足“粮油大镇”建设目标，加快推进土地大托管项目实施，构建“政府搭台+四方合作”模式，创新“保底+溢价”利益分配机制，成功融资3.3亿元用于基础设施改善、农业产业发展及粮油现代农业园区建设，土地大托管项目被认定为全市重点项目。首批土地托管项目完成土地精细化整理500余公顷，整理撂荒地150公顷，完成867公顷全托土地的全面耕作，650万元农业机械购置到位，代表游仙区在市委组织部召开的全市撂荒地治理工作推进会上作经验交流。土地大托管模式先后迎接国家和省发展和改革委、省农业农村厅、省农发行、省农科院等省市部门、院所调研60余次。创新做法以《四川绵阳让“撂荒地”变“金土地”》为题被《人民日报》内参刊发，并获国务院领导肯定性批示，成功入选“四川省农业生产社会化服务典型案例”“四川金融服务乡村振兴十佳案例”，在全市做经验交流2次。改革事例先后被《中国组织人事报》《省委每日要情》《四川改革动态》等刊发报道21次。

【农文旅融合发展】 以土地大托管项目实施和粮油现代农业园区建设为契机，利用距离城市较近的优势，聚焦田园经济，注重本土元素提炼，将田园休闲旅游文化融合到农业种植和土地托管项目规划布局中，实现一、三产业融合发展。大力推动农业产业与旅游休闲、农耕体验、文化传承、健康养生等深度融合，采取复兴一批传统农产品传统手工艺，挖掘一批特色农产品文化内涵，打造一批特色农产品文化

◆ 2022年9月9日，忠兴镇承办“2022年度全区粮食扩面生产现场会”

◆ 2022年3月，忠兴镇木龙村土地标准化精细化规模化整理现场

品牌的方式，依托农耕文化资源发展休闲农业和乡村旅游。2022年，依托荆桃农场，红萝卜农事体验，杨梅、草莓采摘，红枫林观光等旅游品牌，吸引接待3万余人次，带动周边经济增收100余万元。

【城乡环境综合提质】纵深推进“城乡环境综合提质”三年行动，全面推进“五清”“四定”工程，实行镇村联动共治、场镇街长负责、亮化结果通报，倡导群众以“扫干净、摆整齐、有秩序”为目标，自觉做到“门前五包”，整理农户前厅后院600余户。按照“行商入市、坐商归店”和“重点地段取缔，背街小巷规范”要求，坚持规范疏导和清理取缔相结合，整治占道经营行为100余起，改扩建市场1处，引导80余处流动摊点入市经营，规范施划商铺摊位450余处。系统整治“乱停乱放”“小散线”等场镇老大难问题，硬化场镇破损道路4000平方米，换栽绿植3500平方米，墙体上漆近5000平方米，新建停车场1个，新规划停车位近1000个，镇域环境治理再上台阶，场镇颜值不断提升，治理成效显著。在绵阳市城乡环境综合提质三年行动第三轮评比中忠兴镇荣获十佳乡镇，相关做法被《绵阳日报》刊发，并在全区交流发言。

（潘少静）

信义镇

【概况】信义镇位于游仙区东部，东邻盐泉镇，西连小枧镇，南接中太镇，北与魏城镇接壤，距市区中心36千米，是全区重点工业乡镇之一。政府驻地为石板社区双兴街49号。总面积136.30平方千米，镇域内设观太场、刘家场。村级建制调整改革后，辖区共有18个行政村，3个社区、251个村民小组。全镇总户数18307户，其中农业户16246户；总人口49942人，其中农业人口48126人。山林面积4324.08公顷；耕地面积5318.84公顷，其中水田2286.7公顷，属游仙区第二大乡镇。

全年，全乡（镇）实现工农业总产值12亿元，同比增长9%；财政总收入2607.25万元，其中，地方财政收入2607.25万元；农村经济总收入98663.4万元，同比增长24.7%；村级集体经济总收入104万元；农民人均纯收入23514元，同比增长7.2%。年末银行存款余额0.16775亿元。

【农业产业】通过连片整合土地、劳动力、农技设施，集成发展生态绿色品牌，实现农林牧渔业总产值8.4亿元，同比增长3%，新增高标准农田33.33公顷，粮食播面6560公顷、产量达3.88万吨，生猪出栏

◆ 2022年4月9日，信义镇向上海同胞捐赠5000余千克菜豌豆

4.9万头，蔬菜制种和商品蔬菜突破1333公顷，信义刘皇叔、小蜜薯、羊肚菌等生态特色蔬菜取得长足发展。有农业企业28家、合作社51家、家庭农场123家。2022年新冠疫情防控期间，信义镇向上海同胞捐赠5000余千克菜豌豆。

【工业产业】 引入企业3家，完成商务招商引资任务2个，超额完成固定资产投资任务；全年实现工业总产值2.3亿元，新增规模以上工业企业1家，总量达到9家，全镇有工业企业16家，规模以上企业占比55%。此外，高质量完成双胞胎年存栏5200头母猪扩繁场建设、侨致农牧种养循环园建设等市区重点项目。

【基础建设】 全面开展房屋风险普查工作，对共计22182栋房屋全面完成录入风险普查系统；对全镇11364户燃气户进行入户排查，完成率100%，发现存在隐患立即整改达100%。发放明白卡1万余份；完成了20个行政村（含刘家、石板2个涉农社区）常住户8882户，建有生活污水处理设施且正常运行8615户，治理率97%；开展土地整理1337.66公顷，修建渠道23768米，新建蓄水池18口，整治山坪塘36口，新建涵管615米，修建田间道路27349米，错车道49处，道路接口50处，规划实施重点发展项目13个。持续开展场镇乱停乱放专项整治，划定机动车停车线152个，非机动车停车线50个，购买分类垃圾桶1400套，完成危房改造5户，土坯房改建102户，整体形象得到进一步提升。完成石板、刘家场镇、柳垭村污水管网改造提升，新建污水管网1.5千米，完成30户入户污水管网接入工作。创建为绵阳市第四批“四好农村路”示范乡镇。

【社会民生】 全年开展临时救助97人次，共计发放救助资金9.56万元；为全镇五保户337人合计发放资金24.5万元；为709名重度残疾人发放护理补贴资金43.03万元，86名困难残疾人提供居家灵活就业直补资金共计6.1万余元；完成特扶对象奖励金发放工作，为独生子女伤残15人发放13.23万元，独生子女死亡95人，发放106.02元；有农村低保705人，城镇低保62人，专有资金已全额拨付到位；城乡养老覆盖人数29455人，全镇60岁以上已享受并领取养老金的10215人；医保参保40449人；农村小额保险参保13821人；开展规范醇基燃料专项宣传活动1次，发放宣传资料300余份；全面落实食品卫生工作，被绵阳市食品安全委员会认定为第三批绵阳市食品安全示范乡镇。

【乡村振兴】 深入开展城乡环境综合提质三年行动，打造整洁、优美、文明的城乡人居环境。实施

◆ 2022年7月，信义镇开展城乡环境综合提质插旗活动

◆ 2022年3月，G5高速信义段修建工作稳步推进

2022年信义镇各行政村基本情况统计表

表9

村名	面积（平方千米）	户数（户）	人口（人）	农村经济收入（元）	农村经济总费用（元）	农村经济净收入（元）	农民人均纯收入（元）
红广村	6.847	827	2318	47248433	15010000	32238433	23144
白马村	5.831	799	2158	39686027	11530000	28156027	23821
龙园村	8.230	853	2472	54400501	27300000	27100501	23139
曾家垭村	5.617	475	1360	30362761	11030000	19332761	24723
家合村	8.157	985	2831	53106803	16920000	36186803	23506
凤鸣村	6.953	974	2673	54802237	20740000	34062237	22627
金桥村	7.21	1095	3084	50329408	16880000	33449408	25301
莲水村	6.066	916	2628	56524069	21010000	35514069	25515
双兴村	8.066	1194	3609	65742406	24770000	40972406	22414
卢家坪村	6.607	1081	3046	48774984	14330000	34444984	23068
群丰村	8.218	1025	2756	70682589	27470000	43212589	23724
李花村	8.846	708	1818	47949596	24750000	23199596	22624
段家桥村	6.071	633	1775	39862417	14490000	25372417	23015
福星村	5.318	793	2358	62111922	31880000	30231922	24225
铧柏村	6.773	832	2345	61377621	21730000	39647621	22805
仙山村	8.86	791	2120	57434259	18990000	38444259	23790
柳垭村	7.281	1001	2975	56686073	24180000	32506073	22762
信义村	10.332	1241	3461	71789081	35940000	35849081	22762
石板社区	0.958	764	1618	12079705	6740000	5339705	24474
刘家社区	0.967	1054	1915	5681979	1200000	4481979	24058
观音桥社区	1.25	266	622	—	—	—	—

“特色信义文化小镇”建设，营造“知信义、崇信义、践信义”浓厚氛围。有力推进两项改革“后半篇”文章，实施镇便民服务中心“亮化”升级、村便民服务室“亲民”改造，进一步深化“一窗受理”模式。探索开展“基层治理群众工作六法”“信乡邻义同行”邻里互助积分兑换、土地股份制改革，经验分别在《绵阳日报》等省市多家主流媒体报道，双兴村创新资产盘活方式壮大村集体经济工作经验，在全市村级集体经济“消薄”决胜攻坚推进会上专题推广，信义镇创建为市级乡村振兴先进乡镇。

【拆迁工作】 完成G5成绵扩容项目征收仙海互通柳垭出口土地4.19公

顷，迁坟27座。G5项目征用临时用地约15.33公顷；武引二水厂项目位于信义村6社、14社占地面积1.23公顷，迁坟42座，房屋3栋。临时用地1.58公顷；征收信义镇养老服务项目面积0.68公顷。由于项目建设采取高挖方、高填方致山脉、水系发生变化，导致道路、堰塘受损，影响群众生产、生活，全镇还建道路33处1.4千米、沟渠30处1.5千米、扩堰3口、精修堰塘5口、提灌站5座、修建蓄水池1口。

小枧镇

【概况】 小枧镇由原小枧沟镇和建华乡合并而成，辖区面积90.8平方千米。位于绵阳城市东南部，地处美丽的涪江东岸，距绵阳市中心城区7千米。拥有省级经济开发区1个、绵阳城市学院等大中专院校2所、中国燃气涡轮研究院1所，科技型中小企业76家，规模以上企业27家，上市公司2家。有国康牡丹园、仙山植物园、湿地公园、东湖公园等景点。

2022年，全镇全年预计完成固定资产投资19.3亿元，财税入库6000万元，1—12月实现社会消费品零售额总额6137万元，区委、区政府下达各项经济指标任务全面完成。辖7个行政村、9个城市社区，1个农村社区，75个村民小组、81个居民小组，户籍总人口35824人，农业户7859户；总人口68001人，其中农业人口19438人，有外来人口32177人。山林面积3359.61公顷；耕地面积2585.94公顷，其中水田946.13公顷。全年全镇财政拨款预算收入63483.88万元，其中当年财政拨款收入63483.88万元，与上年3431.74万元相比，增加60052.14万元，增长1749.9%，增加的主要原因是小枧城市生态公园土地整理成本项目资金增加；全年财政拨款预算支63468.77万元，其中基本支出2155.94万元，占全年总支出的3.4%；项目支出61312.83万元，占全年总支出的96.6%；与上年3431.74万元相比，增加60037.03万元，增长1749.46%，增加的主要原因是小枧城市生态公园土地整理成本项目资金增加；农村经济总收入28863.4万元；村级集体经济总收入321.4万元；农民人均纯收入20733元。

【党的建设】 召开专题会议23次，开展各类宣讲36次。组织开展中共二十大精神宣讲活动20次。为健全小枧社会工作服务体系，按照“党建引领+社会孵化”原则，成立1个小枧镇“枧·爱”社会工作服务党总支，其下设利民社区社工室党支部、遇仙村社工室党支部、河沟社区社工室党支部等17个社工室党支部；为进一步发挥党建示范引领作用，按照“以强带弱、抱团发展、资源共享、合作共赢”的原则，推动村集体经济发展壮大，成立1个乡村振兴党总支，其下设农旅融合发展党支部、种业科技发展党支部、基层治理党支部3个支部，服务辖区群众3万余人次。坚持在拆迁安置、维稳处突等急难险重工作中淬炼和检验干部，推动镇村干部抓落实。

【乡村振兴】 全年完成撂荒地整治5.12公顷。完成耕地非粮化整治81.22公顷。完成耕地地力补贴1287.73公顷。农产品质量安全检测样品300个。识别认定防返贫监测对象13户30人；帮助20余户患大病、重病家庭申报返贫预警基金60万元。开展乡村建设信息采集工作，完成4000余户农村户籍人口的数据统计。持续开展厕所革命、村庄清洁和农村“五清”行动进行人居环境整治。开展土地流转监管不到位情况整改，将34.67公顷未纳

◆ 2022年，小枧镇全貌

2022年小枧镇各行政村基本情况统计表

表10

村名	面积（平方千米）	户数（户）	人口（人）	农村经济收入（万元）	农村集体经济净收入（万元）	农民人均纯收入（元）
遇仙村	9.57	984	2376	9836	26	28000
高乐村	8.94	958	2453	340	6	18600
天池村	10.36	889	2272	4042	12	18000
雨凤村	6.6	673	1552	650	12	18600
洪垭村	10.89	1093	2795	8241	8.6	21934
五星村	3.7	541	1556	1350	36	19000
八龙村	4.8	610	1451	750	5	21000

入台账管理的土地重新进行清查、备案。在全镇涉及的6个村，9个社区，78个村（居）民小组逐步建立河（湖）长制工作机制。积极协调武引用水，使小枧镇2022年大春满插满栽。完成固定资产投资24.09亿元，超额完成10%；完成商贸流通（社会消费品零售额）企业数据上报，共上报7042.4万元，入库商贸流通3个，规模以上服务业2个；超额完成经合局下达国内省外到位资金2.2亿元。

【项目建设】 根据游仙高新区园区建设进度，全年签订协议161户，拆除企业4家，迁坟93座，倒青27.33余公顷，完善拆迁贷资料45户，涉及资金3569万元，支付拆迁补偿款4500万元。在2022年10月正式启动社保贷工作，为解决省道205线和太极项目社保资金找到新思路。完成“社保贷”审核及放贷243人，涉及社保贷资金5348万元。保证了运动公园、油坊河治理、辖区道路工程项目顺利推进。

【社会民生】 打造“枧·爱”社会工作服务站、“枧·爱”未保站，孵化培育社区社会组织74家，培育法人社会组织2家，培育持证社工23名，新增注册志愿者1000余名，以公益创投等形式发布服务类项目20余个，打造“我与书记共读一本书”“健康配送”等品牌项目9个，开展活动500余场，服务居民5万余人次。2022年，对因病因灾生活困难的群众发放临时救济金10万元。慰问老党员、困难党员、低保、五保、孤儿等困难群众近600人。城乡居民医疗保险参保2.9万人，参保率100%。劳动就业工作在上级部门的业务指导下，新开发公益性岗位12人，新增就业640人，办理失业登记73人。

【依法行政】 2022年，成立镇党政主要领导为组长，分管领导为副组长，机关各办（中心）主任、企事业单位负责人、各村（社区）书记为成员的平安建设工作领导小组，保障了平安建设人员、阵地、制度、经费。全年举办平安建设、法治、禁毒、防邪、防电信网络（养老诈骗）诈骗、扫黄打非、扫黑除恶等宣传培训12场次，发放各类宣

◆ 2022年6月23日，小枧镇村规民约征求意见座谈会召开

传资料45000余份，张贴悬挂标语、宣传画报、横幅1200余条（张），在村（社区）宣传平安建设知识。2022年，为镇、村（社区）重大事务决策提供法律意见26份，为村（社区）集体经济进行“法治体检”32次，现有乡村“法律明白人”122名，公共法律服务站（室）接待群众800余人次，办理法律援助初审9人次、接受咨询约1000人次。全镇共有专兼职人民调解员73名，全年开展联动排查调解并成功化解各类矛盾纠纷190件，办结市长热线问题617条，办结网上信访77件。全年开展3次反邪教警示教育活动，发放各种反邪教宣传资料4000余份，2次对院校青少年进行反邪教教育，加强反电信网络诈骗宣传和打击防范。全年小枧镇实有人口完成安装“国家反诈中心”App任务进度37.1%，18478个，完成2022年指导任务（实有人口35%）。协同公安、司法、市场监管等部门组织辖区场所负责人集中开展禁毒培训4次，开展场所涉毒问题专项整治行动24次。

【综合执法】 2022年，镇综合执法办在镇党委、政府的领导下有序开展各项工作。全年累计开展日常督查200余次，专项检查20余次，应急演练20余次，检查车辆、人员1.8万余辆（人）次，排查安全隐患点位30余处，劝导违规违法行为4000余人次，切实助力平安小枧建设。

【环境整治】 2022年，小枧镇持续开展城乡环境综合提质三年行动，成立专项整治行动工作专班，设立维稳组、拆除组、清运清洁组、重点个案组、后勤组等5个工作小组，累计走访群众1165户，发放通告1200余张，收集群众意见建议162条，拆除违建330户、17240平方米。投入90余万元在场镇实施基础设施提升工程，增设人行道200余米，维修路面、硬化道路等239处，修补破损人行道1500余米。投入130余万元增设口袋公园1个、景观小品12处、花箱200余个，增补街道绿植400余株，新增绿化面积3344平方米，极大提高了城市颜值。采取疏堵结合的方式，增设、补划停车位1200余个、停车场2个。同时，开展车辆违停高发区域集中整治行动，整治车辆乱停放998辆次；规范商铺摊位185处；清理各类小广告、牛皮癣1430处。环境提质工作经验被《四川观察》报道1次、《绵阳日报》报道3次。

（喻潇）

仙鹤镇

【概况】 仙鹤镇位于游仙区东北部，辖区面积79.8平方千米，是全国农村创业创新基地、四川省现代农业示范产业园、绵阳市现代农业园区、绵阳市生态循环示范园区、游仙区乡村振兴“果满山川”产业带核心区、优质粮油产业基地。仙鹤镇按照“北粮南果”的产业发展布局，在镇北面以青龙村、石龙村为中心大力推进优质粮油基地建设，建成867公顷优质粮油种植示范基地。在镇南面以洛水村、云水村为中心，大力发展葡萄种植，已建成333公顷的洛水生态葡萄产业园。全镇种植葡萄、柑橘、枇杷等水果667公顷，核桃533公顷，水稻制种67公顷，青花椒133公顷，生态无筋豆、辣椒等优质蔬菜133公顷，苹果育苗基地67公顷。镇政府所在地为绵阳市游仙区仙鹤镇兴民街1号。

仙鹤镇总面积79.8平方千米，辖9个行政村、106个村民小组、2个社区居委会、14个居民小组。全镇总户数8882户，其中农业户8032户；总人口25007人，其中农业人口21584人。山林面积2255.8公顷；耕地面积3284.13公顷，其中水田2227.9公顷。全年，全镇村级集体经济总收入3349万元，同比增长717%，农民人均纯收入24884元，同比增长6%。

【农业产业发展】 投资1.8亿元的九惠公社现代化蛋鸡养殖基地二期项目落地建设，预计年产值达4000万元；投资3000万元的康丰源公司智能化畜禽养殖基地技改项目顺利实施；新招引富鸿昇塑料制品有限公司投资1000万元在石龙村新建一次性饭盒生产线已投产使用。规划建设“果满山川”农业主题公园、“金龙湖”星级旅游服务区、高品质立体农业产业园3个项目。2022年，全面完成村（社区）集体经济“消薄”任务。金柏村成功争取壮大村集体经济扶持项目资金100万元。在金龙村、朝真村等7个村开展集体建设用地增减挂钩工作，总计492个地块、691户，面积30.84公顷，项目完成后，集体经济收入达1500余万元。

【粮食安全】 2022年全镇粮食生产完成25300吨，油菜生产完成2600吨，种植蔬菜100公顷。耕地保护补贴面积1912.61公顷，补贴金额3620863元，一次性补贴面积1093.31公顷、补贴金额1216693.74元，水稻补贴面积1073.31公顷、补贴金额897539.35元。种粮大户69户，种粮面积775.59公顷。扎实推进撂荒地综合治理，全镇摸排撂荒地4.94公顷，已复耕复种4.94公

2022年仙鹤镇各行政村基本情况统计表

表11

村名	面积（平方千米）	户数（户）	人口（人）	农村经济收入（万元）	农村经济总费用（万元）	农村经济净收入（万元）	农民人均纯收入（元）
柏林社区	4.9	1257	3197	68.35	43.81	24.54	26858.5
朝真场社区	0.1	106	282	—	—	—	—
崇林村	6.3	633	2063	15.19	13.20	1.99	23486.42
朝真村	7.3	705	2052	58.23	55.87	2.36	23629.92
金柏村	8	639	1756	31.41	29.43	1.98	25626.78
金龙村	10	988	2848	109.39	69.10	40.29	26397.92
洛水村	8.5	1075	3154	222.76	217.42	5.34	27854.2
孟津村	8	903	2513	103.35	87.11	16.24	25356.48
青龙村	8.5	727	2270	225.26	215.98	9.29	22899.18
石龙村	9.7	940	2813	82.47	66.85	15.61	24368.5
云水村	8.5	909	2470	67.37	63.04	4.34	22367.16

顷。同2021年数据对比分析，2022年新增耕地33.33公顷，种粮面积增加40余公顷，农机补贴同比增长150%，农业机械化率不断提高。全镇土地流转面积达923.2公顷。

【基础设施建设】 整合产油大县、乡村振兴衔接奖励、高标准农田和地方债券等项目投资3600万元，新建道路9200米，新建渠道3300米、整治河道3100米，维修提灌站6处。争取农发行贷款2.7亿元，建设桥梁4座，道路修补、扩宽及硬化21千米，新建电力设施8处，新建气调库1座、葡萄烘干房1座。在石龙村建设年烘干可达2000吨的粮油烘干中心1座，在柏林社区建设年烘干1000吨的粮油烘干中心1座。

【推动乡村振兴】 建立仙鹤特色乡村片区党组织，成立“果满山川”现代农业园区党总支和“仙鹤粮仓”优质粮油现代农业园区党总支，在洛水村、云水村、柏林社区实施的“果满山川”现代农业园区项目逐步完工，建成100.47公顷标准化避雨设施，23家葡萄种植专业大户，带动广大种植户葡萄品种改良和提质增效。项目建成后，园区

◆ 2022年3月，仙鹤镇石龙村的“油菜花田” （严光涛 摄）

每年实现经济效益2000万元，人均年增收800元。在青龙村、石龙村打造“仙鹤粮仓”优质粮油现代农业园区，规划优质粮油现代农业示范基地1200公顷，积极争创市五星级粮油现代农业园区，创新开展农业社会化服务试点项目，开展水稻机耕、机插、机防、机收和油菜、小麦机防、机收全程社会化服务，保障粮食生产。已培育国家级农民专合社2家，省级家庭农场2家，种植面积超过6.67公顷的家庭农场35家。创建“仙鹤壹品”品牌，为仙鹤农产品增加附加价值，提高村民收入。

【基层治理】 全面开展综合行政执法工作，坚持河（湖）长制，落实街（路）长制，持续开展“两大一好”城乡环境综合整治活动，联合综合执法、市场监管、交警等多方力量对辖区大环境、卫生死角等进行全面整治。开展“厕所革命”工作，实施“厕所革命”40户，改造农村公厕3处，加强农业面源污染综合治理，加强对农药包装废弃物的回收，积极推进饮用水源地保护。全面抓好秸秆禁烧和综合利用工作，加大对农村生活垃圾分类宣传和综合治理力度。完善11个村级综治中心服务功能。开展“校园周边环境专项整治”行动8次，“国家反诈中心”App安装注册5418个，切实做好防范打击电信网络诈骗违法犯罪工作。持续强化扫黑除恶常态化工作，积极争创“平安仙鹤”建设。

【新时代文明实践】 全年组织开展关爱美化环境、疫情防控、文明劝导等志愿者服务活动700场次，全镇志愿者从年初256人增长到426人，切实营造了幸福、平安、和谐的社会氛围。充分发挥互联网舆论宣传主导作用，对辖区先进人物事迹，进行全方位、多角度报道，营造学习先进、争当先进、传播正能量的浓厚氛围，并积极借助人民日报客户端、“学习强国”学习平台、四川文明网、《绵阳日报》、绵阳电视台等主流媒体进行宣传报道，全年在中央、省、市级媒体上稿20余条，对内营造了学先进、赶先进、当先进的舆论氛围，对外提升了仙鹤镇的知名度和美誉度。

【社会民生】 全镇有防止返贫监测对象19户61人，已落实帮扶措施19户61人。户均享受帮扶措施3个，其中，落实综合保障100%，健康帮扶100%，就业帮扶和公益性岗位帮扶1.6%。全面落实社会救助政策，做到应保尽保、应救尽救，综合考虑困难群众实际情况，简化优化救助程序。建成未成年人保护工作站和“儿童之家”工作服务站，用于推进农村留守儿童和困境儿童关爱服务。

【企业培育】 持续做优做强“守心谷”“润沁春”等品牌。试点“中心”村带动周边村的村集体经济模式，利用两个“现代农业园区”壮大村集体经济。积极争创省级乡村振兴先进镇、示范村，2022年3月，仙鹤镇被命名为“2021年度绵阳市乡村振兴先进镇”，金龙村争创乡村振兴市级示范村通过市级验收。

◆ 2022年3月16日，游仙区2022年森林火灾扑救区镇联合应急演练在仙鹤镇举行 （严光涛 摄）

盐泉镇

【概况】 盐泉镇位于游仙区东南部，东依三台县，北临梓潼县，辖区面积109.88平方千米，距离绵阳市区53千米，属于丘陵地貌，辖区生态优美、民风淳朴，魏城河自北向南穿境而过。盐泉历史底蕴深厚，从西魏到元朝的725年间，先后为魏城县和盐泉县的县治所在地。在北宋时期又培养出科举时代以来的绵州第一状元——苏易简（958—996），官至参知政事（副宰相）。所以，盐泉镇也素有“状元故里、古县治所”之称。同时，镇内地下盐卤资源丰富，是绵州古盐场及古盐道所在地。

盐泉镇设梓棉场、白蝉场，辖14个行政村和3个社区居委会、177个村（居）民小组。总人口40630万人，其中，农业人口38020人，常住人口18724人；全镇总户数15120户，其中，农业户14075户，常住户数9330户。山林面积3606.88公顷；耕地面积4222公顷，其中水田1731.17公顷。2022年，玉溪村、宝山村分别被省农业农村厅评为2011年度、2022年度四川省乡村振兴重点帮扶优秀村；盐井村被省农业农村厅评为2021年度四川省乡村振兴示范村。

【镇域经济】 完成社会固定资产投资3.2亿元，向上争取2300余万元。财政总收入3201万元，同比增长26.24%，其中地方财政收入3201万元；2022年上缴国税17882.31元，同比增长53.1%。实现农业产值4.52亿元，农民人均可支配收入达到24768.59元。

【基础设施】 2022年，盐泉镇加强基础设施建设，全省百镇建设试点镇顺利通过验收，被区政府推荐申报“四好农村路”市级示范镇。全年养护运行2座污水提升站,治理污水直排口8处,硬化道路8千米，塘堰精修5口，硬化沟渠3千米。

【社会治理】 落实联防联动机制，建立“大巡防，大化解，大评价”三大工作体系，形成“1+3”社会风险防范化解工作机制。做好信访工作，2022年共处理市长热线115起，网信39起，治重化积案件1件，镇村信访事项6起。推进应急安全工作，集中整治区级挂牌的道路交通安全隐患点2处，组织开展森林防灭火应急演练和消防安全等专业知识培训4次。

【生态环境】 落实河长制、林长制和路长制，做好河流巡护、大气污染防治、长江水质保护、秸秆禁烧等工作。深入推进农村生活污水、垃圾及畜禽养殖污染治理，加大秸秆禁烧巡查环保检查，加大饮用水源地监护力度，持续提升社区生活污水处理能力，污水处理厂日处理915吨。在打包购买社会服务完成垃圾清运的基础上，建立常态化清扫保洁队伍，落实环境整治包干责任制，实行网格化管理，“定人、定责、定岗、定效”。开展人居环境综合整治工作，完成“厕所革命”工程，推进厕改654户。开展城乡环境综合提质三年行动活动，将全镇各村进行排名比较。常态化开展“小手牵大手”志愿服务活动，营造“人人参与、家家行动、户户整洁”的人居环境治理良好氛围。

【产业规划】 盐泉镇完善了以玉溪村现代蚕桑产业园、新和村富硒酵素粮油基地、宝山村“久缘硒谷”农旅融合项目为主的3个“中心点”产业布局；打造了“盐泉状元里”特色农业品牌；启动了村集体经济组织增收项目7个，7个集体经济“消薄”村全面“消薄”；创新设立“土地整理基金”，为撂荒地整理发放贷款190万元，整理撂荒地68.36公顷；启动了城乡建设增减挂钩项目，已整理土地33.33余公顷，拆除737户。2022年完成社会固定资产投资3.6亿元，全年预期目标完成率132.21%，新入库项目10个，固定资产投资综合考评排名全区乡镇街道第四。

【特色产业】 新和村以蚕桑产业为主，引进种养循环生态养殖技术，全村超1000人参加环保酵素培训，将农业有机废弃物及厨余垃圾进行资源化利用，做到全村“零污染”，创新发展富硒酵素优质粮油产业，使村民每亩每年增收1000元左右。清溪村、金蝉村依托传统蚕桑业，全面建设现代蚕桑产业园。圣谕村建成青年鸡养殖场、蛋鸡养殖场、蕨根粉条加工厂，养殖场年产出青年鸡25万只，蛋鸡20万只，日产鸡蛋18万枚，蕨根粉条加工厂投入120万元，月产量50吨，月产值150万元，集体经济固定年

◆ 2022年6月29日，盐泉镇举行“壮大集体经济 促进乡村振兴 金融助力撂荒地治理·‘土地整理基金’”签约暨开工仪式

2022年盐泉镇各行政村基本情况统计表

表12

村名	面积（亩）	户数（户）	人口（人）	村集体经济收入（元）	村集体经济总支出（元）	农民人均纯收入（元）
新和村	6972	678	1822	32600.00	95600.00	20000.00
清溪村	8229	604	1637	36570.00	99839.00	22165.23
圣谕村	9409.5	706	1919	120000.00	87300.00	22073.56
金蝉村	14118	1294	3508	91700.00	88200.00	23485.63
玉溪村	15300	1128	3012	181178.00	95769.41	22089.63
宝山村	25029	1537	4238	1664599.00	1164091.51	22158.64
长林村	15039	1080	2928	226785.00	193906.84	21056.32
上方寺村	12550.5	1180	3174	339810.00	169274.72	22548.96
雨台村	15604.5	1488	4170	78100.00	82977.00	22894.75
广兴村	7623	793	2040	275850.00	88418.42	22145.15
通远村	7816.5	815	2250	410685.00	707895.33	22458.93
黎红村	7524	716	1994	32350.00	107350.00	22458.96
光明村	11743.5	1184	3206	41300.00	78000.00	22568.92
盐井村	8214	872	2161	263445.54	179798.62	23546.75
白蝉社区	181.65	272	790	—	—	—
玉河社区	179.1	545	1329	—	—	—
梓棉社区	162.3	228	452	—	—	—
合计	165695.55	15120	40630	3794972.54	2601314.85	—

收入合计23万元。上方寺村共建4个养猪场，年产值3000万元，村集体经济组织引入资金进行牧草合作种植7.53公顷，年产值60万元，租赁土地进行中药材种植14公顷，村民每人每年增收超2000元。推动数字乡村建设，全镇14个村与通信公司达成战略合作，每年享受固定分红，其中，10个村集体经济组织通信服务公司正式运营。创新设立400万元“土地整理基金”用于撂荒地整治，预计每亩撂荒地年净收益可达1000元以上。

【山湾农庄】 探索将返乡能人、社会精英、传统蚕桑产业业主、本土大户和农场主整合起来，动员其积极参与乡村振兴，推进山湾农庄建设。在老盐井家庭农场、福寿（佛手）山庄等农业大户试点，动员其引进葡萄避雨栽培技术、核桃林粮、林菌混种技术、林养结合技术、鱼鸭精确套养技术，大幅度提高了土地利用率和产出率，综合效益较好；探索农事休闲项目建设，初步形成了葡萄采摘、垂钓、露营、亲子农事体验等乡村休闲体验项目，利用空闲农房开展共享小院、乡村小憩活动，已初步具备集吃、住、玩、体验于一体的游客接待能力。

【特色文化】 盐泉镇依托苏易简状元文化、鹤鸣书院耕读文化、蚕桑文化、盐井文化打造了苏易简纪念馆、乡村博物馆、蚕桑博物馆，开展相关传统文化活动。其中苏易简纪念馆被授予“绵阳市新时代公民道德建设教育基地”“游仙区廉政教育基地”“游仙区党员干部教育培训基地”“游仙区社会科学文房四宝文化普及基地”“游仙区状元文化研学基地”“游仙区新时代青少年文化活动中心”六块标牌，乡村博物馆被绵阳市社科联确定为“民俗文化普及基地”。盐泉镇三馆已成为游仙区传播传统文化的重要载体，对弘扬社会主义核心价值观，传播苏易简清正廉洁风范及其家族优良家风家教文化，传承地域农耕文化，展现生产生活历史，促进精神文明建设起到积极的作用。

◆ 2022年，位于游仙区盐泉镇盐泉学校的乡村博物馆

【志愿服务】 建设1个新时代文明实践所，17个新时代文明实践站，500余名党员志愿者及200余名群众志愿者参与服务。全镇每周平均举办10余次志愿服务活动，每月超50次志愿服务。涉及法治政策宣传宣讲、村居环境整治、交通安全劝导、科普卫生知识宣讲、环保宣传、安全教育宣传、居家养老服务、公益关爱、精神文明宣讲等共10余个方面，采用“线上+线下”结合、“集中+分散”结合、“定点+入户”结合等组合形式，参与志愿服务达5400余人次，服务村居民达1.2万余人次。

【民生事务】 全年发放低保资金481.39万元、特困资金149.06万元、80岁以上老人高龄补贴52.01万元、残疾人“两项补助”93.05万元、临时救助资金15.42万元。发放计划生育家庭奖扶资金211.39万元，特扶资金和其他特别扶助资金118.75万元，独子父母奖励资金8.69万元。民生支出占财政支出的75%以上，发放各项兜底资金585万余元，城乡居民医疗保险参保率达到99%。（齐兰英）

文件名录

2022年绵阳市游仙区人民政府文件一览表

表13

件号	责任者	文　号	题　名	日期
1	区政府	绵游府发〔2022〕1号	绵阳市游仙区人民政府关于印发《游仙区生活垃圾分类和处置工作方案》的通知	2022年1月14日
2	区政府	绵游府发〔2022〕2号	绵阳市游仙区人民政府绵阳市游仙区人民武装部关于表扬2021年度征兵工作先进单位和先进个人的通报	2022年1月18日
3	区政府	绵游府发〔2022〕3号	绵阳市游仙区人民政府关于进一步提高粮食安全保障水平的实施意见	2022年2月15日
4	区政府	绵游府发〔2022〕4号	绵阳市游仙区人民政府关于实施中国（绵阳）科技城核医疗健康产业园青龙山北片区规划的通知	2022年3月14日
5	区政府	绵游府发〔2022〕5号	绵阳市游仙区人民政府关于印发《绵阳市游仙区2022年度地质灾害防治预案》的通知	2022年4月26日
6	区政府	绵游府发〔2022〕6号	绵阳市游仙区人民政府关于确定2022年游仙区消防安全重点单位的通知	2022年5月7日
7	区政府	绵游府发〔2022〕7号	绵阳市游仙区人民政府关于印发《绵阳市游仙区“十四五”农业农村高质量发展规划》的通知	2022年5月20日
8	区政府	绵游府发〔2022〕8号	绵阳市游仙区人民政府关于印发《游仙区武引灌区改造期间供水保障方案》的通知	2022年5月15日

续表13

件号	责任者	文 号	题 名	日期
9	区政府	绵游府发〔2022〕10号	绵阳市游仙区人民政府关于印发绵阳市游仙区“十四五”应急管理体系规划的通知	2022年6月14日
10	区政府	绵游府发〔2022〕11号	绵阳市游仙区人民政府关于印发《绵阳市游仙区现代农业园区提升行动方案》的通知	2022年6月16日
11	区政府	绵游府发〔2022〕12号	绵阳市游仙区人民政府关于印发绵阳市游仙区“十四五”新农水规划的通知	2022年7月1日
12	区政府	绵游府发〔2022〕13号	绵阳市游仙区人民政府关于印发《游仙区“十四五”农村供水保障暨城乡供水一体化规划》的通知	2022年7月20日
13	区政府	绵游府发〔2022〕14号	绵阳市游仙区人民政府关于印发绵阳市游仙区防汛减灾专项整治实施方案的通知	2022年8月18日
14	区政府	绵游府发〔2022〕15号	绵阳市游仙区人民政府关于印发《绵阳市游仙区突发事件交通运输保障应急预案（试行）》的通知	2022年9月17日
15	区政府	绵游府发〔2022〕16号	绵阳市游仙区人民政府关于印发《绵阳市游仙区水上运输事故应急预案（试行）》的通知	2022年9月17日
16	区政府	绵游府发〔2022〕17号	绵阳市游仙区人民政府关于调整区政府行政复议委员会组成人员的通知	2022年9月20日
17	区政府	绵游府发〔2022〕18号	绵阳市游仙区人民政府关于印发《四川省游仙区蔬菜种业园区建设规划》的通知	2022年9月28日
18	区政府	绵游府发〔2022〕19号	绵阳市游仙区人民政府关于印发游仙区建设国家知识产权强县建设示范县工作方案（2022—2025年）的通知	2022年10月25日
19	区政府	绵游府发〔2022〕20号	绵阳市游仙区人民政府关于印发《绵阳市游仙区行政许可事项清单（2022年版）》的通知	2022年11月28日
20	区政府	绵游府发〔2022〕21号	绵阳市游仙区人民政府关于印发《游仙区赋予乡镇（街道）县级行政权力事项（第二批）》的通知	2022年12月6日
21	区政府	绵游府发〔2022〕22号	绵阳市游仙区人民政府关于印发《绵阳市游仙区“十四五”基本公共服务体系规划》的通知	2022年12月30日
22	区政府	绵游府发〔2022〕23号	绵阳市游仙区人民政府关于印发游仙区“十四五”综合交通发展规划的通知	2022年12月30日

2022年绵阳市游仙区人民政府办公室文件一览表

表14

件号	责任者	文 号	题 名	日期
1	区政府办	绵游府办发〔2022〕1号	绵阳市游仙区人民政府办公室关于印发绵阳市游仙区区级储备粮食轮换管理暂行办法的通知	2022年1月14日
2	区政府办	绵游府办发〔2022〕2号	绵阳市游仙区人民政府办公室关于印发绵阳市游仙区区级储备粮食管理暂行办法的通知	2022年1月14日
3	区政府办	绵游府办发〔2022〕3号	绵阳市游仙区人民政府办公室关于印发绵阳市游仙区人民政府领导班子及成员耕地保护责任分工的通知	2022年1月13日
4	区政府办	绵游府办发〔2022〕4号	绵阳市游仙区人民政府办公室关于认真做好市八届人大一次会议代表建议和市政协八届一次会议委员提案办理工作的通知	2022年1月17日
5	区政府办	绵游府办发〔2022〕5号	绵阳市游仙区人民政府办公室关于印发绵阳市游仙区低温雨雪冰冻灾害应急预案的通知	2022年1月26日
6	区政府办	绵游府办发〔2022〕6号	绵阳市游仙区人民政府办公室关于2021年1—12月合法性审查情况的通报	2022年2月16日
7	区政府办	绵游府办发〔2022〕7号	绵阳市游仙区人民政府办公室关于成立游仙区城乡环境综合治理和生活垃圾分类工作领导小组的通知	2022年2月18日
8	区政府办	绵游府办发〔2022〕8号	绵阳市游仙区人民政府办公室关于支持中石油西南物探分公司开展石油勘探工作的通知	2022年2月24日
9	区政府办	绵游府办发〔2022〕9号	绵阳市游仙区人民政府办公室关于印发《坚决防范遏制道路交通事故“铁腕”整治十八条措施（试行）》的通知	2022年2月21日
10	区政府办	绵游府办发〔2022〕10号	绵阳市游仙区人民政府办公室关于印发《全区道路交通安全集中整治工作方案》的通知	2022年2月21日
11	区政府办	绵游府办发〔2022〕11号	绵阳市游仙区人民政府办公室关于印发《绵阳市游仙区深化新时代教育督导体制机制改革实施方案》的通知	2022年3月14日
12	区政府办	绵游府办发〔2022〕12号	绵阳市游仙区人民政府办公室关于成立绵阳市游仙区老龄工作委员会的通知	2022年3月15日
13	区政府办	绵游府办发〔2022〕13号	绵阳市游仙区人民政府办公室关于印发《绵阳市游仙区城中村自建房消防安全专项整治工作方案》的通知	2022年3月16日
14	区政府办	绵游府办发〔2022〕14号	绵阳市游仙区人民政府办公室关于印发《绵阳市游仙区区属国有企业负责人经营业绩考核暂行办法》的通知	2022年3月17日
15	区政府办	绵游府办发〔2022〕15号	绵阳市游仙区人民政府办公室关于进一步规范区政府常务会议议题申报的通知	2022年3月21日
16	区政府办	绵游府办发〔2022〕16号	绵阳市游仙区人民政府办公室关于做好2022年政务信息报送工作的通知	2022年3月31日

续表14

件号	责任者	文 号	题 名	日期
17	区政府办	绵游府办发〔2022〕17号	绵阳市游仙区人民政府办公室关于进一步做好网络问政工作的通知	2022年4月7日
18	区政府办	绵游府办发〔2022〕18号	绵阳市游仙区人民政府办公室关于印发《中广核核技术发展股份有限公司（绵阳）质子医疗装备制造基地项目2022年扶持资金拨付监管方案》的通知	2022年4月7日
19	区政府办	绵游府办发〔2022〕19号	绵阳市游仙区人民政府办公室关于印发《游仙区省级科技成果转移转化示范区建设实施方案》的通知	2022年4月12日
20	区政府办	绵游府办发〔2022〕20号	绵阳市游仙区人民政府办公室关于做好2022年政务调研的通知	2022年4月13日
21	区政府办	绵游府办发〔2022〕21号	绵阳市游仙区人民政府办公室关于2022年第一季度政府信息公开、政务新媒体、网络理政工作情况的通报	2022年4月14日
22	区政府办	绵游府办发〔2022〕22号	绵阳市游仙区人民政府办公室关于进一步加强区属商业类功能性企业和公益类企业有关事项监督管理工作的通知	2022年4月18日
23	区政府办	绵游府办发〔2022〕23号	绵阳市游仙区人民政府办公室关于印发《2022年全区实施省级23件民生实事目标任务、资金分解和进度安排表》的通知	2022年4月18日
24	区政府办	绵游府办发〔2022〕24号	绵阳市游仙区人民政府办公室关于下达2022年8件市级民生实事项目目标任务的通知	2022年4月18日
25	区政府办	绵游府办发〔2022〕25号	绵阳市游仙区人民政府办公室关于印发游仙区2022年报废机动车回收拆解行业专项整治行动方案的通知	2022年5月5日
26	区政府办	绵游府办发〔2022〕26号	绵阳市游仙区人民政府办公室关于印发《绵阳市游仙区农村村民住宅建设农用地转用管理暂行办法》的通知	2022年4月25日
27	区政府办	绵游府办发〔2022〕27号	绵阳市游仙区人民政府办公室关于印发绵阳市游仙区涉外突发事件应急预案（试行）的通知	2022年4月29日
28	区政府办	绵游府办发〔2022〕28号	绵阳市游仙区人民政府办公室关于印发《绵阳市游仙区耕地保护专项整治行动方案》的通知	2022年5月9日
29	区政府办	绵游府办发〔2022〕29号	绵阳市游仙区人民政府办公室关于开展“暖企行动”的通知	2022年5月9日
30	区政府办	绵游府办发〔2022〕30号	绵阳市游仙区人民政府办公室关于印发《游仙区能耗替代指标收集使用管理暂行办法》的通知	2022年5月9日
31	区政府办	绵游府办发〔2022〕31号	绵阳市游仙区人民政府办公室关于落实2022年《政府工作报告》重点工作分工的通知	2022年4月25日
32	区政府办	绵游府办发〔2022〕32号	绵阳市游仙区人民政府办公室关于调整办公室领导分工的通知	2022年5月16日

续表 14

件号	责任者	文 号	题 名	日期
33	区政府办	绵游府办发〔2022〕33号	绵阳市游仙区人民政府办公室关于印发《绵阳市游仙区“企业办事不出园”工作方案》的通知	2022年5月16日
34	区政府办	绵游府办发〔2022〕34号	绵阳市游仙区人民政府办公室关于印发《绵阳市游仙区防汛抗旱应急预案（修订）》的通知	2022年5月19日
35	区政府办	绵游府办发〔2022〕35号	绵阳市游仙区人民政府办公室关于印发《游仙区巩固拓展医疗保障脱贫攻坚成果有效衔接乡村振兴战略的实施细则》的通知	2022年5月19日
36	区政府办	绵游府办发〔2022〕36号	绵阳市游仙区人民政府办公室关于印发《绵阳市游仙区行政事业单位国有资产管理办法》的通知	2022年5月24日
37	区政府办	绵游府办发〔2022〕37号	绵阳市游仙区人民政府办公室关于成立2022年住户调查大样本轮换工作领导小组及职责分工的通知	2022年5月24日
38	区政府办	绵游府办发〔2022〕38号	绵阳市游仙区人民政府办公室关于加强和改进行政机关负责人出庭应诉工作的通知	2022年5月24日
39	区政府办	绵游府办发〔2022〕39号	绵阳市游仙区人民政府办公室关于印发《绵阳惠东投资控股有限责任公司AA级评级及发债工作方案》的通知	2022年5月31日
40	区政府办	绵游府办发〔2022〕40号	绵阳市游仙区人民政府办公室关于印发游仙区2022年政务公开重点工作安排的通知	2022年6月1日
41	区政府办	绵游府办发〔2022〕41号	绵阳市游仙区人民政府办公室关于游仙区2021年度支持科技服务业企业发展奖励结果的通报	2022年5月31日
42	区政府办	绵游府办发〔2022〕42号	绵阳市游仙区人民政府办公室关于印发《游仙区2022年厉行节约制止餐饮浪费行为工作计划》的通知	2022年5月26日
43	区政府办	绵游府办发〔2022〕43号	绵阳市游仙区人民政府办公室关于印发《绵阳市游仙区“拿地即开工”实施方案》的通知	2022年6月2日
44	区政府办	绵游府办发〔2022〕44号	绵阳市游仙区人民政府办公室关于开展经济建设重点行业（领域）比拼拉练活动的通知	2022年6月11日
45	区政府办	绵游府办发〔2022〕45号	绵阳市游仙区人民政府办公室关于印发《绵阳市游仙区深入推进镇（街道）“一支队伍管执法”工作方案》的通知	2022年6月14日
46	区政府办	绵游府办发〔2022〕46号	绵阳市游仙区人民政府办公室关于印发《绵阳市游仙区城市有机更新实施办法（试行）》的通知	2022年6月14日
47	区政府办	绵游府办发〔2022〕47号	绵阳市游仙区人民政府办公室关于成立游仙区蔬菜“土坑盐渍发酵池”问题整治工作领导小组的通知	2022年6月15日
48	区政府办	绵游府办发〔2022〕48号	绵阳市游仙区人民政府办公室关于组建新政研判、项目谋划、税源培植、债券项目、金融资源和土地出让对接工作专班的通知	2022年6月16日

续表14

件号	责任者	文 号	题 名	日期
49	区政府办	绵游府办发〔2022〕49号	绵阳市游仙区人民政府办公室关于严格落实耕地保护制度进一步加强土地管理工作的通知	2022年6月19日
50	区政府办	绵游府办发〔2022〕50号	绵阳市游仙区人民政府办公室关于成立游仙区城建攻坚行动指挥部的通知	2022年6月24日
51	区政府办	绵游府办发〔2022〕51号	绵阳市游仙区人民政府办公室关于印发《绵阳市游仙区违法用地整治攻坚专项行动方案》的通知	2022年6月9日
52	区政府办	绵游府办发〔2022〕52号	绵阳市游仙区人民政府办公室关于印发《绵阳市游仙区落实稳经济增长政策工作方案》的通知	2022年6月28日
53	区政府办	绵游府办发〔2022〕53号	绵阳市游仙区人民政府办公室关于印发《绵阳市游仙区2022年“抓项目 促生产 稳增长”激励资金使用管理实施细则》的通知	2022年7月1日
54	区政府办	绵游府办发〔2022〕54号	绵阳市游仙区人民政府办公室关于印发《绵阳市游仙区项目前期工作经费管理办法》的通知	2022年7月1日
55	区政府办	绵游府办发〔2022〕55号	绵阳市游仙区人民政府办公室关于做好《游仙区武引灌区改造期间供水保障实施方案》相关风险评估工作的通知	2022年7月4日
56	区政府办	绵游府办发〔2022〕56号	绵阳市游仙区人民政府办公室关于印发游仙区推行工业用地“标准地”改革工作方案的通知	2022年7月1日
57	区政府办	绵游府办发〔2022〕57号	绵阳市游仙区人民政府办公室关于成立游仙区住房保障工作领导小组的通知	2022年7月11日
58	区政府办	绵游府办发〔2022〕58号	绵阳市游仙区人民政府办公室关于成立绵阳市游仙区规范民办义务教育发展专项工作领导小组的通知	2022年7月8日
59	区政府办	绵游府办发〔2022〕59号	绵阳市游仙区人民政府办公室关于进一步规范全区政府系统值班工作的通知	2022年7月15日
60	区政府办	绵游府办发〔2022〕60号	绵阳市游仙区人民政府办公室关于印发《乐享游仙·惠民消费——2022年绵阳市游仙区促销活动实施方案》的通知	2022年7月8日
61	区政府办	绵游府办发〔2022〕61号	绵阳市游仙区人民政府办公室关于印发绵阳市游仙区地震应急预案（试行）的通知	2022年7月19日
62	区政府办	绵游府办发〔2022〕62号	关于印发《绵阳市游仙区金融突发事件应急预案》的通知	2022年7月22日
63	区政府办	绵游府办发〔2022〕63号	绵阳市游仙区人民政府办公室关于印发《游仙区防汛抗旱应急预案（2022年版修正）》的通知	2022年7月22日
64	区政府办	绵游府办发〔2022〕64号	绵阳市游仙区人民政府办公室关于调整区总路长及县道一级路长的通知	2022年7月25日
65	区政府办	绵游府办发〔2022〕65号	绵阳市游仙区人民政府办公室关于认真做好住户调查大样本轮换工作的通知	2022年7月29日

续表 14

件号	责任者	文 号	题 名	日期
66	区政府办	绵游府办发〔2022〕66号	绵阳市游仙区人民政府办公室关于印发《绵阳市游仙区消防安全事件应急预案（试行）》的通知	2022年8月9日
67	区政府办	绵游府办发〔2022〕67号	绵阳市游仙区人民政府办公室关于印发《游仙区科学城片区环境提升项目（一期）实施方案》的通知	2022年7月27日
68	区政府办	绵游府办发〔2022〕68号	绵阳市游仙区人民政府办公室关于印发绵阳市游仙区粮食应急预案的通知	2022年8月8日
69	区政府办	绵游府办发〔2022〕69号	绵阳市游仙区人民政府办公室关于印发2022年度法治政府建设重点工作安排的通知	2022年8月11日
70	区政府办	绵游府办发〔2022〕70号	绵阳市游仙区人民政府办公室关于印发绵阳市游仙区自然灾害救助应急预案（试行）的通知	2022年8月17日
71	区政府办	绵游府办发〔2022〕71号	绵阳市游仙区人民政府办公室关于做好全区公共机构节约用电工作的通知	2022年8月18日
72	区政府办	绵游府办发〔2022〕72号	绵阳市游仙区人民政府办公室关于全面实行行政许可事项清单管理的通知	2022年8月25日
73	区政府办	绵游府办发〔2022〕73号	绵阳市游仙区人民政府办公室关于印发《绵阳市游仙区突发地质灾害应急预案（修订）》的通知	2022年8月25日
74	区政府办	绵游府办发〔2022〕74号	绵阳市游仙区人民政府办公室关于进一步优化游仙区投资项目审批流程的通知	2022年8月31日
75	区政府办	绵游府办发〔2022〕75号	绵阳市游仙区人民政府办公室关于做好2023年度城乡居民基本医疗保险参保工作的通知	2022年9月6日
76	区政府办	绵游府办发〔2022〕76号	绵阳市游仙区人民政府办公室关于进一步加强机关事业单位编外用工管理的通知	2022年9月6日
77	区政府办	绵游府办发〔2022〕77号	绵阳市游仙区人民政府办公室关于深化普通高等学校考试招生综合改革实施意见	2022年9月6日
78	区政府办	绵游府办发〔2022〕78号	绵阳市游仙区人民政府办公室关于全面推进全区政务数据共享开放工作的通知	2022年9月9日
79	区政府办	绵游府办发〔2022〕79号	绵阳市游仙区人民政府办公室关于绵阳市游仙区大学中专招生委员会、绵阳市游仙区高等教育自学考试委员会合并更名为“绵阳市游仙区高中等教育招生考试委员会”的通知	2022年9月14日
80	区政府办	绵游府办发〔2022〕80号	绵阳市游仙区人民政府办公室关于印发《绵阳市游仙区重污染天气应急预案（2022年修订版）》的通知	2022年9月19日
81	区政府办	绵游府办发〔2022〕81号	绵阳市游仙区人民政府办公室关于印发《绵阳市游仙区仙鹤湖水库集中式饮用水水源地突发环境事件应急预案》的通知	2022年9月20日

续表 14

件号	责任者	文　号	题　名	日期
82	区政府办	绵游府办发〔2022〕82号	绵阳市游仙区人民政府办公室关于印发《绵阳市游仙区“一业一证、证照联办”改革工作实施方案》的通知	2022年9月28日
83	区政府办	绵游府办发〔2022〕83号	绵阳市游仙区人民政府办公室关于印发绵阳市游仙区农村公办养老机构管理办法的通知	2022年10月18日
84	区政府办	绵游府办发〔2022〕84号	绵阳市游仙区人民政府办公室关于成立游仙区县域医疗卫生次中心建设推进小组的通知	2022年9月30日
85	区政府办	绵游府办发〔2022〕85号	绵阳市游仙区人民政府办公室关于印发《游仙区“十四五”服务业发展规划》的通知	2022年9月29日
86	区政府办	绵游府办发〔2022〕86号	绵阳市游仙区人民政府办公室关于切实加强政府文件和政策解读工作的通知	2022年10月13日
87	区政府办	绵游府办发〔2022〕87号	绵阳市游仙区人民政府办公室关于2022年第三季度政务督办、政府信息公开、政务新媒体、网络理政工作情况的通报	2022年10月13日
88	区政府办	绵游府办发〔2022〕88号	绵阳市游仙区人民政府办公室关于印发《绵阳市游仙区乡村水务（2022—2024年）实施方案》的通知	2022年10月19日
89	区政府办	绵游府办发〔2022〕89号	绵阳市游仙区人民政府办公室关于成立游仙区乡村水务试点县建设领导小组的通知	2022年10月19日
90	区政府办	绵游府办发〔2022〕90号	绵阳市游仙区人民政府办公室关于印发《绵阳市游仙区网络安全事件应急预案（试行）》的通知	2022年10月18日
91	区政府办	绵游府办发〔2022〕91号	绵阳市游仙区人民政府办公室关于印发《绵阳市游仙区区级行政权力清单（2021年本）》的通知	2022年11月8日
92	区政府办	绵游府办发〔2022〕92号	绵阳市游仙区人民政府办公室关于印发绵阳市游仙区加快农村寄递物流体系建设实施方案的通知	2022年11月14日
93	区政府办	绵游府办发〔2022〕93号	绵阳市游仙区人民政府办公室关于印发《游仙区集体土地所有权确权登记成果更新汇交工作实施方案》的通知	2022年11月16日
94	区政府办	绵游府办发〔2022〕94号	绵阳市游仙区人民政府办公室关于印发《绵阳市游仙区危险化学品事故应急预案（试行）》的通知	2022年11月18日
95	区政府办	绵游府办发〔2022〕95号	绵阳市游仙区人民政府办公室关于成立游仙区药品安全暨集中打击整治危害药品安全违法犯罪专项工作领导小组的通知	2022年12月8日
96	区政府办	绵游府办发〔2022〕96号	绵阳市游仙区人民政府办公室关于做好2022年度政府信息公开工作年度报告编制工作的通知	2022年12月20日
97	区政府办	绵游府办发〔2022〕97号	绵阳市游仙区人民政府办公室关于印发《游仙区城市燃气管道等老化更新改造方案（2022—2025年）》的通知	2022年12月19日
98	区政府办	绵游府办发〔2022〕98号	绵阳市游仙区人民政府办公室关于印发《游仙区“十四五”文化和旅游发展规划》的通知	2022年11月23日

2022年游仙区先进集体一览表

表15

序号	奖项名称	获奖单位	颁奖单位
1	2021年度四川省县域经济发展先进县	游仙区	省委、省政府
2	2016—2020四川省普法先进单位	游仙区委	省委
3	四川省乡村振兴示范村	忠兴镇酒店村、游仙区福星村、小枧镇遇仙村	省委、省政府
4	国家知识产权强县建设示范县	游仙区	国家知识产权局
5	四川省开放发展示范平台	游仙高新区	省委、省政府
6	四川省首批省级生态县	游仙区	省政府
7	2021年度全省平安建设工作先进单位	游仙区	省委办、省政府办
8	2021年度全省平安建设工作先进县（市、区）	游仙区	省委办、省政府办
9	全国综合减灾示范社区	经济试验区	国家减灾委员会
10	2022年中国领军智慧城区	游仙区	国家信息中心
11	四川省第十四届运动会组织工作表现突出先进集体	游仙区教体局	省政府办
12	宣传思想工作先进单位	区政协	省政协办公厅
13	有事来协商工作先进单位	小枧镇	省政协办公厅
14	“助力巩固脱贫、助推乡村振兴”专项活动先进单位	区政协	省政协办公厅
15	2022年元旦春节两节期间“送万福进万家下基层公益活动”先进单位	区书法家协会	中国书法家协会
16	省级（5A）先进村党组织	新桥镇胜利村	省委组织部
17	2022年乡村文化振兴省级样板镇	魏城镇	省委宣传部
18	四川省片区中心乡镇公共文化服务提质增效试点镇	魏城镇	省委宣传部
19	第二十九届全国青少年爱国主义读书教育活动组织优秀奖	区委宣传部	全国青少年爱国主义读书教育活动组织委员会
20	“永远跟党走 奋斗新征程”青少年爱国主义读书教育活动组织优秀奖	区委宣传部	全国青少年爱国主义读书教育活动四川组织委员会
21	第三届四川省家庭工作先进集体	区委宣传部	省妇联、省文明办
22	2021年度四川省版权示范单位	四川湖山电器股份有限公司	省版权局

续表15

序号	奖项名称	获奖单位	颁奖单位
23	2021年度全省公安机关网安部门优秀支撑点	绵阳市公安局游仙区分局网安大队	省公安厅
24	2021年度全省公安机关执法质量考评优秀县级公安机关	绵阳市公安局游仙区分局	省公安厅
25	全省公安机关成绩突出青年集体	绵阳市公安局游仙区分局游仙派出所	省公安厅
26	全省公安出入境三星窗口	绵阳市公安局游仙区分局出入境接待大厅	省公安厅
27	全省公安机关2021年度“最强支部”	绵阳市公安局游仙区分局政治处、机关党委联合党支部	省公安厅
28	全省公安机关圆满完成中国共产党第二十次全国代表大会安保维稳任务成绩突出集体二等功	绵阳市公安局游仙区分局刑事侦查大队	省公安厅
29	全省公安机关疫情防控工作成绩突出集体	绵阳市公安局游仙区分局情报指挥中心	省公安厅
30	全省法院“六专四室”建设成绩突出单位	游仙区人民法院	省高院
31	首届“四川法院改革优秀案例”	游仙区人民法院	省高院
32	2021年全省法院均衡结案工作先进集体	游仙区人民法院	省高院
33	全省法院系统第二十四届学术讨论会基层法院组织工作先进奖	游仙区人民法院	省高院
34	四川省第七次全国人口普查先进集体	游仙区统计局	省统计局、省人社厅
35	2021年全省劳动力调查工作先进县（市、区）	游仙区	国家统计局四川调查总队
36	游仙区入选全省第二批乡村水务示范县	游仙区	省水利厅
37	省内对口帮扶深度贫困县中小学工作考核先进单位	游仙区教体局	省教育厅
38	2021年度慢性非传染性疾病预防控制县级先进单位	游仙区	省疾病预防控制中心
39	2022年县域医疗卫生次中心	游仙区忠兴中心卫生院、盐泉中心卫生院	省卫生健康委
40	2021年四川省社区医院创建合格机构	游仙区石马镇中心卫生院、小枧镇中心卫生院	省卫生健康委
41	四川省妇联基层组织建设工作先进集体	游仙区妇联	省妇联

续表 15

序号	奖项名称	获奖单位	颁奖单位
42	2021—2022年度四川省青年文明号单位	绵阳市游仙区华兴街消防救援站	共青团省委等18个部门
43	2022年红十字生命教育防灾避险知识竞赛组织奖	区红十字会	中国红十字会总会办公室
44	首批四川省级“示范便民服务室”	涪江街道五里堆路社区、韩家脊社区，魏城镇铁炉村、桂花社区，忠兴镇龙泉村	省政务服务和公共资源交易服务中心
45	省级示范便民服务站	经济试验区、小枧镇遇仙村	省政务服务和公共资源交易服务中心
46	第二批省级“示范便民服务中心”城镇便民服务中心	魏城镇、信义镇李花村	省政务服务和公共资源交易服务中心
47	四川传统村落	忠兴镇木龙村、永佛村、魏城镇青云村	省住建厅
48	第三批四川省绿色社区	涪江街道治平路社区、剑南路东段社区、游仙街道游仙观社区、经济试验区桑林社区、汉城社区	省住建厅
49	全省合并村集体经济融合发展试点先进村	游仙街道长明村	省农业农村厅
50	四川省第二批乡村治理示范村	魏城镇星光村	省农业农村厅
51	绵阳市游仙区游仙经济试验区社会工作服务站	经济试验区	省民政厅
52	四川省第三批乡村治理示范村	忠兴镇木龙村	省委城乡基层治理委员会
53	四川省安全社区	忠兴镇忠兴社区	省应急安全管理委员会
54	四川省首批“百强中心镇”	魏城镇	省中心镇联席办
55	平安四川建设先进集体和先进个人	游仙区委政法委	平安四川建设领导小组、省人力资源和社会保障厅
56	2021年度全省法学会研究工作先进集体	游仙区法学会	省法学会
57	2021年省级“六无”平安村	魏城镇铁炉村	平安四川建设领导小组
58	2022年度川烟培育和现代烟草农业发展成效突出县（市、区）	游仙区	省烟草发展专项工作领导小组
59	四川省解决农村土地细碎化问题试点镇	忠兴镇	省农村工作领导小组

续表 15

序号	奖项名称	获奖单位	颁奖单位
60	见义勇为个人(群体)	游仙区徐洋等3人见义勇为群体	省见义勇为先进个人（群体）奖励评审委员会办公室
61	四川省教职工文艺表演唱展演一等奖	游仙区教体局	省教科文卫工会
62	四川省教职工文艺表演优秀组织奖	游仙区教体局	省教科文卫工会
63	四川省青少年爱国主义读书活动优秀组织奖	游仙区教体局	省青少年爱国主义读书活动组委会
64	四川省安全社区	游仙街道	省安全生产委员会
65	第九届中国（绵阳）科技城国际科技博览会先进集体	游仙区人民政府	市委、市政府
66	2021年度绵阳市“三农”重点工作（农业农村改革工作）先进县	游仙区	市委、市政府
67	信访维稳专项工作先进集体	游仙区信访局	市委、市政府
68	2021年度绵阳市乡村振兴先进镇	仙鹤镇	市委、市政府
69	绵阳市乡村振兴示范村	忠兴镇木龙村、兴合村，小枧镇遇仙村	市委、市政府
70	绵阳市AAAA级先进基层党组织	忠兴镇木龙村	市委
71	2021年度审计监督先进单位	游仙区	市政府
72	2021年度优化营商环境先进集体	游仙区、区行政审批局、游仙生态环境局	市政府
73	2021年度建议提案办理工作先进单位	游仙区人民政府	市政府
74	2021年度绵阳市优化营商环境工作先进集体	游仙区	市政府
75	血吸虫病防治工作先进单位	游仙区政府办公室、区卫生健康局、石马镇、新桥镇、忠兴镇明龙村	市政府
76	2020年地质灾害防治工作先进集体	游仙区应急管理局	市政府
77	四好农村路市级示范乡镇	信义镇	市政府
78	2021年度征兵工作先进单位	经济试验区	市政府
79	2021市级星级优质粮油现代农业园区	魏城镇	市政府
80	2021年度安全生产党政同责工作先进单位	游仙区	市委办、市政府办

续表15

序号	奖项名称	获奖单位	颁奖单位
81	2021年度森林草原防灭火党政同责工作先进单位	游仙区	市委办、市政府办
82	2021年度生态环境保护党政同责工作先进单位	游仙区	市委办、市政府办
83	2021年度食品安全党政同责工作先进单位	游仙区	市委办、市政府办
84	反映社情民意信息工作先进集体	区政协	市政协
85	2022年度宣传和信息工作先进集体	区政协	市政协
86	2022年度“有事来协商活动”先进单位	区政协	市政协
87	2021年度全市平安建设工作先进县（市、区）	游仙区	市委办、市政府办
88	绵阳市城乡环境综合提质三年行动2022年第三季度十佳乡镇（街道）	涪江街道	市城乡环境综合治理和生活垃圾分类领导小组
89	市级“六无”平安村	忠兴镇龙泉村、信义镇群丰村、游仙路社区	平安绵阳建设领导小组
90	首批省级示范便民服务室	小枧镇建华社区、遇仙村、利民社区	市深化“放管服”改革优化营商环境领导小组
91	食品安全示范乡镇（街道）	信义镇	市食品安全委员会
92	绵阳市2022年“绵州读书会”优秀活动项目	汉仙桥社区	市全民阅读活动指导委员会
93	2021年度推进质量强国建设工作成效突出单位	游仙区人民政府	市质量强市工作领导小组

2022年游仙区先进个人一览表

表16

序号	奖项名称	获奖人员	颁奖单位
1	密码工作二十年表扬	张启禄	最高人民检察院
2	档案工作十五年表扬	冯　智	最高人民检察院
3	农业丰收奖先进个人	吴先强	省委、省政府
4	全省征兵工作表现突出先进个人	廖泽燕	省人民政府、省军区
5	宣传思想工作先进个人	陈　瑛	省政协办
6	优秀通讯员	蒋　辉	省政协办
7	“有事来协商”工作先进个人	董清华	省政协办
8	全省公安机关成绩突出先进个人	刘加强	省公安厅
9	全省公安机关“严厉打击妨害国（边）境管理犯罪‘獴猎’行动-2022”和“整治重点地区‘三非’外国人突出问题专项行动”成绩突出先进个人	李姿锌	省公安厅
10	全省公安机关圆满完成中国共产党第二十次全国代表大会安保维稳任务成绩突出个人一等功	李子怡	省公安厅
11	全省公安机关疫情防控工作成绩突出	曾　刚	省公安厅
12	全省公安机关成绩突出社区民警	刘姗珊	省公安厅
13	全省公安机关成绩突出社区辅警	刘　红	省公安厅
14	“传承红色基因、践行司法为民”四川法院首届法治文化论坛主题征文一等奖	王　敏	省人民检察院
15	2021年四川检察机关司法警察工作履职突出个人	潘建峰	省人民检察院 司法警察总队
16	四川省青少年普法教育先进工作者	范玲玲	省关工委、省司法厅
17	全省法院2021年涉诉信访工作先进个人	颜　硕	省高级人民法院
18	全省法院司法警察“实战化训练推进年”活动先进个人	苗雪梅	省高级人民法院
19	全省法院开展长期未结破产案件化解工作先进个人	田应强	省高级人民法院
20	2021年度全省法院信息工作先进个人	张　黎	省高级人民法院
21	2021年度全省行政审判工作先进个人	蹇　红	省高级人民法院
22	2019年以来全省法院思想政治建设工作先进个人	叶佩林	省高级人民法院
23	全省法院岗位标兵	苗雪梅	省高院

续表 16

序号	奖项名称	获奖人员	颁奖单位
24	2022年度四川省优秀少先队辅导员	王昕怡	共青团四川省委
25	全省法院党的二十大信访维稳安保工作先进个人	颜　硕	省高院
26	全省法院打击治理电信网络诈骗犯罪工作先进个人	邓晓桦	省高院
27	全省法院2022年度优秀庭审	蹇　红	省高院
28	全省法院2022年度庭审标兵	谌　臻	省高院
29	全省法院一站式建设先进个人	奂思宇	省高院
30	2021年防汛抗旱减灾工作先进个人	张　梁	省水利厅
31	四川省应急管理系统先进个人	唐永川	省应急管理厅
32	四川省农村致富带头人	卢　飞	省农业农村厅
33	2021年度省内优质学校对口帮扶原深度贫困县中小学校工作先进个人	鲜　光 杨朝阳	省教育厅
34	教育科研成果一等奖	谢　果	华夏文化促进会素质教育委员会
35	首届四川省“四有”好老师	杨　锋	省委教育工委、省教育厅
36	关于第三届“川派初中名班主任”和首届“川派初中德育创新成果”评选川派初中名班主任	胡小容 杨　亮	省陶行知研究会
37	四川省2021年度防震减灾救火先进个人	李君成	省抗震救灾指挥部
38	2021年度优秀铁路安全宣传辅导员	李雪莲 陈　波 杜　强 李　虎	平安四川建设领导小组铁路护路联防组
39	2021年度征兵工作先进个人	肖冬梅	市政府、市军分区
40	全市血吸虫病防治工作先进个人	樊远兵 陈　涛 崔丽霞 谢　刚 唐　琳	市政府
41	血吸虫病防治工作先进个人	骆　涛	市政府
42	绵阳市先进工作者	王定富	市委、市政府
43	党的二十大全市信访维稳安保工作先进个人	金振江 王　谦	市委、市政府

续表 16

序号	奖项名称	获奖人员	颁奖单位
44	2021年度征兵工作先进个人	张　健	市政府
45	血吸虫病防治工作先进个人	赵丽君	市政府
46	优化营商环境先进个人	邓文杰	市政府
47	优化营商环境先进个人	赵紫键	市政府
48	第九届中国（绵阳）科技城国际科技博览会先进个人	冯　雯	市委、市政府

2022年绵阳市游仙区国民经济和社会发展统计公报

2022年，迎难而上、砥砺奋进的一年。全区坚定以习近平新时代中国特色社会主义思想为指导，深入学习贯彻党的二十大精神和习近平总书记来川视察重要指示精神，省第十二次党代会、省委十二届历次全会，市第八次党代会、市委八届历次全会，区第七次党代会和区委七届历次全会精神，认真落实“疫情要防住、经济要稳住、发展要安全”重要要求和“讲政治、抓发展、惠民生、保安全”工作总思路，紧扣“四化同步、城乡融合、五区共兴”总抓手，全力以赴拼经济、搞建设，抓投资、促消费，稳增长、保就业，较好地完成了区七届人大二次会议确定的目标任务。

一、综合

国民经济。2022年区属实现地区生产总值（GDP）448.64亿元，增长4.6%。其中，第一产业增加值37.66亿元，增长4.5%，贡献率为9.27%；第二产业增加值155.88亿元，增长2.5%，贡献率为19.68%；第三产业增加值255.10亿元，增长6.1%，贡献率为71.05%。三次产业结构为8.4∶34.7∶56.9。民营经济实现增加值266.56亿元，增长2.5%，占全区GDP的比重为59.4%，比上年降低1个百分点。2022年全区人均GDP实现84613元，同比增长3.9%。

基本单位。2022年末，全区共有基本单位6959个，比上年增加531个，增长8.3%。其中，法人单位6244个，比上年增加498个，增长8.7%。“四上”企业法人单位507个，分专业看，规模以上工业企业146个，资质内建筑业企业113个，限额以上商贸企业119个，房地产企业44个，规模以上服务业企业85个。

二、农业

农产品产量。全年农作物总播种面积99.97万亩，增长3.5%。其中，粮食播种面积60.56万亩，增长4.4%；经济作物播种面积39.41万亩，增长2.3%。全年粮食总产量24.01万吨，下降1.6%，单产396.54公斤/亩，下降5.7%。其中，大春粮食产量18.6万吨，下降2.2%；小春粮食产量5.41万吨，增长0.7%。水稻产量12.06万吨，下降5.6%；小麦产量4.87万吨，增长0.3%；油料作物产量5.34万吨，增长6.2%；蔬菜及食用菌产量21.35万吨，增长3.6%。

畜牧业。全年生猪出栏199422头，增长4.9%。生猪存栏130041头，增长3.0%。全年猪牛羊禽肉类总产量28361吨，增长9.6%。其中，猪肉产量15357吨，增长16.5%；禽蛋产量13128吨，增长8.2%；牛奶产量234吨，下降38.3%。

林业。年末，实有森林管护面积达5457.5公顷；森林覆盖率为31.29%；区内有自然保护区1个，自然保护区面积777公顷；全年零星植树49.1万株；2022年全区合计森林蓄积采伐量5147.6立方米（包括限额指标内采伐3063立方米、工程征占等不占限额指标采伐2084.6立方米）、折合木材出材量2119.1立方米，竹材产量260吨。

渔业。全区淡水养殖面积达2960公顷，全年水产品产量为14600吨，比上年增长4.0%。其中，淡水养殖14600吨。

三、工业和建筑业

工业生产。全年工业增加值121.76亿元，比上年增长2.7%，对经济的贡献率为16.6%。年末规模以上工业企业139个，全年区属规模以上工业增加值同比增长4.5%。全年规模以上工业企业实现主营业务收入340.65亿元，增长0%；利润总额25.83亿元，下降1.3%。其中，国有企业0.11亿元，下降44.3%；股份制企业17.60亿元，下降9.6%；外商及港澳台商投资企业7.57亿元，增长27.6%。

建筑业。全年建筑业增加值34.17亿元，比上年增长1.7%。区属资质以上总承包和专业承包建筑企业114个，其中，有工作量的109个。房屋建筑施工面积1193.36万平方米，增长4.3%；房屋建筑竣工面积111.01万平方米，下降21.9%，其中住宅竣工面积83.26万平方米，下降4.8%。

四、固定资产投资

固定资产投资。全年区属全社会固定资产投资同比增长7.6%。其中，建安工程投资增长9.1%；设备工器具购置投资增长13.8%；其他费用投资下降10.7%。分产业看：第一产业投资下降25.7%；第二产业投资增长10.1%；第三产业投资增长11.0%。

房地产。全年房地产开发投资增长33.9%。商品房施工面积下降2.3%；商品房竣工面积下降108.9%；商品房销售面积下降11.1%。

五、国内贸易

消费品市场。全年社会消费品零售总额152.64亿元，增长0%。按经营地分：城镇市场实现零售额98.38亿元，下降0.3%；乡村市场实现零售额54.26亿元，增长0.4%。按行业分：批发业实现零售额57.05亿元，增长0%；零售业实现零售额63.77亿元，增长0.4%；住宿业实现零售额14.72亿元,下降1.1%；餐饮业实现零售额17.10亿元，下降0.7%。在限额以上企业（单位）中，通过互联网实现的商品零售额1.76亿元，增长4.6%。

六、招商引资和对外贸易

招商引资。2022年国内省外招商引资履约项目28个，协议引资259.69亿元，省外引进产业项目新增实际投资100亿元。

对外贸易。全年完成外贸进出口总额4.35亿元，同比增长15.68%，其中，出口2.68亿元，进口1.67亿元。

七、交通和电信

交通。年末，全区公路总里程为1903.69千米。其中，高速公路43.3千米，一级公路52.66千米，三级公路87.08千米，四级公路1716.38千米。

邮电业务。全年完成电信业务总量7.11亿元，比上年增长19.1%，固定电话用户13.36万户，移动电话用户80.72万户，互联网宽带用户25.21万户。

八、财政和金融

财政。全年完成地方一般公共预算收入13.26亿元。其中，税收收入完成9.66亿元，非税收入3.60亿元。

金融。年末，金融机构人民币各项存款余额435亿元，比上年增加64.14亿元，增长17.3%。人民币各项贷款余额290.5亿元，比上年增加0.3亿元，增长0.1%。

九、教育和科学技术

教育。年末，全区有普通高中6所，在校学生数7359人，专任教师数536人；职业高中5所，在校学生数6971人，专任教师数391人；初中14所，在校学生数29365人，专任教师数1840人；小学30所，在校学生数35440人，专任教师数1945人；幼儿园89所，在校学生数16166人，专任教师数1218人。

科学技术。2022年全年科技部门共组织企业申报成功的省、市级科技项目33个，申报项目资金651.41万元。全区已通过国家高新技术企业认定37家、总数达72家，有国家级工程技术研究中心4家，省级工程技术研究中心8家。全年专利授权1379件，其中发明专利授权618件，有效发明专利拥有量达2844件。

十、文化、卫生

文化事业。年末，全区共有图书馆1个、文化馆1个、博物馆1个，镇（场）综合文化站21个、街道综合文化站3个、村（社区）综合文化服务中心（文化广场）172个。全区广播覆盖率100%，电视覆盖率100%，城区数字电视转换率100%。

卫生。年末，全区共有各级各类医疗卫生机构400个。其中，市级公立医院1个，区级公立医疗机构2个，其他公立医院3个；专业公共卫生机构3个，社区卫生服务中心4个、中心卫生院8家，社区卫生服务站13家，公立医疗机构门诊部2个，198个村卫生室；民营医疗机构162个，包括民营综合医院5个、民营综合门诊部11个、诊所141个、医务室5个。

十一、环境保护和安全生产

环境保护。全年PM2.5平均浓度30.4微克/立方米，PM10平均浓度44.3微克/立方米，空气质量优良天数334天、优良率达91.5%，空气质量综合指数3.20。芙蓉溪仙鱼桥市考断面水质优良率100%，城市集中式饮用水（仙鹤湖水库）水源达标率100%。

安全生产。2022年全年共发生各类生产安全事故2起，所有事故共造成1人死亡、3人受伤，共造成可估算直接经济损失539万元，全区未发生较大及以上安全生产事故（其中，危化销售企业爆燃事故1起，造成2人受伤；工贸民爆企业爆燃事故1起，造成1人死亡，1人受伤）。

十二、人口

年末，游仙辖区常住人口56.84万人，比上年末增加0.23万人，其中城镇人口34.93万人，乡村人口21.91万人。常住人口城镇化率61.45%，比上年末提高0.22个百分点。年末全区户籍人口46.89万人（数据来源于公安局，该数据不含仙海、农科和科学城）。2022年全区出生人口2386人，出生率为4.99‰；死亡人数3041人，死亡率6.36‰；自然增长率-1.37‰。

十三、人民生活和社会保障

城乡居民收支。全区城镇居民人均可支配收入52903元，增长4.4%。城镇居民人均消费支出32721元，增长2.1%。其中，食品烟酒支出10708元。农村居民人均可支配收入24278元，增长6.5%。农村居民人均消费支出18517元，增长4.5%。其中，食品烟酒支出6388元。

就业和再就业。全区城镇新增就业人员6698人，失业保险参保人数29852人。年末城镇登记失业人员1951人，城镇登记失业率为2.18%。全区有1254名失业人员实现再就业。2022年失业保险金1—3月标准为1320元/月，最低工资标准1650元/月。2022年4月至2022年12月标准为1576元/月，最低工资标准1970元/月。

社会保障。2022年末，游仙区参加基本医疗保险人数388092人，同比减少11182人。其中，参加职工基本医疗保险人数47398人，同比减少72人，职工医保基金缴费收入30781.03万元，职工医保中生育保险参保人数32380人，同比增长482人；参加城乡居民基本医疗保险人数340694人，同比减少11110人，城乡居民基本医疗保险个人缴费（含代缴）10866.46万元。参加城镇职工基本养老保险人数102224人（其中在职67670人，退休32554人）；参加城乡居民养老保险人数186160人。参加工伤保险人数37582人，增加1297人。城镇最低生活保障标准为700元/月，享受最低生活保障补助的城镇居民累计11104人次；农村最低生活保障标准为500元/月，享受最低生活保障补助的农村居民累计60776人次。

注：

1.公报中使用数据为统计快报数据，正式数据以《游仙统计年鉴（2023）》为准。部分数据因四舍五入的原因，存在总计与分项合计不等的情况。

2.公报中地区生产总值、各产业增加值绝对数按当年价格计算，增长速度按可比价格计算。

3.公报中林业、渔业、交通、邮政、电信、对外贸易、财政、金融、保险、教育、科技、文化、卫生、环境保护、安全生产、社会保障等数据来源于相关部门。

游仙区主要机构及负责人名录

（2022年1月至2022年12月）

中共绵阳市游仙区第六届委员会

书　记　陈华斌
副书记　韩晓清
　姚　军
　（2022年1月至2022年7月）
常　委　冯科敏
　（2022年1月至2022年4月）
　陈　政
　李　静
　邓海涛
　（2022年1月至2022年12月）
　林　檬
　李　响
　朱兴安
　张明东
　王　琪
　（2022年7月至2022年12月）
　李如凯
　（2022年12月）
　郑联盛（挂职）
　（2022年1月至2022年11月）
　李益霖（挂职）
　（2022年6月至2022年12月）

绵阳市游仙区第六届人民代表大会常务委员会

主　任　何守君
副主任　刘　辉
　徐丽娟
　王　政
　魏　威

绵阳市游仙区第六届人民政府

区　长　韩晓清
副区长　陈　政
　李　静
　郑联盛（挂职）
　（2022年1月至2022年11月）
　李益霖（挂职）
　（2022年6月至2022年12月）
　陈　琴
　杨　彬
　薛清泉
　李　韦
　姚永强

政协第六届绵阳市游仙区委员会

主　席　杨守贵
副主席　赵　林
　沈勇明
　秦顺英
　张　梁

绵阳市游仙区人民法院

院　长　于欢欢

绵阳市游仙区人民检察院

检察长　王智君

绵阳市游仙区高新技术产业园区

书　记　蔡顺利
　（2022年1月至2022年4月）
　姚　军
　（2022年7月至2022年12月）

主　任　罗鉴明
副书记　李晓升
纪工委书记　安明洪
副主任　陈婧超
　（2022年7月至2022年12月）
　向新生
　（2022年8月至2022年12月）
　严　伟
　（2022年8月至2022年12月）

区纪委

书　记　冯科敏
　（2022年1月至2022年4月）
　王　琪
　（2022年7月至2022年12月）
副书记　廖中建
　田　容
纪委常委　左　兵
　张忠琴
　（2022年1月至2022年9月）
　魏　巍
　赵智强
　王　婷
　（2022年12月）

区监委
主 任 冯科敏
（2022年1月至2022年4月）
王 琪
（2022年7月至2022年12月主任提名）
副主任 廖中建
田 容
监委委员 左 兵
张忠琴
（2022年1月至2022年9月）
王 婷
贾 琳
（2022年4月至2022年6月委员提名；2022年6月至2022年12月委员）

区委办公室
主 任 任 伟
（2022年1月至2022年9月）
何 广
（2022年9月至2022年12月）

区委组织部
部 长 李 响
常务副部长 杨 鹏
（2022年1月至2022年7月）
陈 静
（2022年7月至2022年12月）

区委宣传部
部长 朱兴安
常务副部长 蒋 睿

区委统战部
部长 张明东
常务副部长 龙 梅
（2022年1月至2022年12月）
陈 勇
（2022年12月）

区委政法委
书 记 林 檬
常务副书记 王 庆

区委编办
主 任 杨先斌

区军民融合发展委员会办公室
主 任 刘明宇

区委目标绩效管理办公室
主 任 何 峰

区委巡察办
主 任 王 科
（2022年1月）
廖中建
（2022年1月至2022年12月）
常务副主任 王 科
（2022年1月至2022年7月）
常代兵
（2022年7月至2022年12月）

区人大常委会机关
办公室主任 于术强
财政经济委员会主任委员 王云海
预算委员会主任委员 黄宇翔
社会建设委员会主任委员 敬 艳
监察和法制委员会主任委员 邱 欣
农业与农村工委主任 夏全松
城建环资工委主任 刘 建
人事代表工委主任 徐 晓
（2022年1月至2022年7月）
周 洪
（2022年7月至2022年8月主任提名；2022年8月至2022年12月主任）
教科文卫工委主任 周 洪
（2022年1月至2022年8月）
勾汶婷
（2022年7月至2022年8月主任提名；2022年8月至2022年12月主任）
研究室主任 向勇军

区政协机关
秘书长 陈 瑛
办公室主任 蒋 辉
（2022年1月至2022年9月）
姜剑锋
（2022年9月至2022年10月主任提名；2022年10月至2022年12月主任）
教科卫体委主任 何 洲
农业委主任 蒋明国
经济委主任 彭小兵
文化文史和学习委主任 严显勇
社会法制委主任 龚晓蓉
提案委主任 王洪斌
委员工作委主任 董清华
城资环委主任 蒋 辉
（2022年10月至2022年12月）

区政府办
主 任 董 勇

区发改局
局 长 张礼兴

区工信局
局 长 邹 良
（2022年1月至2022年9月）
杨 东
（2022年9月至2022年10月局长提名；2022年10月至2022年12月局长）

区教体局
局 长 王子勇

区科技局
党组书记 常代兵
（2022年1月至2022年7月）
徐 晓
（2022年7月至2022年12月）
局 长 向文杰

区公安分局
局　长　杨　彬
政　委　贺　淼
（2022年1月至2022年4月）
吴　迪
（2022年4月至2022年12月）

区民政局
局　长　刘新生

区司法局
局　长　李　昶
（2022年1月至2022年6月）
唐容云
（2022年6月至2022年8月
局长提名；
2022年8月至2022年12月局长）

区财政局
局　长　贾　东

区人力资源社会保障局
局　长　钱　钧

区自然资源局
局　长　肖　天

区住建局
局　长　胡晓明

区交通运输局
局　长　孟　林
（2022年1月至2022年4月）
唐永川
（2022年6月至2022年8月
局长提名；
2022年8月2022年12月局长）

区农业农村局
局　长　吴先强

区商务局
局　长　卢　云

区文广旅局
局　长　袁宗聪
（2022年1月至2022年9月）
马宝全
（2022年9月至2022年10月
局长提名；
2022年10月至2022年12月局长）

区卫生健康局
局　长　樊远兵

区退役军人事务局
局　长　池祥富
（2022年1月至2022年7月）
王　科
（2022年7月至2022年8月
局长提名；
2022年8月至2022年12月局长）

区应急管理局
局　长　唐永川
（2022年1月至2022年6月）
邱　浩
（2022年6月至2022年8月
局长提名；
2022年8月至2022年12月局长）

区审计局
局　长　敖顺利

区统计局
局　长　鲍鸿飞

区市场监督管理局
局　长　倪永贵
（2022年1月至2022年9月）
袁宗聪
（2022年9月至2022年10月
局长提名；
2022年10月至2022年12月局长）

区信访局
局　长　袁　飞

区经济合作局
局　长　马宝全
（2022年1月至2022年9月）
李立国
（2022年9月至2022年10月
局长提名；
2022年10月至2022年12月局长）

区医疗保障局
局　长　严　蓉

区行政审批局
局　长　邓文杰

区综合行政执法局
局　长　陈胡立

区委党校
校　长　李　响
常务副校长　易成利

区档案馆
馆　长　陈　丹

区公务服务中心
主　任　空　缺

区融媒体中心
主　任　朱万生

区供销合作社联合社
主　任　陈　勇
（2022年1月至2022年12月）
龙　梅
（2022年12月主任提名）

机关后勤保障服务中心
主　任　何　俊

区农民工服务中心
主　任　汪　德

区水利建设发展中心

主 任 张 梁

（2022年1月至2022年5月）

陈 枫

（2022年7月至2022年9月主任提名；2022年9月至2022年12月主任）

区武都引水工程管理局

局 长 陈 枫

区乡村振兴服务中心

主 任 邓德胜

区总工会

主 席 张明东

常务副主席 唐 春

团区委

书 记 李立国

（2022年1月至2022年9月）

姜佳男

（2022年9月至2022年12月）

区妇联

主 席 董 勤

区工商联

书记、副会长 刘子江

区残联

主 席 陈 琴

理事长 郜雪岚

区科学技术协会

主 席 喻希东

区红十字会

会 长 陈 琴

常务副会长 王冬砚

区社科联

主 席 白 剑

区文联

主 席 空 缺

经济试验区

书 记 王定富

主 任 张万兵

游仙街道

书 记 何 广

（2022年1月至2022年9月）

王 波

（2022年9月至2022年12月）

主 任 邱 浩

（2022年1月至2022年6月）

文 超

（2022年6月至2022年7月主任提名；2022年7月至2022年12月主任）

涪江街道

书 记 王 波

（2022年1月至2022年9月）

邹 良

（2022年9月至2022年12月）

主 任 吴 雪

富乐街道

书 记 陈 静

（2022年1月至2022年8月）

刘 娟

（2022年8月至2022年12月）

主 任 文再宁

石马镇

书 记 贾 东

（2022年1月至2022年4月）

魏爱军

（2022年4月至2022年12月）

镇 长 魏爱军

（2022年1月至2022年7月）

黄充

（2022年7月至2022年11月镇长提名；2022年11月至2022年12月镇长）

魏城镇

书 记 龙浩宇

镇 长 王庆培

新桥镇

书 记 任俊洁

镇 长 黄 充

（2022年1月至2022年7月）

罗 舒

（2022年7月至2022年12月镇长提名；2022年12月镇长）

忠兴镇

书 记 梁红梅

镇 长 骆 涛

（2022年1月至2022年7月）

钟 锟

（2022年8月至2022年12月镇长提名；2022年12月镇长）

盐泉镇

书 记 魏 甦

镇 长 李 柯

信义镇

书 记 唐容云

（2022年1月至2022年7月）

骆 涛

（2022年7月至2022年12月）

镇 长 向 玉

小枧镇

书 记 张 金

镇 长 唐 杰

仙鹤镇

书 记 何昇林

镇 长 商俊成

索 引

说明：

一、本索引分主题索引和表格索引。

二、主题索引采用内容分析索引法，按汉语拼音字母顺序排列，数字开头的词条排在前面。

三、表格索引以表格题名为词条，按表格在全书中的先后顺序排列。

四、索引词条后的数字表示内容所在的页码。

主题索引

数字

A

B

C

D

E

F

G

H

T

W

X

Y

Z

表格索引